"十二五"职业教育国家规划教材
经全国职业教育教材审定委员会审定

21世纪立体化高职高专规划教材·财经系列

电子商务理论与实务

(第2版)

王一海 主编
仲 蓬 刘海涛 副主编
朱海静 胡国敏 丁 莉
孙 晶 陶 俊 李苏文 唐卫红 参编

南京大学出版社

内容简介

本书根据经济与管理类人才培养方案,总结多年的电子商务概论教学经验,以电子商务职业岗位能力要求为导向,依据电子商务师职业的标准,采用项目教学、任务驱动的形式,将相关的课程进行整合,系统地介绍了电子商务的理论和实践知识。

本书既可作为高等院校电子商务、会计、市场营销、国际经济与贸易等经济与管理类专业和计算机应用、信息管理等信息类专业学生的教材,也可作为企业管理人员、电子商务从业人员从事电子商务活动的工具书和参考书。

图书在版编目(CIP)数据

电子商务理论与实务/王一海主编.—2版.—南京:南京大学出版社,2016.7(2019.1重印)
21世纪立体化高职高专规划教材.财经系列
ISBN 978-7-305-17025-6

Ⅰ.①电⋯ Ⅱ.①王⋯ Ⅲ.①电子商务—高等职业教育—教材 Ⅳ.①F713.36

中国版本图书馆CIP数据核字(2016)第120223号

出版发行	南京大学出版社
社　　址	南京市汉口路22号　邮　编　210093
出 版 人	金鑫荣
丛 书 名	21世纪立体化高职高专规划教材·财经系列
书　　名	电子商务理论与实务(第2版)
主　　编	王一海
策划编辑	胡伟卷
责任编辑	许振伍　王抗战　编辑热线　010-88252319
照　　排	北京圣鑫旺文化发展中心
印　　刷	南京人民印刷厂
开　　本	787×1092 1/16　印张 21　字数 547千
版　　次	2016年7月第2版　2019年1月第3次印刷
ISBN	978-7-305-17025-6
定　　价	48.00元

网　　址:http://www.njupCo.com
官方微博:http://weibo.com/njupco
官方微信号:njuyuexue
销售咨询热线:(025) 83594756

* 版权所有,侵权必究
* 凡购买南大版图书,如有印装质量问题,请与所购图书销售部门联系调换

第2版前言

现代信息技术的迅速发展,使得电子商务已经渗透到企业的采购、生产、销售、管理等多个环节中,另外还与人们的学习和生活息息相关。电子商务是企业提升企业核心竞争力、拓展市场范围、获取企业利润的主要源泉。社会对掌握电子商务知识的人才需求越来越急切。

电子商务在全球得到了迅速发展和应用,应用型、实用型的电子商务专业人才急需培养,越来越多的高等职业院校开办了电子商务专业,并把电子商务概论作为经济与管理类及信息管理类各专业的专业基础课程。电子商务概论课程内容体系涉及面很广,包括计算机技术、网络技术、数据库技术、经济学、信息系统等知识,从管理或商务的角度描述了电子商务的理论和原理,缺乏实践环节,给教师授课和学生学习提出了很高的要求,同时这与电子商务人才培养方案中的培养目的和要求明显不一致。

本书是一批双师型的教师结合多年的教学经验和电子商务的实际应用编写的。在编写过程中,打破了传统电子商务概论中过于理论化的介绍,以电子商务职业岗位能力要求为导向,依据电子商务师职业的标准,采用项目教学、任务驱动的形式,将电子商务的理论和实践进行项目化归纳,推进理实一体,落实学做合一,按照项目式的教学要求重新构建教材的内容。每个项目按照项目要求、相关知识、项目实施的形式编排内容,并根据不同的项目要求,将电子商务的理论进行提炼整合,归纳出与项目相关的知识点,便于学生理解和掌握。在每个项目的实施中,根据电子商务应用的要求设置相应的操作任务,同时每个项目后均附有案例和一定数量的习题,以帮助学生进一步巩固基础知识,强化实践技能。

《电子商务理论与实务》自2011年8月出版以来,市场反馈较好,深受全国多家院校电子商务专业师生的好评。由于电子商务技术及应用发展很快,第1版的部分内容已显陈旧,不能适合当前电子商务环境。此次再版是在收集了众多读者的使用意见后,在保留第1版的主体框架及知识体系的基础上修订的,吸收了近年来电子商务理论、实践领域的最新研究成果。此次再版将太抽象的知识点剔除,还更新了有关电子商务的技术、应用和一些案例,弥补了第1版的不足。

本书由王一海担任主编,仲蓬、刘海涛担任副主编,朱海静、胡国敏、丁莉、孙晶、陶俊、李苏文、唐卫红参编。本书由王一海整体策划、统稿,并承担每个项目任务实施的设计工作,仲蓬、刘海涛负责本书的审稿、校对工作。本书共12个项目,其中项目1、项目2和项目6由王一海编写,项目3由朱海静编写,项目4由胡国敏编写,项目5由仲蓬编写,项目7由唐卫红编写,项目8和项目9由刘海涛编写,项目10由陶俊编写,项目11由李苏文、丁莉编写,项目12由孙晶编写。本书配有电子课件、教学大纲、习题参考答案等教学资源,欢迎广大读者通过书后教学资源索取表提供的方式索取。

在本书的编写过程中,得到了南京大学出版社的帮助和支持,在这里表示衷心感谢。

同时本书在编写过程中,借鉴和引用了大量同行电子商务方面的相关著作、教材和案例中的资料,都在参考文献中列出,在此对这些文献作者表示诚挚的谢意。

由于编写水平有限,书中难免存在错误和疏漏之处,敬请广大读者批评指正。

编 者
2016年3月

第1版前言

现代信息技术的发展,使得电子商务已经迅速地渗透到企业的采购、生产、销售、管理等多个环节中,同时还与人们的学习和生活息息相关。随着电子商务的稳步发展,企业逐渐认识到电子商务是提升企业核心竞争力、拓展市场范围、获取企业利润的主要源泉,社会对掌握电子商务知识人才的需求越来越强烈。

电子商务在全球得到了迅速的发展和应用,应用型、实用型的电子商务专业人才急需培养,越来越多的高等职业院校开设电子商务专业,并把电子商务概论作为经济与管理类以及信息管理类各专业的专业基础课程。电子商务概论课程内容体系涉及面很广,包括计算机技术、网络技术、数据库技术、经济学、信息系统等知识。目前有些教材仅从管理或商务的角度描述电子商务的理论和原理,缺乏实践环节,这给教师授课和学生学习提出了较高的要求,同时与电子商务人才培养方案中的培养规格和要求明显不一致。

本书是由一批双师型的教师结合多年的教学经验和电子商务的实际应用编写的。在编写过程中,打破了传统电子商务概论中过于理论化的介绍,以电子商务职业岗位能力要求为导向,依据电子商务师的职业标准,采用项目教学、任务驱动的形式,将电子商务的理论和实践进行项目化归纳,推进理实一体,落实学做合一。本书按照项目式的教学要求重新构建教材的内容结构,每个项目按照项目要求、相关知识、项目实施和扩展知识的结构编排内容,并根据不同的项目要求,将电子商务的理论进行提炼整合,归纳出与项目相关的知识点,提出有关的扩展知识点,以便于学生理解和掌握。在每个项目实施中,根据电子商务应用的要求设置相应的操作任务,同时每个项目后均附有案例和一定数量的习题,以帮助学生进一步巩固基础知识,强化实践技能。

本书由王一海、迟镜莹担任主编,唐卫红担任副主编,孙晶、陶俊、李苏文参与编写。全书由王一海整体策划、统稿,并承担每个项目任务实施的设计工作,迟镜莹负责本书的审稿工作。全书共10个项目,其中项目1、项目4和项目6由王一海编写,项目2和项目10由陶俊编写,项目3和项目8由孙晶编写,项目5和项目9由唐卫红编写,项目7由李苏文编写。本书配有电子课件、教学大纲、习题参考答案等教学资源,读者可通过书后教学资源索取表提供的方式索取。

在本书的编写过程中,得到了南京大学出版社的帮助和支持,在这里表示衷心感谢。

同时,本书在编写过程中,参阅了大量的相关资料,资料来源都在参考文献中列出。在此对所有这些文献和书籍著作者表示真诚的感谢。

由于编写水平有限,书中难免存在不足之处,敬请广大读者批评指正。

编　者

扫二维码,下载本书PPT

目 录

项目1 认识电子商务 /1

    知识 1.1 电子商务的定义 /1
    知识 1.2 电子商务的特点 /2
    知识 1.3 电子商务的分类 /3
    知识 1.4 电子商务的功能 /5
    知识 1.5 电子商务的模式 /6
    知识 1.6 电子商务的框架 /9
    知识 1.7 电子商务的交易过程 /11
    知识 1.8 电子商务的基本流转方式 /12
    知识 1.9 电子商务的标准 /19
    知识 1.10 电子商务的创新 /20
    知识 1.11 电子商务的影响 /21
    课后习题 /24

项目2 电子商务交易 /26

    知识 2.1 网上购物流程分析 /26
    知识 2.2 B2C 电子商务交易 /28
    知识 2.3 B2B 电子商务交易 /30
    知识 2.4 C2C 电子商务交易 /33
    知识 2.5 电子政务 /53
    知识 2.6 政府采购 /55
    知识 2.7 电子报税 /57
    课后习题 /60

项目3 电子商务网店建设 /62

    知识 3.1 网店前期准备 /62
    知识 3.2 网店基本设置 /64
    知识 3.3 网店商品管理 /65
    知识 3.4 网店装修 /67
    知识 3.5 网店物流管理 /71
    课后习题 /80

项目4 电子商务网店运营 /82

    知识 4.1 网店运营流程 /82
    知识 4.2 网店客户关系管理 /83
    知识 4.3 网店客户等级设置与客户分类 /86
    知识 4.4 客户关怀与营销 /88
    知识 4.5 网店店内推广 /89
    知识 4.6 网店站外推广 /91
    知识 4.7 网店数据分析 /93
    知识 4.8 网店流量数据 /93
    知识 4.9 网店服务指标 /96
    知识 4.10 网店单品数据指标 /96
    知识 4.11 淘宝网店的站内推广方式 /99
    课后习题 /102

项目5 电子商务营销 /104

    知识 5.1 网络营销的内涵 /104
    知识 5.2 网络营销的基础理论 /106
    知识 5.3 网络市场调查 /107
    知识 5.4 网络商务信息的收集与发布 /109
    知识 5.5 网络广告 /110
    知识 5.6 网络营销环境分析 /113
    知识 5.7 网络营销战略 /114
    知识 5.8 网络营销的产品策略 /115
    知识 5.9 网络营销定价策略 /116
    知识 5.10 网络营销渠道策略 /117
    知识 5.11 网络营销的服务策略 /118
    知识 5.12 网上促销策略 /119
    知识 5.13 网络营销的产生 /127
    知识 5.14 在线问卷调查 /128
    知识 5.15 搜索引擎 /130
    知识 5.16 网络消费者市场 /133

课后习题 /135

项目6　电子商务单证 /136

知识6.1　电子商务单证 /136
知识6.2　电子合同的定义 /138
知识6.3　电子合同的特征 /138
知识6.4　电子合同的分类 /139
知识6.5　贸易洽谈的方式 /139
知识6.6　电子数据交换技术 /141
知识6.7　电子签章 /143
知识6.8　电子合同的订立 /144
知识6.9　电子合同生效 /150
知识6.10　电子合同的监管 /151
知识6.11　电子合同基本条款 /152
知识6.12　电子合同签订注意事项 /154
课后习题 /155

项目7　电子商务支付 /157

知识7.1　传统支付方式 /157
知识7.2　电子支付 /160
知识7.3　智能卡 /162
知识7.4　电子现金 /163
知识7.5　电子钱包 /164
知识7.6　电子支票 /166
知识7.7　网上银行 /167
知识7.8　第三方支付 /170
知识7.9　储值卡和虚拟卡 /175
知识7.10　移动支付 /176
知识7.11　信用卡的支付方式 /188
知识7.12　支付网关 /191
课后习题 /193

项目8　电子商务安全 /195

知识8.1　电子商务的安全威胁 /195
知识8.2　电子商务的安全性需求 /196
知识8.3　电子商务的安全体系结构 /197
知识8.4　防火墙技术 /198
知识8.5　病毒和木马防范 /202
知识8.6　数据加密技术 /205
知识8.7　数字摘要 /207
知识8.8　数字信封 /208

知识8.9　数字签名技术 /209
知识8.10　数字时间戳 /210
知识8.11　入侵检测技术 /211
知识8.12　数字证书与CA认证中心 /212
知识8.13　电子商务安全协议 /216
知识8.14　虚拟专用网络技术 /225
知识8.15　电子商务安全管理
　　　　　策略 /226
课后习题 /229

项目9　电子商务网站 /231

知识9.1　电子商务网站定义和功能 /231
知识9.2　电子商务网站的类型 /232
知识9.3　电子商务网站的规划 /241
知识9.4　电子商务网站的建设 /243
知识9.5　电子商务网站的推广 /247
知识9.6　域名的策划 /250
知识9.7　电子商务网站的架构 /251
知识9.8　云计算技术 /257
知识9.9　物联网技术 /260
知识9.10　Internet接入技术 /261
课后习题 /264

项目10　移动电子商务 /266

知识10.1　移动电子商务的定义 /266
知识10.2　移动电子商务服务的
　　　　　内容 /267
知识10.3　移动电子商务的分类 /268
知识10.4　移动电子商务的特点 /268
知识10.5　移动电子商务的商业
　　　　　模型 /269
知识10.6　移动电子商务的相关
　　　　　技术 /271
知识10.7　移动电子商务存在的问题与
　　　　　对策 /273
知识10.8　移动电子商务发展趋势 /274
知识10.9　移动电子商务的营销 /278
知识10.10　移动电子商务价值链
　　　　　 分析 /280
知识10.11　移动电子商务前景与
　　　　　 展望 /282

知识 10.12　移动电子商务前景与展望 /283

课后习题 /284

项目 11　电子商务物流 /286

知识 11.1　物流的定义和功能 /286

知识 11.2　物流的分类 /287

知识 11.3　电子商务与物流的关系 /288

知识 11.4　电子商务下的物流管理模式 /290

知识 11.5　我国电子商务物流的发展现状 /292

知识 11.6　我国电子商务物流的发展对策 /294

课后习题 /305

项目 12　电子商务法规 /307

知识 12.1　电子商务法概述 /307

知识 12.2　国际电子商务立法的特点 /309

知识 12.3　国际电子商务立法的主要内容 /310

知识 12.4　联合国国际贸易法委员会的《电子商务示范法》/311

知识 12.5　我国关于电子商务的法律问题 /311

知识 12.6　电子商务中的知识产权保护 /312

知识 12.7　电子商务纠纷的解决方式 /313

知识 12.8　电子商务师的职业道德 /314

知识 12.9　电子商务网站基本资质许可 /317

知识 12.10　示范法的主要条款内容 /319

知识 12.11　知识产权 /319

知识 12.12　电子商务的税收 /320

课后习题 /323

参考文献 /325

项目 1 认识电子商务

本项目阐述电子商务的基本概念,包括电子商务的定义、电子商务的特点、电子商务的分类和功能、电子商务的模式、电子商务的框架、电子商务的交易过程、电子商务的标准和电子商务的创新模式。

项目内容

对常用的各类型电子商务网站的业务和功能进行了解与分析,熟悉电子商务的功能模块和电子商务交易的整个过程。

知识要求

在使用电子商务的过程中,必须要掌握电子商务的定义、特点、功能和分类;了解电子商务的相关技术和应用;掌握电子商务的业务结构和框架结构;熟悉电子商务整个交易的过程;了解目前电子商务的发展及对传统商务的挑战。

相关知识

知识 1.1 电子商务的定义

电子商务正在以难以置信的速度渗透到人们的日常生活中,各国政府、学者、企业界人士都根据自己所处的地位和对电子商务的参与程度,给出了许多不同代表和权威的定义。

世界电子商务会议(The World Business Agenda for Electronic Commerce)权威的认为:电子商务是指实现整个贸易过程中各阶段的贸易活动的电子化。全球信息基础设施委员会(Globa Information Infrastrucrure Commission,GIIC)将电子商务定义为:电子商务是运用电子通信作为手段的经济活动,通过这种方式人们可以对带有经济价值的产品和服务进行宣传、购买和结算。联合国经济合作和发展组织(Organization for Economic Co-operation and Development,OECD)对电子商务的定义是:电子商务是发生在开放网络上的包含企业之间、企业和消费者之间的商业交易。欧洲议会对电子商务的定义是:电子商务是通过电子方式进行的商务活动,通过电子方式处理和传递数据,包括文本、声音和图像。

HP 公司认为电子商务是通过电子化手段来完成商业贸易活动的一种方式,使我们能够以电子交易为手段完成物品和服务等的交换,是商家和客户之间的联系纽带。IBM 公司认为,电子商务是指采用数字化电子方式进行商务数据交换和开展商务业务的活动,是在 Internet 的广泛联系与传统信息技术系统的丰富资源相互结合的背景下应运而生的一种相互关联的动态商务活动。

总之,无论是国际商会,还是 HP 和 IBM,都认为电子商务是利用现有的计算机硬件设备、软件和网络基础设施,通过一定的协议连接起来的电子网络环境进行各种各样商务活动的方式。因此,对于电子商务概念的科学理解应包括以下几个方面。

① 电子商务是整个贸易活动的自动化和电子化。

② 电子商务是利用各种电子工具和电子技术从事各种商务活动的过程,如图1.1所示。其中,电子工具是指计算机硬件和网络基础设施(包括 Internet、intranet、各种局域网等);电子技术是指处理、传递、交换和获得数据的多种技术的集合。

图1.1 电子商务的形成

③ 电子商务渗透到贸易活动的各个阶段,因而内容广泛,包括信息交换、售前售后服务、销售、电子支付、运输、组建虚拟企业、共享资源等。

④ 电子商务的参与包括消费者、销售商、供应商、企业雇员、银行或金融机构及政府等各种机构或个人。

⑤ 实行电子商务的目的是要实现企业乃至全社会的高效率、低成本的贸易活动。

知识1.2　电子商务的特点

电子商务与传统商务方式相比具有明显的特点,具体可以归纳为几点:高效性、方便性、集成性、可扩展性、安全性和协作性。

1. 高效性

电子商务最基本的特性是高效性,即提供买卖双方进行交易的一种高效的服务方式、场所和机构。网上购物为消费者提供了一种方便、迅捷的购物途径,为商家提供了一个遍布世界各地的、广阔的、有巨大潜力的消费者群体;电子商务可以开发市场,增加客户数量,同时通过产品信息数据库,企业能够记录客户访问、购买的情况和购物动态及客户对产品的偏爱,从而很好地获知客户最想购买的产品是什么,进而为产品的生产、开发提供有效的信息。

2. 方便性

在电子商务环境中,客户不再受时间和空间的限制,即只能在一定的区域内,有限的几家商场中选择交易对象,寻找所需的商品,而可以在全球范围内寻找交易伙伴,选择商品,同时不再将目光集中在商品的价格上,而更注重产品服务质量的好坏。企业通过把客户服务过程移至开放的网络上,使客户能以一种比过去更简捷、方便的方式完成过去他们认为比较费事才能获得的服务。例如,将资金从一个存款户头移至一个支票户头、查看一张信用卡的收支情况、查询货物的收发情况,乃至搜寻购买稀有产品等,这些都可以足不出户而实时完成。

3. 集成性

电子商务的集成性是指通过电子工程技术实现新老资源、人工操作与电子系统处理的有机集成。电子商务网络的真实商业价值在于协调新技术的开发运用和原有技术设备的改造利用,使用户能更加行之有效地利用已有的资源和技术,从而更高效地完成企业的生产和销售及客户服务。电子商务的集成性,还在于事务处理的整体性和统一性——它能规范事务处理的工作流程,将人工操作和信息处理集成为一个不可分割的整体,这样不仅提高了人力和物力的利用率,也提高了系统运行的严密性。

4. 可扩展性

要使电子商务正常运作,必须确保电子商务的可扩展性。网络上的用户数量数以万计,而且增长的速度非常快,这就要求电子商务系统能够有与之相适应的可扩展性。如果电子商务系统做不到随着用户数量的变化而进行方便、及时的扩展,那么客户访问的速度就将急剧下降,甚至会导致整个系统的瘫痪,从而影响企业的收入,损坏企业的形象和信誉。对于电子商务来说,可扩展性的系统才是最稳定的系统,稳定的系统才能提供优质的服务,才能促进电子商务的不断发展。

5. 安全性

对于客户而言,无论网上的商品如何具有吸引力,如果缺乏对网上交易安全性的信心,就不敢随意在网上进行交易。在电子商务中,交易的安全性是必须考虑和解决的核心问题。网络中的欺骗、窃听、病毒和非法入侵都是威胁电子商务的因素,所以这就要求网络能提供一种端到端的安全解决方案,包括加密机制、签名机制、分布式安全管理、存取控制、防火墙、安全互联网服务器、防病毒保护等。为了帮助企业创建和实现这些方案,国际上多家公司联合制定了安全电子商务交易的技术标准和研究方案,并提出了安全电子交易协议(Secure Electronic Transaction,SET)和安全套接层协议(Secure Socket Layer,SSL)等协议标准,有助于企业建立一种安全的电子商务环境。

6. 协作性

商务活动本身是一种协调过程,需要客户与公司内部、生产商、批发商、零售商间的协调。在电子商务环境中,更要求银行、配送中心、通信部门、技术服务等多个部门的通力协作。为了提高效率,许多组织都提供了交互式的协议,电子商务活动也可以在这些协议的基础上进行。电子商务是迅捷简便的,具有友好界面的用户信息反馈工具,决策者们能够通过它获得高价值的商业情报,辨别隐藏的商业关系和把握未来的趋势。因此,他们可以做出更有创造性、更具战略性的决策。

知识1.3 电子商务的分类

通过研究不同类型的电子商务,可以加深对电子商务的理解。按照不同的标准,电子商务可划分为不同的类型。

1. 按照商业活动的运作方式分类

(1) 完全电子商务

完全电子商务是指完全可以通过电子商务方式实现和完成完整交易的交易行为和过程,也就是商品或服务的完整过程是在信息网络上实现的。

(2) 非完全电子商务

非完全电子商务是指不能完全依靠电子商务方式实现和完成完整交易的行为和过程,即在商务活动的某些环节需要依靠一些外部因素来实现。

2. 按照开展电子交易的范围分类

(1) 本地电子商务

本地电子商务通常是指利用本城市或本地区的信息网络实现的电子商务活动,电子交易的范围较小。本地电子商务系统是利用 Internet、intranet 或专用网络将金融机构、保险公司、商品检验等信息系统及本地区 EDI 中心系统联系在一起的网络系统。

(2) 远程国内电子商务

远程国内电子商务是指在本国范围内进行的网上电子交易活动,其交易的地域范围较大,对软硬件和技术要求较高,要求在全国范围内实现商业电子化、自动化,实现金融电子化,交易各方具备一定的电子商务知识、经济能力和技术能力,并具备一定的管理水平等。

(3) 全球电子商务

全球电子商务是指在全世界范围内进行的电子交易活动,参加电子商务的交易各方通过网络进行贸易。它涉及有关交易各方的相关系统,如买卖方国家进出口公司系统、海关系统、银行金融系统、税务系统、保险系统等。全球电子商务业务内容繁杂,数据来往频繁,要求电子商务系统严格、准确、安全、可靠,必须使用世界统一的电子商务标准和协议。

3. 按照商务活动的内容分类

(1) 间接电子商务

间接电子商务是指有形货物的电子订货与付款等活动,依然需要利用邮政服务、快递等传统渠道送货,另外也可利用电子商务物流配送中心。

(2) 直接电子商务

直接电子商务是指无形货物或服务的订货或付款等活动,如某些计算机软件、娱乐内容的联机订购、付款和交付,或者是全球规模的信息服务。

4. 按照使用网络的类型分类

(1) 基于 EDI 网络的电子商务

基于 EDI 网络的电子商务是利用 EDI 网络进行电子交易。EDI 是指商业或行政事业单位按照一个公认的标准,形成结构化的事务处理或文档数据格式,以及从计算机到计算机的电子传输方法。

(2) 基于 Internet 的电子商务

基于 Internet 的电子商务就是利用 Internet 网络进行电子交易。Internet 是一种采用 TCP/IP 协议组织起来的松散的、独立国际合作的国际互联网。

(3) 基于 intranet 的电子商务

基于 intranet 的电子商务是指利用企业内部网络进行电子交易。intranet 是在 Internet 基础上发展起来的企业内部网,是在原有的局域网上附加一些特定的软件,将局域网与 Internet 连接起来,从而形成的企业内部的虚拟网络。

5. 按照交易对象分类

（1）企业对企业的电子商务

企业对企业（Business to Business）类型的电子商务简称 B2B，即企业或商业机构相互之间利用 Internet 或商务网络进行的商务活动。

（2）企业对消费者的电子商务

企业对消费者（Business to Customer）类型的电子商务简称 B2C，即企业或商业机构利用 Internet 向消费者提供商务和服务。例如，网上商店和网络学校等。

（3）消费者对消费者的电子商务

消费者对消费者（Customer to Customer）类型的电子商务简称 C2C，即消费者个人之间利用 Internet 进行的商品交换等商务活动。

（4）政府对企业的电子商务

政府对企业（Government to Business）类型的电子商务简称 G2B。此电子商务可以覆盖政府与企业之间通过 Internet 处理的许多事务。例如，政府的采购、企业的网上申报、网上年审和网上纳税等。

（5）政府对消费者的电子商务

政府对消费者（Government to Customer）类型的电子商务简称 G2C。此类电子商务可以覆盖政府与消费者个人之间通过 Internet 处理的一些事务。例如，政府将电子商务扩展到社会福利费的发放、个人所得税和车辆养路费的网上交纳等。

知识 1.4　电子商务的功能

电子商务可提供网上交易和管理等全过程的服务，所以具有广告宣传、咨询洽谈、网上订购、网上支付、电子账户、服务传递、意见征询和交易管理等各项功能。

1. 广告宣传

电子商务可凭借企业的 Web 服务器和客户的浏览器，在 Internet 上发布各类商业信息。客户可借助网上的检索工具（search）迅速地找到所需商品信息，而商家可利用网上主页（homepage）和电子邮件（E-mail）在全球范围内做广告宣传。与以往的各类广告相比，网上的广告成本最为低廉，给顾客的信息量却最为丰富。

2. 咨询洽谈

电子商务可借助非实时的电子邮件（E-mail）、新闻组（news group）和实时的讨论组（chat）来了解市场商品信息，洽谈交易事务，如有进一步的需求，还可用网上的白板会议（whiteboard conference）来交流即时的图形信息。网上的咨询和洽谈能超越人们面对面洽谈的限制，提供多种方便的异地交谈形式。

3. 网上订购

电子商务可借助 Web 中的邮件交互传送实现网上的订购。网上订购通常都是在产品介绍的页面上提供十分友好的订购提示信息和订购交互格式框，当客户填完订购单后，通常系统会提示确认订单来保证订购信息的收悉。订购信息也可采用加密支付以使客户和上面的商业信息不会泄露。

4. 网上支付

电子商务要成为一个完整的过程,网上支付是一个重要的环节。客户和商家之间可采用信用卡账号进行支付。在网上直接采用电子支付手段可节省交易中很多人员的开销。网上支付需要更为可靠的信息传输安全性控制以防止欺骗、窃听、冒用等非法行为。

5. 电子账户

网上支付必须有电子金融来支持,即银行或信用卡公司及保险公司等金融单位为资金融通提供网上操作服务。电子账户管理是其基本的组成部分。信用卡号或银行账号都是电子账户的一种标志,而其可信度需要配以必要的技术措施来保证,如数字证书、数字签名、加密卡等。

6. 服务传递

对于已付款的客户应将其订购的货物尽快地传递到他们的手中,但有些货物在本地,有些货物在异地,电子邮件将能在网络中进行物流的调配;最适合在网上直接传递的货物是信息产品,如软件、电子读物、信息服务等,能直接从电子仓库中将货物发送到用户端。

7. 意见征询

电子商务能十分方便地采用网页上的选择和填空等形式来收集用户对销售服务的反馈意见,使企业的市场运营能形成一个封闭的回路。客户的反馈意见不仅能提高售后服务的水平,还能使企业获得改进产品、发现市场的商业机会。

8. 交易管理

整个交易的管理涉及人、财、物多个方面,包括企业和企业、企业和客户及企业内部等各方面的协调和管理。因此,交易管理是涉及商务活动全过程的管理。电子商务的发展,将提供一个良好的交易管理网络环境及多种多样的应用服务系统。这就保障了电子商务获得更广泛的应用。

知识1.5　电子商务的模式

为了充分利用国际互联网达到最佳的商业效果,不同的企业利用电子商务的模式是不同的。企业应根据自身的经营特点,开发适合自身发展的电子商务战略。

1. B2B

B2B(Business to Business)是指企业与企业之间通过互联网进行产品、服务及信息的交换。1997年,中国化工网(英文版)上线,成为国内第1家垂直B2B电子商务商业网站。目前基于互联网的B2B的发展速度十分迅猛,截至2015年,中国电子商务B2B市场交易额达到8万亿元,网购交易额也首次突破千亿,达到3 500亿元。B2B的代表之一1688如图1.2所示。

从企业间电子商务系统所针对的企业间商务业务类型来看,目前的企业间电子商务系统可分为针对国际贸易业务的国际电子商贸系统、针对一般商务过程的电子商务系统和针对支付及清算过程的电子银行系统。

图1.2　B2B——1688

2. B2C

B2C(Business to Customer)是企业对消费者的电子商务模式。这种形式的电子商务一般以网络零售业为主，主要借助于Internet开展在线销售活动。B2C模式是我国最早产生的电子商务模式，以8848网上商城正式运营为标志，企业通过互联网为消费者提供一个新型的购物环境，消费者通过网络在网上购物，并可在网上支付。近年来，中国B2C市场发展迅速，随着消费者消费习惯的改变及企业自建与第三方平台的大量涌现，投资者关注度显著提高，网上购物用户迅速增长，到2008年中国电子商务B2C市场交易额已达到1 776亿元，这几年中国B2C市场复合增长率持续提高，2011年中国电子商务B2C市场交易额有望达到4 982亿元。B2C的代表之一当当网如图1.3所示。

图1.3　B2C——当当网

3. C2C

C2C(Customer to Customer)是消费者之间的电子商务模式，指网络服务提供商利用计算机和网络技术，提供有偿或无偿使用的电子商务平台和交易服务，便于交易双方(主要为个人消费者)达成交易的一种在线交易模式。国外C2C电子商务模式的典型代表是eBay，如图1.4所示。国内C2C电子商务模式的典型代表是淘宝。

图 1.4　C2C——eBay

4. G2B

G2B(Government to Business)是指政府(government)与企业(business)之间的电子政务,即政府通过网络进行采购与招标,快捷迅速地为企业提供各种信息服务;企业通过网络进行税务通报、办理证照、参加政府采购、对政府工作提出意见等;政府向企业事业单位发布各种方针、政策、法规、行政规定等。对政府来说,G2B 电子政务的形式主要包括这样几种:电子采购与招标、电子税务、电子证照办理、电子外经贸管理、中小企业服务、综合信息服务等。G2B 方式包括政府服务企业和获取企业的服务,其样例如图 1.5 所示。

图 1.5　G2B——南京市政务大厅

5. G2C

G2C 的全称是 Government to Citizen,即政府对公众的电子政务。G2C 是指政府通过电子网络系统为公民提供的各种服务。与 G2B 模式一样,G2C 模式的着眼点同样是强调政府的对外公共服务功能,所不同的是前者侧重针对企业,后者的服务对象是社会公众,特别是公众个人。

G2C 模式的服务范围更为广泛,如网上发布政府的方针、政策及重要信息,介绍政府机构的设置、职能、沟通方式,提供交互式咨询服务、教育培训服务、行政事务审批、就业指导等,如图 1.6 所示。

项目1 认识电子商务

图 1.6 G2C——江苏人才网

6. G2G

G2G(Government to Government)是政府上下级、部门间利用电子公文系统传送有关的政府公文,以提高公文处理速度,或者是利用电子办公系统完成机关工作人员的许多事务性的工作,如下载政府机关经常使用的各种表格、报销出差费用等,以节省时间和费用,提高工作效率。如图 1.7 所示为南京市政府网。

图 1.7 G2B——南京市政府网

知识1.6 电子商务的框架

电子商务并不仅是创建一个网站,事实上电子商务涵盖的内容很多,目前已有很多方面的应用,如网上购物、网上证券交易、网上招聘、电子政务、网上拍卖等,而这些应用都需要相关技术的支持。电子商务的框架是指实现电子商务的技术保证和电子商务应用所涉及的领域。电子商务的技术支持分为 4 个层次和 2 个支柱。自底向上的 4 个层次分别是网络层、多媒体信息发布层、报文和信息传播层、贸易服务层;2 个支柱是国家政策及法律法规、相关技术标准及网络安全协议。4 个层次之上是电子商务的应用,可以看出电子商务的各种应用都是以 4 层技术和 2 个支柱为前提条件的,如图 1.8 所示。

```
┌─────┬──────────────────────────────────┬─────┐
│     │          电子商务的应用            │     │
│     │ 供货链管理、网上企业、网上商店、    │     │
│     │ 网上银行、网上信息服务、电子政务等  │     │
│ 国   ├──────────────────────────────────┤ 技  │
│ 家   │           贸易服务层              │ 术  │
│ 政   │ 安全性认证、咨询服务、市场调研、   │ 标  │
│ 策   │ 电子支付、目录服务等              │ 准  │
│ 及   ├──────────────────────────────────┤ 和  │
│ 法   │        报文和信息传播层            │ 网  │
│ 律   │       EDI、E-mail、HTTP          │ 络  │
│ 法   ├──────────────────────────────────┤ 协  │
│ 规   │       多媒体信息发布层             │ 议  │
│     │        HTML、Java、WWW           │     │
│     ├──────────────────────────────────┤     │
│     │            网络层                 │     │
│     │ 电信、有线电视、无线设备、Internet │     │
└─────┴──────────────────────────────────┴─────┘
```

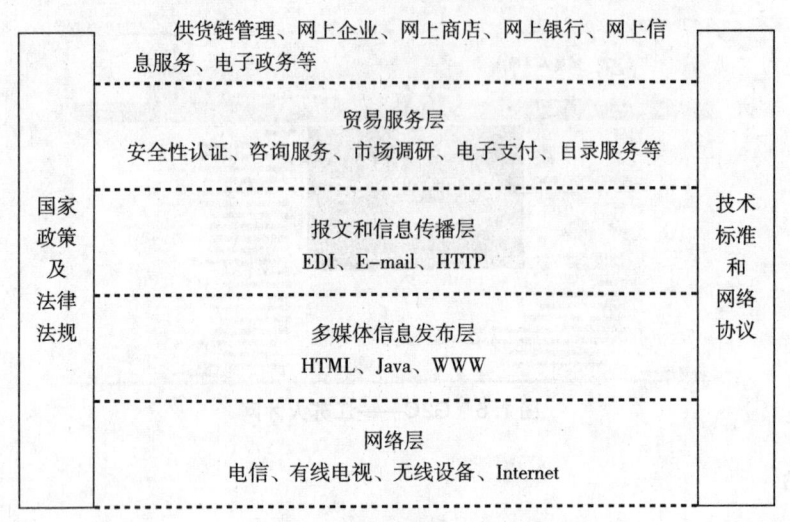

图 1.8 电子商务的框架结构

1. 网络层

网络层指网络基础设施,又称网络平台。它以国际互联网(Internet)为基础,包括内联网(intranet)、外联网(extranet)及各种增值网(VAN)等,还有远程通信网(Telecom)、有线电视网(Cable TV)、无线通信网(Wireless)等网络平台。网络层用户端硬件包括路由器(Route)、集线器(Hub)、调制解调器(Modem)、基于计算机的电话设备、机顶盒(Set-Top Box)、电缆调制解调器(Cable Modem)等。网络层是实现电子商务的最底层的基础设施,也是实现电子商务的基本保证。

2. 多媒体信息发布层

最常用的信息发布方式就是通过万维网(WWW),用 HTML 或 Java 将多媒体内容发布在 Web 服务器上,再通过安全协议将发布的信息传送给接受者。网络上的内容包括文本、图像、声音等多媒体信息,通过 HTML 将这些多媒体内容组织得易于检索和富于表现力。从技术角度而言,电子商务系统的整个过程就是围绕信息的发布和传输进行的。

3. 报文和信息传播层

HTTP 是 Internet 上通用的消息传播协议,它以统一的显示方式,在多种环境下显示非格式化的多媒体信息;格式化的数据交流,EDI 是典型代表,它的传递和处理过程可以是自动化的,无须人的干涉,也就是面向机器的,订单、发票、装运单都比较适合格式化的数据交流。

4. 贸易服务层

贸易服务层是为了方便网上交易所提供的通用业务服务,是所有的企业、个人做贸易时都会用到的服务,所以又称为基础服务。它主要包括安全和认证、电子支付、商品目录和价目表服务等,相应的机构有网络数据中心、认证中心、支付网关和客户服务中心等,相应的设备有电子商务服务器、数据库服务器、账户服务器、协作服务器等。任何一个贸易服务都包括 3 个基本部分,即电子销售支付系统、供货体系服务、客户关系解决方案。

知识 1.7　电子商务的交易过程

电子商务的交易过程大致可以分为交易前准备、洽谈和签订合同、办理合同履行前手续、交易合同履行、交易后处理5个阶段。每个阶段要完成的工作与传统商务相似,但采用的技术手段、运用的管理模式有较大差异,最终的效果明显不同。在整个电子商务交易过程中有信息流、资金流和物流在循环流动,如图1.9所示。

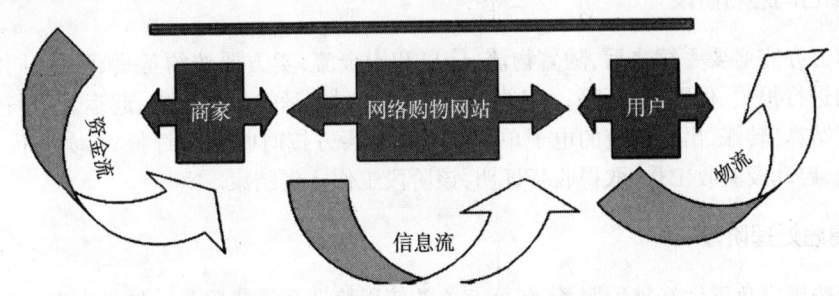

图 1.9　电子商务中的信息流、资金流和物流

1. 交易前准备阶段

卖方根据自己销售的商品,召开商品新闻发布会,制作广告进行宣传,全面进行市场调查和市场分析,制定各种销售策略和销售方式,了解各个买方国家的贸易政策,利用 Internet 和各种电子商务网络发布商品广告,诱发客户的需求,寻找贸易伙伴和交易机会,扩大贸易范围和商品所占市场的份额。

买方通过互联网和其他电子商务网络,寻找所需的商品和满意的商家,发出询价和查询信息,收集相关信息,进行市场调查和分析,了解各个卖方国家的贸易政策,比较选择,制定、修改和审批购货计划,按计划确定购买商品的种类、数量、规格、价格、购货地点和交易方式等,准备购货款。

其他参加交易的各方(称中介方),如电子商城、银行、信用卡公司(或发卡银行)、海关、商检、保险、税务及物流配送公司等机构都要做好参与交易的相应的准备工作,要能随时进行在线服务。

2. 洽谈和签订合同阶段

交易双方采用现代网络沟通方式(如阿里巴巴的阿里旺旺,腾讯公司的 QQ、微信等)和互联网的电子邮件(E-mail)、电子公告牌系统(BBS)、网络新闻组(Usenet)、聊天室等手段,对所有交易细节进行洽谈和磋商,进一步比较选择,做出购买决策,进而商定电子贸易合同的条款(对于小数量低价位的商品,不一定具备合同形式)。合同条款包含双方在交易中的权利、承担的义务,对所购买的种类、数量、价格、交货地点、交货期、交易方式和运输方式、违约和索赔等做出详细的约定。交易双方可以通过电子邮件或电子数据交换(EDI)进行签约,采用数字签名等方式签名,然后采用安全保密传送方式交换电子合同文件。

3. 办理合同履行前手续阶段

电子商务交易在签订合同后到合同履行之前必须完成一系列必要的手续。交易双方和中介方,包括电子商城、银行、信用卡公司(或发卡银行)、海关、商检、保险、税务及物流配送公司等机构,彼此之间需要实时完成相应的手续,交换有关的电子票据和电子单证,如信用卡申请、账号及密码校验、支付能力查证、支付信誉查证、付款通知、转账通知等,均需随着信息流和资金流,按步骤逐项完成。

4. 交易合同履行阶段

买卖双方办完必要手续之后,随着物流、信息和资金流,卖方要按约备货、组货,同时启动相应服务机构进行报关、保险、取证等;卖方将所购商品交付给运输公司包装、起运、发货;银行和金融机构完成结算、转账,出具相应的电子单据等。直到买方按时收到所订货物,卖方代理完成所规定的安装、启动及验收工作,取得收货证明,该阶段工作才告结束。

5. 交易后处理阶段

卖方应按规定负责做好售后服务,包括有关的使用培训和维修服务。如果出现违约情况,则买卖双方还需进入违约处理程序,受损方有权向违约方索赔。倘若双方不能正常解决,则需根据相关的法律法规,转入司法程序处理。买卖双方还需合作完成销售反馈意见的填写和收集工作,这些都可以通过互联网上的企业网站等途径简捷完成。

由上可知,电子商务的交易几乎都是在网络上进行的,只是实体商品的配送和部分的售后服务例外,因此能够达到高效率、低成本的目标。电子商务交易充分体现了对信息流、资金流和物流的科学管理,使管理者、工作人员,甚至客户都能直观地了解交易的进展和管理的全貌,体现对客户的尊重与支持,反映了4C理论"客户需求导向"的这一重要观点。

知识1.8　电子商务的基本流转方式

不同类型电子商务交易的流转过程是不同的,大致可以分为4种交易流程,分别是无认证中心的网络商品直销、存在认证中心的网络商品直销、企业间的网络交易和网络商品中介交易。前两种交易流程归属于B2C电子商务范畴,后两种交易流程归属于B2B电子商务范畴,目前市场上应用最广泛的是无认证中心的网络商品直销和网络商品中介交易两种。

1. 网络商品直销

网络商品直销是指消费者和生产者,或者需求方和供应方直接利用网络形式所开展的买卖活动。B2C电子商务基本属于网络商品直销的范畴。这种交易的最大特点是供需方直接见面、环节少、速度快、费用低。这种网络商品直销的流转过程如图1.10所示,具体步骤如下。

1)消费者进入互联网,查看企业和商家的网页。
2)消费者通过购物对话框填写购货信息,包括姓名、地址、所购商品名称、数量、规格和价格等。
3)消费者选择支付方式,如信用卡、电子货币、电子支票、借记卡、货到付款等。
4)企业或商家的客户服务器检查支付方服务器,确认汇款额是否认可。

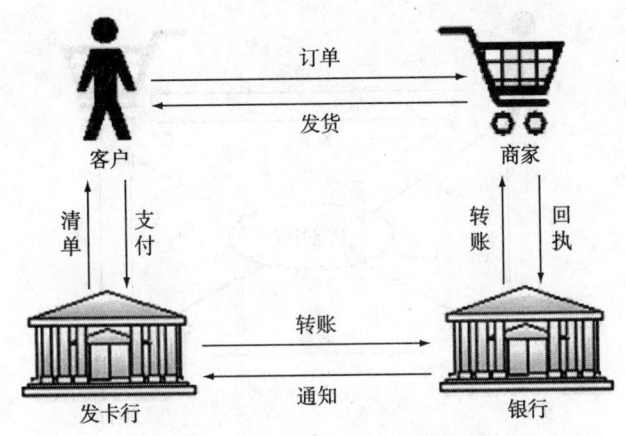

图1.10　网络商品直销的流转过程1

5）企业或商家的客户服务器确认消费者付款后，通知销售部门送货上门。
6）消费者的开户银行将支付款项传递到消费者的信用卡公司，信用卡公司负责发给消费者收费单。

如图1.11所示为戴尔公司的网络商品直销。

图1.11　戴尔公司的网络商品直销的部分页面

2. 存在认证中心的网络商品直销

为了保证交易过程的安全，需要有一个认证机构对在互联网上交易的买卖双方进行认证，以确认他们的身份。这种网络商品直销的流转过程如图1.12所示。

该过程应当在SET协议下进行。在安全电子交易的4个环节中，即从消费者、商家、支付网关至认证中心，IBM、Microsoft、Netscape、Sun、Oracle均有相应的解决方案。

这种交易方式不仅有利于减少交易环节，大幅度降低交易成本，以降低商品的最终价格，而且可以减少售后服务的技术支持费用和为消费者提供更快更方便的服务。当然，这种方式也有其不足，主要表现在两个方面：一是购买者只能从网络广告上判断商品的型号、性能、样式和质量，对实物没有直接的接触，这在很多情况下可能会产生错误的判断，同时也有一些不法厂商利用虚假广告欺骗顾客；二是购买者利用信用卡或电子货币进行网上交易，不可避免地要将自己的密码输入计算机，这就使一些犯罪分子有机可乘，利用各种高科技的作案手段窃取密码，进而窃取用户的钱款。

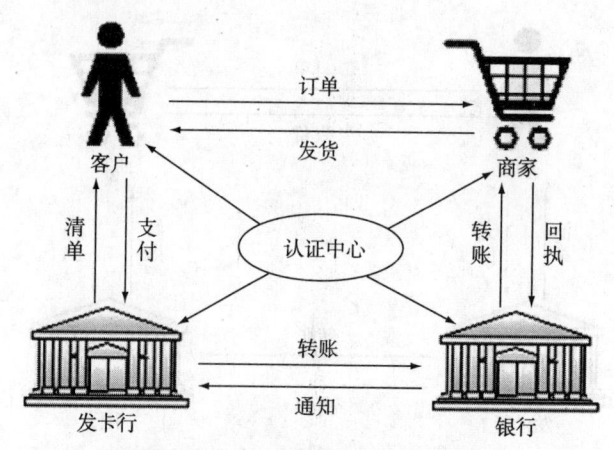

图1.12 网络商品直销的流转过程2

消费者进行网上购物时一定要慎重,要选择知名的网上商城,如卓越亚马逊、当当网、京东商城等,或者使用网上银行的商城,如招商银行的一网通商城(见图1.13),里面的商家链接都是招商银行的商户,比较有安全保障。

图1.13 招商银行的一网通商城的部分页面

最早存在认证中心的网络商品直销的示范工程是首都电子商城,现在已经演变为首信易支付平台(见图1.14),其功能相当于一个第三方支付平台,目前平台上有很多合作商户,通过首信易支付购物可以有更多优惠,因此可以说在实际应用中,首信易支付充当了一个认证的角色。

图1.14 首信易支付平台的部分页面

3. 企业间的网络交易

企业间的网络交易是指企业利用自己的网站或网络服务商的信息发布平台发布买卖、合作、招投标等商业信息,借助互联网超越时空的特性,既让其他企业了解本企业,又可方便地发现世界各地其他企业的信息。同时,通过认证中心核实对方的真实身份;通过商业信用调查平台(信用中心),买卖双方可以进入信用调查机构申请对方的信用调查;通过产品质量认证平台,可以对卖方的产品质量进行有效调查。然后在信息交流平台上签订合同,进而实现电子支付和物流配送。最后是销售信息的反馈。完成 B2B 的整个电子商务交易流程,如图 1.15 所示。

随着市场竞争的加剧,很多企业逐步认识到客户信息反馈的重要性,于是开始加强客户关系管理,建立企业内部数据库,对客户的资料、反馈信息进行分析处理,以便更好地服务顾客,占领市场。

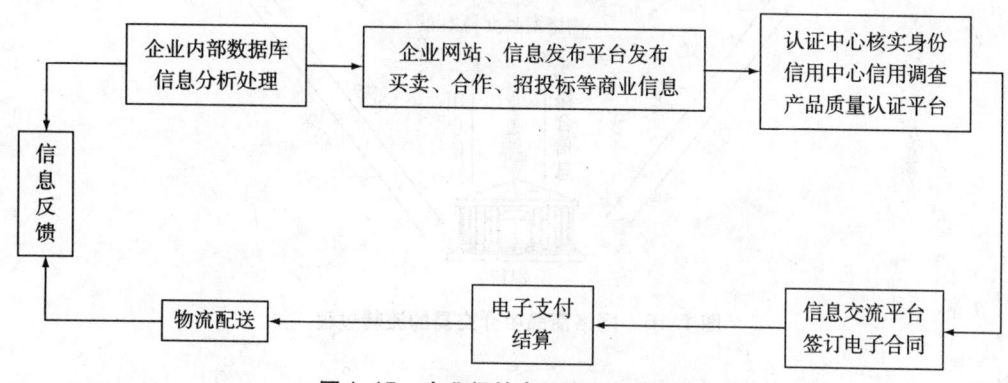

图 1.15　企业间的电子商务交易流程

4. 网络商品中介交易

网络商品中介交易是通过网络商品交易中心,即虚拟网络市场进行的商品交易。在这种交易过程中,网络商品交易中心以 Internet 为基础,利用先进的通信技术和计算机软件技术,将商品供应商、采购商和银行紧密地联系起来,为客户提供市场信息、商品交易、仓储配送、货款结算等全方位服务。网络商品中介交易的流转过程如图 1.16 所示,整个过程可以分为以下 4 个步骤。

1) 买卖双方将各自的供应和需求信息通过网络告诉网络商品交易中心,网络商品交易中心通过信息发布服务向参与者提供大量的详细交易数据和市场信息。

2) 买卖双方根据网络商品交易中心提供的信息,选择自己的贸易伙伴。

3) 网络商品交易中心从中撮合,促使买卖双方签订合同。

4) 网络商品交易中心在各地的配送部门将卖方货物送交买方。

采用这种交易方式虽然会增加一定的成本,但是却可以降低买方和卖方的风险。首先,这个市场是由商品中介组织的,商品的生产商和供应商遍及全国甚至全球各地,为双方提供了很大的交易市场,增加了许多交易机会。其次,网络商品交易中心可以解决"拿钱不给货"或者"拿货不给钱"的问题。在双方签订合同之前,网络商品交易中心可以协助买方对商品进行检验,只有符合条件的产品才可以入网,这在一定程度上解决了商品的"假、冒、伪、劣"。而且,网络交易中心会协助交易双方进行正常的电子交易,以确保双方的利益。最后,网络商品交易中心采取的是统一结算模式,这可以加快交易的速度。

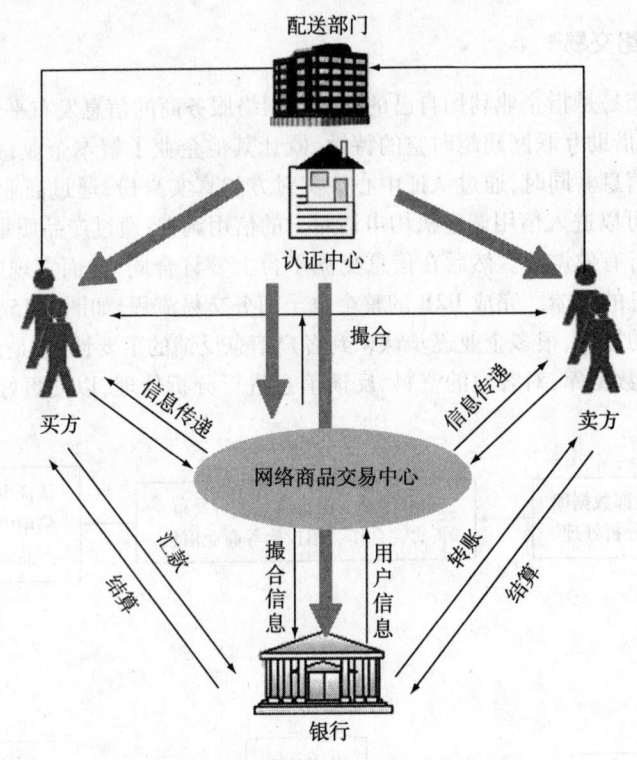

图1.16 网络商品中介交易的流转过程

项目实施

项目任务

根据项目内容,本项目为初步认识电子商务,了解电子商务的业务功能和电子商务的应用范围,以及电子商务使用方法和过程。它主要有下面几个任务。

1. 著名电子商务网站的业务功能分析。
2. 搜索引擎百度的使用操作。
3. 淘宝网站会员免费注册,网上购物。

项目要求

1. 浏览著名电子商务网站,初步了解电子商务业务,叙述业务功能。
2. 掌握搜索引擎的用途,掌握百度的基本搜索、关键词强制搜索和高级搜索的使用方法。
3. 掌握网上购物的业务流程,熟悉电子商务网上购物的相关业务和功能。

实施步骤

1. 著名电子商务网站的业务功能分析

（1）通过实际运营中的各类网站，充分理解 B2B、B2C、C2C、EG 电子商务的功能、应用和特点。

海尔集团的海尔招投标网（http://haierbid.com）
中国商品交易中心（http://www.ccec.com）
戴尔公司（http://www.dell.com.cn）
海尔商场（http://www.ehaier.com）
易趣（http://www.eachnet.com）
首信易支付（http://www.beijing.com.cn）
招商银行一网通商城（http://shop.cmbchina.com）
阿里巴巴（http://www.alibaba.com.cn）
Ebay（http://www.ebay.cn）
亚马逊（http://www.amazon.cn）
中华人民共和国商务部网站（http://www.mofcom.gov.cn）
南京市政务大厅（http://www.mynj.gov.cn）

（2）分析每个电子商务网站的类型、主题、栏目、业务和功能，从以下几个方面进行思考，并就某一网站进行讨论，总结后记录在表 1.1 中。

① 建立网站的目的在于哪些方面？
② 电子商务交易的参与方有哪些？对于政务网站来说，网站服务的对象有哪些？
③ 通过什么渠道获得用来交易的商品？
④ 网站的赢利来源有哪些？
⑤ 交易的流程是怎样的？对于政务网站来说，举例说明办事流程。

表 1.1 电子商务网站业务功能分析

网站名称			
网站主题			
网站类型			
设置栏目			
业　　务		功能	

（3）浏览政府采购、金融、证券、旅游、汽车、烟草、教育、保险、医药、电信、物流、房地产、农产品、林产品、水产品等行业和领域的电子商务网站，体会电子商务在各个领域的应用。

2. 搜索引擎百度的使用

在互联网中用来搜索的程序叫做搜索引擎（search engine），是一类运行特殊程序的、专门用来帮助用户查询互联网上的 WWW 服务信息的 Web 站点。搜索引擎站点也被誉为"网络门户"。目前，互联网上的搜索引擎基本上由信息查询系统、信息管理系统和信息检索系统 3 个部分组成。

国外著名的搜索引擎大多数提供多种语言的支持，常用的有 www.google.cn、www.infoseek.com、www.hotbot.com、www.lycos.com 等。国内著名的搜索引擎是百度（http://www.baidu.com

(见图 1.17),很多有名的门户网站,如网易(http://www.netease.com)、搜狐(http://www.sohu.com)、新浪(http://www.sina.com)等也提供中文搜索引擎服务。

图 1.17　百度搜索引擎普通搜索

(1) 了解常见的搜索引擎有哪些,打开搜索工具百度(http://www.baidu.com)网站。

(2) 任意输入产品的名称、品牌、型号、性能进行搜索,了解搜索的效果,然后使用连接符(and、or、-、|、括号等)进行搜索,查看搜索的效果。掌握目录分类搜索和关键字搜索的方法和原理。

(3) 熟悉在阿里巴巴、淘宝、海尔商城等电子商务网站上进行产品、公司、求购、宝贝、店铺、拍卖等搜索的方法和技巧。

3. 淘宝网站会员免费注册和网上购物

(1) 打开淘宝(http://www.taobao.com/)网站,使用邮箱进行会员免费注册。

图 1.18　淘宝会员免费注册

(2) 搜索查询商品,选择商品进行购物交易,熟悉完整的电子商务购物的过程。

(3) 将电子商务网上购物的流程记录在表 1.2 中。

表 1.2　电子商务网上购物流程

网站名称	
选购商品	
购物流程	

知识 1.9 电子商务的标准

当前我国电子商务技术标准包含了4个方面的内容,即EDI标准、识别卡标准、通信网络标准和其他相关标准。目前涉及的标准我国约有1 250多项。我国把采用国际标准和国外先进标准作为一项重要的技术经济政策积极推行。

1. EDI 标准

国际上自20世纪60年代起就开始研究EDI标准。1987年,联合国欧洲经济委员会综合了经过10多年实践的美国ANSI X.12系列标准和欧洲流行的贸易数据交换(TDI)标准,制定了用于行政、商业和运输的电子数据交换标准(EDI FACT)。该标准的特点是:包含了贸易中所需的各类信息代码,使用范围较广;包括了报文、数据元、复合数据元、数据段、语法等,内容较完整;可以根据自己的需要进行扩充,应用比较灵活;适用于各类计算机和通信网络。因此,该标准应用广泛。目前,我国已等同转化为5项国家标准。此外,还按照ISO 6422《联合国贸易单证样式(UNLK)》、ISO 7372《贸易数据元目录》等同制定了进出口许可证、商业发票、装箱单、装运声明、原产地证明书、单证样式和代码位置等8项国家标准。现在EDI FACT标准有170多项,至今在北美地区广泛应用的美国ANSI X.12系列标准有110项。由于我国EDI标准研究起步较晚,需要制定更多的国家标准。

2. 识别卡标准

国际标准化组织(ISO)从20世纪80年代开始制定识别卡及其相关设备的标准,至今已颁布了37项。我国于20世纪90年代从磁条卡开始进行识别卡的国家标准制定工作,现有6项磁条卡国家标准,基本齐全,等同采用ISO 7810《识别卡物理特性》和ISO 7811《识别卡记录技术》系列标准;3项触点式集成电路卡(IC)国家标准,等同采用ISO 7816《识别卡带接触件的集成卡》系列标准。另外,有5项国家标准涉及金融卡及其报文、交易内容,采用了相应的ISO标准。目前,我国尚未将无接触集成电路卡、光存储卡及使用IC卡金融系统的安全框架等国际标准制定为我国的标准。

3. 通信网络标准

通信网络是电子商务活动的基础,目前国际上广泛应用的有MHS电子邮政系统和美国Internet电子邮政系统。前者遵循ISO、IEC、CCITT联合制定(个别是单独制定)的开放系统互联(OSI)系列标准,后者执行美国的ARPA Internet系统标准。这两套标准虽然可兼容,但还是有差异的。因此,我国制定通信网络国家标准时,主要采用OSI标准,不考虑ARPA Internet标准。现在我国有146项网络环境国家标准,其中有99项标准分别采用ISO、IEC标准,占67.8%。我国现有的网络环境国家标准还不配套,如网络管理,仅有2项国家标准,而ISO、IEC有40多项标准,其中系统管理、管理住处机构、系统间信息交换是我国标准的空白。

数据加密、密钥管理、数据签名等安全要素已有国际标准草案,需要我们追踪、及时等同地转化为我国标准。通信、网络设备标准约有380项,其中123项采用IEC、CCITT等标准,占32%。微波通信、卫星通信、移动通信等方面的国家标准中采用国际标准的比例较低,如卫星通信18项国家标准中采用国际标准的仅一项。信息传输介质的国家标准较多。以光纤通信电缆为例,有

53项国家标准,其中45项采用IEC、CCITT标准,8项由于涉及进网要求,根据我国的国情,没有采用国际标准。

4. 其他相关标准

与电子商务活动有关的标准,有术语、信息分类和代码、计算机设备、软件工程、安全保密等,约有440项国家标准,其中采用ISO标准的约有164项,占37%。这些相关标准中的许多标准仅描述我国特有的信息,如民族代码、汉字点阵模集等,所以不能采用外国标准。

综上所述,我国电子商务技术标准,一是起步晚,EDI等领域内的技术标准工作是在20世纪90年代才开始的;二是标准未成体系,EDI标准、EDI FACT有170项,ANSI X.12有110项,我国仅有13项,其中租赁计划询价单、税务情况报告等还是空白;三是积极采用国际标准,20世纪90年代前制定的电子商务国家标准约有600项,采用国际标准的占30%,20世纪90年代制定的电子商务标准约650项,采用国际标准的占50%。这表明我国需要进一步重视电子商务标准的国际化。

知识1.10 电子商务的创新

随着互联网的不断普及,电子商务模式逐渐成为企业生存和发展的核心,越来越多的企业通过电子商务这种模式来尽可能地追求最大的经营利润。虽然现阶段像阿里巴巴和易趣(eBay)这样的大型网站在这个领域内牢牢占据着至高点的位置,但是中小企业或是个人从来没有停下自己在这个领域内不断前进的步伐。每天都有新的电子商务企业诞生,同样每天也有不断被淘汰出局的企业。在竞争激烈的市场中,不断创新才是企业具有持久优势的潜力所在。一般来说,电子商务的创新模式可以从下面几个方面探讨。

1. 电子商务与无线的结合发展模式

2006年,腾讯拍拍网凭借腾讯QQ强大的即时通信IM平台所拥有的数亿用户基数和IM与拍拍网的强黏性结合,取得了不错的业绩。易趣(eBay)作为中国颇具实力的C2C平台之一,易手Tom在线,这意味着中国C2C互联网平台的格局从2005年的淘宝-易趣之争,经过2006年的发展转化为了2007年淘宝-拍拍-Tom易趣3家竞争的局面。在无线互联网蓬勃发展,5G即将进入人们生活的今天,基于用户基数的无线互联网的引进已成为中国电子商务C2C领域的"黑马",无处不在的用户电子商务时代已经来临。

2. 企业电子商务平台的垂直发展模式

对于个人用户来讲,无法熟知的企业级电子商务,如阿里巴巴、环球资源等,一向以综合电子商务平台的角色出现。综合性B2B平台所提供的信息具有全面性的优势,交易平台本身对于中小型交易在电子支付领域、物流接口等方面具有优势,但是运营压力大,利润率相对低。而在我国,在触手可及的资本市场成功上市的网盛科技则改变了企业级电子商务市场的格局,通过垂直B2B平台所具有的运营成本低、信息精准和高置信度特点等优势,更主动地扩大了其在企业级交易中的市场份额,独创了"小门户+联盟"的电子商务新发展模式,成为我国电子商务发展的新航标。

3. "以销定采"的电子商务发展模式

以往电子商务服务提供商所面临的三大挑战是信息流、资金流、物流。一家名为爱代购的新型电子商务在其 2006 年宣布上线时,为业界带来的是以 BforC 为主的商业模式,有效避免了传统的 B2C 库存的缺陷。BforC 模式采用的是"以销定采"的方式,它通过虚拟的产品定购,避免了原有 B2C 厂商的库存压力,解决了信息流、资金流、物流三流中关键的资金流问题。

4. 线上、线下畅通的电子商务发展模式

国家邮政局与阿里巴巴集团在北京签署了电子商务战略合作框架和产品协议,在电子商务的信息流、资金流、物流等方面达成了全面、长期的合作伙伴关系,邮政 EMS 还专门为这次合作推出了一款名为"e 财宝"(EMS 电子商务经济快递)的新产品。

5. 大型搜索引擎将在运营商与电子商务运营商之间开展深入合作

电子商务和搜索引擎的发展趋势使得二者的合作越来越紧密,电子商务网站目前最重要的特征是要具备优秀的搜索功能,一旦消费者无法搜索到想要的商品,就会转移到其他网站。因此,拥有高质量的站内搜索工具对增加在线零售商的销售收入是至关重要的。

6. 网络广告媒介资源的合作创新模式

合作模式一般主要出现在企业间,而对于万普世纪这个提供独立 WAP 站点的媒体代理服务机构来讲,合作不是基于企业的,而是基于个人用户的。WAP 站点由于其非官方性,导致其拥有很大一部分个人用户网站,通过对个人用户的培育,万普世纪获得了庞大的独立 WAP 站点队伍,促进了无线互联网的发展。由于是培育的,个人用户对这些站点有着深入的了解,因此可以采用有效控制,实行集中管理和采购,实现更高媒介代理利润率。

知识 1.11　电子商务的影响

随着电子商务的迅速发展及应用,对社会、企业、消费者和经济产生着越来越大的影响。

1. 电子商务促进全球经济的发展

电子商务构建了一个虚拟的全球性市场,企业可以建立网站,组建网络市场,通过网络进行商务谈判,签订电子合同,实施电子支付。企业的经营规模不受限制,业务范围不受地区和国界的限制,电子商务为企业打开了一条新的贸易通道,使全球贸易量大幅度增加。电子商务促进了企业建设覆盖全球的商业营销体系,实施全球性经营战略,加强全球范围内的经贸合作,最终促进全球经济的发展。

2. 电子商务促进新兴行业的产生

电子商务的迅速发展带动了经济结构的调整和产业结构的重组,不适应网络经济的企业被淘汰,适应网络经济发展的新兴行业被催生。在传统的交易活动中,价格由卖方提出,而在电子商务中,买方可以通过网络平台与卖方议价,获取更低价格的商品,还可以团购获得最低的价格。电子商务给金融业带来巨大变革,随着电子商务在电子交易环节中的创新应用,网上银行、银行

卡支付网络、银行电子支付系统、电子支票等服务产生，改变了传统金融业的结构和工作模式。

3. 电子商务促进知识经济的发展

电子商务是现代科学技术在商务领域中的应用，属于知识经济的范畴。电子商务给企业提供了一个广阔平台，也提供了一个激烈的竞争环境，许多企业在电子商务环境下，不断对自己的产品进行创新，实现了利润的增加，从而促进了全球知识经济的发展。

4. 电子商务改变了企业的经营环境

电子商务改变了市场模式，实现了商务的便捷化，减少了中间环节，大多数企业需要直接面对消费者，需要更加深入地研究消费者的行为，研究市场动态。越来越多的企业采用直销模式。同时，电子商务也改变了行业结构，使跨国管理成为现实。

5. 电子商务改变了企业的组织结构和管理模式

在电子商务的架构里，企业间的业务单元不再是封闭的金字塔式结构，而是相互沟通、相互学习的网状结构。在企业内部管理方面，企业组织信息传递的方式由单项的一对一到双向的多对多转变。企业内部构建了内部网和数据库，所有的业务单元可以通过平台进行交流，企业管理由集权制向分权制转换。

6. 电子商务改变了企业的生产经营方式

电子商务缩短了企业的生产周期，企业通过电子商务增加了与消费者接触的机会，并且可以将消费者的需求及时反映到决策层，促使企业针对消费者的需求进行研究与开发，实现产品的创新，缩短生产周期，降低企业的交易成本，减少企业的库存。

7. 电子商务改变了消费者的消费方式

在电子商务时代，消费者可以从网络上快速获取全面的商家产品服务信息，消费者足不出户就可以购物，使消费者的休闲生活更加丰富多彩。

案例分析

网上广交会

中国进出口商品交易会，又称广交会，创办于1957年春季，每年春秋两季在广州举办，迄今已有逾50年的历史，是中国目前历史最久、层次最高、规模最大、商品种类最全、国别地区最广、到会客商最多、成交效果最好、信誉最佳的综合性国际贸易盛会。

广交会由48个交易团组成，有数千家资信良好、实力雄厚的外贸公司、生产企业、科研院所、外商投资/独资企业、私营企业参展。广交会贸易方式灵活多样，除传统的看样成交外，还举办网上交易会。广交会以出口贸易为主，也做进口生意，还可以开展多种形式的经济技术合作与交流，以及商检、保险、运输、广告、咨询等业务活动。

中国进出口商品交易会网站（http://www.cantonfair.org.cn），又名广交会网站，是中国出口商品交易会的承办单位——中国对外贸易中心拥有独立版权的网站，如图1.19所示。网上广交会凭借"中国第一展"的品牌优势，利用广交会数十年积累的参展商展品数据库和客商数据库资

源,通过与现场广交会业务的紧密结合,实现"网上洽谈,现场成交",促进了国内企业的出口成交,成为每届广交会现场成交的有力补充。作为国内大型电子商务网站,广交会网站提供大型电子商务平台,为中国企业与国际买家提供更方便的信息交流渠道,创造出更多的贸易合作机会。

图1.19 中国进出口商品交易会

网上广交会与广交会展品数据库数据同源,具有无可比拟的资源优势、宣传优势及渠道整合优势。网上广交会日均访问量达60万次,在广交会期间日均访问量更高达700万次。据统计,超过75%以上的到会客商通过广交会网站获知展会资讯,并提前查询关注的企业及产品信息。到目前为止,网上广交会已成功吸引了来自211个国家和地区的11万家国际买家会员和4万多家中国供应商会员。网上广交会成为广交会主站上访问量最高的业务平台。

随着经济全球化的飞速发展,我国中小企业的外贸出口面临难得的发展机遇。网上广交会致力于打造专业的国际贸易电子商务平台,协助更多的国内企业开拓国际市场,分享全球经济增长的成果。

在线广交会的功能有企业展示、商品展示、强力搜索引擎、订单管理、在线招投标、交易撮合、商务留言、信息订阅、展会推介、贸易服务、咨询服务等。

网上广交会独有以下三大核心优势。

(1) 资源优势。最新的采购商数据库、真实的买家采购信息、高质量的贸易撮合推荐服务、丰富的商贸资讯,为企业提供更多贸易机会。

(2) 现场优势。在遍布广交会现场数十个信息咨询点收集到会买家第一手采购信息,利用过百台电脑终端辅助宣传推广会员企业,并设立专门的会员服务中心,提供贸易撮合推荐服务。

(3) 整合优势。整合广交会多个独有优势渠道,在广交会网站、广交会展商展品查询系统、广交会宣传光盘中进行多方位推介;利用现场多媒体视频广告、电子杂志、邮件直投、短信推广等手段加强推广力度,实现强势宣传组合。

案例思考:
1. 现代信息技术的快速发展对商业活动产生了哪些影响?
2. 网上广交会是如何体现出电子商务的功能的?
3. 通过网上广交会的出现和发展,简述电子商务在现代经济社会中的地位。

课后习题

一、选择题

1. 制造商和外部原材料供应商之间的电子商务属于（　　）。
   A. 企业内部的电子商务　　　　　　B. 企业对企业的电子商务
   C. 企业对消费者的电子商务　　　　D. 政府对企业的电子商务
2. 从电子商务的结构来看，支付网关属于（　　）。
   A. 网络平台　　　　　　　　　　　B. 电子商务平台
   C. 电子商务应用　　　　　　　　　D. 电子商务的社会环境
3. EDI 的功能是（　　）。
   A. 把数据库的数据转换成 HTML 格式
   B. 把数据库的数据转换成 XML 格式
   C. 把平面文件（Flat File）转换成标准报文文件
   D. 把文本文件转换成标准的网页图像文件
4. （　　）属于 B2G 的电子商务模式。
   A. 企业与企业之间进行的各种交易　　B. 政府某办公人员在网上购买 163 上网卡
   C. 政府机关通过 IAterAet 实现政务公开　D. 顾客在网上书店购买书籍
5. 不属于电子商务系统组成成员的是（　　）。
   A. 相关的安全交易协议（SET、SSL、S/MIME、S-HTTP、HTTPS 等）
   B. 客户（包括购物单位、消费者）
   C. 销售中心（包括电子商城、服务提供商）
   D. 配送中心（包括现代商品物流配送公司、邮政局）
6. 认证中心在网络商品直销过程中的作用是（　　）。
   A. 对网上交易的买卖双方进行认证，确认其真实身份
   B. 是工商管理部门在网上的分支机构
   C. 办理各种信用证
   D. 保证商家所售商品的质量，发放质量合格证
7. 目前，网络商品交易中心仍存在一些问题待解决，主要有（　　）。
   A. 资金二次流转的税收问题
   B. 为买卖双方展现一个巨大的世界市场
   C. 交易中"拿钱不给货"和"拿货不给钱"的难题
   D. 分散的结算模式
8. VAN 属于电子商务结构中的（　　）。
   A. 电子商务应用　　B. 电子商务平台　　C. 网络平台　　D. 应用发布层
9. （　　）说法是不正确的。
   A. 企业间的网络交易是 B2B 电子商务的一种基本方式
   B. 网络商品直销不属于 B2C 电子商务的范畴
   C. 网络商品中介交易不属于 B2B 电子商务形式
   D. 认证中心存在下的网络商品直销不属于 B2C 电子商务形式
10. 电子商务的两大支柱是（　　）。

A. 计算机制造商的发展
B. 政府制定的公共政策和相关的法律法规
C. 让广大民众的生活尽可能地同互联网贴近
D. 电子商务的安全协议、技术标准

二、简答题

1. 什么是电子商务？电子商务有哪些特点及优缺点？
2. 简述电子商务的分类及功能，并举例说明。
3. 电子商务系统主要有哪些部分构成？
4. 网络商品中介交易的步骤有哪些？
5. 谈谈电子商务的创新模式。

项目 2 电子商务交易

本项目分析电子商务网上购物的流程;B2C 电子商务交易的定义、特点、模式和交易流程;B2B 电子商务交易的定义、模式和交易流程;C2C 电子商务交易的定义、优势和交易流程。

项目内容

通过南京商友资讯电子商务研究所提供的电子商务系统进行 B2C 和 B2B 的电子商务交易,熟练地掌握 B2C、B2B 的理论知识和电子商务的交易过程。

知识要求

掌握 B2B 电子商务网络商品交易的相关知识,能够熟练地在 B2B 电子商务平台上进行各种买入和卖出交易;能够熟练地使用 B2B 平台提供的交易辅助软件;掌握 B2C 电子商务网络商品交易的相关知识,熟练地操作 B2C 电子商务交易。

相关知识

知识 2.1　网上购物流程分析

消费者在网上购物的操作流程可以用图 2.1 来表示。

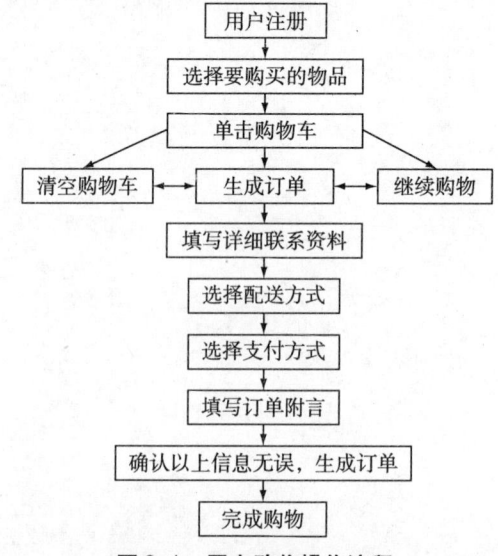

```
           用户注册
              ↓
         选择要购买的物品
              ↓
           单击购物车
          ↙    ↓    ↘
    清空购物车  生成订单  继续购物
              ↓
         填写详细联系资料
              ↓
          选择配送方式
              ↓
          选择支付方式
              ↓
          填写订单附言
              ↓
     确认以上信息无误,生成订单
              ↓
           完成购物
```

图 2.1　网上购物操作流程

1. 用户注册

消费者在第 1 次访问所选定的网上商店进行购物时,应先在该网上商店输入姓名、地址和联系方式等必要的用户信息,以便获得用户名和密码,然后才能在网上商店进行相关操作。

2. 浏览并选购商品

消费者通过网上商店提供的多种搜索方式,如关键字和产品分类等进行商品的查询和浏览。消费者按一定的搜索方式找到所需的商品后,选中该商品并在购物框中输入所需的数量,单击"购物车"按钮,即可将商品放入购物车中,消费者可以在购物车中看到自己选购的商品。在确定购买之前,消费者可以在购物车中查看和修改选购的商品。

3. 网上购物车

购物车伴随着消费者的购物全过程,商店最后按照消费者购物车的信息确定消费者的订单。购物车一般应具备以下功能。

① 自动跟踪并记录消费者在网上购物过程中所选择的商品,并在购物车中显示这些商品的清单及这些商品的一些简单信息,如品名、编号、单价和数量等。

② 允许消费者随时更新购物车中的商品,包括修改商品的数量或删除某种已选择的商品等,同时所涉及的相关商品的信息也应该同步被修改。

③ 自动累积消费者购物的总金额,并按消费者选择的送货方式和资金结算方式计算相应的服务费用,最后显示该消费者本次消费的总金额。

④ 在完成对消费者所选购商品的数据进行检验的基础上,根据消费者所购买的商品生成订单,并检查数据的完整和一致性。

⑤ 在消费者确认了对支付方式和送货地点等订购信息和支付信息后,确认和支付模块完成对消费者订单的存档数据库更新,同时根据支付方式的不同选择是否"唤醒"电子钱包,完成接通支付网关接口。

4. 支付结算

一般网上商店常用的支付结算方式有货到付款、银行电汇、网上在线支付和手机支付等,消费者可以根据自己和网上商店的实际情况选择支付结算的方式。

5. 物流配送

网上销售无形商品和销售有形商品的物流配送有很大的不同。

(1) 无形商品的物流配送

无形商品一般可以包括信息、计算机软件、视听娱乐产品等。根据无形商品本身的特殊性,可以通过网络浏览、下载等形式直接向消费者提供。无形商品和服务的电子商务模式主要有 4 种:网上订阅模式、付费浏览模式、广告支持模式和网上赠予模式。

① 网上订阅模式。这是指企业向消费者提供网上直接订阅和直接信息浏览的电子商务模式。该模式主要用于销售报纸杂志、有线电视节目等,包括在线服务、在线出版、在线娱乐等。例如,国内一些在线电影网站采用会员制的形式让消费者在线观看电影。

② 付费浏览模式。这是指企业通过网页安排向消费者提供计次收费性网上信息浏览和信息下载的电子商务模式。付费浏览模式让消费者根据自己的需要,在网页上有选择地购买一篇

文章和一本书的内容。

③ 广告支持模式。这是指在线服务商免费向消费者或用户提供信息在线服务,而营业活动支出用广告收入支持,如新浪、搜狐等。

④ 网上赠予模式。这是指企业借助国际互联网全球广泛性的优势,向互联网上的用户赠送软件产品,扩大知名度和市场份额。这种模式的实质是"先试用,后购买"。用户先免费下载有关软件,试用一段时间后,再决定是否购买。适宜采用这种模式的企业主要包括软件公司和出版商。

(2) 有形商品的物流配送

在互联网上成交的有形商品,其实际商品的交付仍然要通过物流配送方式,不能通过计算机的信息载体来实现。一般企业采用的物流模式有:企业自营物流模式、物流联盟模式、第三方物流模式和第四方物流模式。

知识2.2 B2C电子商务交易

1. B2C电子商务交易概述

B2C电子商务就是企业对消费者通过电子化、信息化的手段,尤其是Internet技术,把本企业或其他企业提供的产品或服务,直接销售给消费者的商务模式。这种模式基本上等同于电子化的零售,它随着Internet的出现迅速发展起来。目前,各类企业在Internet上纷纷建立网上虚拟商场,从事网上零售业务。由于这种模式节省了客户和企业双方的时间,也扩展了空间,大大提高了交易效率,节省了不必要的开支,所以深受广大网民的欢迎。Internet用户数量的增加和用户对电子商务的认可使得B2C电子商务市场规模越来越大,支付、物流和信用环节的逐步完善,也为B2C电子商务的发展提供了越来越好的产业环境。

B2C电子商务主要由3个部分组成:网上商场、物流配送系统和货款结算及认证系统。

① 网上商场。网上商场是商家直接面向消费者的场所。网上商场中的商品与实际商场中的商品不太一样,实际商品是物理的实体,虚拟商品则由文字和符号组成。随着电子商务的发展,目前已有部分网站将虚拟商品以三维立体形式显示,消费者可从多个角度观察商品。

② 物流配送系统。物流配送体系是关系到网上商场能否顺利发展的关键,同时也是难点。商家根据实际情况选择配送方式。

③ 货款结算及认证系统。在B2C电子商务模式中主要的支付方式有货到付款、汇款方式和网上支付。其中,货到付款方式是最原始的付款方式,即货到再付款;汇款方式是指客户完成订货后,通过邮政系统或银行系统付款;网上支付是指通过互联网实现的电子支付形式。随着电子商务的发展,使用网上支付方式付款已成为电子商务支付的主流。

2. B2C电子商务的模式

(1) 无形产品和服务的电子商务模式

参阅知识2.1中关于无形商品和服务的电子商务模式的讲解。

(2) 实物商品的电子商务模式

网上实物商品销售与传统的店铺市场销售相比,网上销售可以将业务伸展到世界各个角落。例如,美国的一种创新产品"无盖凉鞋",其网上销售的订单有2万美元来自南非、马来西亚和日

本;一位日本客户向坐落在美国纽约的食品公司购买食品,付出的运费相当于产品的价值,然而客户却非常满意,因为从日本当地购买相同的产品,其价格更昂贵。

(3) 综合模式

实际上,多数企业的网上销售并不是仅采用一种电子商务模式,而往往采用综合模式,即将各种模式结合起来实施电子商务。Golf Web 就是一家有 3 500 页有关高尔夫球信息的网站(http://www.golf.com),这家网站采用的就是综合模式。其中,40% 的收入来自于订阅费和服务费,35% 的收入来自于广告,还有 25% 的收入是该网站专业零售点的销售收入。该网站已经吸引了许多大公司的广告,如美洲银行、美国电报电话公司等,专业零售点开始 2 个月的收入就高达 10 万美元。

3. B2C 电子商务交易流程

消费者通过 B2C 网上商场购物,主要是通过搜索浏览功能和多媒体界面寻找适合自己需要的商品。由图 2.2 中的流程可以看出,B2C 网上购物可以大致分为以下几个步骤。

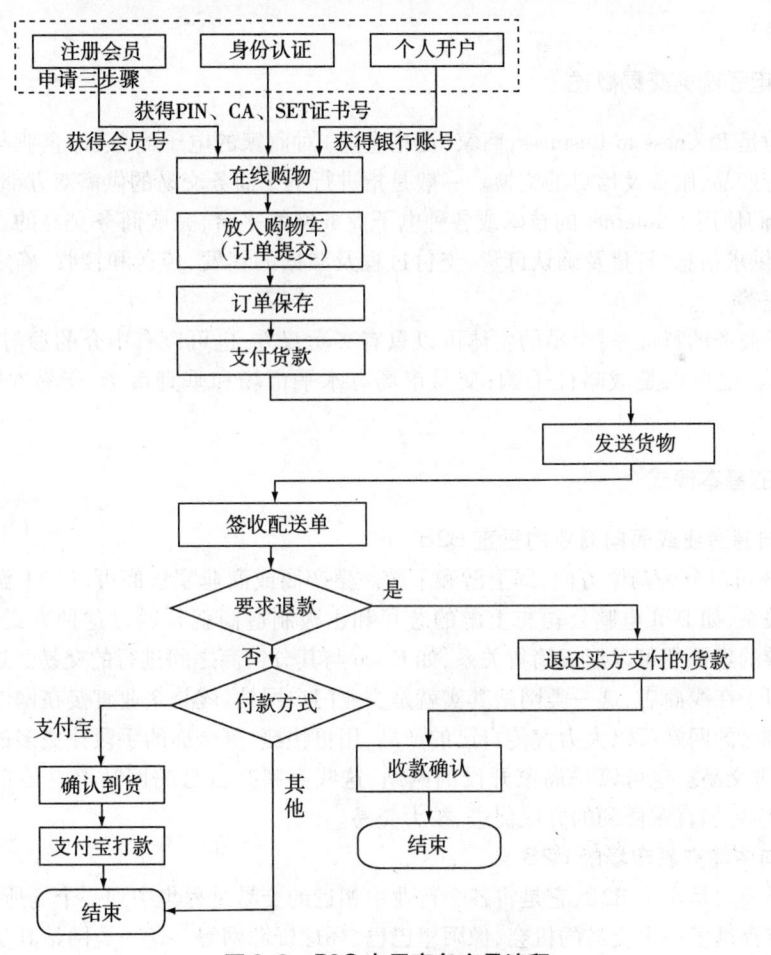

图 2.2　B2C 电子商务交易流程

1) 商品搜索选购。消费者通过商店提供的各种搜索方式,如产品组合、分类、品牌、关键字查询等,查看和浏览商店经营的商品,选择自己需要的产品。

2) 下订单(放入购物车)。消费者查看和浏览商店经营的商品后,选择自己想购买的物品放入购物车内,订购商品。

3) 支付货款。消费者确认订单中的商品种类、数量、价格后,选择支付方式,如信用卡、借记卡、电子货币、电子支票等支付方式,输入自己的保密口令之后,开始付款。也可以采用货到付款、邮局汇款、银行汇款、网上支付等方式。

4) 选择送货方式。消费者通过订货单选择送货方式,如送货上门、自提、邮寄,以及送货时间和收货人。

5) 购物完成。购物过程结束后,网上商店的客户服务器保存整个交易过程中的单证,并且提供一份电子订单给消费者,按消费者提供的电子订货单发货、签收或退货。

6) 订单查询。消费者在结束购物后可以查询所购货物的单价、合计货款、支付方式、送货方式及订单状态等信息。

知识 2.3　B2B 电子商务交易

1. B2B 电子商务交易概述

B2B 指的是 Business to Business,商家(泛指企业)对商家的电子商务,即企业与企业之间通过互联网进行产品、服务及信息的交换。一般是指进行电子商务交易的供需双方都是商家(或企业、公司),它们使用了 Internet 的技术或各种电子商务网络平台,完成商务交易的过程。这些过程包括:发布供求信息、订货及确认订货、支付过程及票据的签发、传送和接收、确定配送方案并监控配送过程等。

B2B 电子商务的特征是:交易的主体可以只有买卖双方,也可以有中介的参与;采购方式可以为实时采购,也可以是战略性采购;交易市场有水平市场和垂直市场;交易次数少,交易金额大。

2. B2B 的基本模式

(1) 面向制造业或面向商业的垂直 B2B

垂直 B2B 可以分为两个方向,即上游和下游。生产商或商业零售商可以与上游的供应商之间形成供货关系,如 Dell 电脑公司与上游的芯片和主板制造商就是通过这种方式进行合作的。生产商与下游的经销商可以形成销货关系,如 Cisco 与其分销商之间进行的交易。这种模式下的 B2B 网站类似于在线商店,这一类网站其实就是企业门户网站,就是企业直接在网上开设的虚拟商店。通过自己的网站可以大力宣传自己的产品,用更快捷、更全面的手段让更多的客户了解自己的产品,促进交易。也可以是商家开设的网站,这些商家在自己的网站上宣传自己经营的商品,目的也是用更加直观便利的方法促进、扩大交易。

(2) 面向中间交易市场的 B2B

这种交易模式是水平 B2B,它是将各个行业中相近的交易过程集中到一个场所,为企业的采购方和供应方提供了一个交易的机会,像阿里巴巴、环球资源网等。这一类网站其实自己既不是拥有产品的企业,也不是经营商品的商家,只是提供一个平台,在网上将销售商和采购商会集一起,采购商可以在网上查到销售商的有关信息和销售商品的有关信息。

3. B2B 电子商务交易的优点

（1）降低企业的经营成本

B2B 电子商务在 3 个方面降低了公司的成本：首先，减少了采购成本，企业通过互联网能够比较容易地找到原材料价格理想的供应商，从而降低交易成本；其次，有利于较好地实现供应链管理；第三，有利于实现精确的存货控制，从而减少库存或实现零库存。

（2）缩短企业的生产销售周期

一个产品从设计到生产再到销售是许多企业相互协作的结果，所以产品的设计开发和生产销售涉及许多关联的企业，从原材料供应商、开发设计，到生产厂商、批发商和零售商。通过电子商务减少过去由于信息交流手段落后而产生的信息滞后和差错等情况，从而加快企业信息、现金和物资的流动，大大缩短企业的整个生产销售周期。

（3）促进买卖双方信息交流

传统商务活动的信息交流是通过电话、电报、信件或传真等工具实现的，有些方式还需要具体的信息载体，时效性差，形式单一。B2B 通过 Web 超文本格式进行信息传送，可采用文本、图像、音频、视频、动画等众多信息形式，或者以 EDI 电子数据格式传送，更具有时效性。同时，采用电子网络数据方式处理和传输信息，与传统的文件传输方式比较，极大地减少了处理时间和出现差错的可能。

（4）增加商业机会和开拓新的市场

越来越多的企业将接受网络化的业务，B2B 电子商务将是未来企业商业活动的主流模式。Internet 的优秀资源将为企业提供理想和低成本的信息发布渠道，企业获得的商业机会会大大增加。

（5）改善信息管理和决策水平

准确的信息和交易审计跟踪造就了更好的决策支持环境，协助发现潜在的大市场，发现不断降低成本的方法。

4. B2B 电子商务交易流程

由图 2.3 可知，B2B 电子商务的交易流程大致分为以下几个步骤。

1）商业客户向销售商订货，首先要发出用户订单。该订单应包括产品名称、数量等一系列有关产品的内容。

2）销售商收到用户订单后，根据用户订单的要求向供货商查询产品情况，发出订单查询。

3）供货商在收到并审核完订单查询后，给销售商返回订单查询的回答——基本上是有无货物等情况。

4）销售商在确认供货商能够满足商业客户用户订单要求的情况下，向运输商发出有关货物运输情况的运输查询。

5）运输商在收到运输查询后，给销售商返回运输查询的回答，如有无能力完成运输及有关运输的日期、线路、方式等。

6）在确认运输无问题后，销售商即刻给商业客户的用户订单一个满意的回答，同时要给供货商发出发货通知，并通知运输商运输。

7）运输商接到运输通知后开始发货，接着商业客户向支付网关发出付款通知。

8）支付网关向销售商发出交易成功的转账通知。

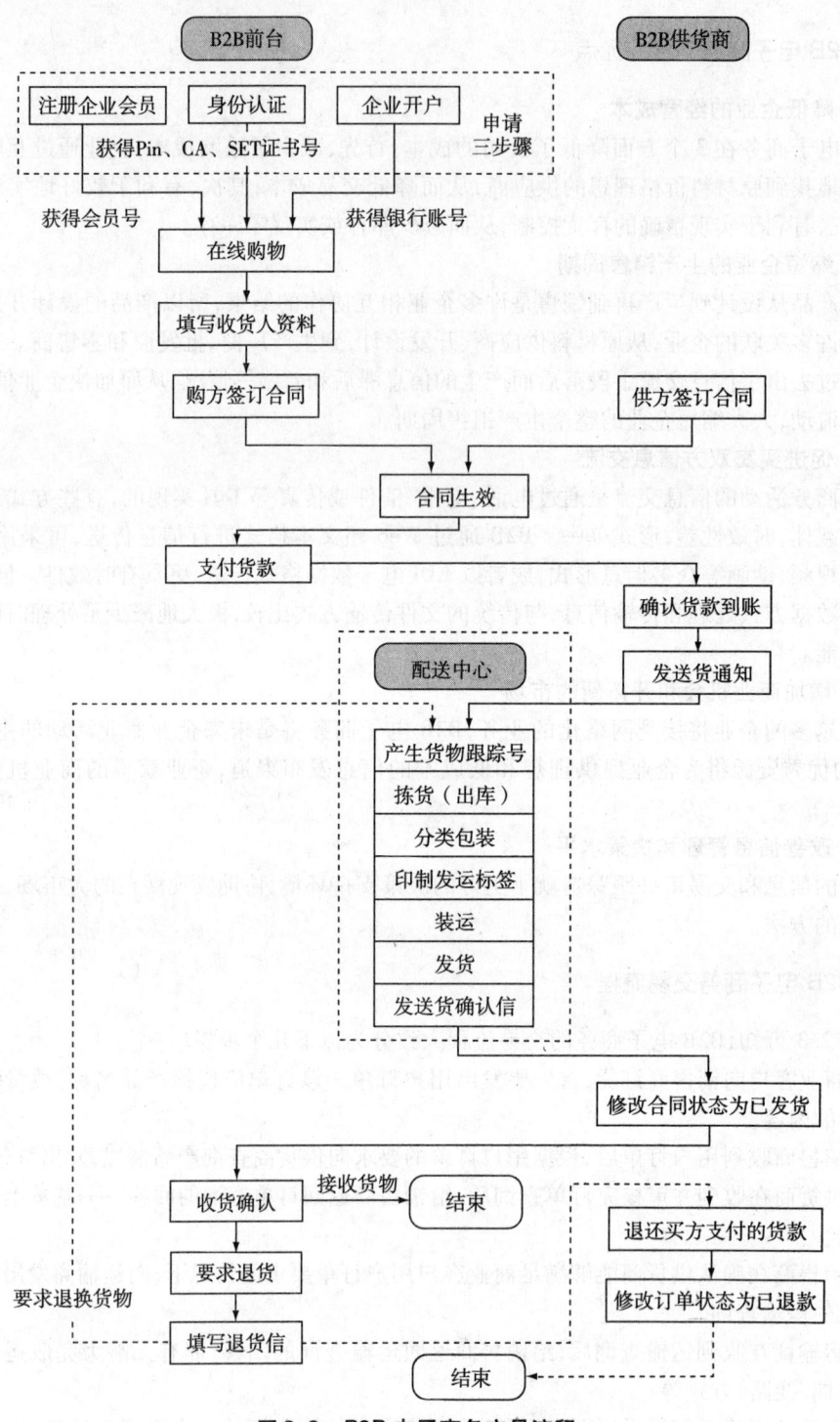

图2.3 B2B电子商务交易流程

知识2.4　C2C电子商务交易

1. C2C电子商务交易概述

C2C电子商务是指消费者与消费者之间的电子商务，或者个人与个人之间的电子商务活动。这里所指的个人可以是自然人，可以是个体经营者，也可以是商家的商务代表。

C2C电子商务模式类似于现实商务世界中的跳蚤市场，其构成要素除了包括买卖双方外，还包括电子交易平台供应商，也即类似于现实中的跳蚤市场场地提供者和管理员。在C2C交易中，电子交易平台供应商的作用主要体现在：第一，它把Internet上无数的买家和卖家聚集在一起，为他们提供了一个平台；第二，它往往还扮演监督和管理的职责，负责对买卖双方的诚信进行监督和管理，负责对交易行为进行监控，最大限度地避免欺诈等行为的发生，保障买卖双方的权益；第三，它还能够为买卖双方提供技术支持服务，包括帮助卖方建立个人店铺、发布产品信息、制定定价策略等，帮助买方比较和选择产品及进行电子支付等；第四，随着C2C模式的不断成熟发展，它还能够为买卖双方提供保险、借贷等金融类服务，更好地为买卖双方服务。

2. C2C电子商务交易的优点

C2C电子商务平台的性质与传统的二手市场相似，然而C2C电子商务自身的特点决定了它必然要优于传统的二手市场。其具体表现在以下几个方面。

（1）较低的交易成本

C2C电子商务通过减少交易环节使用得交易成本更低。C2C电子商务以互联网为交易平台，与传统商务活动的通信方式，如邮寄、传真或报纸等相比较，大大降低了通信费用。同时，传统的二手市场由二手商收购、控制和保存二手商品，而在C2C电子商务模式下，由各个卖家保存商品，从而最大限度地降低了库存。

（2）经营规模不受限制

传统二手市场的经营规模在很大程度上受到营业面积的限制，当经营规模扩大时必须相应地扩大其营业面积。C2C电子商务利用互联网提供的虚拟经营环境，可以轻松地通过增加网页来扩大其经营规模。

（3）便捷的信息收集

基于互联网的电子信息技术使得C2C电子商务买卖双方易于获知对方信息，这一点是传统二手市场无法比拟的。

（4）扩大销售范围

C2C电子商务基于互联网的商业模式，所面对的客户遍布全国，甚至全世界。与传统的二手市场相比，这无疑扩大了销售范围。此外，营业时间不受限制，方便了买卖双方之间的联系。

同时，在C2C电子商务中，电子单据取代了传统的纸质单据，通过网络实现了快速、准确的双向信息交流，资金支付、结算也能够通过网络完成，加速了资金的流动，提高了资金的使用效率。

综上所述，C2C电子商务模式为消费者提供了便利与实惠，迅速成为电子商务普及与发展的重要形式，具有广阔的市场前景和发展潜力。在C2C电子商务的发展中，盈利模式也在不断探索和创新。

3. C2C 电子商务交易流程

消费者通过 C2C 网站交易,既可以成为买方,也可以成为卖方。下面以在易趣网上交易为例说明 C2C 电子商务的交易流程。

(1) 注册

在易趣网上交易,不论是买方还是卖方,都必须先注册成为会员。

1) 免费注册。进入易趣的主页后,首先单击网页右上角的"免费注册"按钮。

2) 填写表格。按照网页要求填写个人信息,包括姓名、电子邮件、电话、地址等,所有项目均为必填。填完个人信息后,再仔细阅读服务条款,选中全部选项并单击"我已阅读并接受上述条款,并继续"按钮到下一步。

3) 选择用户名和密码。填写完个人信息后,接下来就是创建或选择在易趣上的用户名和密码了。用户名用于辨认在易趣上的身份,因此不能重复,而密码则是安全交易的保障基础。

4) 完成注册。易趣将发送一封确认信到刚才注册时所填写的邮箱中,此时不要关闭窗口,如果没有收到确认信,需单击"再次发送确认信"按钮。在收到确认信后单击信中的"确认您的邮箱"按钮,这样在易趣网上注册就完成了。

(2) 购买物品

1) 寻找物品。既可以通过搜索也可以通过物品分类来寻找。在任何页面的搜索框里,输入有关买家想要查询物品的关键字,就能得到所有相关物品的列表,然后就可以在搜索结果中进一步搜索或根据物品分类来筛选搜索结果。易趣网提供了全面、详细的物品分类结构,只需按类选择就能找到自己需要的物品。

2) 进行网上出价。在详细了解所需要的物品后,就可以在网上出价了。有两种出价的方式可供选择:竞价购买,即单击"出价"按钮,在出价框里填一个能接受的最高价格,随后系统会代买家自动出价,并以当前最低获胜价保持买家的领先;一口价购买,即可以按卖家所标出的"一口价"当场购买得到该物品。

3) 网下交易。易趣提供给买家和卖家交易的平台,网上成交后,买家需向卖家付款,并联系收货。在网上竞拍成功后,易趣会通过 E-mail 给买家一封成交信,告知卖家的联系方式。同时,买家也可以在"我的易趣"中的"已买入的物品"里查看卖家的联系方式,并与卖家联系成交。

4) 作出评价。如果买家与卖家在网下实际达成交易,那么就有义务为他作一个客观、真实的信用评价。累积起来的信用级别与信用度积分表示了买家交易信用程度的高低,不断提升买家的信用级别,对以后的成功交易有重要作用。

(3) 出售物品

1) 准备出售商品。注册并通过卖家认证后单击导航栏上的"卖东西",登录易趣。然后发布商品信息,包括选择物品分类;填写物品信息,如物品名称(尽量以关键字命名)、说明、数量、所在地等;设定价格,如起始价、一口价、底价等;选择物品在线时间;确认交易联系方式;上传物品图片;附加支付、运货及保修信息。

2) 网上成交。可以方便地在"我的易趣"中查看卖家正在出售和已经出售的物品情况。有许多买家会在物品的留言处提出问题,易趣会用 E-mail 提醒卖家。如果买家用一口价买下卖家的物品,或者卖家的物品在结束时有人竞标并达到卖家的底价,卖家的物品就可以在网上成交了。

3) 网下交易。在卖家与买家成交后,易趣将用 E-mail 的形式给卖家送出一封成交信,告知买家的联系方式。卖家也可以在"我的易趣"中找到买家的联系方式,然后卖家就可以与买家约定如何付款、如何送货,或者当面交易。如果卖家在发布商品信息时就表时了支付和发货方式,也需要卖家与买家再确认一下。

4）作出评价。如果卖家与买家在网下实际达成交易,卖家就有义务为买家作出客观、真实的信用评价。同样,买家也会对卖家作出信用评价。所累积起来的信用级别与信用度积分代表了卖家交易信用程度的高低。努力提升卖家的信用级别,对以后的成功交易会有重要作用。

5）支付卖东西费用。卖家卖出东西,应向易趣支付卖东西的费用。

项目实施

项目任务

根据项目内容,本项目通过南京商友资讯电子商务研究所提供的电子商务系统进行 B2C 和 B2B 的电子商务交易,熟练地掌握电子商务的交易过程。它主要有下面 3 个任务。

1. B2C 电子商务交易。
2. B2B 电子商务交易。
3. 淘宝网的使用。

项目要求

1. 掌握 B2C 网络商品交易的相关知识,熟练地在 B2C 电子商务平台上进行交易。
2. 掌握 B2B 网络商品交易的相关知识,熟练地在 B2B 电子商务平台上进行交易。
3. 熟悉淘宝网的功能,掌握淘宝网购物的过程。

实施步骤

1. B2C 电子商务交易

B2C 电子商务交易平台如图 2.4 所示。

图 2.4 B2C 电子商务交易平台

(1) 用户注册

在 B2C 主页上单击"注册"按钮进行会员申请。按照提示填写用户信息，提交并完成会员申请，如图 2.5 所示。

图 2.5　会员注册

(2) 个人认证

在注册成会员后，必须对自己的网上虚拟身份进行 PIN、CA 和 SET 三方面的认证。

① 进行 PIN 的认证

步骤 1　首先进行前台的操作，单击"个人认证"标签进入认证中心，进行"申请 PIN"。申请 PIN 时，登记的身份证与前面 B2C 会员注册时一致，一个身份证只能登记一次，如图 2.6 所示。

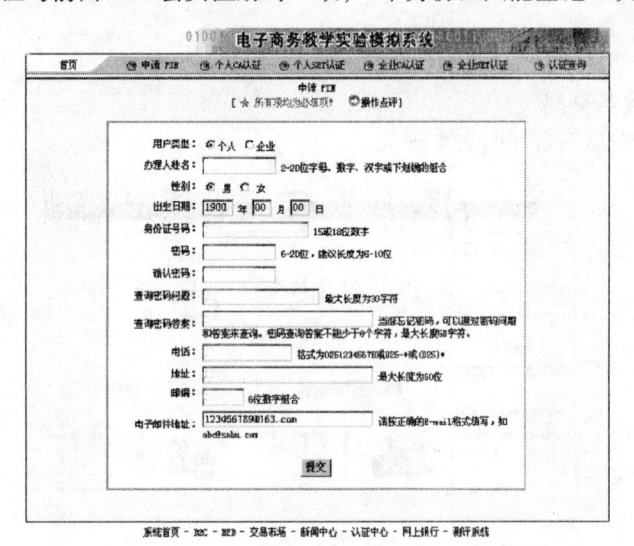

图 2.6　申请 PIN

步骤 2　填写申请 PIN 资料后，需等待认证管理员从后台对此进行审批，如图 2.7 所示。审批时 PIN 由系统随机产生，此 PIN 对管理员是保密的，如图 2.8 所示。

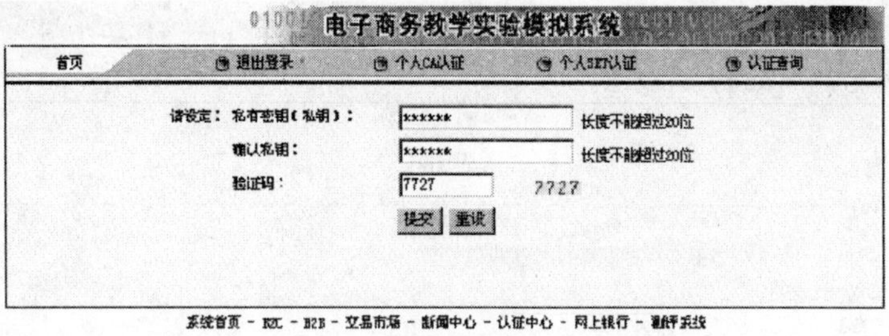

图 2.7　申请资料加密传送

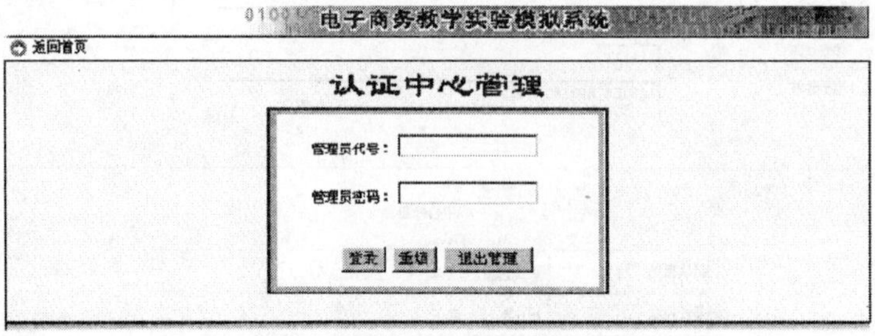

图 2.8　B2C 认证管理中心

步骤 3　进入电子商务系统后台管理,输入管理员代号和管理员密码,登录后找出自己的申请,单击审批,如图 2.9 所示。

图 2.9　PIN 码认证审批

步骤 4　在解读保密文件页面中使用私钥进行解密,如图 2.10 所示。

图 2.10　解读保密文件

步骤 5　解密后按照提示填写相关信息后提交,如图 2.11 所示。

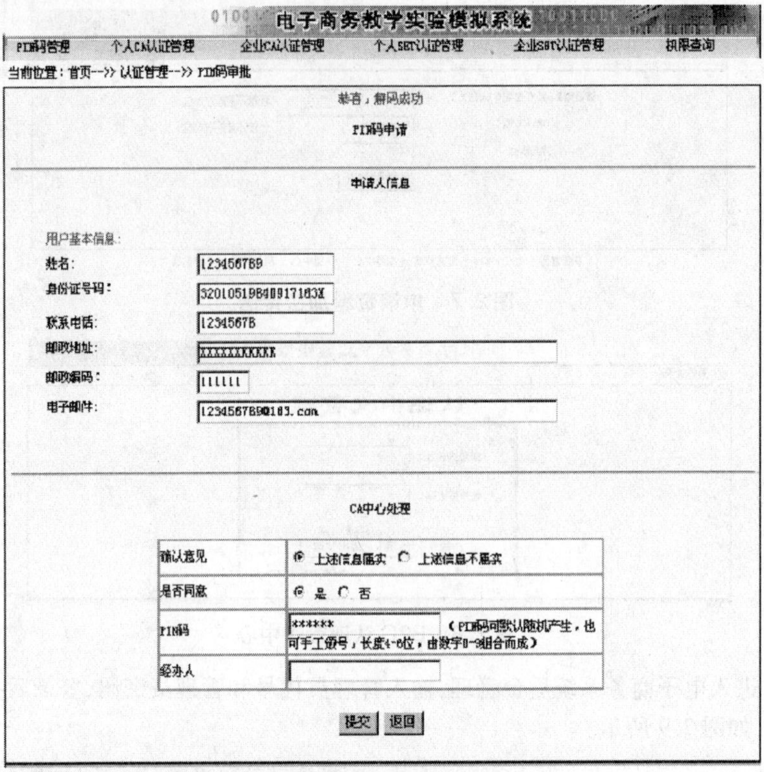

图 2.11 PIN 码审批

步骤 6 审批后申请者回到前台,从"认证查询"中对此 PIN 进行查询,获得自己的 PIN 码,如图 2.12 所示。

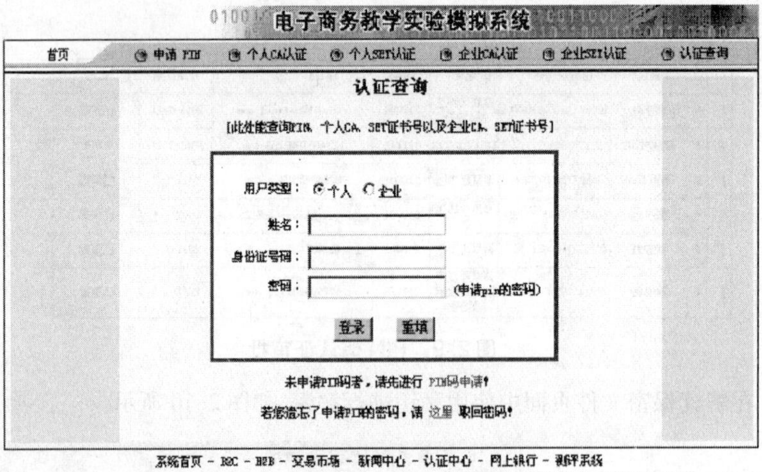

图 2.12 认证查询

② 进行 CA 认证

步骤 1 获得 PIN 后,返回前台登录认证中心进行"个人 CA 认证",如图 2.13 所示。认真填写数字申请表后提交,等待审批。

图2.13 个人数字证书申请

步骤2 进入认证管理后台,单击"个人CA认证管理"标签进入个人CA审批页面,凡状态为"未审批"的个人姓名,会出现未批准申请人情况介绍,核实后颁发CA证书号。操作步骤与PIN的审批过程相同。

步骤3 返回前台从认证查询中对CA进行查询,获得CA证书号,如图2.14所示。

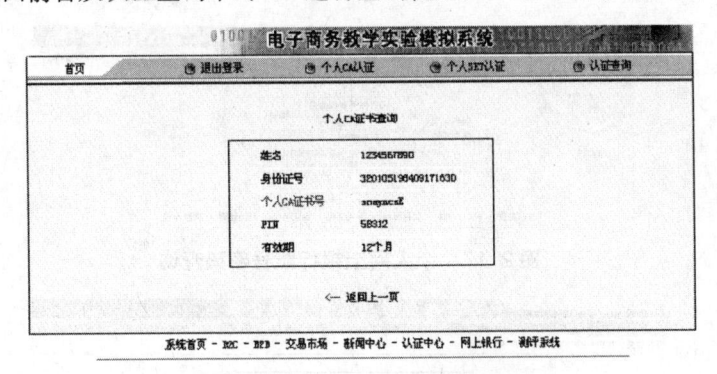

图2.14 个人CA证书号查询

② 进行SET认证

步骤1 进入"个人SET认证"填写SET认证申请表,如图2.15所示。单击"提交"按钮,等待审批。

步骤2 在系统后台单击"个人SET认证管理"标签,同上方法颁发SET证书号。

图2.15　个人 SET 证书申请

(3) 网上银行

步骤1　个人获得 CA 证书号和 SET 证书号后，单击"网上银行"，进行"个人开户"，如图 2.16 所示。

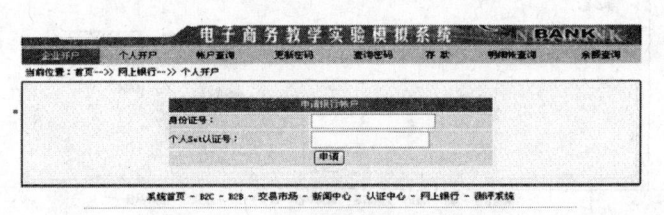

图2.16　个人网上银行开户申请

步骤2　等待电子商务系统后台银行管理审批，获得银行账号和初始密码(随机产生 6 位初始密码)后进行存款同，如图 2.17 所示。登录网上银行，如图 2.18 所示。注意，这时应是申请人和银行批准人双方操作，银行方进入银行管理，核实申请人身份无误后，给予账号，支持存款。系统还提供电子钱包支付功能，B2C 支付方式支持电子钱包支付。

图2.17　个人网上银行账号密码查询

图2.18　网上银行登录

电子钱包是一个可以由持卡人用来进行安全电子交易和存储交易记录的软件。它包括4个功能：申请电子钱包、钱包划进账、电子钱包支付、钱包明细账查询。

申请电子钱包可以在申请"个人开户"之后申请，也可以在登录银行后，单击"电子钱包"下的"申请电子钱包"。

输入正确的银行账户和密码后，再输入正确的钱包账号进行充值，从银行账户中划入相应数额款到钱包账内，如图2.19所示。

图2.19 电子钱包业务

（4）网上购物

获得CA认证号、SET认证号和银行账户及电子钱包后，可进行购物。返回B2C，单击商品查询→在线购物→选中商品→购物车中列出所购商品清单（见图2.20）→如图2.21所示填写订单→提交订单→签订合同前进行身份认证→生成订单（见图2.22）→网上支付（见图2.23）。注意，这时购货人和供货方要同时操作，购货人与银行管理要同时操作。

图2.20 购物车

图 2.21 填写订单

图 2.22 生成订单

图 2.23 电子钱包支付

(5) 货物配送

单击"供应商管理"标签,在页面中输入用户名和密码。管理员登录后,单击"订单管理",在订单中查看订单号,查看订单的状态,按照系统的要求进行操作:修改订单已付款→发送货物→单击"确定"按钮→等待签收。用户单击"查询订单",购货人可查询存款和订单,如果无误则交易完成。如果要求退货,则单击"退货"选项,再单击"确定"按钮后返回主页。管理员登录后,进行操作:进入订单管理→退还货款→进入网上银行→合同退款→再进入订单管理→修改订单为款已退→确认→提示交易结束。

2. B2B 电子商务交易

B2B 系统是以某一个企业产品为交易对象的交易平台。该系统提供几种功能:企业展示、商品展示、会员注册、身份认证、网上洽谈、网上银行、会员服务、配送中心、供货商管理等。其具体操作流程如下。

(1) 会员注册

步骤1 单击主页面上的 B2B 窗口,进入 B2B 主页进行浏览,如图 2.24 所示。

图 2.24 B2B 电子商务交易平台

步骤2 单击"会员注册",在页面中按照系统要求填写相关会员资料(见图 2.25),然后提交,注册成功,如图 2.26 所示。

图 2.25 企业会员注册

电子商务理论与实务(第2版)

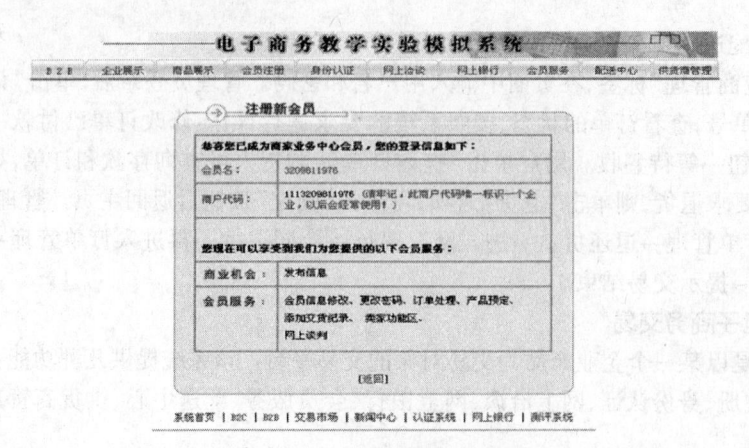

图2.26　企业会员注册成功

(2) 企业认证

在注册成功后,必须进行企业的 PIN、CA 和 SET 的申请和审批,此过程同 B2C 的认证步骤相似。

步骤1　申请 PIN,如图 2.27 所示。在后台进行审批后返回前台使用"认证查询"功能获得 PIN。

图2.27　申请 PIN 码

步骤2　单击 CA 认证登录申请企业身份认证,如图 2.28 所示。

图2.28　企业数字证书申请

步骤3　单击"认证查询",经核查批准后颁发 CA 证书号。然后对企业进行 SET 认证,经核查批准后颁发 SET 证书号,如图 2.29 所示。

图 2.29　企业 SET 证书查询

(3) 网上银行

企业获得 SET 证书号后可以进行网上银行的申请、审批并且存款。

步骤1　获得 SET 证书号后单击网上银行进行企业开户申请账户的操作。

步骤2　进入网上银行的后台管理,对申请信息进行审批,获得银行账号和密码。

步骤3　输入银行账号和密码后存款,余额查询如图 2.30 所示。

图 2.30　企业网上银行账号信息

(4) 选购商品并签订合同

① 选购商品

步骤1　在 B2B 系统中选中要购买的商品(见图 2.31),单击"购买"后填写收货方资料,如图 2.32 所示。

图 2.31　选购商品

图2.32 填写收货方资料

步骤2 分析订单,考虑是否接受购货价格,接受则直接签订合同。这时系统要核实购买方的身份,进行身份认证登录,获得认证后签订合同,如图2.33所示。

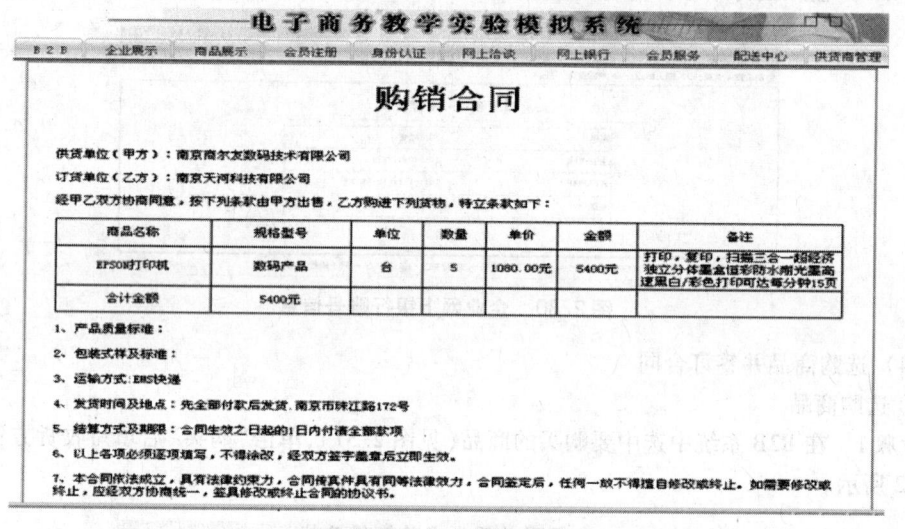

图2.33 生成购销合同

步骤3 不接受合同可单击"网上洽谈",对合同的价格进行还价,重新填写订单信息,再签订。

② 签订合同

步骤1 签订合同时,由乙方(购买方)先签订,然后交由甲方(供应商)签订。双方签订后合同即可生效。在签订购销合同的时候,必须先进行合同当事人与公司两方面的签字盖章,才能完成一方的合同签订,如图2.34所示。

单击"盖章"按钮,弹出如图2.35所示的窗口,要求先进行合同当事人的个人印章加盖。

盖章完成后,在合同乙方处有个人签名印章显示。然后用相同的方法压印乙方公司合同章。盖章完成后,在合同乙方处有公司合同章显示,如图2.36所示。

项目2 电子商务交易 47

> 1、产品质量标准：
> 2、包装式样及标准：
> 3、运输方式：EMS快递
> 4、发货时间及地点：先全部付款后发货，南京市珠江路172号
> 5、结算方式及期限：合同生效之日起的1日内付清全部款项
> 6、以上各项必须逐项填写，不得涂改，经双方签字盖章后立即生效。
> 7、本合同依法成立，具有法律约束力，合同传真件具有同等法律效力，合同签定后，任何一放不得擅自修改或终止。如需要修改或终止，应经双方协商统一，签具修改或终止合同的协议书。
> 8、合同发生纠纷时，当事双方应及时协商解决，协商不成，任何一方可向合同签定的仲裁机关申请调解仲裁，也可直接向合签订地法院起诉。
> 9、本合同一式两份，甲乙双方各执一份。
>
> 甲方：南京商尔友数码技术有限公司　　　　乙方：南京天河科技有限公司
> （公章或合同）　　　　　　　　　　　　　（公章或合同）
> 日期：2011-1-11　　　　　　　　　　　　日期：2011-1-11
> 银行帐号：32016002　　　　　　　　　　　银行帐号：
>
> 　　　　　　　　　盖章　　返回
>
> 系统首页 | B2C | B2B | 交易市场 | 新闻中心 | 认证系统 | 网上银行 | 测评系统

图2.34 合同签章

请合同当事人（乙方）签章：

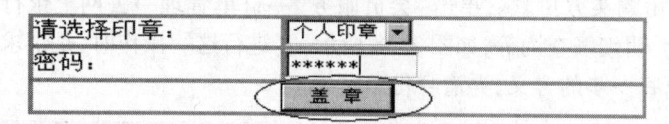

请选择印章：	个人印章 ▼
密码：	******
盖章	

图2.35 电子签章工具

甲方：南京商尔友数码技术有限公司　　　　乙方：南京天河科技有限公司
（公章或合同）　　　　　　　　　　　　　（公章或合同）
日期：2011-1-11　　　　　　　　　　　　日期：2011-1-11
银行帐号：32016002　　　　　　　　　　　银行帐号：

图2.36 乙方电子签章

步骤2　乙方(购买方)完成盖章后，即可签订合同，签订后由合同另一方(甲方)来签订。

步骤3　进入"供应商管理"，选择"订单管理"盖章，盖章的步骤与购买方盖章步骤一致。返回确认供应商已签订合同，双方签订后合同生效，如图2.37所示。

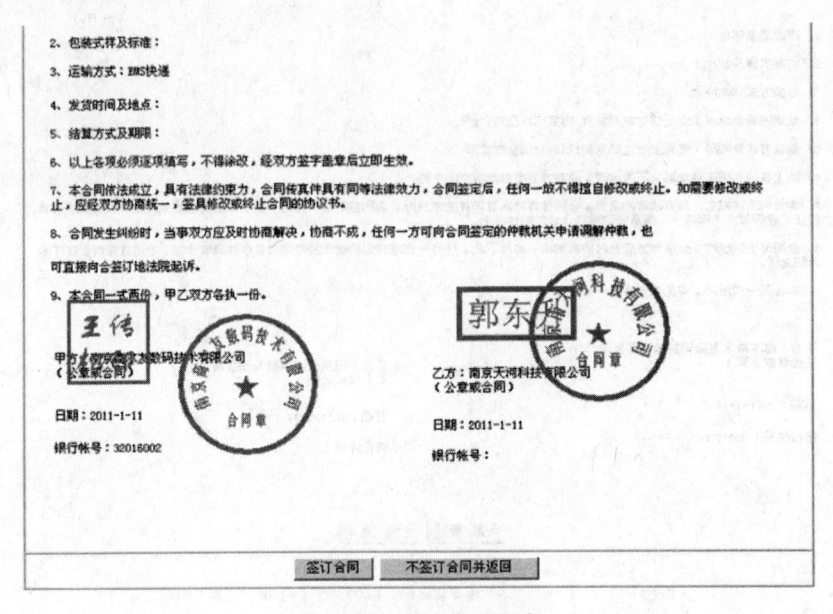

图 2.37　甲方电子签章

（5）付款

步骤 1　首先由购买方付款。单击"会员服务"→订单管理→去网上银行→进行合同结算，也可进行余额查询、明细账查询等，如图 2.38 所示。（进行这一操作时，是供求双方不断互动，学生一定要冷静分析每一步的含义，弄清身份。）

图 2.38　网上银行合同结账

步骤 2　供货方进行操作，合同结算后，进入"供应商管理"→订单管理→修改订单为已付款→确定。建议此时输入供货方的银行账号和密码去查询款项是否到账。

步骤 3　身份转为购货方操作，进入"会员服务"→订单管理→领取配送单，由购货方确认配送单。

在 B2B 中配送工作一般由配送中心来进行，此时需要供应商给配送中心发一个送货通知，由配送中心负责配送货物。

3. 淘宝网的使用

（1）进入淘宝网

登录淘宝网的主页（http://www.taobao.com），单击"登录"，如图 2.39 所示。进入如图 2.40 所示的界面。

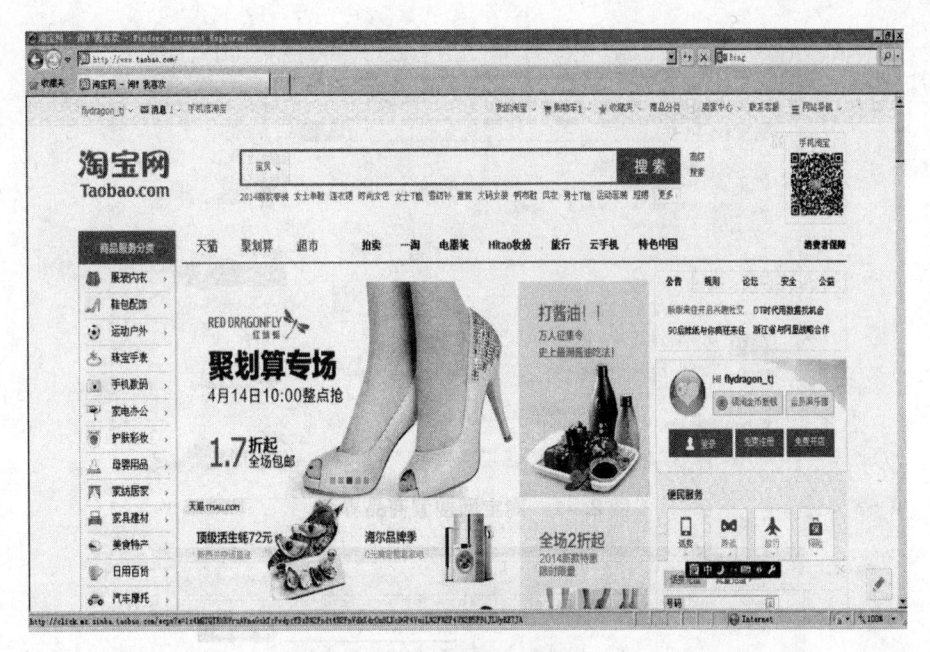

图2.39　淘宝网首页

图2.40　淘宝网登录界面

(2) 选择购买商品

成功登录淘宝网后，可以搜索需要购买的商品。以江苏联通20元充值商品为例，如图2.41所示。

单击选中商品即可进入商品主页查看商品信息，如图2.42所示。

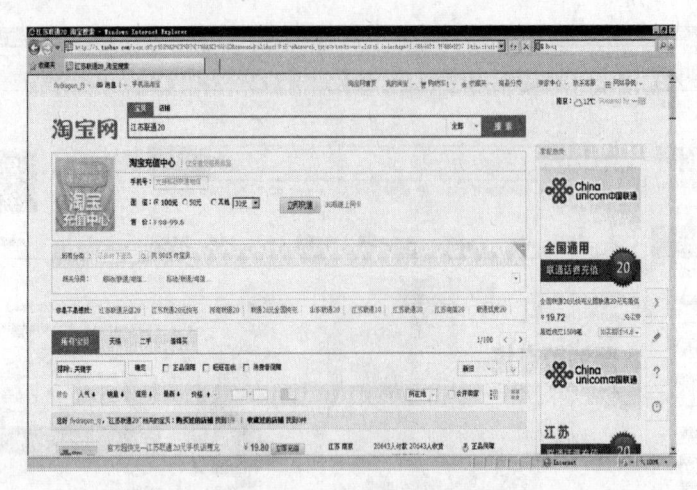

图 2.41　淘宝网搜索商品界面

图 2.42　淘宝网商品信息界面

(3) 购买商品填写信息

确认购买数量和充值号码填写无误后,单击"去支付宝付款",如图 2.43 所示。

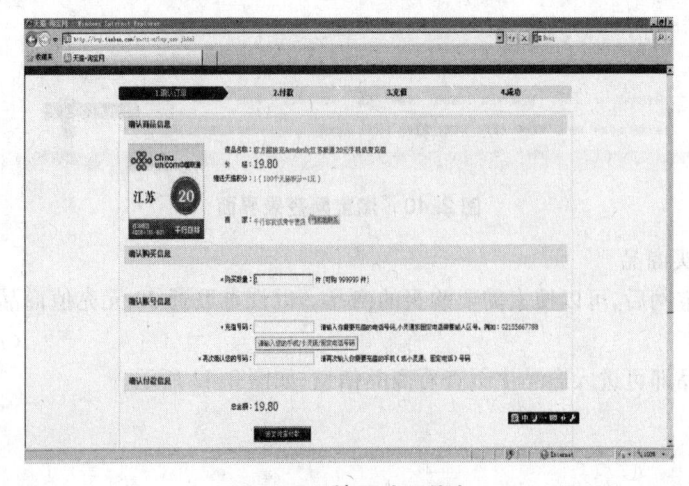

图 2.43　填写购买信息

（4）选择支付方式

淘宝网支持 50 多家银行、支付宝、银联、银行直充等。确认充值号码和金额无误后，选择支付方式中的中国银行网银支付，再单击"付款"，如图 2.44 所示。

图 2.44　选择支付方式

（5）个人网银支付

步骤 1　进入中国建设银行个人网银支付，查看"我的订单"情况无误后，输入支付账号、身份信息等，如图 2.45 所示。

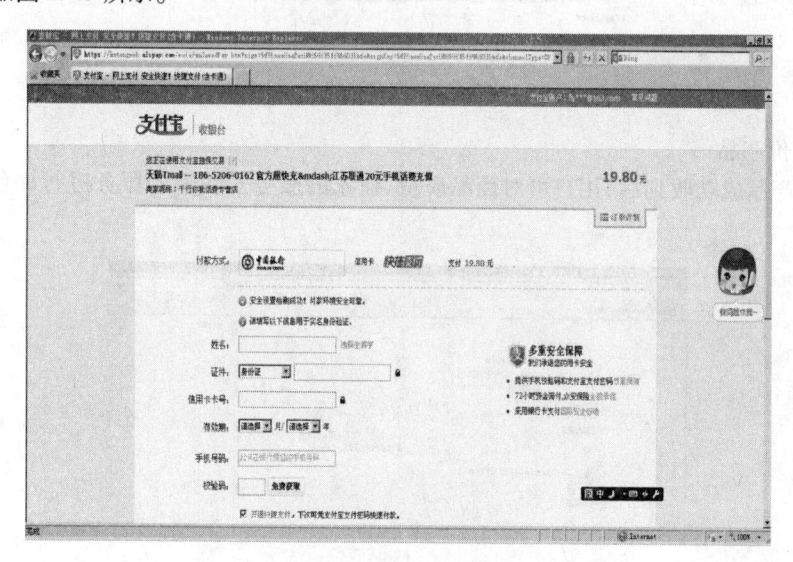

图 2.45　填写付款信息

步骤 2　输入账户在柜台预留的手机号码后，单击"免费获取"，发送短信验证码到手机。然后查看手机验证码信息。

步骤 3　输入手机验证码信息后，单击"同意协议并付款"，如图 2.46 所示。确认支付金额和订单号后，单击"确定"，账户进行支付，银行扣款成功，如图 2.47 所示。

图2.46 账号支付

图2.47 支付成功

(6) 评价产品

购买的产品成功收到后,用户可对商品质量、商家的服务及快递的服务进行评价,如图2.48所示。

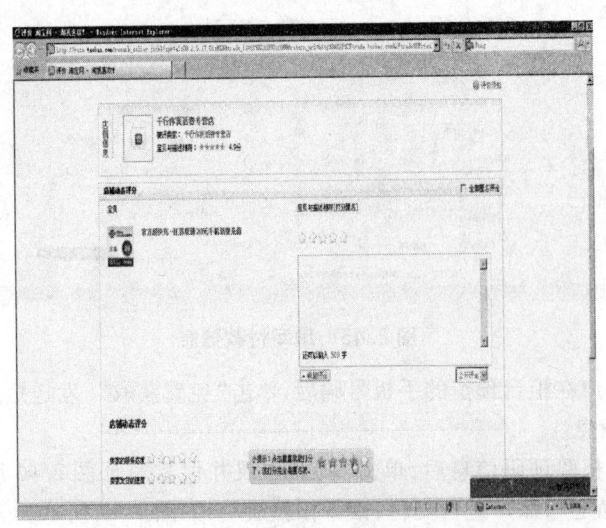

图2.48 用户评价

评价完成后单击"评价"会显示评价成功,自此本笔交易完成,如图2.49所示。

图2.49 评价成功

知识2.5 电子政务

1. 电子政务的定义

电子政务是指政府机构运用计算机和网络通信技术,将其内部与外部的管理和服务职能通过整合、重组、优化后到网络上完成,打破时间、空间及部门分隔的制约,为社会民众和自身提供一体化的高效、优质、规范、透明、廉洁的管理和服务。

电子政务主要包括3个部分:一是政府部门内部的电子化和网络化办公;二是政府部门之间通过计算机网络进行的信息共享和实时通信;三是政府部门通过网络与民众之间进行的双向信息交流。电子政府不是现实政府在网络上的映射,电子政府实质是对现有的、工业时代的政府形态的一种改造,即利用现代信息技术和其他相关技术来构造更适合以因特网为主要特征的信息时代的政府结构和运行方式。

2. 电子政务的特点

电子政务在改进和优化政府组织、强化政府公共服务职能、提高政府管理效率方面的优势正逐渐显现出来。电子政务与传统的政府政务相比,具有以下几个特点。

① 电子政务使得政务工作更有效、更精简。
② 电子政务使得政府工作更公开、更透明。
③ 电子政务为企业和居民提供更好的服务。
④ 电子政务重新构造政府、企业和民众之间的关系,比以前更加协调,使企业和民众能够更好地参与政府的管理。

3. 电子政务的功能

从根本上改善政府的公共服务是电子政务的核心价值。为了实现这一价值,电子政务系统应当具备以下功能。

(1) 实现政府信息服务

电子政务系统可以使政府打破时空和地域限制,在网上发布政策信息,并收集反馈信息,从而极大地提高政府的信息服务能力。同时,电子政务可以促进各级政府部门信息中心的建设,不但能为政府决策提供综合性的信息服务,而且还可以向企事业单位和公众提供信息服务,获取企业和公众的建议。图2.50所示为中华人民共和国人力资源和社会保障部网站。

图2.50　中华人民共和国人力资源和社会保障部

(2) 实现政府办公自动化

政府部门的办公自动化系统一般以公文处理和机关事务管理为核心,同时提供信息通道与服务等重要功能。办公自动化能够帮助政府开展公文管理、督查管理、政府信息采集与发布、内部请示报告管理、档案管理、会议管理、领导活动管理、政策法规库管理等业务工作,使政府实现无纸化办公,提高办公效率,降低行政成本。

(3) 实现政府内外信息资源共享

政府信息资源的共享能够避免相关信息的不完整和重复采集,提高政府部门的办事效率;使得政府的内部资源得到充分利用,并实现政府与社会、公众的广泛沟通;改善公共服务,促使政务信息公开,让政府更好地接受公众的监督;提高政府行政活动的透明度,保证各个政府机构有效地履行各自的职责。

(4) 增强政府监管,维护市场秩序

电子政务能够用信息化的手段来加强政府的有效管理,使政府的各项监管工作更加严密、有效。这对于监督和整顿市场秩序,加强财政管理,规范财税秩序,保障经济的正常运行,促进国民经济健康有序发展等具有重要的作用。

4. 电子政务的模式

电子政务所包含的内容极为广泛,几乎可以包括传统政务活动的各个方面。根据近年来国际电子政务的发展和我国电子政务的实践,目前电子政务的主要业务模式有政府对政府(G2G)模式、政府对企业(G2B)模式、政府对公众(G2C)模式、政府对公务员(G2E)模式。

(1) 政府对政府(G2G)模式

G2G 是政府内部、政府上下级之间、不同地区和不同职能部门之间实现的电子政务活动,主要包括政府内部网络办公系统、电子法规政策系统、电子公文系统、电子司法档案系统、电子财政管理系统、垂直网络化管理系统、横向网络协调管理系统、城市网络管理系统等。

(2) 政府对企业(G2B)模式

G2B 电子政务是政府通过电子网络系统精简管理业务流程,快捷迅速地为企业提供各种信息服务,促进企业发展,提高企业的市场适应能力和国际竞争力。它主要包括政府电子化采购与招标、电子税务系统、电子工商行政管理系统、电子外经贸管理、中小型企业电子化服务、综合信息服务系统等。

(3) 政府对公众(G2C)模式

G2C 是政府与公民(citizen)之间的电子政务,是指政府通过电子网络系统为公民提供各种服务。它主要包括电子身份认证、电子社会保障服务、电子民主管理、电子医疗服务、社会保险网络服务、电子就业服务、交通管理服务、电子教育培训服务等。如图 2.51 所示,江苏人才网为个人和单位提供招聘就业服务。

图 2.51 江苏人才网

(4) 政府对公务员(G2E)模式

G2E 电子政务是指政府机构通过网络技术实现政府内部电子化管理,建立有效的行政办公和员工管理体系,提高政府工作效率和公务员管理水平。它主要包括公务员日常管理、电子人事管理、电子培训系统、网络业绩评价系统等。

知识 2.6 政府采购

1. 政府采购的定义

政府采购是指国家各级政府为从事日常的政务活动或为了满足公共服务的目的,利用国家财政资金和政府借款购买货物、工程和服务的行为。政府采购不仅是指具体的采购过程,而且是采购政策、采购程序、采购过程及采购管理的总称,是一种公共采购管理的制度。政府采购的本质是政府在购买商品和劳务的过程中,引入竞争性的招投标机制。

完善、合理的政府采购对社会资源的有效利用和财政资金的利用效果起到了很大的作用,是财政支出管理的一个重要环节。

2. 政府采购的特点

政府采购的主体是政府,是一个国家内最大的单一消费者,购买力非常大。政府采购对社会经济有着非常大的影响,采购规模的扩大或缩小,采购结构的变化对社会经济发展状况、产业结构及公民生活环境都有十分明显的影响。政府采购相对于私人采购而言,具有资金来源的公共性、非营利性,采购对象的广泛性和复杂性、规范性、政策性、公开性,极大的影响力等特点。例如,江苏政府采购网如图2.52所示。

图2.52 江苏政府采购网

对我国政府来说,推行法制化、现代化的政府采购制度是一个崭新的国家财政管理概念。《中华人民共和国政府采购法》于2002年6月29日由全国人大常委会审议通过,自2003年1月1日起正式生效。

3. 政府采购的组织形式

国外政府采购一般有3种模式:集中采购模式,即由一个专门的政府采购机构负责本级政府的全部采购任务;分散采购模式,即由各支出采购单位自行采购;半集中半分散采购模式,即由专门的政府采购机构负责部分项目的采购,而其他的则由各单位自行采购。我国的政府采购采用半集中半分散的模式:对政府采购中的集中采购部分,通过设立一个专门机构来组织进行,如政府采购中心,从而有利于形成采购规模,节约财政资金,有利于加快政府采购市场的形成;对政府采购中的分散采购部分,由各支出单位遵循有关的政府采购法规政策进行自行采购。

（1）公开招标

公开招标是政府采购的主要采购方式。公开招标与其他采购方式不是并行的关系。公开招标的具体数额标准,属于中央预算的政府采购项目,由国务院规定;属于地方预算的政府采购项目,由省、自治区、直辖市人民政府规定;因特殊情况需要采用公开招标以外的采购方式的,应当在采购活动开始前获得设区的市、自治州以上人民政府采购监督管理部门的批准。采购人不得将应当以公开招标方式采购的货物或服务化整为零,或者以其他任何方式规避公开招标采购。

(2) 邀请招标

邀请招标也称选择性招标,由采购人根据供应商或承包商的资信和业绩,选择一定数量的法人或其他组织(不能少于 3 家),向其发出招标邀请书,邀请它们参加投标竞争,从中选定中标的供应商。适合的邀请招标必须满足两个条件:具有特殊性,只能从有限范围的供应商处采购的;采用公开招标方式的费用占政府采购项目总价值的比例过大的。

(3) 竞争性谈判

竞争性谈判是指采购人或代理机构通过与多家供应商(不少于 3 家)进行谈判,最后从中确定中标供应商。

采用竞争性谈判方式的条件有:招标后没有供应商投标或没有合格标的,或者重新招标未能成立的;技术复杂或性质特殊,不能确定详细规格或具体要求的;采用招标所需时间不能满足用户紧急需要的;不能事先计算出价格总额的。

(4) 单一来源采购

单一来源采购也称直接采购,是指达到了限额标准和公开招标数额标准,但所购商品的来源渠道单一,或者属于专利、首次制造、合同追加、原有采购项目的后续扩充和发生了不可预见的紧急情况,不能从其他供应商处采购。该采购方式的最主要特点是没有竞争性。

采用单一来源采购方式的条件有:只能从唯一供应商处采购的;发生了不可预见的紧急情况,不能从其他供应商处采购的;必须保证原有采购项目一致性或服务配套的要求,需要继续从原供应商处添购,且添购资金总额不超过原合同采购金额 10% 的。

(5) 询价

询价是指采购人向有关供应商发出询价单让其报价,在报价基础上进行比较并确定最优供应商的一种采购方式。对采购的货物规格、标准统一,现货货源充足且价格变化幅度小的政府采购项目,可以采用询价方式采购。

知识2.7 电子报税

1. 电子报税的定义及原理

电子报税是指通过利用现代的电子计算机与网络通信技术,使纳税人足不出户就可以履行纳税义务全过程的一种报税方法。具体地说,电子报税就是纳税人使用电子报税工具(如计算机),将申报的原始资料通过通信网络(如电话网)以电子数据的形式发送到税务局的计算机主机系统上,税务局主机对这些申报的原始数据通过进行身份识别、逻辑计算审核之后,在税务局主机内生成相应的电子申报数据,并将纳税人的申报款信息发送到相应的银行进行税款保留。同时,税务局主机将申报的结果立即返回给纳税人。

电子报税采用了现代电子计算机与网络通信技术,使报税方式更加现代化、科学化。从纳税人角度来看,通过实行电子报税,纳税人不必再定期携带公章、申报表、现金、转账支票或存折等物品亲临税务局花费整天甚至几天时间来履行纳税义务,而只需坐在自己的办公室花几分钟时间就可完成纳税义务全过程。这样,既可减少纳税人自行上门申报条件下往返于税务机关的路途时间和费用,又可消除排队等候的麻烦;既可减少纳税人的纳税成本,提高纳税人的工作效率,又可确保纳税人申报资料的及时性与准确性。如图 2.53 所示为江苏省网上办税服务厅。

图2.53　江苏省网上办税服务厅

2. 电子报税的方式

电子报税分电话报税、因特网远程报税和银行网络报税3种方式。

① 电话报税。电话报税是指纳税人利用电话，通过电信、银行和税务系统的网络进行纳税申报和交纳税款的方式。电话报税是适用于定期、定额的"双定"纳税户比较简单的一种报税方式。纳税人报税时要先拨通报税电话，然后根据电话中的语音提示进行操作。

② 因特网远程报税。因特网远程报税是指纳税人使用计算机通过因特网登录税务机关的网站，依托远程电子申报系统平台进行纳税申报，并实现税款自动划账，完成电子申报和电子纳税的整个过程。

③ 银行网络报税。银行网络报税是指税务机关与指定的代收税银行进行联网，纳税人与指定银行签订委托扣款协议，并在该银行开设账号存款，充分利用银行计算机网络提供的通存通兑功能，由银行在规定的时间内按税务机关核定的应纳税额直接划账入库，完成纳税申报和交纳税款事项。

案例分析

海尔公司 B2C 电子商务模式的应用

海尔向电子商务领域进军，是以虚实结合的策略为指导的，在推进电子网络的同时，不断夯实商务基础。海尔从两方面为进入电子商务领域做好准备。一是准备好电子商务在外部需要的必备条件：配送网络和支付网络。目前，海尔已建立起庞大的销售网络，并与中国建设银行合作建设了支付网络。海尔的第2个准备是调整企业内部的组织机构，使其能够适应外部电子商务的需求。2002年，海尔集团正式开通了网上商城，满足个性化的需求是海尔商场的特点，用户可以在网上利用灵活多样的查询手段了解产品的详细情况，迅速地确定自己所需要的商品。海尔集团于2003年3月10日投资成立海尔商务有限公司，这是中国国内家电行业中第1个成立电子商务公司的企业。

面对个人消费者，海尔可以实现全国范围内的网上销售业务。消费者可以在海尔的网站上浏览、选购、支付，然后可以在家里静候海尔的快捷配送及安装服务。对海尔来说，网上的交易额不是最重要的，最重要的是注册的大量用户信息，用户对海尔的信任和忠诚度是海尔最大的财富。用户在海尔网站上进行采购和个性化定制的数量与日俱增。

海尔 B2C 网站采用了 CA 智能化集成的电子商务平台 Jasmine Ⅱ(Jasmine Intelligent information Infrastructure),使用多媒体技术、对象数据库技术和 Web 技术相结合,构成了一个含有大量文字、图像、录像信息并可与三维虚拟场景交互的多媒体数据库应用系统,实现了基于 Web 的产品定制与导购功能。

1. 在线直销

海尔网上商城(http://www.ehaier.com)是完全由海尔集团公司负责建设、维护与经营的,如图 2.54 所示。它利用海尔现有的销售、配送与服务体系,为广大用户提供优质的产品销售服务。海尔集团直接对用户订单负责。全国每个地区包括农村的消费者都可以从海尔网上商城购物,海尔利用与顾客最近的海尔经销商和售后机构提供服务。

图 2.54 海尔商城

顾客可以通过海尔网上商城系统直接订购看中的商品,再通过海尔现有的销售、配送与服务体系通过送货上门或邮寄两种方式得到商品。

目前海尔网上商城支持招商银行(全国范围)、工商银行(全国范围)的网上支付业务,用户在线支付成功后海尔能够通过系统立即查看到支付信息,然后安排配送(除了在线支付,海尔也采用货到付款、银行电汇和邮政汇款的方式)。

2. 网上定制服务

海尔极富个性化的创造理念,使客户可以在任何地方通过因特网享受海尔的网上定制服务,随意地组合自己需要的产品。

(1) 产品制定

海尔最先开始的是冰箱的定制服务。海尔针对客户的需要,预先设计了多个套餐,客户也可以选配自己喜欢的产品组件,系统会进行自动报价,直到客户满意为止。定制完成后,输入个人和收货信息,就可等待产品的直接送到。

(2) 服务定制

同产品定制类似,客户也可以详细选择需要的服务项目。以空调服务定制为例,客户可以从空调移机、加装饰板、清洗保养等十几个服务项目中选出自己需要的服务,系统会整体报价。

3. 网上服务中心

海尔的用户数据库和直接对顾客公开的网上服务中心可以有如下应用。

① 顾客登记。客户填写登记表的内容存放到顾客服务数据库中,客户服务人员将会跟踪客户的产品使用情况,为客户提供解决方案,帮助客户了解产品的具体情况。

② 产品知识。客户可以查询到海尔不同类产品的购买、使用、维护方面的小知识。
③ 产品咨询。客户对海尔的产品及其他方面有任何疑问,可以在线填写表单,海尔会通过邮件或电话解答。
④ 电子刊物。客户可以订阅海尔新闻、市场活动、产品知识等免费电子刊物。
⑤ 在线保修。客户购买的海尔产品有任何问题,可以在线填写报修表单,海尔会主动与客户联系。

案例思考:
1. 海尔公司的电子商务成功的应用有什么启示?
2. B2C 的模式有什么样的特点?
3. 列举出海尔商城的盈利模式。

课后习题

一、选择题

1. 某公司帮助个人将产品出售给其他人,并对每一笔交易收取一小笔佣金。这属于(　　)电子商务。
   A. B2C　　　　B. B2B　　　　C. C2C　　　　D. B2G
2. (　　)不属于消费者在网上商店进行购物的操作。
   A. 浏览产品　　B. 选购产品　　C. 订购产品　　D. 信息发布
3. 以下说法正确的是(　　)。
   A. 品牌等于商标
   B. 品牌是通过传播介绍给消费者的产品
   C. 品牌是消费者对产品的体验和感受
   D. 品牌是产品和消费者之间的长期互动
4. 在线零售成功的关键是(　　)。
   A. 树立品牌　　B. 减少库存　　C. 正确定价　　D. 提高速度
5. B2B 电子商务交易的特点有(　　)。
   A. 传输的信息可能涉及个人机密
   B. 用户群固定,操作人的真实身份明确,客户信息真实可靠、详细准确
   C. 传输的信息涉及商业机密或企业机密
   D. 商务活动中需要协商和签订具有法律效应的合同、协议等
6. 网络商城中的商品分类可以(　　)。
   A. 按照价格分　　B. 按照尺码分　　C. 按照更新时间分　　D. 按照品牌分
7. 类似于现实商务世界中的跳蚤市场的电子商务模式是(　　)。
   A. B2C　　　　B. B2B　　　　C. C2C　　　　D. B2G
8. 中国网上零售未来的发展趋势是(　　)。
   A. 进一步细分网购市场　　　　B. B2C 与 C2C 的界限越来越模糊
   C. 支付和物流依然是瓶颈　　　D. 用户逐步走向理性消费
9. 关于店铺公告,说法正确的是(　　)。
   A. 店铺公告可以是自己制作的图片格式

B. 店铺公告是自动滚动的
C. 店铺公告只能是纯文字的
D. 店铺公告的图片支持本地上传
10. 推广行为(　　)是淘宝网允许的。
A. 利用论坛签名档宣传店铺
B. 与其他卖家交换店铺链接
C. 在论坛中以购物指南形式发帖以达到间接宣传的目的
D. 通过阿里旺旺发布广告信息

二、简答题

1. B2C 电子商务的模式有哪些？各自有什么特点？
2. 简述 B2C 电子商务交易的过程。
3. 简述 B2B、B2C 和 C2C 三种电子商务交易的区别。
4. 简述 B2B 电子商务交易的特点和模式。
5. 谈谈目前各种电子商务交易中都存在哪些问题。

项目 3　电子商务网店建设

本项目介绍网店建设的前期准备工作和以淘宝为代表的网店建设流程,以及网店的基本设置要求、网店的商品管理、网店的装修和网店的物流管理。

项目内容

熟悉电子商务网店的建设流程和网店的基本设置,熟悉电子商务网店的功能模块和网店开设的一般流程。通过对电子商务网店的建设,掌握电子商务网店建设的常见技巧和方法。

知识要求

在电子商务网店的建设过程中,需要掌握电子商务网店建设的一般流程;掌握网店建设中的商品管理和物流管理;掌握网店的实名认证流程;了解一般网店的装修要求;了解目前电子商务交易规则及对网店建设的挑战。

相关知识

知识 3.1　网店前期准备

1. 货源的选择

货源对一家网店而言是非常重要的,拥有好的货源意味着拥有价格优势。那么,网店有哪些热销商品?网店选择什么样的商品销售才能盈利?这些问题都是店家们开店前必须考虑的。针对于此,下面提供一些选择方案。

(1) 个人创意货源

创意货源包括创意家居用品、懒人用品、创意装饰、创意 3C 商品等。如图 3.1 所示为创意礼品。

(2) 厂家货源

目前网上热销的商品主要有服装、饰品、箱包、3C 商品等。如图 3.2 所示,如果店家能直接获得厂家货源,将能够取得价格竞争优势,进而增加网络销量。但这种货源的缺点是:订货量大,容易压货,且换货麻烦。

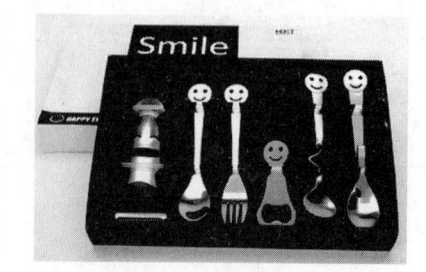

图 3.1　创意礼品

(3) 阿里等网站货源

这类货源途径便捷、商品丰富,但订货时通常有量的要求,商品质量也不易把握。例如,淘宝卖家中心后台的"货源中心"就为卖家提供了品牌货源、批发进货、分销管理、淘工厂及阿里进货

管理5个进货渠道,基本上可以满足中小网店对货源的需求。如图3.3所示,网店主可以从货源中心的阿里进货管理进入阿里巴巴的中文网站,进而选择自己需要的货源。在此网站下,货源根据订货批量的不同设置了不同售价,网店主可以凭借对市场和个人经济实力的判断选择相应的商品发布到自己的店铺中。

图 3.2　厂家货源

图 3.3　淘宝卖家中心后台的货源中心

2. 网上开店的一般流程

个人店主可选择的开店平台有淘宝、易趣等,这里以淘宝为例说明个人网店的开设过程。

1)登录 http://www.taobao.com,进行淘宝账号申请,如图3.4所示。

图 3.4　淘宝网账号申请

2)单击"卖家中心"→免费开店,上传证件图片,填写银行卡信息,输入银行卡打卡金额。

3) 打开 http://www.alipay.com,登录支付宝账户,单击"账户设置"→基本信息→实名认证→立即认证(大陆),完成支付宝个人实名认证流程。

4) 进入"我是卖家"→免费开店→在线考试完成→填写店铺信息→同意诚信经营承诺书,就完成了店铺的初步设置。

知识3.2 网店基本设置

网店不仅是一种交易工具,也是卖家或企业的外在形象,所以对店铺名称及其中信息的展示必须严格规范。如图3.5所示是淘宝店铺的基本设置,包括店标、店铺名称、店铺简介等。

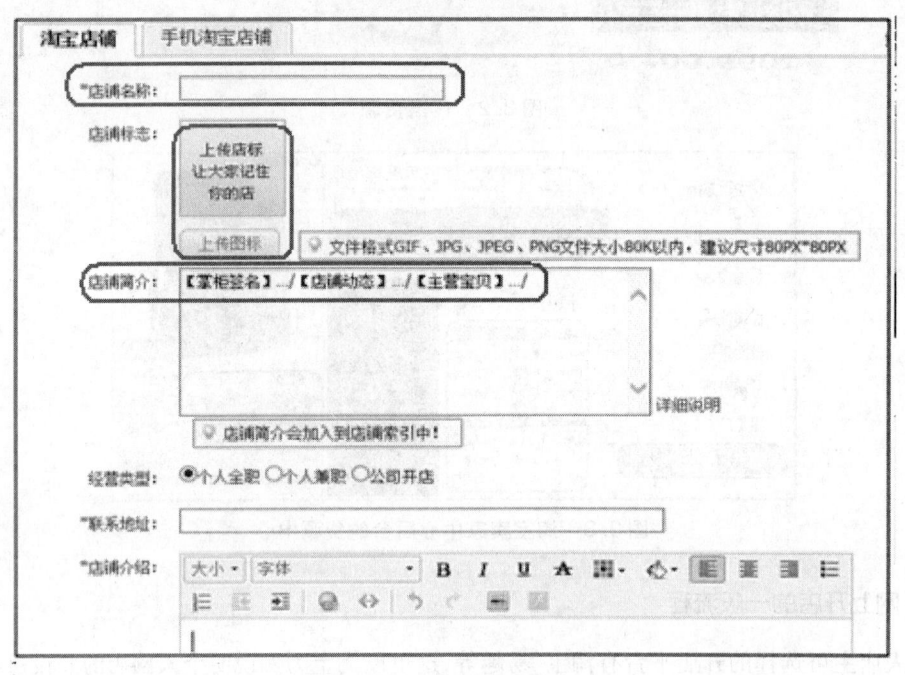

图3.5 淘宝店铺基本设置

首先,店铺名称的确定必须符合淘宝的交易规则,而店标的图片要求的文件格式为GIF、JPG、JPEG、PNG,文件大小在80 KB以内,建议尺寸为80×80像素。最好选择能代表店铺风格的图片或创意性图片。

其次,店铺的简介包括掌柜签名、店铺动态和主营宝贝。掌柜签名指的是店铺的签名或店铺梦想展示,可以用此很好地表达自己的个性,但不要过于夸大,以免起反作用;主营宝贝指的是店铺卖的主要宝贝的类型、风格等,尽量填写出店铺所售宝贝的类型,以及适合的人群、风格等,要真实、客观,这也是与其他店铺区分的一种方式,切勿堆砌与店铺无关的词句,否则很有可能伤害店铺的买家;店铺动态指的是店铺最近的促销信息。店铺动态需要及时地更新,并且信息要真实、客观,如果信息虚假,不仅不会有效果,还会失去买家的信任。

最后,店铺介绍是以网页形式来呈现的。可以将店铺的主要情况编辑成文字,再重新更改字体、颜色、大小,并可以通过插入图片、链接等来突出重点信息,使得网店介绍更加美观。

知识 3.3　网店商品管理

1. 商品发布

店铺设置完成就可以发布商品了。根据淘宝店铺规则，淘宝 ID 完成支付宝实名认证后，需发布 10 件以上的商品才能拥有店铺。在开店初期，发布商品有"一口价"和"个人闲置"两种方式，建议第 1 次发布商品时选择"一口价"方式。具体步骤如图 3.6 所示。

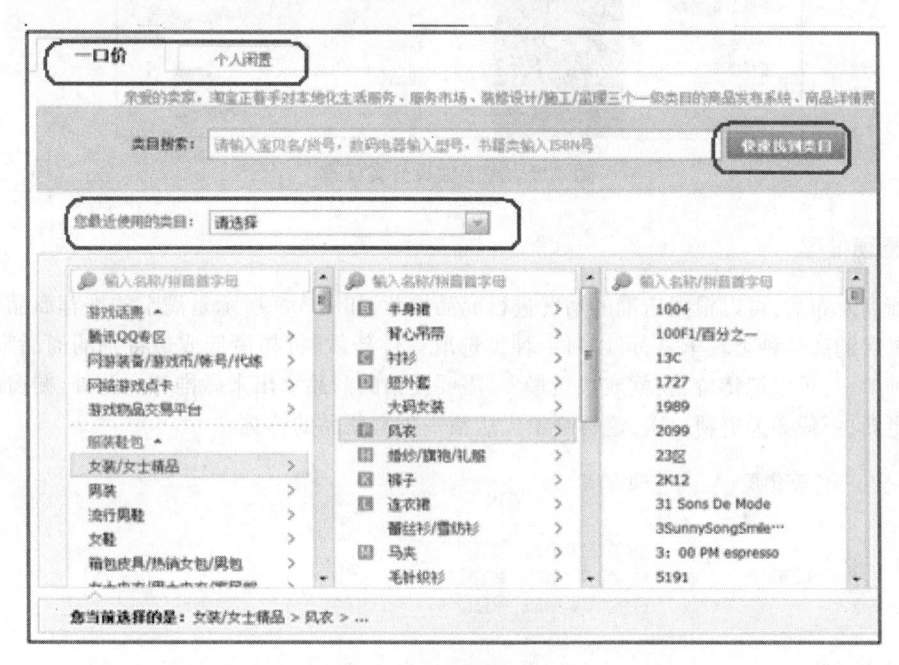

图 3.6　淘宝网商品发布

首先确认宝贝的出售方式和宝贝的类目是否正确，然后添加宝贝标题、宝贝图片、宝贝描述 3 部分内容。宝贝的照片限制在 120 KB 以内，建议为 500×500 像素，主题会更突出。在买家没有出价时，如果要修改发布的宝贝信息，可以到"卖家中心"→宝贝管理→"出售中的宝贝"中进行编辑、修改，如图 3.7 所示。

图 3.7　在售商品信息的修改

2. 商品分类

当一家店铺有几十、上百甚至上千件商品时，在店内设置商品分类来引导买家购物就是商家必做的工作，如图 3.8 所示是淘宝宝贝的分类管理。设置好的类目可以自由地进行删除，以及添加子分类等。具体分类可以采用按商品种类（如女装、男装）、商品规格、商品更新时间、商品品牌等方式进行,根据店铺需要可以用其中的一种或多种方式分类。一般而言,新品和特价品均放在分类靠前的位置,特价商品要分别放进商品分类和特价商品类目。此外,商品分类的名称要简单易懂,方便顾客识别。

图 3.8　淘宝宝贝分类管理

3. 橱窗推荐

在商品发布后,可以根据店铺的情况进行商品推荐,如图 3.9 所示是淘宝的推荐商品数量规则。如果店铺商品种类较丰富,可以每一种类选取一件新款、折扣最低或最特别的商品来推荐;如果品种单一,可以把特价、新款或数量最多,需要促销的商品拿出来做推荐。此外,橱窗商品最好经常更新,一般 2 天更新一次,这样会给人店铺一直有新品的感觉。

规则纬度	规则内容
信用等级	星级卖家奖励10个橱窗位 钻级卖家奖励20个橱窗位 冠级卖家奖励30个橱窗位
开店时间	开店时间少于90天内,奖励10个橱窗位 开店时间满1年奖励2个橱窗位 开店时间满2年奖励5个橱窗位 开店时间满3年奖励10个橱窗位
消保	缴纳消保证金的,奖励5个橱窗位
店铺周成交额	周成交额是指上周的周成交额,计算周期为周四0点至周三23:59:59 由于您上周的支付宝成交额为0或您店铺星级不满1星,没有奖励橱窗位。
金牌卖家	金牌卖家奖励：5个橱窗位
违规扣分	一般违规扣分（A类扣分）满12分及以上,扣除5个橱窗位 严重违规扣分（B类扣分）满12分及以上,扣除10个橱窗位 出售假冒商品被违规扣分（C类扣分）满24分及以上,扣除20个橱窗位

图 3.9　淘宝商品推荐数量

知识3.4 网店装修

装修设计是网店吸引顾客的常见手段之一,网店的所有装修都要围绕店铺主营商品的主题进行,主要包括商品拍摄和网店美化两方面。

1. 商品拍摄

(1) 拍摄准备

开店离不开商品展示,在网上开店,商品只能通过拍摄来实现,所以一台符合商业摄影要求的数码相机是开店必备的条件之一。对于相机的选择并不是越贵越好,关键是实用。如果是普通的商品拍摄,相机只需满足200万以上像素大小、具备全手动功能、微距能力在5 cm以下且有自定义白平衡功能就可以了。

(2) 通用拍摄技术

根据商品外形尺寸,可以把商品分为小件商品和大件商品。小件商品是指能放进摄影棚进行拍摄的商品,如手机、化妆品、钱包等;大件商品是指该类商品的拍摄通常需要一定的空间场地才能进行,如服装、家具、运动器材等。

① 小件商品拍摄

在拍摄小件商品前需将商品进行合理组合,选择最好的拍摄视角。同样的商品使用不同的摆放组合会带来不同的效果,如图3.10所示。不同的摆放和拍摄视角产生了不同的效果,很显然,左边的图片更具有商业价值,当买家看到这两张图后会因视觉感受而决定是否购买。

图3.10 商品组合

在实际拍摄时,可以根据商品的特性来设计摆放组合。如果是水果类,可以采用如图3.10左图所示突出商品的新鲜度;如果是饰品,可以通过改变饰品间的疏密关系、色彩组合、背景衬托等方式突出商品的特点;如果是一些外形比较冷硬的商品,如鞋、皮带等,可以将多件商品组合造型。此外,对于一些表面粗糙吸光、反光的商品在拍摄时可以使用稍硬的光线,如闪光灯等,这种光线会在凹凸不平的表面产生细小的投影,从而强化商品的质感,突出商品的立体感,如图3.11所示。

图3.11 反光体的拍摄

在进行商品细节拍摄时通常要用到微距功能,是指拍摄出来的图片尺寸大于实物的拍摄方式,如对服装细节、商品logo的拍摄等。在进行微距拍摄时需注意对拍摄光线、相机光圈的调节。一张完美的商品特写胜过大篇幅的商品介绍文字,成交可能性也会更高。

在进行小件商品拍摄时要注意灯光配置尽可能为两个以上,这样可以保证产品左右受光均匀。同时,背景纸的放置方式要恰当,最好成弧形放置,这样拍摄出来的产品照片的背景会比较好,而且会出现需要的渐变效果。此外,由于在网络上买家看到的永远是产品的正面,因此光线照射的角度和技巧非常重要,拍摄时产品的正面一定要受光均匀。

② 大件商品拍摄

网络零售和传统零售最大的区别是买家只能通过卖家发布的商品图片来了解商品的特性。服装尤其如此,图片所展示的款式、面料、风格直接影响商品的成交价。

服装类的大件拍摄环境通常有棚内拍摄、室内布景和室外街景3种。其中,室内布景比在摄影棚的背景纸更具有立体感、现场感,并且在室内布景时可以充分利用室内家具、现有材料、玻璃、PVC 塑料板制作简易摄影场景,也可以借用几何体、书籍等小道具。但是这类布景必须注意协调性,要保证拍摄场景中的光线强度,增加底部光源,使拍摄环境的光线更加均匀,防止喧宾夺主。摄影棚拍摄的最大优点是可根据不同服装颜色选择不同背景纸,从而可以突出拍摄商品风格,很有专业效果。室外街景拍摄可以找公园、景点等地拍摄,但要注意色彩搭配要合理,根据产品特征、放置方式的不同,光线的照射角度要跟随改变,力求光线均衡照射,避免产品正面出现暗角,拍摄产品的时候更要注意构图方式,牢记构图中的黄金分割点和线。

2. 网店美化

在对店铺美化前必须明确店铺装修的主要目的,可以从店主个人喜欢、店铺主营项目角度考虑。如图 3.12 所示,左图为一家女童饰品网店,整个页面以红色为主,色彩布局非常符合女童的喜好;右图为一家 DIY 甜点网店,色彩布局非常柔和,并且将 DIY 步骤第 2 步、第 2 步等明确列出,给人简洁易操作感。网店美化需符合店铺平台规则,以淘宝为例,分为普通店铺美化和旺铺美化。

图 3.12 淘宝店铺美化

(1) 普通店铺美化

普通店铺需要美化的地方主要4处,即店标、公告栏、店铺分类和商品描述。

① 店标

普通店铺的店标放在店铺首页的左上角,这个位置非常醒目,买家一入店就可以看到。一个好的店标对网店非常重要,代表了网店的形象和风格。店标的大小在 80 KB 以内,尺寸为 100×100 像素的 GIF 或 JPG、JPEG、PNG 图片。

② 店铺公告

普通店铺的店铺公告位于店铺首页右上方,与店标水平。在公告中加入一些个性化信息将有助于买家更多了解自己的店铺。公告里的内容可以是文字或图片,设置成功后是以自下往上的方式滚动显示在首页上的。

③ 店铺分类

店铺类目一般位于店铺首页左侧的店标下方,买家浏览店铺时可以通过单击具体类目找到相应商品。网店买家能否快速准确地找到商品会直接影响网店成交量,因而网店的分类非常重要。普通店铺美化时,店铺分类可以使用文字或图片,也可以用不同大小的图片来区分一级类目和二级类目,从而使店铺更加生动。此外,也可以将店铺的营业时间和一些祝福欢迎话语放到分类里,起到公示作用。

④ 商品描述

商品描述位于商品详情页面中部。在淘宝普通店铺中该版块是采用 HTML 编辑器来编辑的,在里面可以方便地改变文字大小、字体、色彩,可以插入图片和网址链接,还可以通过购买淘宝的展示服务插入 Flash,从而使店铺商品的展示更加生动形象。

(2) 旺铺美化

淘宝旺铺可以美化的地方很多,主要包括店招、商品分类导航促销、商品推荐、商品描述等。

① 店标

淘宝旺铺的通栏店标比普通店铺的 100×100 像素的店标要大气美观很多,如图 3.13 所示。

图 3.13 旺铺店标

② 商品分类导航

淘宝旺铺除了不变的"首页"和"信用评价"外还有 6 个自定义页面可以设置更多有关店铺商品、品牌、服务及团队的介绍。淘宝旺铺的分类导航是每个店铺都有的,宽度固定,高度在理论上无限高,如图 3.14 所示为旺铺专业版的分类导航。

③ 促销区

商品促销区可以常年推出各种吸引顾客的活动,同时可以自定义添加右侧和左侧模块,从而获得更多商品展示空间和购物体验。由于促销区的重要商业价值,所以通常是越大越好,但高度不能太高,否则会给人望不到边的感觉,如图 3.15 所示为旺铺促销区。

④ 商品推荐

推荐商品可以放在促销区,也可以放在店铺首页单独建立的推荐模块中,如图 3.16 所示。

⑤ 商品描述

商品描述这部分内容是顾客对商品产生兴趣之后会单击进入的页面。这个页面对卖家而言是需要尤其注意的,它不仅要条理清晰、有层次,还要将各个可独立部分尽量独立开来。如图 3.17 所示是一家 DIY 甜点店铺的商品描述,包括了商品制作视频、套装、工具、新手问题等多方面的具体描述。

图 3.14 旺铺分类导航

图 3.15　旺铺促销区

图 3.16　旺铺商品推荐

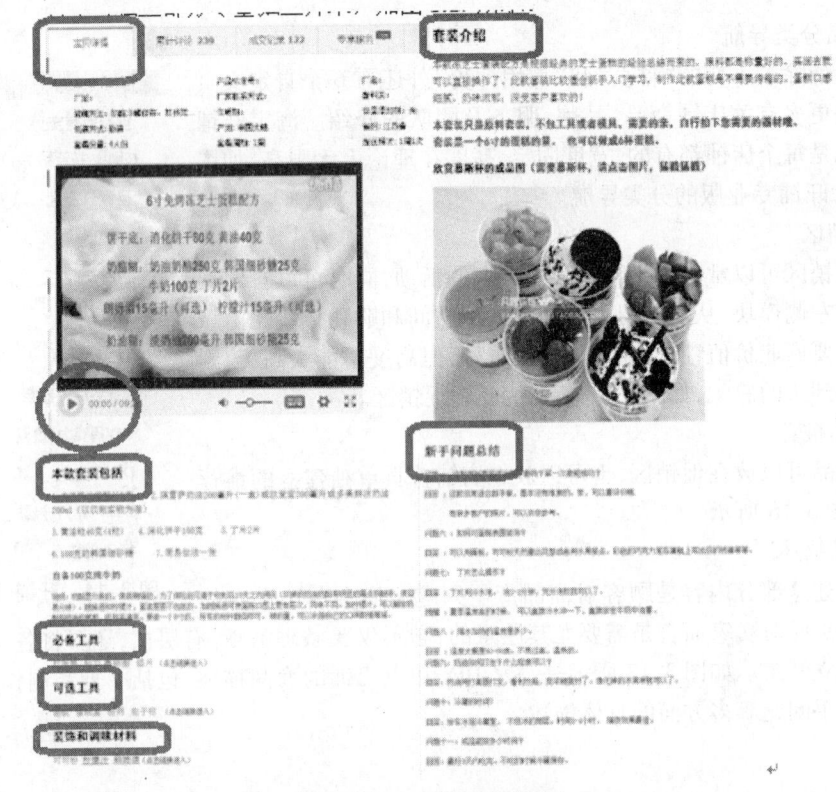

图 3.17　旺铺商品描述

知识 3.5　网店物流管理

1. 库存商品管理

网店发展到一定规模都会设立专门的物流部门对库存商品进行系统化管理,其主要包括商品检验、货号编写、入库3个方面。

（1）商品检验

网店仓库工作人员收到商品后必须进行严格检查,如商品包装是否完好、商品有效期是否超过,然后需对照订货单、送货单确认商品名称、规格、数量、单价等具体信息,核对无误后方可入库。

（2）货号编写

随着网店的不断完善,店铺中的每一款商品都应对应唯一编号,目的是便于进行店铺商品管理。最简单的编号方法是"商品属性 + 序列号",可以采用如下做法。

1）将商品分类,如衬衫、毛衣、外套、裤子等。

2）将每一类别名称的缩写作为商品属性,如衬衫缩写为 CS。

3）每类商品序列号根据店铺商品数量可以是 2 位、3 位或更多,并且要适当留有余地。如果销售的是品牌商品（见图 3.18）,厂家一般都有标准货号,那么就不需要再编写了,只需照厂家货号登记就可以了。对于服装类商品,由于品牌款式型号繁多,编写货号往往比较复杂,这时在原有的"属性 + 序列号"基础上可以再增加如材质、年份、色彩等,以方便识别和盘货。

图 3.18　商品编号

(3) 入库

商品编号登记入库后要详细记载商品名称、数量、入库时间、发票号码和验收情况等,并且要根据商品不同的属性、材质、功能、型号、颜色分类摆放,储存时要注意商品特性,如一些易潮湿商品要做好防潮处理以保证货物安全。此外,做出入库登记时需严格核对商品品名、数量,凭单发货收货。

2. 货物包装

网店进行发货时通常需要对货物进行合理包装,这样不仅能够显示店铺的服务优良,也可以在一定程度上增加物流的安全性。但要注意,不同的包装材料因为材质重量的不同会影响物流成本,继而影响店铺整体的运营成本。

有些商品可以直接用快递公司的一次性塑料快递袋来包装,如不怕挤压的毛绒玩具、靠枕等;一些对防震要求比较高的商品,如水晶吊灯、电视等,最好用木箱包装;一般性的商品可以用相应大小的纸箱包装;对于一些易碎品,如玻璃瓶装罐头等可以采用纸箱加泡沫盒包装。

在进行货物打包时要注意包装和商品的间隙,留有一定缓冲空间,用填充物固定好,包装外边缝最好用胶带或钉子密封,防止商品在运输或搬运过程中泄漏遗失,此外也可以加上店铺定制的防盗封条。

不管采用哪一种包装方式,都需要不断总结顾客反馈建议,不断改进包装,从而做到既能保障商品安全又可以节约包装成本。

3. 网店物流后台管理

物流管理对于网店而言是连接生产、供应、销售的重要环节,因此,做好物流管理间接关系着网店的经济命脉。在进行网店物流管理时可以借助后台的物流管理工具,如淘宝店后台的物流管理模块,如图 3.19 所示。

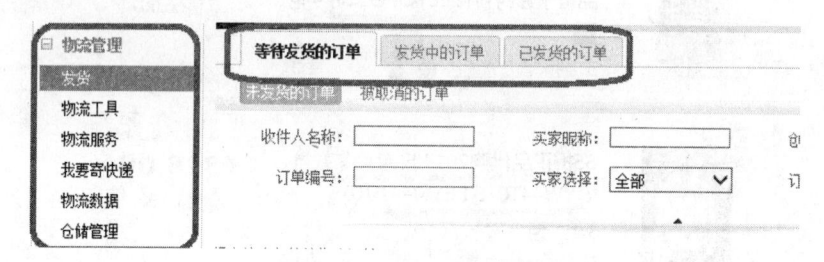

图 3.19 淘宝物流管理

在淘宝店卖家后台的物流管理模块中提供了发货、物流工具、物流服务、我要寄快递、物流数据、仓储管理六大功能。

(1) 发货

发货页面提供了等待发货订单、发货中订单及已发货订单的查询编辑,卖家可以在此模块进行相关设置。

(2) 物流工具

如图 3.20 所示,淘宝卖家后台提供了服务商设置、运费模板设置、运费/时效查看、物流跟踪信息、地址库、运单模板设置 6 项功能。

图3.20　淘宝卖家物流工具

① 服务商设置。如图3.21所示是服务商设置页面，卖家可以指定不超过5家的快递公司，并就商品配送快递向消费者做出承诺，然后按照买家指定的快递公司发货。如果卖家未按订单指定的快递公司发货，则需向买家支付一定的违约金。

图3.21　服务商设置

在完成对服务商的设置后即会显示订购成功页面，如图3.22所示。

图3.22　指定快递订购

② 运费模板设置。卖家可以在此模块中设置不同快递的发货时间、计价方式及运送方式。如图3.23所示是网店运费模板设置前后的对比情况。

图3.23　运费模板设置

③ 运单模板设置。淘宝后台为卖家提供了运单模板的设置功能，主要包括具体快递公司的选择，如申通在全国各地有众多快递网点，卖家可根据自己具体的发货地址选择相应网点。此外，为方便卖家发货，可以自行设置运单模板进行打印，从而提高发货效率。在具体设置时可以根据店铺的情况填写其中的相关信息，如图3.24所示。

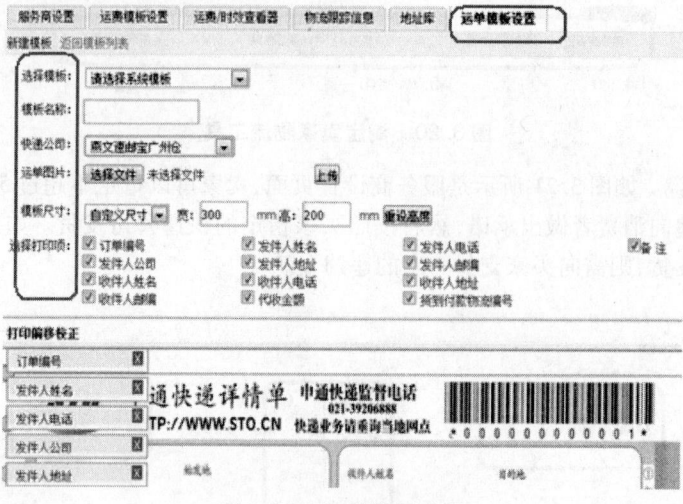

图 3.24　运单模板设置

(3) 物流服务

物流管理中的物流服务主要是针对一些特殊商品所做的设置,需要卖家自行订购。它主要有:

① 保障速递。覆盖 50 万条物流配送线路,订购该服务的商品不仅在搜索排名时优先,而且展示的"123 时效"服务标识更能促使买家下单,提升店铺转化率。

② 货到付款。该方式能使新买家转化率高达 30% 以上,轻松提高店铺客单价,且回款速度较担保交易缩短 50% 以上。

③ 生鲜配送。该方式是网店新手为生鲜蔬果等对运输温度及配送质量有一定要求的商品提供的物流服务。它通过两段式配送服务实现全程控温,可以在降低商品损耗率及用户投诉率的同时降低配送成本。

④ 指定快递。该服务订购免费,卖家需承诺按订单约定的快递公司发货。经过相关调研,将选择快递的权利交给买家,可以提升买家的购物体验,减少店铺差评,增加买家的二次购买率。但是,订购指定快递服务是必须先交纳基础消保保证金的。

⑤ 到货承诺。该方式是淘宝第 1 个明确订单送达时间且违约可赔付的承诺时效服务。该服务订购免费,卖家需承诺快递准时送达。到货承诺服务不仅可以应用在流量导购页面,还可以在商品详情页面直接展示订单送达时间,从而提升买家浏览商品的转化率和下单转化率。同指定快递一样,该服务也必须先交纳基础消保保证金。如图 3.25 所示为订购成功该服务后的页面。

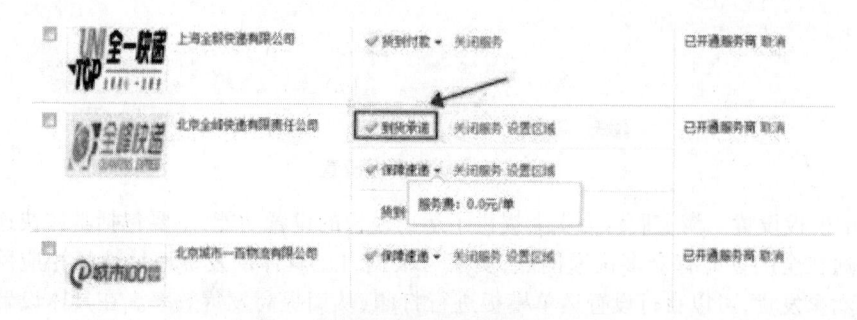

图 3.25　到货承诺

（4）物流数据

物流数据模块提供了关于网店订单量、派送 DSR、派送速递、物流投诉率、物流退货率等店铺数据及同行对比数据,如图 3.26 所示。卖家可以根据这些实时的数据反馈调整网店的物流管理设置,不断完善物流服务。

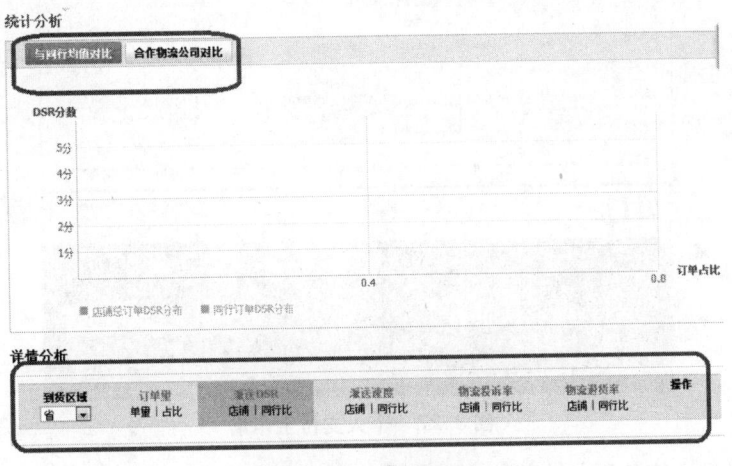

图 3.26　物流数据

项目实施

项目任务

根据项目内容,本项目为理解网店的建设要素,掌握淘宝 C 店的开店流程。其主要任务如下。

1. 登录淘宝网站卖家中心,完成支付宝实名认证流程。
2. 完成淘宝 C 店的基本设置。
3. 分析淘宝旺铺和自己 C 店页面的布局差异。

项目要求

1. 浏览淘宝网站,了解淘宝店铺的基本设置及布局。
2. 掌握淘宝网开店流程,能够独立完成 C 店的开设。

实施步骤

1. 登录淘宝网卖家中心,完成支付宝实名认证流程

1）打开 http://www.alipay.com,登录支付宝账户,单击"账户设置"→基本信息→实名认证→立即认证(大陆),如图 3.27 所示。

图 3.27　个人支付宝申请

2）填写身份证信息和支付密码，单击"下一步"进行身份验证，如图 3.28 所示。

图 3.28　身份验证

3）请确认姓名和身份证号码无误，然后单击"确定"，确认后身份信息不能修改。如果单击"暂不确认，跳过"，页面会回到"我的支付宝"首页，相当于用户并没有通过身份验证，如图 3.29 所示。

图 3.29　身份确认

4）通过身份信息验证，进入验证银行卡信息页面，填写银行卡的相关信息（所有支持开通快捷支付的银行卡均可）。校验成功后单击"下一步"，系统发送短信校验，接受并填写校验码完成校验，如图 3.30 所示。此外，身份信息验证成功后，如果账户已绑定快捷银行卡，确认快捷卡信息即可认证成功，无须进行下面的操作。

图 3.30　身份验证

5）银行卡验证成功，即可通过支付宝实名认证 v1。如果需要大额收付款，可单击"立即升级认证"进行实名认证 v2 操作，如图 3.31 所示。

图 3.31　银行卡验证

2. 完成淘宝 C 店的基本设置

登录淘宝卖家中心，单击"店铺管理"→店铺基本设置（见图 3.32），完善店铺名称、店标、店铺简介、联系地址及店铺介绍内容。

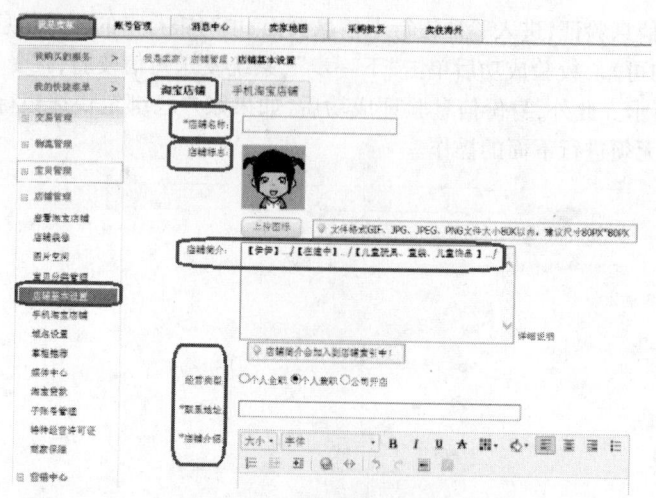

图 3.32　淘宝店铺基本设置

3. 分析淘宝旺铺和自己 C 店页面的布局差异

1）在百度网搜索"淘宝双十一店铺排名",如图 3.33 所示。单击进入后查看这些排名靠前的店铺名称。

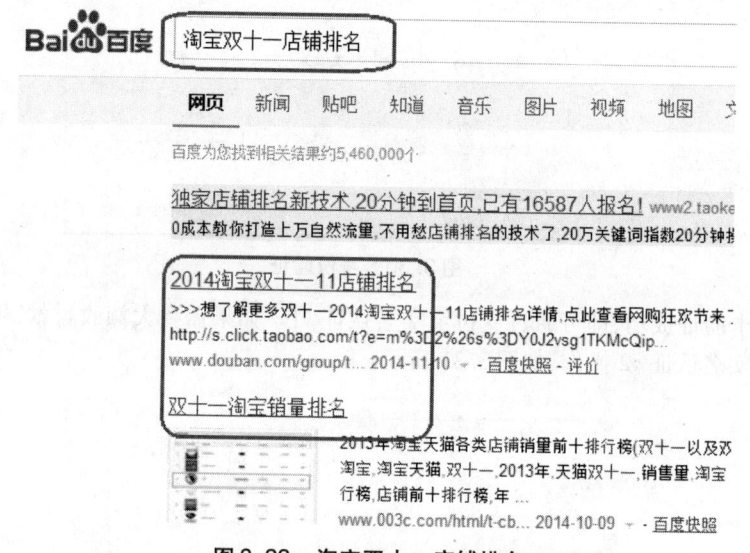

图 3.33　淘宝双十一店铺排名

2）登录淘宝网,在淘宝店铺搜索栏里输入店铺名(见图 3.34),进入该店铺。

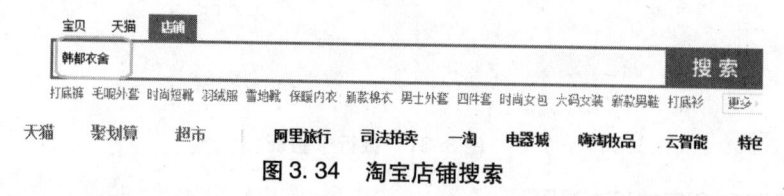

图 3.34　淘宝店铺搜索

3）搜索 3 个以上排名靠前的店铺,比较其店铺布局与自己新建网店布局的不同,说明淘宝普通店铺与旺铺的区别,将其填入表 3.1 中。

表3.1 淘宝普通店与旺铺的比较

	普通店铺	旺铺1	旺铺2	旺铺3
店铺名称				
店招				
店铺简介				
店铺分类				
店铺结构				
其他				

案例分析

开淘宝店生意很差的两个案例

1. 网店销量不如地摊

创业者：小丽　主营：女装、情侣休闲装

在淘宝网开店的门槛很低，不但不需要任何花费，淘宝还会给新店赠送30 MB的免费空间，供新店主上传商品照片。小丽的淘宝服装店铺就是在这样的便利下，于今年3月顺利开张了。

正当小丽摩拳擦掌要干一番事业时，困难却接踵而至，首先就是货源问题。她本想去实体店批发，但考虑到不认识人，砍不下价钱，于是就从阿里巴巴网上批发。阿里巴巴网是国内最大的网上采购批发市场，通过网络功能对比价格也容易。本以为可以批发到最便宜的货，可她事后才发现，一样的货，在淘宝网上的卖价竟然可以比她的进货价还要便宜，这在以价格竞争为主的淘宝上，就没有竞争力了。

在网上，怎样让商品更容易被消费者搜索到是很重要的方面。小丽发现，如果按照"女装""情侣装"等大类来搜索，搜索出的结果成千上万，当中根本找不到自己商品的影子。小丽说，淘宝网设置了"直通车""旺铺"等收费项目，店家每年交几百至上万元不等的金额后，淘宝网会自动把交费商家在搜索结果中的位置往前面排。尽管有此便利，但是小丽是小本生意，不敢轻举妄动，更重要的是，"有时花点小钱还不一定卖得动，因为总有卖家比你舍得砸更多的钱"。

尽管如此，小丽也有不花钱的推广办法。她的大部分单子都是这样得来的："淘宝网上有论坛，开设了各种讨论区，比如说'淘江湖''帮我挑'，我经常到上面发帖、回帖，一方面帮助网友，一方面在帖子里附带商品信息。"

小丽的网店投入2 000多元，开业半年，真正用心投入大概是2个月，总共成交17单生意，相当惨淡。后来为了回本，她趁着黄金周，将存货拿到市中心摆地摊。"短短两天时间，摆了6个小时，我就卖了1 000多元，净赚400多元，有些衣服售价比网店还贵都能卖得出去。"相比之下，网上开店的这段经历真是令小丽哭笑不得，耐人寻味。

2. 兼职不易干脆关门

创业者：小易　主营：动漫模型

小易在大学里的专业是法律，是一位动漫迷，经常参加各种动漫活动，也喜欢收藏动漫模型。刚毕业那会儿，他没有固定工作，在一家律师事务所里做律师助理，说白了就是跑腿的工作，赚得不多，时间不少。"那时，我就琢磨着自己既然喜欢动漫、了解动漫，何不在网上开一家动漫模型商店？"

小易开店都是一个人忙前忙后，所有工作自己全包。网店工作时间很长，从早上9点到晚上

12点,必须随时准备回答访客的提问。网络推广更有做不完的活,光是他在各个论坛上使用的ID就不下几十个,每天都得想怎么发广告贴而不被删掉。再加上进货发货,一个月下来,小易头晕脑胀,本职工作没顾上,网店的发展也很缓慢。

后来,与同行交流后才知道,一个人撑起一家网店的时代早已远去,现在有竞争力的网店都是依靠团队作战的。"据我所知,一般都有两三个人,除了采购、发货、客服需要专人负责之外,网店的装修、推广都需要有专业能力的成员负责才行。开网店,开得好的会好上加好,开得差的会越来越差,就连与快递公司的合作也体现了规模效应。"小易发现,有些网店连快递费也赚,这就要考验向快递公司砍价的能力及自己的订单量了。"比如,我跟快递公司谈下的价钱是广西区内1 000克以内是6元钱运费,但是有些大的卖家可以砍低至广西区内每千克以内3元,省外首重也不超过10元。一般网店的快递费都是12元钱首重,其实常常没那么高。"

动漫模型是小众娱乐,销量本来就不高,2个月里,小易没做成几单生意就宣告放弃。现在,他连网店的地址都忘得一干二净,老老实实将心放在本职工作上了。

案例思考:
1. 这两家网店的货源选择是否合理?还可以如何完善?
2. 在网上开店前除了相机外还需要做好哪些准备?

课后习题

一、选择题

1. 在淘宝网开店,必须至少发布(　　)件商品。
   A. 5件　　　　　B. 10件　　　　C. 9件　　　　D. 6件
2. 布局管理是在(　　)页面中设置的。
   A. 图片空间　　B. 宝贝分类管理　C. 店铺基本设置　D. 店铺装修
3. 淘宝店铺的基本设置,包括(　　)。
   A. 店标　　　　B. 店铺名称　　　C. 店铺简介　　　D. 店铺美化
4. 店招的图片大小需控制在(　　)以内。
   A. 80 KB　　　B. 100 KB　　　C. 120 KB　　　D. 150 KB
5. 在淘宝平台,发布商品有(　　)方式。
   A. 一口价　　　B. 拍卖　　　　C. 个人闲置　　　D. 二手买卖
6. 淘宝卖家后台提供的物流服务有(　　)。
   A. 保障速递　　B. 货到付款　　　C. 生鲜配送　　　D. 指定快递
7. 商品图片拍摄中对相机像素的要求是(　　)。
   A. 100万　　　B. 200万　　　C. 500万　　　D. 越高越好
8. 橱窗商品的更新一般(　　)天一次。
   A. 2　　　　　B. 5　　　　　C. 7　　　　　D. 10
9. 对于防震要求比较高的商品可以采用(　　)包装。
   A. 快递公司提供的塑料袋　　　　　B. 相应大小的木箱
   C. 相应大小的纸箱　　　　　　　　D. 纸箱加泡沫填充
10. 货到付款的物流服务方式有(　　)特点。
    A. 展示的"123时效"服务标识更能促使买家下单

B. 能使新买家转化率高达 30% 以上
　　C. 提升店铺转化率
　　D. 提高店铺客单价

二、简答题

1. 简述网上开店的一般流程。
2. 简述淘宝平台商品发布的流程。
3. 简述个人网店的货源选择方式。
4. 简述淘宝橱窗推荐的数量规则。
5. 简述指定快递的服务内容及订购要求。

项目 4 电子商务网店运营

本项目介绍网店运营的必备知识,包括网店运营流程、网店客户关系管理、网店客户数据收集、网店客户等级设置与客户分类、客户关怀与营销、网店店内推广(店内促销)、网店站内推广、网店站外推广、网店数据分析、网店流量数据、网店服务指标、网店单品数据指标。

项目内容

通过对网店运营流程的梳理和分析,了解网店运营的整个操作流程和关键节点;从网店运营流程中寻找出关键节点——客户关系管理、网店推广及数据分析,并对其进行详细分解。

知识要求

熟悉网店运营的整个流程及其关键节点;了解网店客户关系管理的必要性;掌握网店客户关系管理的步骤;掌握网店客户数据收集的方法;熟悉网店客户等级设置与客户分类的方法及客户关怀、客户营销的方法;了解网店推广的方向和分类;掌握网店店内、站内、站外推广的方法;了解网店数据分析的必要性和网店运营的关键指标;学会解读网店流量数据、服务、单品的关键指标,掌握应对关键指标变动的方法,进而在网店运营策略的制定中熟练运用网店数据。

相关知识

知识 4.1 网店运营流程

根据网络交易的一般流程,一家电商网店运营的流程如图 4.1 所示。根据网店经营领域、网店的规模、网店所售商品的不同,网店运营的流程稍有区别。

① 生产、采购。如果是具备制造部门的网店,需要设计、生产适合消费者需求的商品;如果网店不具备制造部门,需要摸清消费者的需求,寻找并采购合适的商品。

② 入库。采购到货以后,仓管要对照商品清单进行审核确认工作,并验货入库。商品入库之后,仓管要对商品进行入库、报损登记,对每一类新商品进行编码和信息录入。然后,仓管要根据仓库存放标准将商品逐一摆放。

③ 商品图片拍摄。入库、存货等工作完成以后,由拍摄人员对所有商品进行焦点图、细节图等的拍照工作,做到每个商品的实物、外观、功能细节、包装、外观都能在照片里反映。

④ 商品图片处理。拍好所有图片以后,美工要对商品图片进行批量处理,调整图片尺寸、美观度、清晰度。

项目4 电子商务网店运营

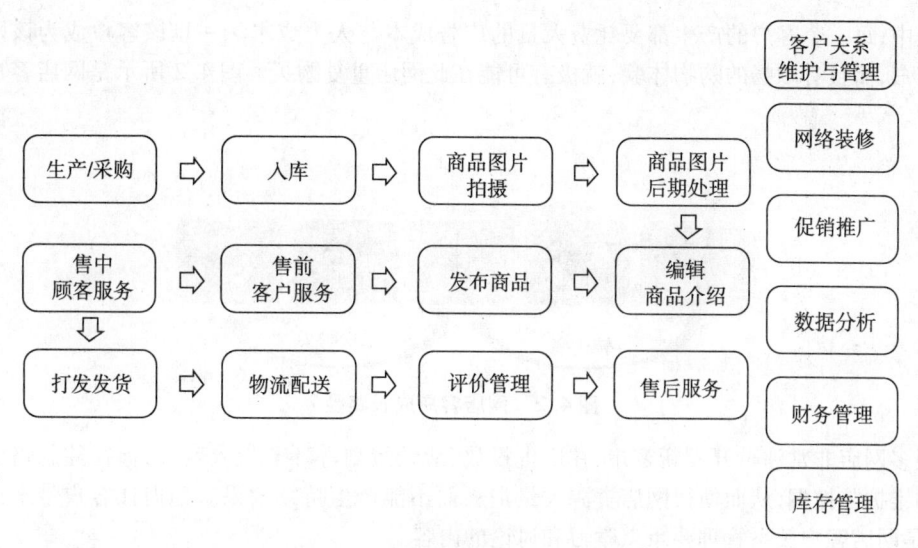

图4.1 网店运营的流程与职能

⑤ 编辑商品描述。文案写作人员需要根据商品清单在相关网站搜索图片和商品属性资料，编辑商品描述。商品描述包括功能、外观、材质、尺寸、颜色等，根据不同商品的性质，商品描述有所区别。

⑥ 商品发布。按照网店所属平台的要求，网店根据商品信息进行相关商品的发布。

⑦ 售前客户服务。售前客户服务是指在产品交易之前销售者向购买者提供的服务，主要包括客服接受客户的售前咨询，在咨询中获取各种信息，推荐一些关联商品，并促成订单完成。

⑧ 售中客户服务。售中客户服务是在产品交易过程中销售者向购买者提供的服务，主要包括对客户下单行为进行跟进并在必要时进行指导；下单后向客户核对收货地址、商品规格、数量、邮编、物流、联系方式等信息；推送知识并引导付款。

⑨ 打包发货。根据顾客的订单进行配货、包装、打印物流单据。

⑩ 物流配送。网店委托第三方物流进行货物配送或自行配送。

⑪ 评价管理。顾客收到货后，引导顾客对所购商品进行评价，咨询顾客对商品的意见并进行反馈。

⑫ 售后服务。对顾客进行安装、使用、维修方面的指导和技术支持；协助顾客退换货；处理顾客对商品的投诉。

除根据网络商品购买流程设置的网店运营职能之外，网店还需具备几项基本职能：客户关系管理与维护、网店装修、网店推广、数据分析、财务管理、库存管理。本项目将对网店的客户关系管理、网店推广和数据分析进行详细讲解。

知识4.2 网店客户关系管理

1. 网店客户关系管理的必要性

网店客户交易的过程是：潜在客户受到网店各类推广活动的吸引访问网店，再通过网店的店铺介绍、商品描述、网店客服提供的咨询服务了解商品，最终购买商品，转化成正式购买客户。在

此过程中，每一个客户的产生都要耗费大量的广告成本与人力成本。一旦该客户成为该网店的购买客户，而且有顺畅的购物体验，就极有可能在此网店重复购买。图4.2所示是网店客户成长路径图。

图4.2　网店客户成长路径

很多网店非常注重开发新客户，在广告投放、活动策划等环节投入巨大，但往往忽略了对老客户的维护与挖掘，从而使得网店资源大量消耗而不能产生持续效果。如何让客户带来持续的价值，是网店客户关系管理要重点学习和讨论的内容。

新客户一般是通过搜索或广告进入网店的，因为第1次购买时顾虑会比较多，所以进店之后要查看信誉级别、浏览产品样式、比较产品价格、翻阅销售记录及客户评价，然后还要咨询、砍价，最后才成交购买。如果网店在某一个环节服务不到位或与客户沟通不畅，很容易与新客户产生纠纷。老客户一般通过收藏或网址直接进入网店，因为之前有过在网店内购买的经历，所以会比较看重样式与店内活动，经过简单咨询或不咨询就直接拍下付款，收货之后产生的纠纷也会比较少，客户满意度较高。

新客户和老客户的购买流程如图4.3和图4.4所示。显而易见，老客户比新客户购物的过程更加简化，服务成本更低。据测算，维护一个老客户再次购买的成本是开发一个新客户成本的1/7。

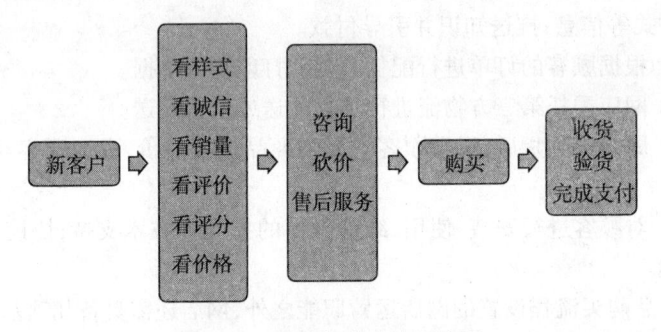

图4.3　网店新客户购买流程

图4.4　网店老客户购买流程

与新客户相比，网店促成老客户重复购买的开发成本更低，而且老客户对网店品牌和产品认同度高；很多老客户一次会购买更多的产品，即客单价高；由于对网店的认同，所以老客户与客服沟通会更加顺畅；老客户一般给网店的评分也较高；还有很多老客户愿意写详细的分享或晒单，从而给网店带来很好的口碑传播效果。

那么，老客户重复购买与哪些因素有关呢？经过总结，客户回头率与以下八大因素有关，如

图 4.5 所示。

① 品牌。网店品牌或产品品牌在客户心中的地位在很大程度上影响客户回头率。

② 产品。产品的品质和性价比是客户回头的重要因素。

③ 创新。不断推出的新品、新款和创新的服务也会吸引客户回头。

④ VIP。给客户 VIP 身份并给予特殊的优惠政策是客户回头的保障之一。

⑤ 促销。不断变化的促销方案及对老客户的回馈,会刺激客户回头。

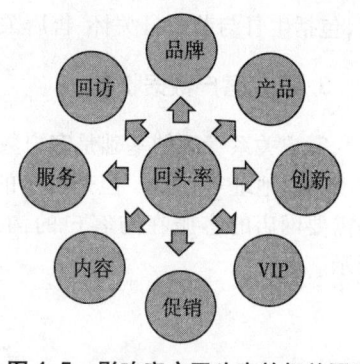

图 4.5 影响客户回头率的相关因素

⑥ 内容。提供丰富有效的产品资讯、专业知识等内容能提升客户黏度。

⑦ 服务。每一个环节优异的服务品质及使客户舒心的购物体验会让客户流连忘返。

⑧ 回访。不定期的电话、短信、邮件回访会让客户加深印象,多次重复购买。

在影响顾客回头率的八大因素中,品牌、产品和创新属于网店的硬实力范畴,而 VIP、促销、内容、服务、回访等属于网店的软实力范畴,也正是客户关系管理的范畴。

2. 网店客户关系管理的相关概念

客户关系管理(Customer Relationship Management,CRM)就是通过对客户详细资料的深入分析来提高客户满意度,从而提高网店竞争力的一种手段。

客户关系管理的核心是客户价值管理,通过"一对一"营销原则,满足不同价值客户的个性化需求,提高客户忠诚度,实现客户价值持续,从而全面提升网店盈利能力。

网店需要了解客户的性别、年龄、收入状况、性格、爱好、家庭状况、购物时间、购买记录等,并进行统一的数据库管理,然后对他们进行有针对性的关怀和营销。目前绝大部分网店还没有自己的客户关系管理系统(CRM),甚至有的网店只有厚厚的发货单、记账单,客户信息杂乱,完全无法维护。但是一些大型的网上商城和 B2C 网店,已经建立起完善的客户关系管理系统(CRM),进而极大地提升了客户回头率,利润成倍增长。

网店做好客户关系管理必须有几个步骤——积累资料、划分等级、客户分类、客户关怀,如图 4.6 所示。

图 4.6 网店客户关系管理的流程

① 积累资料。一个客户在网店完成交易后,除了给网店留下了交易资金,还有手机号码、地址、邮箱和生日等信息。除此之外,客服在与客户沟通的过程中,还要注意收集客户的联系方式、个人档案、兴趣爱好等。网店对客户的资料掌握越准确,后期的管理越有成效。

② 划分等级。根据网店的情况,设置相应的会员等级制度,并设置针对不同会员等级的优惠政策。

③ 客户分类。要了解现在的客户是不是休眠客户,进一步根据他们的购买金额、频次、周期、客单价等进行分类管理。

④ 客户关怀与营销。通过邮件、IM 工具、短信、电话回访或其他方式进行客户关怀和营销推

广,包括生日与节假日关怀、售后关怀、购买提醒、促销活动提示等。

3. 网店客户数据收集

客户关系管理的基础是客户数据。通过网店后台,网店可以查看到最基本的客户资料,如手机、邮箱、地址等信息。但是更多的客户资料,如生日、兴趣、爱好、肤色、身高、体重、三围等数据是需要网店的客服在与客户的沟通过程中不断地收集和整理的。客户数据的来源如图4.7所示。

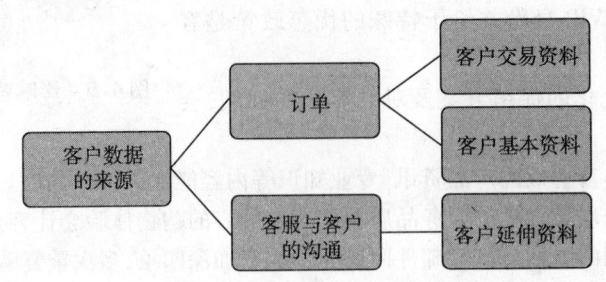

图4.7 网店客户数据的来源

知识4.3　网店客户等级设置与客户分类

淘宝网店后台的会员管理工具提供了会员等级设置功能。登录淘宝网店后台,在左侧栏单击进入会员关系管理,选择"会员管理"选项卡,如图4.8所示。

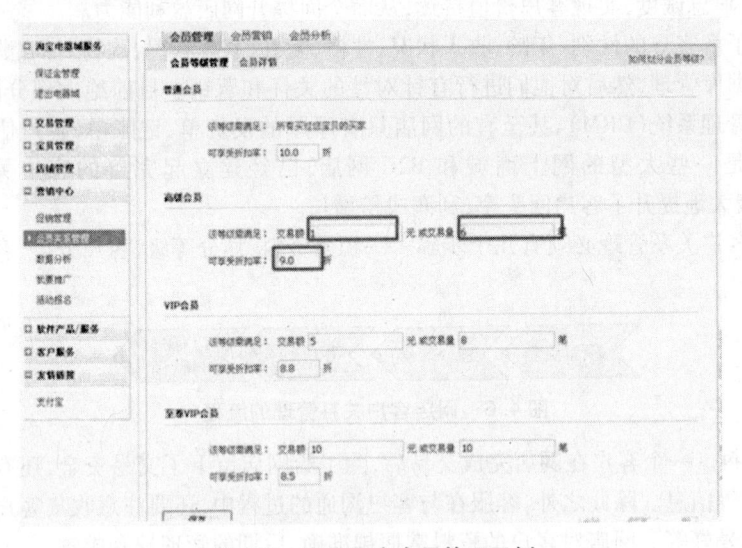

图4.8 淘宝网店会员管理示例

淘宝网店后台的会员管理工具将会员分为普通会员、高级会员、VIP会员、至尊VIP会员4个等级,网店可以根据消费金额与消费次数进行会员等级设置。

① 普通会员。只要拍下网店商品并完成付款,马上会成为网店普通会员。

② 高级会员。在拍下网店商品确认收货的基础上,同时符合网店设定的高级会员条件。

③ VIP 会员。在拍下网店商品确认收货的基础上,同时符合网店设定的 VIP 会员条件。

④ 至尊 VIP 会员。在拍下网店商品确认收货的基础上,同时符合网店设定的至尊 VIP 会员条件。

这种客户分类是按照客户的贡献度来进行等级分类的,但是这样的会员等级设置是否科学?会员等级设置遵循什么样的规则?客户的价值由哪些因素确定?

下面介绍客户关系管理的 RFM 模型。

在众多的客户关系管理(CRM)的分析模式中,RFM 模型是应用最广泛的一个。RFM 模型是衡量客户价值和客户创利能力的重要工具和手段。该模型通过某客户的近期购买行为、购买的总体频率和消费总额 3 项指标来描述该客户的价值状况。

在 RFM 模型中,R(Recency)表示客户最近一次购买的时间有多远,F(Frequency)表示客户在最近一段时间内购买的次数,M(Monetary)表示客户在最近一段时间内消费的总额。

① 最近一次消费(Recency)意指上一次购买的时间。理论上,上一次消费时间越近的顾客应该是优质顾客,对网店近期提供的商品或是服务也最有可能产生良性反应。最近购买网店商品、服务或是近期光顾网店的消费者,是最有可能再在网店购买商品的顾客。再者,要吸引一个几个月前刚上门的顾客购买,比吸引一个一年多以前来过的顾客要容易得多。

② 消费频率(Frequency)是顾客在限定期间内购买的次数。最常在网店购买的顾客,也往往是对网店满意度最高的顾客。

③ 消费金额(Monetary)是所有数据库报告的支柱。对网店消费金额的统计,往往能够验证"二八法则"——公司 80% 的收入来自 20% 的顾客。通常一个网店排名前 10% 的顾客的消费金额比下一个等级的顾客多出至少 2 倍,占公司所有营业额的 40% 以上。

网店把 RFM 三个指标分别分为 5 个等级,这样总共可以把顾客分成 125(5×5×5)类。网店可以对这些类别进行数据分析,以此制定网店的顾客管理策略。以一年作为会员分类的考核期,网店可将 3 个指标的打分标准做如表 4.1 所示的规定。

表 4.1 网店 RFM 指标设计示例

分数	Recency	Frequency	Monetary
5	$R ≤ 1$ 个月	$F ≥ 6$ 次	$M ≥ 2\,000$ 元
4	1 个月 $< R ≤ 3$ 个月	4 次 $≤ F ≤ 5$ 次	$1\,000$ 元 $≤ M ≤ 1\,999$ 元
3	3 个月 $< R ≤ 4$ 个月	$F = 3$ 次	500 元 $≤ M ≤ 1\,000$ 元
2	4 个月 $< R ≤ 7$ 个月	$F = 2$ 次	300 元 $≤ M ≤ 499$ 元
1	7 个月 $< R ≤ 1$ 年	$F = 1$ 次	$M ≤ 299$ 元

根据 RFM 值计算公式(RFM 分值 = 1R + 3F + 4M),客户关系管理系统(CRM)可以计算出每个客户的 RFM 得分,再根据得分将客户分成 4 个等级。现在很多客户关系管理软件都是以 RFM 模型为基准来自动进行 RFM 值计算与客户分类的,如表 4.2 所示。

表 4.2 网店 RFM 值计算与会员级别分类

RFM 值	会员级别	RFM 值	会员级别
43~36	至尊 VIP 会员	25~17	高级会员
35~26	VIP 会员	16~1	普通会员

如果网店使用第三方客户关系管理软件,对 RFM 模型应该进行深入了解。

知识4.4　客户关怀与营销

在掌握和了解所有的客户信息之后,网店就可以利用这些信息来与客户进行互动了。只有与客户建立起情感上的信任关系与交流机制,客户才会成为网店的忠实客户。

1. VIP会员维护

VIP会员是网店最大的财富,他们虽然人数较少,但是购买力强大。将这些客户群体维护好,使其成为网店的忠实客户是网店客户关系管理中的头等大事。

为了与VIP会员之间建立起直接联系,网店可以建立一个VIP会员的QQ、旺旺或微信群,通过这个群来交流感情、发布促销信息,维护VIP会员群体。或者通过建立店铺微博,把客户变为店铺的粉丝,通过微博的交流拉近与客户的距离。网店也可以通过建立微信公众号、服务号或开设微信号,与店铺顾客进行多对一或一对一的沟通和交流。

2. 生日与节假日关怀

客户关系管理的核心是关怀,对客户进行生日关怀、节假日关怀是拉近与客户的关系,提升网店黏度与品牌影响力的重要手段。

在客户生日的时候发送生日祝福的短信或邮件;在节假日来临之际给客户发送节假日祝福短信;在客户购买7天后发短信提醒客户使用;在购买28天后询问客户的产品使用效果;在会员卡到期前发送提醒短信……这些都是非常有效的客户关怀方式。

如果网店使用的客户关系管理系统功能足够强大,在准确收集客户信息的基础上,可以开展更加深入的客户关怀。例如,母婴网店通过了解客户孩子的大小和购买奶粉的数量,能准确地计算出下次需要购买的时间,并且在奶粉即将吃完的时候,自动给客户发送提醒再次购买的短信,这样的关怀与营销效果会特别好。

3. 客户关怀与营销的手段

网店与客户进行沟通主要有这样几种方式:电话、短信、EDM、邮件、IM、MIM、SNS,如图4.9所示。不同的方式适合不同的对象,也有不同的效果。

① 电话。电话是顾客接受度最好的营销方式之一,准确率和转化率也非常高,平均成本也最高,因而这种方式使用率比较低。该方式适合网店与VIP客户之间进行沟通,这会让客户感觉受到重视。但如果电话不是用来回访,而是推销性质的,次数过多就会引起客户反感。

② 短信。此方式成本较低,且准确度较高。一般短信的送达率及顾客查看的比率在众多营销方法中是较高的。但这种方法整体的转化率偏低,具体是否转化需要看网店活动的力度。短信营销要注意控制字数,另外发送频率不要过高,否则也会被视为骚扰短信。

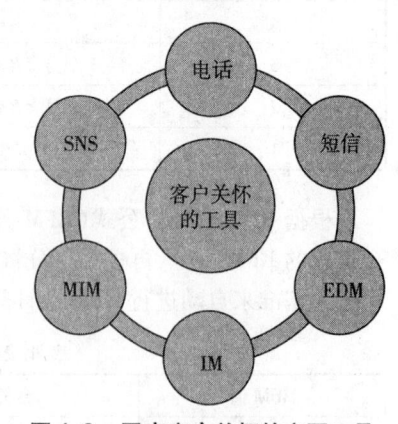

图4.9　网店客户关怀的主要工具

③ EDM营销(Email Direct Marketing,电子邮件营销)。此方式成本较低,而且可以直接单击页面,活动转化率比较高,顾客查看的概率也较高。EDM营销需要提前进行广告跳转网页设计。

④ IM 工具(Instant Messaging,即时通信工具)。这是目前互联网上最为流行的通信方式。应用于网店与客户沟通的主要是 QQ 和阿里旺旺,有及时性强和用户黏性高的优点。

⑤ MIM 工具(Mobile Instant Messaging,移动即时通信工具),市面上流行的主要是微信、易信等安装于智能手机中的即时通信工具。

⑥ SNS 工具(Social Network Service,社交网络服务)。SNS 是一种新兴的营销方式,投入成本最低,维护客户最多,互动性最高,是现在很多网店用来传播网店文化,进行推广营销的重要工具。互联网上 SNS 应用非常多,从最初的匿名网络社区、BBS(以天涯社区、西祠胡同为代表),发展到实名制社交网络平台(人人网),再发展到微博(腾讯、新浪、网易微博)。目前最有影响的当数新浪微博。现在越来越多的网店也开始建立官方微博,与客户和网民互动,一方面传播网店文化,另一方面进行客户关系管理与营销。

知识 4.5　网店店内推广

即使网店的设计、建设、管理、客服再专业,如果缺乏推广,不能引来客流,也就缺乏销量的来源。因此,网店需要用各种方式来进行推广,并将其作为一项日常运营活动。

本书以淘宝网店运营为例,将网店推广分为店内推广、站内推广和站外推广 3 类,并分别加以详细阐述。网店推广的方向如图 4.10 所示。

在网店的线上购物模式中,有很多商家通过各种灵活的方式开展促销活动,如各种折扣活动、秒杀活动,以及一些抽奖活动等,吸引消费者购买,使网店销售额在一天之内上升数倍甚至数十倍。网店促销活动是网店销量的一个重要来源,也是网店推广的一个重要入口。

1. 店内促销的活动类型

店内促销的活动类型如图 4.11 所示。

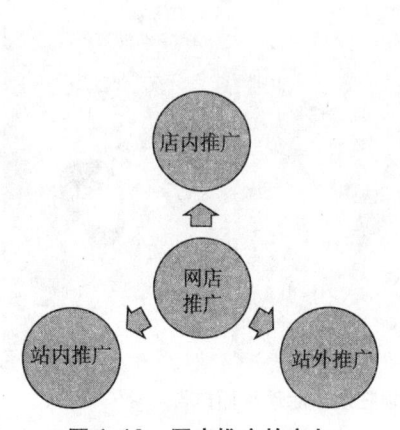

图 4.10　网店推广的方向

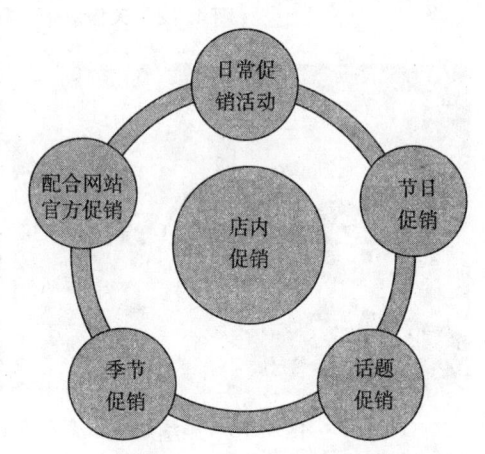

图 4.11　店内促销的类型

(1) 节日促销活动

消费者素来喜爱在节日期间进行购物,而线下商场商家也常在节日期间进行促销,吸引消费者。五一假期、国庆黄金周等节日,都是线下商场做大型促销活动的经典时间。利用节日气氛,以及消费者期待促销活动的心理,网店在节日做促销活动必然能带来很好的效果。

(2) 话题促销

在没有节日等促销缘由的时候，网店也可以制造一些话题来进行促销，如店庆、生日、冲钻、一些网络热点事件，都可以作为促销活动的话题来源。

(3) 季节促销

季节促销是网店或销售商家根据产品季节性的特点，采取旺季促销或淡季促销的促销方法。

(4) 配合网站平台促销

为了营造购物气氛，提高成交量，电商网站往往会组织举办一些大型的促销活动，如网站店庆、某一品类的产品促销等。电商网站最大型的促销活动之一要数"双十一"。

11月11日，因其象形意义，被人们戏称为"光棍节"。2009年，淘宝商城开始在11月11日"光棍节"举办促销活动，最早的出发点只是想做一个属于淘宝商城的节日，让大家能够记住淘宝商城。结果一发不可收拾，现在"双十一"成为电商消费节的代名词，甚至对非网购人群、线下商城也产生了一定的影响力。2014年天猫双十一购物狂欢节总成交额571亿元，其中无线客户端成交243亿元，占比42.6%。图4.12所示为天猫双十一购物狂欢节的LOGO，图4.13所示为施华蔻品牌参加天猫双十一购物狂欢节的平面广告。

图4.12 天猫双十一狂欢购物节活动LOGO

图4.13 施华蔻参加天猫双十一购物狂欢节活动平面广告

2. 店内促销活动的方式

以淘宝网为例，淘宝网店的店内促销活动主要有以下几种。

① 直接折扣。包括秒杀、团购等类型的促销活动，是对商品价格的直接打折。

② 满就减。设定条件为满若干件或满若干元，则享受打折或订单金额直减的优惠。

③ 满就送。设定条件为满若干件或满若干元,则享受赠送商品的优惠。
④ 包邮活动。设定条件为满若干件或满若干元,则享受免邮费的优惠。
⑤ 搭配套餐。
⑥ 抽奖活动。

3. 店内促销的注意事项

在促销活动中,网店多半会采用折扣等让利方式,这样虽然能够提升顾客的购买欲望,但其本身也是对网店价格体系和品牌的一次折损。

网店在开展促销活动时,要尽可能地提升流量,从而形成最大化的销售。在活动期间,商家也应极力维护好客户的购物体验,尤其在流量涌入时,网店的大部分流量均是新客户,对网店的认知度和忠诚度都是0,所以网店从客服接待、页面展示、商品质量、售后服务等各方面,都要以客户体验为第一要素。要通过促销活动的体验,使顾客对网店产生好感,成为忠诚顾客即网店粉丝,这样网店才能够获得持续增长,才是促销活动的最终目的。

在电商平台的网站内部,会设置一些商家可利用的推广方式。一般网站平台有3种主要的推广方式:硬广告、平台内搜索优化和站内精准营销。

① 硬广告是指根据展示的时间来进行计费(Cost Per Time,CPT)的一种广告模式,其推广效果好,但收费昂贵。

② 平台内搜索优化是一种免费的提高平台内推广效果的优化方法,主要是根据平台规则完善商品描述、商品标题等,以获得更好的搜索排名和站内引流效果。

③ 站内精准营销是各个电子商务平台目前都在推广的一种面向站内乃至全网的定向竞价广告模式。它主要采用的模式为RTB(Real Time Bidding),是一种利用第三方技术在数以百万计的网站上针对每一个用户展示行为进行评估及出价的竞价模式。RTB是一种技术为主的精准营销手段——当一个用户在全网浏览过某种商品,或单击过特殊类目的广告后,其浏览痕迹都会通过Cookie记录在案,通过广告交易平台,在他下一次浏览网页的时候,将被推送符合其偏好的广告。RTB相关技术的不断发展使得商家投放的广告更精准,更有价值。

知识4.6 网店站外推广

除了在网店所在的平台进行站内推广之外,网店还可以进行站外(全网)推广。几种站外推广方式如图4.14所示。

1. 搜索引擎营销(SEM)

搜索引擎营销(Search Engine Marketing,SEM)的基本思想是让用户发现信息,并通过搜索引擎搜索进入网站/网页进一步了解他所需要的信息。一般认为,搜索引擎优化设计的主要目标有两个层次:被搜索引擎收录、在搜索结果中排名靠前。

SEM的主要方法有搜索引擎优化(SEO)和竞价排名两种。

(1) 搜索引擎优化

搜索引擎优化(Search Engine Optimization,SEO)是一种利用搜索引擎的搜索规则来提高目的网站在有关搜索引擎内的排名的方法。研究发现,搜索引擎的用户往往只会留意搜索结果最前面的几个条目,所以不少网站都希望通过各种方法来影响搜索引擎的排序。

(2) 竞价排名

搜索竞价是由全球最大的互联网服务商雅虎在全球首创的网络推广方式。它可以让网店的产品和服务出现在搜索引擎的搜索结果中,让正在互联网上寻找网店的产品和服务的潜在客户主动找到网店,向客户免费展示网店的产品和服务。搜索竞价仅按实际的潜在客户访问数量支付推广费用。

2. 网络广告营销

网络广告,顾名思义就是在网络上做的广告。网络广告是指网店利用网站上的广告横幅、文本链接、多媒体,在互联网上发布广告,通过网络传递到互联网用户的一种高科技广告运作方式。

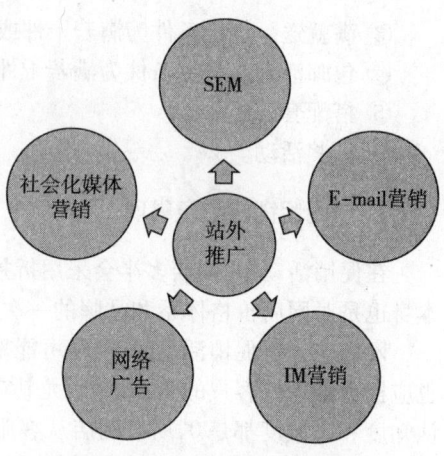

图 4.14　网店站外推广的方式

3. E-mail 营销

E-mail 营销(电子邮件营销)是在用户事先许可的前提下,通过电子邮件的方式向目标用户传递有价值信息的一种网络营销手段。E-mail 营销有 3 个基本因素:基于用户许可、通过电子邮件传递信息、信息对用户是有价值的。

网店可以针对目标客户(订阅客户)进行广告邮件群发,使得营销目标明确,效果直接。E-mail 营销操作简单、效率高,同时成本低廉,营销的范围也相当广泛。

4. IM 营销

IM 营销又叫即时通信(Instant Massager)营销,是网店通过即时工具 IM 推广产品和品牌,以实现目标客户挖掘和转化的网络营销方式。网店可以注册 IM 账号(如 QQ、旺旺),通过 IM 工具来进行客服、推广和病毒营销。IM 营销具有互动性强、营销效率高、传播范围广的优势。

5. 社会化媒体营销

社会化网络服务(Social Networking Service,SNS),专指帮助人们建立社会性网络的互联网应用服务。网店可以使用 SNS 来进行互联网推广。社会化网络服务包含的范围很广,如根据相同话题进行凝聚(如贴吧),根据学习经历进行凝聚(如人人网),根据周末出游的相同地点进行凝聚,根据读书、电影的喜好进行凝聚(如豆瓣网)等,都被纳入 SNS 的范畴。

社会化媒体营销就是利用社会化网络、在线社区、博客、百科或其他互联网协作平台和媒体来传播和发布资讯,从而形成的营销、销售、公共关系处理和客户关系服务维护及开拓的一种方式。一般社会化媒体营销工具包括论坛、微博、微信、博客、SNS 社区、图片和视频,通过自媒体平台或组织媒体平台进行发布和传播。

网店使用社会化媒体可以精准定向目标客户;利用社会化媒体的互动特性可以拉近网店与用户的距离;社会化媒体的大数据特性可以帮助网店低成本地进行舆论监控和市场调研;社会化让网店获得低成本组织的力量;社会化媒体使用在网店推广上可以提升搜索排名、带来高质量的销售机会、减少整体营销预算投入、促进具体业务成交。

目前网店常用的社会化媒体有以微信为代表的移动即时通信工具(Mobile Instant Massager,MIM),以新浪微博为代表的微博客,以天涯社区、西祠胡同、百度贴吧为代表的网络论坛,以人人

网、豆瓣网为代表的社交网站等。网店可以按照社会化媒体的热门程度,网店顾客的喜好来选择合适的社会化媒体进行站外推广和引流。

知识 4.7　网店数据分析

与线下商店相比,网店拥有无可比拟的先天优势——一切行为都可以数据化。如何利用这每时每刻都会产生的数据,对其进行分析和解读,并用于网店的日常运营、广告投放、绩效考核中,是一家网店成功运营的核心能力。

目前市面上有许多网店数据分析产品,如淘宝官方出品的量子恒道统计和数据魔方(标准版、专业版)。相对而言,量子统计更多的是关注网店内部的数据,如流量数据、销量数据等,而数据魔方则提供了更多的行业类数据进行参考。

网店在实际运营过程中会产生大量的数据——流量数据、销量数据、客户来源地、客服回复、成交转化率等。每一种数据对网店运营都有参考价值。由于网店数据每天都在源源不断地产生,而对每一种数据的监控和解析会耗费大量的人力、时间,因此,定义一些网店的核心数据,即网店的关键绩效指标(Key Performance Indicators,KPI),对其进行监控和解析,可以使得网店运营者在较短时间内迅速获取对网店运营有重要影响的数据,以便进行下一步的决策。

假设为了提高用户体验,网店近期进行了一个大的改版,从网店首页到商品详情页都发生了很大的变化,那么如何得知这次改版是否成功呢?数据分析将为改版报告提供重要的支撑。网店可以对比改版前后的首页停留时间、点击率是否增加,对比商品详情页的停留时间、跳失率、平均访问深度、转化率是否有所改善,还可以对比改版前后的浏览回头率。只有这样系统性的数据分析才是有意义的数据分析,才能正确指导网店的实际运营。假如仅仅对比改版前后的销售额数据,恐怕就是一种错误的、片面的数据分析,因为销售额的影响因素有很多,不能仅仅根据网站设计来进行判断。

知识 4.8　网店流量数据

流量是网店的生死线,是网店其他任何活动的基础。如果一个网店缺乏流量,即使产品非常优秀,设计极其美观,价格极具竞争力,都无法引发实际销售。

以下是一些常见网站的数据指标。

① UV(独立访客)。即 Unique Visitor,是指不同的、通过互联网访问、浏览这个网页的自然人。在同一天的 00:00—24:00 内,独立 IP 只记录第 1 次进入网站的具有独立 IP 的访问者。

② PV(访问量)。即 Page View,页面浏览量或点击量,用户每一次对网站中的每个网页访问均被记录一次。用户对同一页面的多次访问,访问量累计。

以下将重点介绍有关流量的 4 个数据——流量比例、平均访问深度、停留时间、浏览回头率,如图 4.15 所示。

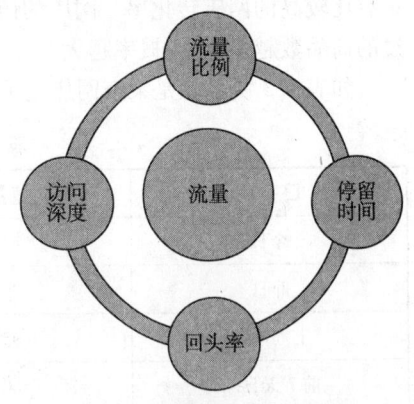

图 4.15　流量的 4 个关键指标

1. 流量比例

以淘宝网店为例，目前一家淘宝网店的流量来源大致可以分为两种：一种是来自商品标题的 SEO 优化、用户收藏夹、老客户回访等途径的免费流量；另一种是来自淘宝直通车、钻石展位、硬广告等的付费流量。

流量比例，就是指一个网店付费流量占总流量的比例。对一个网店而言，维持免费、付费流量比例的均衡有利于自身的健康发展。

新起步的网店，前期往往免费流量很少，甚至没有，如果想让网店快速起步，就需要引入很大比例的付费流量，70% 甚至更高都是可以接受的。随着网店的进一步发展，网店开始有了自己的定位，也发展出许多忠实粉丝，即使不花钱做任何广告，也可以保持相当高的访问量。网店发展中期，付费流量比例可以下降到 50% 左右，而到了成熟期，拥有 30% 的付费流量比例，相对而言比较健康。图 4.16 所示是网店不同发展阶段的流量比例。

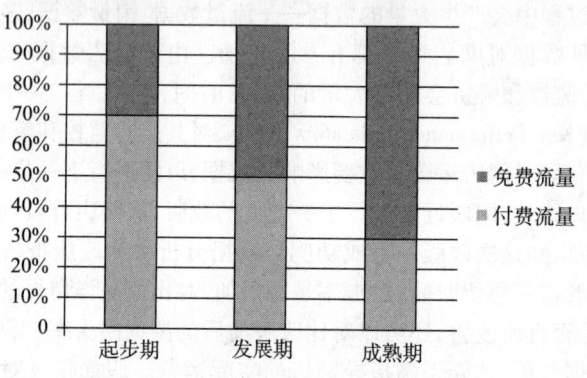

图 4.16 网店不同发展阶段的流量比例

2. 平均访问深度

平均访问深度即用户平均每次连续浏览的网店页面数。

平均访问深度 = 网页浏览量(PV) ÷ 独立访客数(UV)

网店不仅要单纯追求 PV 和 UV 的绝对值，平衡二者的比例关系也非常重要。访问深度对于一家网店而言，是一个比较重要的数据指标，尤其是女装类、母婴类网店，如果访问深度低，就很难有比较高的网店转化率。网店的访问深度也在很大程度上影响着用户购买的可能性，用户看过的商品数越多，购买概率越大。

如表 4.3 所示就是某家网店量子恒道里给出的访问深度数据。

表 4.3 某网店平均访问深度

日　期	浏览量(PV)	访客数(UV)	平均访问深度
今日	44 319	16 841	2.49
昨日	29 030	10 752	2.41
上周同期	95 628	36 337	2.45
前 7 天日均	60 572	22 465	2.48

对于平均访问深度,网店还可以引申出一个全新的概念,叫做平均引流成本。

平均引流成本＝平均点击价格÷平均访问深度

假设一家网店通过付费引流,关键词的平均单击价格为1元。如果这家网店的平均访问深度只有1,也就意味着花1元钱引入的流量平均只能看到一个商品,那么它的平均引流成本就是1元钱;如果访问深度为4,也就意味着每引入一个用户(流量),基本都会看4个页面,而假定这4个页面都是商品页,也就是说花1元钱为4个商品创造了被浏览的机会,那么这家网店的平均引流成本就降低到了0.25元。

一家网店只有设置更加合理的商品结构,更加有效的关联推荐,更加吸引人的商品布局,才能优化平均访问深度。

3. 停留时间

人均店内停留时间＝访客总访问时间÷访客数

用户在一家网店逗留的时间越久,购买产品的可能性越大。一家网店的商品越吸引人,活动越诱人,用户的停留时间越久,也越容易最终下单购买。

如表4.4所示是某家网店人均店内停留时间的数据表。可以看到,这家网店的人均停留时间基本在500秒左右,也就是每个用户平均会在这家网店浏览8分钟左右。

表4.4　某网店人均店内停留时间

日　　期	浏览量(PV)	访客数(UV)	平均访问深度	人均店内停留时间
今日	44 319	16 841	2.49	409.00秒
昨日	29 030	10 752	2.41	597.00秒
上周同期	95 628	36 337	2.45	438.00秒
前7天日均	60 572	22 465	2.48	500.75秒

停留时间的长短,主要受到3点的影响:商品的丰富程度、商品导购是否明确、店内促销活动力度。

4. 浏览回头率

浏览回头率即浏览回头客占网店总访客数的百分比。

目前量子恒道后台统计的浏览回头率是过去6天的数据,也就是6天之内在本店浏览过的用户,今天又重新回到网店浏览的比例,如表4.5所示。

表4.5　某网店浏览回头率

日　　期	浏览量(PV)	访客数(UV)	平均访问深度	浏览回头率
今日	44 319	16 841	2.49	6.49%
昨日	29 030	10 752	2.41	19.84%
上周同期	95 628	36 337	2.45	10.97%
前7天日均	60 572	22 465	2.48	13.68%

浏览回头率的高低,主要受到3点的影响:网店自身的吸引力、合理的上新频率、店内促销活动。

知识 4.9　网店服务指标

DSR(Detailed Seller Ratings,详细卖家评分)系统是独立于淘宝卖家信用等级之外的另一个网店运营参考指标。买家在交易完成后,除了可以对卖家做好评、中评和差评的信用评价之外,还可以通过匿名的方式为卖家留下更加详细的卖家服务评级,即 DSR 评分。无论作为卖家还是买家,他们都只能看到卖家评级分数的平均值,因此卖家无法分辨是由哪位特定买家留下的评级。

如图 4.17 所示,DSR 三项评分分别是商品与描述相符、卖家的服务态度和卖家发货的速度。如果网店希望 DSR 评分提升,其中一项工作便是针对这 3 项做好相应的基础工作。

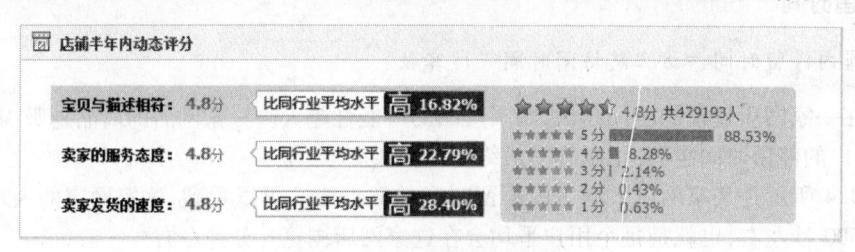

图 4.17　某网店动态评分

知识 4.10　网店单品数据指标

单品,也就是单独的某一件商品。在淘宝网中,大部分流量都是从单品进入网店的。许多人对网店的第一印象,往往也来自于单独的某个商品,而且很多网店的销售额完全由某个或某几个单品所支撑。

网店单品数据关键指标有跳失率、收藏率和转化率,如图 4.18 所示。用户访问商品的路线图如图 4.19 所示。这张图还原了一个用户访问网店的行为路线图,表明了引发用户跳失、转化率和访问深度的几个节点。

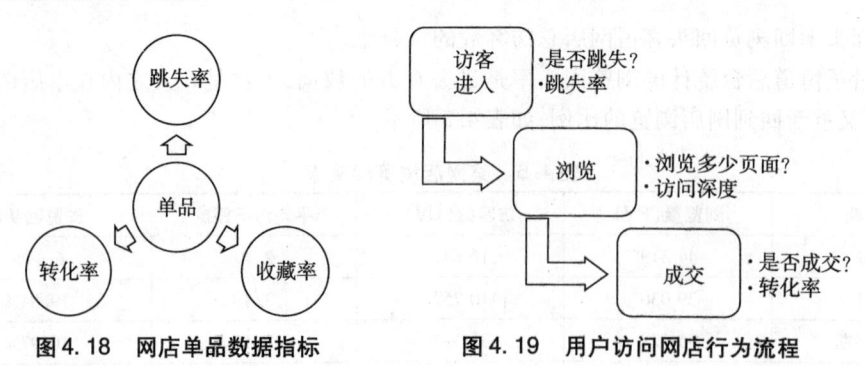

图 4.18　网店单品数据指标　　图 4.19　用户访问网店行为流程

1. 跳失率

跳失率即顾客通过相应入口进入,只访问了一个页面就离开的访问次数占该入口总访问次数的比例。

跳失率＝顾客通过相应入口进入只访问一个页面就离开的次数÷该入口总访问次数

针对单品的跳失率而言,跳失率就是顾客从相应入口进入,只访问了当前商品页面就离开的人数占总访问人数的比例。

单品跳失率＝顾客只访问了单品页面就离开的人数÷总访问人数

对于重点推广的产品,网店应对其单品跳失率进行长期跟踪,因为单品跳失率在很大程度上反映了当前产品的受欢迎程度。影响单品跳失率的因素主要有3点:一是产品本身的吸引力,包括产品的款式、价格、外观、评价内容、描述等;二是单品流量的质量,如果引流不够精准,用户群体与商品的契合度低,也容易引起跳失率提高;三是商品页面的加载速度,当用户的带宽比较小,打开图片较多的商品页面时,易出现由于加载时间过长让用户失去继续等待的耐心而关闭当前页面的情况。

2. 收藏率

收藏率即收藏当前访问商品的用户占全部访问当前商品用户的比例。

商品收藏率＝商品收藏量/商品访客数

根据一些网店的实际测算,从收藏夹单击进来的用户,实际成交购买的比例会相对比较高,因此,单品的收藏率也成为了网店运营的重要指标。

可以通过几种方法提高收藏率:有意识地引导用户收藏当前商品;在商品页面的头部或底部添加收藏链接,方便用户直接单击收藏当前商品;在店内举办一些收藏有奖的活动,提升单品的收藏率。

3. 转化率

转化率就是所有访问当前商品页面并产生购买行为的人数占所有访问当前商品页面人数的比率。

毫无疑问,转化率已经取代流量大小成为了网店最为关心的数据指标。

图4.20所示为影响网店转化率的因素。

① 页面因素。网店中的装修、商品页面的装修(页面的优化)都属于网店商品页面因素。网店分析首页和商品页面,可以利用现有的工具做页面数据分析。量子恒道统计中有页面装修分析功能、首页热点图功能和首页到分类页到详细页的功能。

影响转化率的因素
店铺页面因素	具体商品因素	自然流量因素	付费流量因素	分类页设计因素

图4.20 影响网店转化率的因素

② 具体商品。每一种商品的转化率都是不一样的,这里的转化率是指该商品页面的交易记录和它的访客比值,即单个商品页面转化率。

③ 自然流量。自然流量主要是指站内搜索,属于免费流量,如标题、关键词的引流。

④ 付费流量。

⑤ 分类页设计因素。该因素许多普通网店都没有意识到,即网店整体商品的布局、定位、价格体系等设计因素。

项目实施

项目任务

根据项目内容,本项目为学会网店促销活动的策划,掌握店内促销的方法。

项目要求

1. 确定网店促销活动的目标人群、确定网店促销时间、确定网店促销类型,以及如何为本次活动进行推广和预热。
2. 提出店内促销的策划方案。

实施步骤

1. 确定活动目标人群

网店通过确定活动的目标人群,可以了解目标人群的特点。然后,通过分析他们的特点,可以了解目标人群的利益追求,是追求性价比,还是追求款式,或者追求别的效果。通过定位人群特性及利益诉求点,能够做到熟知网店的目标市场,做到知己知彼,这样在制定活动时,投其所好,就能够激活目标人群的购买欲望,同时满足客户的情感需求,从而不仅能够提升销售额,也能够提升客户回头率。

2. 确定活动时间

确定了活动目标人群后,接下来就要确定活动时间,即从什么时间开始,到什么时间结束。这主要通过以下几点来确定。

(1) 活动类型

如果是节日促销,那么就需要提前进行,因为不少顾客购物是为了在节前送礼,所以会提前购买。节日促销活动提前时间最好为 5 天左右。

(2) 广告排期

网店申请的广告排期要与活动时间相配合。

(3) 工作日/休息日

目前普遍情况是工作日转化率、销售额都比休息日高,故应该把活动时间安排在工作日。

(4) 店铺承受能力

根据店铺的客服、库存、物流的工作能力确定活动时间,以免活动时间过长超出店铺承受能力造成工作效率低下。

3. 确定活动内容

以淘宝网为例,淘宝网店的店内促销活动主要有 6 种,见前文所述。

4. 推广和预热方案的制定

在上面 3 点确定了之后,接下来就要制定推广和预热方案,让更多顾客能够参与到活动中来了。

5. 撰写店内促销的策划方案

把以上的方案形成文字,撰写一份 XX 网店的店内促销策划方案,字数 1 500 字以上。

知识 4.11　淘宝网店的站内推广方式

1. 淘宝直通车

淘宝直通车是淘宝网为卖家量身定制的一款推广工具，主要通过设置与推广商品相关的关键词获得流量，按照获得流量的数量付费，进行商品的精准推广。

如果想推广一件商品，就需要给该商品设置相应的关键词、类目出价和商品推广标题。当买家在淘宝网通过输入关键词搜索或按照商品分类进行搜索时，推广中的商品就会出现在直通车的展示位，买家单击一次网店才付费，不单击不付费。因此，直通车是淘宝站内推广效果最好的付费推广工具，因为只有想购买这个商品的顾客才会搜索相关的关键词。

图 4.21 所示是商品搜索页面右侧的直通车展位。

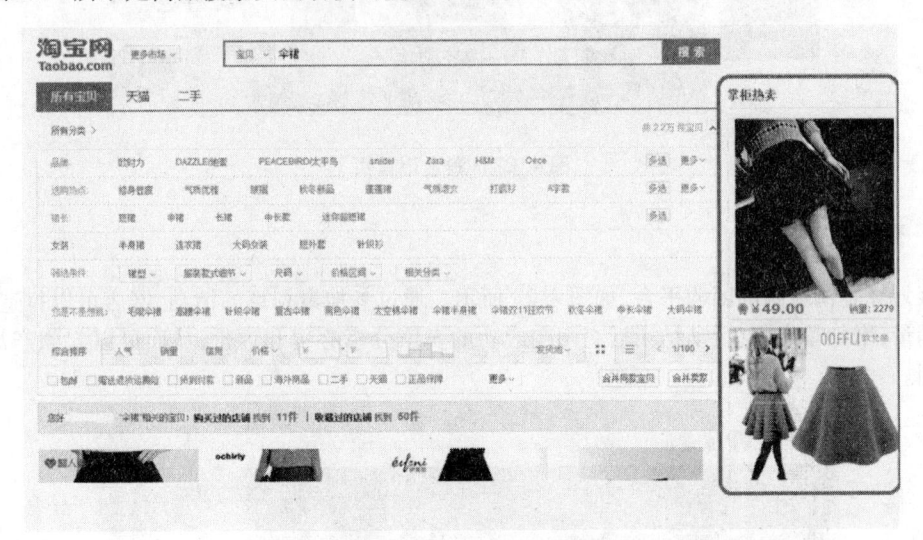

图 4.21　淘宝直通车示例

2. 钻石展位

钻石展位是淘宝网图片类广告位竞价投放平台，是淘宝网为卖家提供的一种营销工具。它依靠图片创意吸引买家单击，获取巨大流量。钻石展位按照流量竞价售卖，计费单位为 CPM（每千次浏览单价），按照出价从高到低进行展现。卖家可以根据群体（地域和人群）、访客、兴趣点 3 个维度设置定向展现。

3. 常规硬广

常规硬广分布在淘宝网首页、商城首页及各大频道页面，每天高达一亿多次的曝光，可以强势吸引用户眼球，具有超高流量和点击率，是整体营销与主题活动推广的基础性资源。硬广主要包括淘宝网上的页面焦点图、Banner、通栏、画中画等。常规硬广属于淘宝网大客户营销资源的一部分，它和富媒体、频道冠名、品牌活动、宝贝传奇、时装周、一级大型定制统称为 CPT（Cost Per Time，按时间计费）资源，是快速成长型网店和成熟大品牌营销推广的黄金资源。

4. 淘金币

淘宝币是覆盖淘宝网的虚拟货币,能在淘宝网中提供的淘宝币兑换中心兑换丰富的品牌折扣商品。顾客既可以通过金额兑换或抽奖方式免费获得礼品,也可以通过竞拍方式以中拍价购买,还可以使用"淘宝币+现金"的方式以折扣价直接购买展示品。淘宝网店可以使用淘金币的平台精准推广店铺,提高品牌曝光度。

淘金币平台首页页面,如图4.22所示。

图4.22 淘金币首页

5. 聚划算

聚划算是淘宝网的团购平台,如图4.23所示。通过参加聚划算的活动,网店可以打造爆款,带来销量;增加曝光度;活动结束后有团购成功的卖家分享心得和评价,从而可以起到产品调研的作用。

图4.23 聚划算首页

6. 淘宝客

淘宝客的推广是一种按成交计费的推广模式。淘宝客从淘宝客推广专区获取商品代码,经过推广(链接、个人网站、博客或社区发帖),任何买家进入淘宝网店完成购买后,发布推广的淘宝客就可得到由淘宝网店支付的佣金。

案例分析

秘密盒子的会员营销

秘密盒子是一家主营品质女装的集市店铺，开店后用了6年的时间一步步、踏踏实实地做到了五皇冠。秘密盒子通过设立独特的VIP会员制度，并实施会员化管理，在两年半的时间，共积累了活跃会员两万余名，成交回头率维持在60%左右，购买3次以上的忠诚买家比率为14%。

最令人感到钦佩的是，因为对衣服品质执着的坚持和对客户感情的有效维系，秘密盒子在2011年全年销售业绩为1 000万元左右，而却几乎无任何广告费用投入，创造了网店成功运用会员管理和情感式营销的奇迹。

1. 留住浏览客户与招徕新客户

店铺采用了收藏店铺送购物券和淘金币、分享店铺给好友形成首次购买双方都可获得10元购物券的方法。网店收藏率的提高有利于用户的重复浏览和重复购买，鼓励会员分享店铺有利于店铺的口碑传播和病毒营销。

2. 会员等级与会员制度

秘密盒子设置了4个会员等级，分别为秘密会员、高级会员、VIP会员和SVIP会员，享受不同的等级折扣、包邮制度、会员关怀、服务水平。

以店铺最高会员等级SVIP级为例，享受以下服务。

交易满5万元即可成为SVIP会员，其中满10万元为SVIP2会员，满15万元为SVIP3会员。会员折扣是：SVIP1会员（>5万元）正价商品9.1折，SVIP2会员（>10万元）8.9折，SVIP3会员（>15万元）8.7折。终生包邮，正价满200元包邮顺丰；专属客服全天24小时服务；新品预定权；活动优先秒杀权；旧款查找权；3天优惠延长期；24小时闪电发货；15天售后服务期，合理退换；24小时极速退款和换货；针对可修改款式的终生改衣权；生日礼物与100元购物礼券；短信关怀（店促、上新、秒杀、售后、节日）；会员等级越高，享有的特权越多，享受的服务等级越高，会员关怀力度越大。

3. 会员关怀

（1）怀旧的手写卡片

店主动员工每日写卡片，然后交给仓管部随包裹发出。卡片一面印有图案，一面写有员工自由发挥的祝福语。这一举动使顾客得到了受重视的感觉，赢来一片好评，一度将店铺服务指数拉高10%。卡片也经常出现在预售款的包裹中，通过卡片上的手写道歉语缓解了买家久等的烦躁心情，大大降低了中差评的可能性，同时也提高了买家对店铺的好感。

（2）不定时出现的惊喜

秘密盒子深深抓住了女性顾客感性的特点和爱吃小零食的爱好，在邮寄的包裹里会不定时地发放一些小礼品。授权客服如果得知顾客家里有小孩、孕妇、结婚等情况，即可根据需要配送小礼品一份。这样的举动也深获人心，客人经常在评价或微博上表达其欣喜之情。

（3）手机短信提醒

秘密盒子非常重视通过手机短信来进行情感的传递。在包裹发出时，会用手机发送短信通知客人；如果预售款服装周期过长，会提前发短信告知客人货期并表示歉意；店铺上新或搞大型促销活动时会有针对性地通知老客户，同时尽量避免对新客户的干扰；如果获知VIP客户所在城市天气异常或发生突发事件，会发出短信提醒和慰问。

（4）笑脸营销

秘密盒子的销售团队有一个不成文的传统——回复客人不得少于3个字,大部分以委婉温和的"的""呢"结尾,让客人即使隔着屏幕也能感受到服务的笑意。为了让这种笑意更加形象化,秘密盒子将发出的每个包裹都贴上一个笑脸标签。

4. 善用新媒体

当微博和微信在互联网和移动互联网世界越来越流行之际,秘密盒子也加快了使用新媒体的脚步。图4.24所示为秘密盒子的社交网络关系。

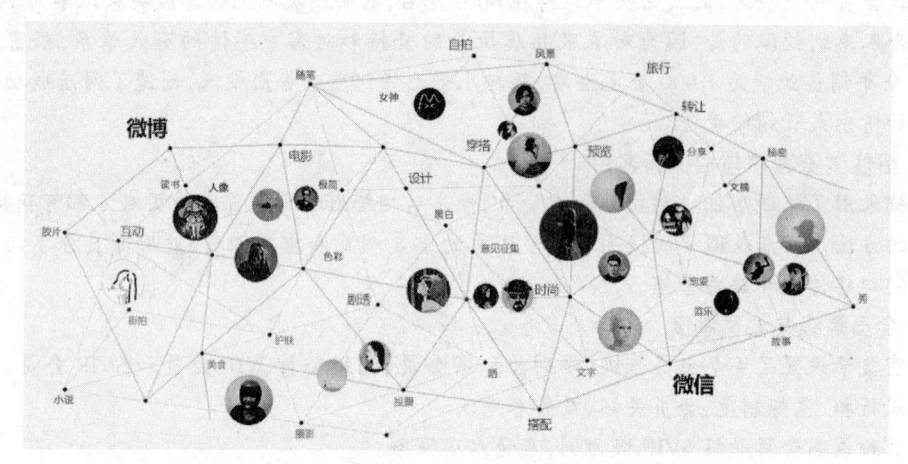

图4.24　秘密盒子的社交网络(微博、微信)关系

秘密盒子的微信公众号一周推送两次:周二推送精编文章,周四推送上新预览。与此同时,微信公众号的订阅用户可以享受一些粉丝专属福利:微信特供单品、微城专享优惠。微信公众号的常规菜单有:签到互动攒积分(积分可退换礼物)活动、蜜粉论坛、买家秀、买家二手交易转让平台。

秘密盒子分别有官方和私人的微博号。其中,官方的微博号会发布一些官方消息,如新品拍摄花絮、新品发布剧透、新品预览等,举办一些官方活动。该微博内容有编辑专职维护。店主和店员都开设了私人微博。通过私人微博,不论是店主还是店员都可以通过每一条微博的发布与回复,找到与顾客的共鸣,进而拉近与顾客的距离,与官方号起到互补的作用,也可以相互推广。

通过网店积极地维护会员关系,提升服务质量,店铺的动态评分(DSR)得到了非常高的分值,描述准确、服务态度和发货速度评分分别比同行业的平均水平高58.92%、54.39%和54.56%。

案例思考:

1. 网店招徕新顾客、新会员可以使用哪些方法?

2. 网店可以为会员提供哪些方面的服务?考虑成本和收益,哪些服务是普适于全体会员的?哪些服务是应当针对少数高贡献会员的?

3. 网店如何利用新媒体平台为自己进行宣传和客户关系管理?

课后习题

一、选择题

1. 以下哪一项不属于网店运营的流程?(　　)

A. 商品图片拍摄　　B. 售后服务　　C. 发布商品　　D. 卖场货品陈列
2. 网店客户回头率与以下哪些因素有关？（　　）
A. 网店品牌　　B. 网店产品　　C. 网店装修　　D. 网店促销
3. 网店需要客服在与客户沟通的过程中得到哪方面的顾客信息？（　　）
A. 客户基本资料　　B. 客户交易资料　　C. 客户延伸资料　　D. 客户财务资料
4. RFM 模型是衡量客户价值和客户创利能力的重要工具和手段。在 RFM 模型中，RFM 所代表的客户行为，下列哪一种说法是正确的？（　　）
A. R(Recency)表示客户最近一次购买的时间有多远，F(Frequency)表示客户在最近一段时间内购买的次数，M(Monetary)表示客户在最近一段时间内购买的金额。
B. R(Recency)表示在客户最近一段时间内购买的次数，F(Frequency)表示客户最近一次购买的时间有多远，M(Monetary)表示客户在最近一段时间内购买的金额。
C. R(Recency)表示在客户最近一段时间内购买的次数，F(Frequency)表示客户在最近一段时间内购买的金额，M(Monetary)表示客户在最近一次购买的时间有多远。
D. R(Recency)表示在客户在最近一次购买的时间有多远，F(Frequency)表示客户在最近一段时间内购买的金额，M(Monetary)表示客户最近一段时间内购买的次数。
5. 以下哪一个不是网店客户关怀的常规手段？（　　）
A. 微信　　B. QQ　　C. 上门拜访　　D. 短信
6. 利用节日气氛，以及消费者期待促销活动的心理，网店在节日做促销活动使用以下哪一种促销手段？（　　）
A. 季节促销　　B. 折扣促销　　C. 话题促销　　D. 配合平台活动促销
7. 利用微信为网店进行引流和推广，属于（　　）。
A. 店内促销　　B. 站内促销　　C. 站外促销　　D. 线下促销
8. 下列网店流量比例（付费流量占网店总流量比例），哪一个适合成熟期网店？（　　）
A. 10%　　B. 30%　　C. 50%　　D. 70%
9. 以下哪一个不是一家网店的关键绩效指标？（　　）
A. 顾客来源地　　B. 网店流量　　C. 网店服务评分　　D. 顾客访问深度
10. 顾客通过相应入口进入，只访问了一个页面就离开的访问次数占该入口总访问次数的比例是（　　）。
A. 转化率　　B. 收藏率　　C. 跳失率　　D. 浏览回头率

二、简答题

1. 网店进行客户关系管理有哪些主要活动？
2. 网店可以进行哪些方式的店内促销活动？
3. 在网店推广时，可以利用哪些社会化媒体工具？如何使用？
4. 在网店运营过程中，要时刻监控哪些店铺指标？
5. 影响网店转化率有哪些因素？

项目 5 电子商务营销

本项目介绍了网络营销的内涵、网络市场调查技术、网络商务信息的发布、网络广告、网络营销环境分析、在线问卷调查、搜索引擎、网络营销战略、网络营销的产品策略、定价策略、渠道策略及网服务策略。

项目内容

根据企业业务特点选择合适的综合网站、行业网站和搜索引擎进行产品信息查询,并从合适的查询信息中获取有效信息;具备熟练运用信息查询的方法在网站上查询、比较、获取信息的能力,为企业寻找合适的供货渠道。

知识要求

了解网络营销的基本概念和特点;熟悉网络营销战略、网络营销的产品策略、网络营销的定价策略和网络营销的渠道策略;掌握网上市场调查的方法和信息的发布方法;掌握营销环境分析及报告的撰写;掌握网络营销策略的分析与制定方法。

相关知识

知识 5.1 网络营销的内涵

1. 网络营销的定义

网络营销(cyber marketing 或 online marketing)是在计算机互联网技术和电子商务系统出现后所产生的新型营销方式。网络营销的实践应用远远超前于其理论研究,到目前为止,对网络营销还没有一个统一的、权威的定义。

一般来说,从营销的角度出发,将网络营销定义为:网络营销是企业整体营销战略的一个组成部分,是建立在互联网基础之上的,借助于互联网相关技术来实现一定营销目标的一种营销手段。它的核心思想在于通过合理利用互联网资源,实现网络营销信息的有效传递,为最终增加企业营销,提升品牌价值,提高整体竞争力提供支持。

2. 网络营销的特点

① 跨时空。营销的最终目的是占有市场份额。通过互联网进行交易,突破了营业场所大小、地域、距离、营业时间的限制,使企业能有更多的时间和更多的空间进行营销,可每周 7 天,每天 24 小时地提供遍及全球的服务。

② 多媒体性。互联网可以传输多种媒体的信息，如文字、声音、图像等，可以充分发挥营销人员的创造性和能动性。

③ 交互性。通过互联网可以展示商品目录、连接数据库、提供有关商品信息的查询，可以进行产品测试与消费者满意度调查等。

④ 拟人化。互联网上的促销是一对一的、理性的、消费者主导的、非强迫性的、循序渐进式的，而且是一种低成本与人性化的促销，避免了推销员强行推销的干扰。

⑤ 成长性。互联网使用量快速增长并遍及全球，使用者多数年轻，受过良好的教育，因此是一个极具开发潜力的市场。

⑥ 整合性。网络营销可由发布商品信息至收款、售后服务一气呵成，是一种全程的营销渠道。

⑦ 超前性。互联网同时兼有渠道、促销、电子交易、互动顾客服务及市场信息分析等多种功能。它所具备的一对一营销能力恰好符合定制营销的未来趋势。

⑧ 高效性。计算机可存储大量的信息供消费者查询，可传送的信息量与精确度远远超过其他媒体，并能及时更新产品或调整价格，所以能及时有效地了解并满足顾客的需求。

⑨ 经济性。通过互联网进行信息交换，代替以前的实物交换，一方面可以减少印刷与邮递等方面的成本，另一方面可以减少因多次交换带来的损耗。

⑩ 技术性。网络营销是建立在以高技术作为支撑的互联网的基础上的，企业实施网络营销必须有一定的技术投入和技术支持。

3. 网络营销的内涵

① 网络营销是手段而不是目的。网络营销具有明确的目的和手段，但网络营销本身不是目的。网络营销是营造网上经营环境的过程，也就是综合利用各种网络营销方法、工具、条件并协调其间的相互关系，从而更加有效地实现企业营销目的的一种手段。

② 网络营销不是孤立的，它是企业整体营销战略的一个组成部分。网络营销活动不可能脱离一般营销环境而独立存在，在很多情况下，网络营销理论是传统营销理论在互联网环境中的应用和发展。无论网络营销处于主导地位还是辅助地位，都是互联网时代市场营销中必不可少的内容。

③ 网络营销不是网上销售。网上销售是网络营销发展到一定阶段产生的结果。网络营销是为实现产品销售目的而进行的一项基本活动，但网络营销本身并不等于网上销售。

④ 网络营销不等于电子商务。网络营销本身并不是一个完整的商业交易过程，而只是促进商业交易的一种手段。电子商务主要是指交易方式的电子化，它强调的是交易行为和方式；网络营销是电子商务的基础，开展电子商务离不开网络营销，但网络营销并不等于电子商务。

⑤ 网络营销不是虚拟营销。所有的网络营销手段都是实实在在的，而且比传统营销方法更容易跟踪了解消费者的行为。

4. 网络营销的主要内容

作为实现企业营销目标的一种新的营销方式和营销手段，网络营销有着较为丰富的内容。网络营销的主要内容有：网络营销环境分析、网上市场调查、网上消费者行为分析、网络目标市场的选择、网络营销策略制定、网上产品和服务策略、网上价格策略、网上渠道选择与直销、网上促销与网络广告、网络推广、网络营销的管理和控制。通过网络实现的营销职能主要有：品牌的建立与维护、网站的推广、网上信息的发布、销售的促进、客户关系的建立与维护、为客户提供服务和网上调研等。

知识5.2 网络营销的基础理论

网络营销区别于传统营销的根本之处在于网络本身的特性和消费者需求个性的回归,这导致传统营销理论不能完全胜任对网络营销的指导。网络营销的理论基础依托于网络的特征和消费者需求变化。

1. 网络整合营销理论

迈卡锡教授提出了4P组合,即产品(Product)、价格(Price)、渠道(Place)和促销(Promotion)。这种理论的出发点是企业的利润,而没有将客户的需求放到与企业的利润同等重要的地位上来。

网络整合营销理论认为网络发展使得客户可以直接与产品和服务的生产或提供者直接进行沟通,因此,客户在营销过程中的地位得到提升,客户对营销活动的参与性增强。这要求企业改变传统被动了解市场和制定实施营销策略的4P模式,将其更改为以客户为中心的4C模式。所谓4C模式是指从客户需求的角度出发研究市场营销理论而提出的4C组合理论,即消费者的需求和欲望(Consumer's Wants And Needs)、成本(Cost)、便利(Convenience)和沟通(Communication)。

网络营销首先要求把客户整合到整个营销过程中来,从他们的需求出发开始整个营销过程。不仅如此,在整个营销过程中还要不断地与客户交互,每一个营销决策都要从消费者出发而不是像传统营销理论那样主要从企业自身的角度出发。企业如果从与4P对应的4C出发(而不是从利润最大化出发),在此前提下寻找能实现企业利益最大化的营销决策,则可能同步达到利润最大和满足客户需求两个目标。这应该是网络营销的理论模式,即营销过程的起点是消费者的需求,营销决策(4P)是在满足4C要求的前提下的企业利润最大化,最终实现的是消费者满足和企业利润最大化。

2. 网络直复营销理论

从销售的角度来看,网络营销是一种直复营销。直复营销的"直"来自英文direct,即直接的缩写,是指不通过中间分销渠道而直接通过媒体连接企业和消费者,网上销售产品时客户可通过网络直接向企业下订单付款;直复营销中的"复"来自英文response,即"回复"的缩写,是指企业与客户之间的交互,客户对这种营销有一个明确的回复,企业可以统计到这种明确回复的数据,不仅可以以订单为测试基础,还可获得客户的其他数据甚至建议。由此,可对以往的营销效果做出评价。

网络营销的这个理念基础的关键作用是要说明网络营销是可测试、可度量、可评价的。有了及时的营销效果评价,就可以及时改进以往的营销方法,从而获得更满意的结果。

3. 网络软营销理论

网络软营销理论认为客户购买产品不仅是满足基本的生理需求,还需要满足高层次的精神和心理需求。传统的营销策略在满足顾客基本需求的前提下更多考虑的是企业自身营销目标的需要,所以在很多方面表现出"强势营销"的特征,如传统广告与人员推销。传统广告,通过在各

种媒体上的连续出现,企图以一种信息灌输的方式在消费者心中留下深刻印象,根本就不考虑受众需要不需要这类信息;人员推销也是一样,根本就不事先征求推销对象的允许或请求,而是企业推销人员主动地"敲"开客户的门。而网络的交互性和虚拟性为企业和顾客之间提供了便捷的渠道,顾客可以主动有选择地与企业沟通,因而企业必须改变传统的自我为主的方式,以加强企业内涵,增强企业吸引力,使消费者在某种个性化需求的驱动下自己到网上寻找相关的信息、广告。在这种条件下,消费者要求成为主动方,而网络的互动特性又使这种要求成为可能。

网络的信息共享、交流成本低廉、传递速度快这些特点的好处是形成了网上信息自由,但另一方面,如果没有良好的控制机制,又可能造成信息泛滥,如个人的电子邮件信箱中经常会收到一大堆未经同意就发送过来的广告。网络的这个具有双刃剑的特点决定了在网上提供信息必须遵循一定的规则。这就是网络礼仪(netiquette),是指在网上交流信息时被允许的各种行为,网络营销也不例外。软营销的特征主要体现在"遵守网络礼仪的同时通过对网络礼仪的巧妙运用获得一种微妙的营销效果"。

4. 网络关系营销理论

关系营销是 20 世纪 90 年代以来受到重视的营销理论,是指企业与消费者、分销商、经销商、供应商等建立、保持并加强关系,通过相互交换及共同履行诺言,使有关各方面达到各自的目的。由于争取一个新顾客的营销费用是维系老顾客费用的 5 倍,因此,关系营销的核心是保持顾客,为顾客提供满意度高的产品和服务价值,通过加强与顾客的联系,提供有效的顾客服务,保持与顾客的长期关系,从而开展营销活动,实现企业的营销目标。

互联网作为一种有效的双向沟通渠道,企业与顾客之间可以实现低成本的沟通和交流,进而实现个性消费需求,与消费者保持密切联系。因此,网络关系营销理论为企业与顾客建立长期、稳定和持久的关系,提供了有效的保障。

知识 5.3　网络市场调查

基于互联网系统地进行营销信息的搜集、整理、分析和研究的过程称为网络市场调查。网上调查是企业网络营销前期工作中重要的环节之一。通过调查可以获得竞争对手的资料,摸清目标市场和营销环境,为经营者细分市场,识别受众需求,确定营销目标等提供相对准确的决策依据。网络市场调查可以分为网上直接调查和网上间接调查。网上直接调查是为特定目的利用互联网直接进行问卷调查等方式搜集一手资料或原始信息的过程;网上间接调查是指利用互联网的媒体功能,从互联网搜集二手资料。

1. 网上直接调查

(1) 网上直接调查的方法

网上直接调查的方法较多,从不同的角度出发,可以把这些调查方法分为不同类型。根据采用调查方法的不同,网上直接调查可以分为网上问卷调查法、网上实验法和网上观察法,其中常用的是网上问卷调查法;根据调查者组织调查样本的不同行为,网上直接调查可以分为主动调查法和被动调查法;根据网上调查采用的不同技术类型,网上直接调查可以分为站点法、电子邮件法、随机 IP 法和视频会议法等。

网上直接调查方法主要是问卷调查法,所以设计网上调查问卷是网上直接调查的关键。由于Internet交互机制的特点,网上调查可以采用调查问卷分层设计。这种方法适合过滤性的调查活动,因为有些特定问题只限于一部分调查者,所以可以借助层次的过滤寻找适合的回答者。

(2) 网上直接调查的步骤

与传统调查类似,网上直接调查必须遵循一定的步骤。

1) 确定网上直接调研目标。Internet作为企业与顾客有效的沟通渠道,企业可以充分利用该渠道直接与顾客进行沟通,了解企业的产品和服务是否满足顾客的需求,同时了解顾客对企业潜在的期望和改进的建议。在确定网上直接调研目标时,需要考虑的是被调查对象是否上网,网民中是否存在着被调查的群体,规模有多大。只有网民中的有效调查对象足够多时,网上调查才可能得出有效结论。

2) 确定调研方法和设计问卷。网上直接调查方法主要是问卷调查法,所以设计网上调查问卷是网上直接调研成败的关键。由于因特网交互机制的特点,网上调查可以采用调查问卷分层设计。这种方式适合过滤性的调查活动,因为有些特定问题只限于一部分调查者,所以可以借助层次的过滤寻找适合的回答者。

3) 选择调研方式。网上直接调查时采用较多的方法是被动调查法,即将调查问卷放到网站上等待被调查对象自行访问和接受调查。因此,吸引访问者参与调查是关键。为提高受众参与的积极性,可提供免费礼品和查阅调查报告等。另外,必须向被调查者承诺有关个人隐私的任何信息不会被泄露和传播。

4) 分析调研结果。这一步是市场调查能否发挥作用的关键,可以说与传统调查的结果分析类似,也要尽量排除不合格的问卷,因此需要对大量回收的问卷进行综合分析和论证。

5) 撰写调研报告。撰写调查报告是网上调查的最后一步,是调查成果的体现。撰写调查报告主要是在分析调查结果的基础上对调查的数据和结论进行系统的说明,并对有关结论进行探讨性的说明。

(3) 网上直接调研应注意的问题

① 注意信息采集的质量监控。对采集信息实施质量监控,可以采用"IP+若干特征标志"的办法作为判断被调查者填表次数唯一性的检验条件。同时,在指标体系中所有可以肯定的逻辑关系和数量关系都应充分利用,并列入质量监控程序。

② 答谢被调查者。给予调查者适当的奖励和答谢对于网上调查来说是十分必要的,这既有利于调动网上用户参与网上调查的积极性,又可以弥补因接受调查而附加到被调查者身上的费用(如网络使用费、市内电话费等)。答谢的有效办法是以身份证编号为依据进行计算机自动抽奖,获奖面可以适当大一点,但奖品价值可以尽量小一些。

③ 了解市场需求。设想自己就是顾客,从客户的角度来了解客户需求。调查对象可能是产品直接的购买者、提议者、使用者,对他进行具体的角色分析。

④ 网上直接调查的局限性。如果是有关具体产品的调查,往往采用详细调查的方式,详细调查针对小的客户群体,调查时需要面对面地进行访谈,得到的信息更准确,调查包含的多是"为什么"的问题,因此目前还不适合采用网上调查的方法。

2. 网上间接调查

网上间接调查方法主要是利用互联网收集与企业营销相关的市场、竞争者、消费者及宏观环境等方面的信息。这是一种介于二手资料调查和网上直接调查之间的调查方法。相对于二手资料调查,网上间接调查的资料是零散的、分散的,需要后期投入人力、物力进行整理。与网上直接调查相比,网上间接调查不直接面对被调查者,而是通过间接的、侧面的方法来了解顾客的想法

及市场的变化。

企业用得最多的还是网上间接调查方法,因为通过这种方法获取的信息广泛,能满足企业管理决策的需要。网上间接调查渠道主要有 WWW、Usenet、BBS 和 E-mail,其中 WWW 是最主要的信息来源。根据统计,目前全球有 8 亿个 Web 网页,每个 Web 网页涵盖的信息包罗万象。采用网上间接调查法进行信息收集的方法主要有:

① 利用搜索引擎收集资料。
② 利用公告栏收集信息。
③ 利用新闻组收集信息。
④ 利用 E-mail 收集信息。

在网上间接调查中,搜索引擎是十分常用的一项网络服务,也是网上间接调查最常使用的调查工具。一般是通过搜索引擎检索有关站点的网址,然后访问所想查找的信息。搜索引擎是互联网上使用最普遍的网络信息搜索工具。国内常用的综合性搜索引擎包括有百度(http://www.baidu.com)和谷歌(http://www.google.com.hk);国外常用的综合类搜索引擎有如图 5.1 所示的 Alta Vista(http://www.altavista.com)、Excite(http://www.excite.com)等。除此以外,还可以访问相关专题性的网站和数据库进行有关资料的查找。

图 5.1　Alta Vista 搜索引擎

利用搜索引擎进行调查的特点是:基本操作简单易学;网络信息质量存在差异,劣质信息混杂其中;各种搜索引擎使用方法不统一,容易给调查者造成混淆。

知识 5.4　网络商务信息的收集与发布

1. 网络商务信息的收集策略

(1) 竞争对手的信息收集

首先识别竞争者,选择收集信息的途径,建立有效的信息分析处理体系。

(2) 市场行情信息的收集

企业收集市场行情资料,主要是收集产品价格变动、供求变化方面的信息。收集信息时,首先通过搜索引擎找出所需要的商情信息网站地址,然后访问该站点,登记注册。可以根据需要信息的重要性和可靠性选择是否访问收费信息网。一般说来,不同商情信息网侧重点不一样,最好是能同时访问若干家相关但不完全相同的站点,以求掌握最新、最全面的市场行情。

(3) 消费者信息的收集

通过互联网了解消费者的偏好,主要是采用网上直接调查法来实现的。了解消费者偏好也就是收集消费者的个性特征,为企业细分市场和寻求市场机会提供基础。

(4) 市场环境信息的收集

企业仅仅了解一些与市场紧密关联的信息是不够的,特别是重大决策时,还必须了解一些政治、法律、文化、地理环境等方面的信息。这有助于企业从全局高度综合考虑市场变化因素,寻求市场商机。互联网作为信息海洋,利用搜索引擎可在网上找到全部信息,关键是如何快速、准确地寻找到有用的信息。

2. 网络商务信息的发布策略

(1) 网络商务信息发布的特点

在互联网上发布企业的相关商务信息,是网络营销的重要任务之一。合理利用互联网资源,有效传递商务信息,为企业营造有利的经营环境,是网络营销的基本目的。网络商务信息发布具有发布效率高、发布方式和渠道多样、交互性强,以及面临诸多障碍等特点。因此,发布网络商务信息应该提供详尽而有效的信息源,通过多渠道发布和传递信息,尽可能地缩短信息传递渠道,保持信息传递的交互性,减少信息传递中噪声和屏障的影响,让信息可以及时、完整地传递给目标用户。

(2) 网络商务信息的发布工具与方法

① 网络商务信息发布系统。目前,很多商务信息发布系统,如环球商务信息发布系统、信息发布王、全球网络电子商务信息发布系统等,都具有搜集网站多、专业性强、分类详细、发布成功率高等特点,可在几分钟内将信息发布到全球各大商贸网站及众多视窗、商机网、创业网、各类论坛中,以最小的成本宣传产品及公司信息。

② 企业网站。企业可以充分利用自己的网站发布商务信息,不过该方式可发挥作用的前提是企业网站在消费者和客户群中具有一定的知名度。

③ 第三方网站。可以选择知名度高的门户网站及其相关频道、专业信息发布网站、行业商务网站等发布信息,如新浪网科技频道、阿里巴巴网上贸易平台(http://www.alibaba.com.cn)、中国商务信息网(http://www.ecchn.com)等。

④ 邮件列表。企业可以通过创建邮件列表,为用户提供有价值的信息,并在邮件内容中加入适量的商务信息,实现营销目的。由于它的原则是基于用户自愿加入,通过为用户提供有价值的信息获取用户的信任,从而实现营销目的,因此,又是许可营销和个性化服务的主要手段。

⑤ 企业博客。目前,互联网上出现了许多企业博客平台,如企博网(http://www.bokee.net)和中国企业博客网(http://www.cnqy168.cn)等。在这些平台上建立博客,可以使企业以更加自主、灵活、有效和低投入的方式自主发布信息。

⑥ 其他工具和方法。可以用来发布网络商务信息的工具和方法还有网络社区(论坛、BBS)、新闻组、电子邮件等。这些工具既是信息收集的工具也是信息发布的工具。

知识 5.5　网络广告

随着电子商务的发展,越来越多的企业意识到网站已经成为其展示产品并进行营销活动的主体。网络广告就是在 Internet 站点上发布的以数字代码为载体的经营性广告,主要以图片、文字、动画和视频来展示自身的商业信息。

1. 网络广告的特点

网络广告是广告主以付费方式,运用网络媒体传播企业或产品信息,宣传企业形象的活动。与传统广告相比,网络广告具有以下几个特点。

(1) 传播范围广

网络广告的传播不受时间和空间的限制,互联网使企业能够 24 小时不间断地将广告信息传播到世界各地,只要具备上网条件,任何人在任何地点都可以看到这些信息,这是其他广告媒体无法实现的。

(2) 交互性强

网络广告的载体基本上是多媒体、超文体格式文件,这种交互式的页面能够使访问者对广告信息进行详细、深入的解。对于感兴趣的产品,消费者还可以通过在线提交表单或发送电子邮件等方式,向厂家请求特殊咨询服务。同时,消费者可以根据兴趣和需要主动搜索并选择网络广告信息,这样的消费者往往带有明确的目的性,从而提高了广告的促销效果。

(3) 成本低廉

网络媒体的收费远低于传统媒体,网络广告有专业的工具进行制作和管理,能够随时按照需要调整广告的内容。与报纸广告、电视广告相比,网络广告的投入费用低,通过互联网,企业能够及时展示商务信息,可以较低的营销成本取得较好的营销效果。

(4) 感官性强,实时性好

网络广告的内容非常丰富,其承载的信息量大大超过传统印刷宣传品。采用多媒体技术制作的网络广告,可以以图、文、声、像等多种形式,生动形象地将产品信息展示给顾客。同时,网络广告可以按照企业的需要及时变更内容,而不会产生诸如在传统媒体上发布广告后因修改付出的高昂成本。

(5) 准确统计

网络广告的发布者可以借助网络监控工具,获得庞大的用户跟踪信息库,从中找到各种有用的反馈信息,也可以利用服务器端的访问记录软件,获得访问者的详细记录和行为资料。例如,单击的次数、浏览的次数及访问者的身份、查阅的时间分布和地域分布等。这些精确的统计有助于企业评估广告发布的效果,并找出无效广告的原因,及时采取措施改进广告的内容、版式,加快更新速度,进一步提高广告的效率,并据此调整市场策略和广告策略。

2. 网络广告的类型

随着网络技术的日趋发达,网络广告的类型也越来越多,越来越丰富,既有基本的网络广告形式,也有在基本网络广告形式基础上的创新形式。各种各样的新兴广告不断出现在各类网络营销站点上。常见的形式主要有以下几种。

① 旗帜广告。旗帜广告又称标牌广告或横幅广告,这是网络营销中最为传统的广告表现形式。旗帜广告通常置于页面顶部,最先映入网络浏览者的眼帘。创意绝妙的旗帜广告对于建立并提升企业品牌形象具有重要的促进作用。目前,旗帜广告的制作已经可以通过 HTML、Flash、DHTML、Java 等多种技术来完成,如图 5.2 所示。

② 通栏广告。与旗帜广告比较类似,通栏广告横贯页面,尺寸较大,视觉冲击力强,能够给浏览者留下深刻的印象,特别适合活动信息发布、产品推广、庆典等,如图 5.3 所示。

图5.2　网络广告的应用之一

图5.3　网络广告的应用之二

③ 文字链接广告。文字链接广告一般采用文字标识的方式,往往放置在热门站点的分类栏目中,其标题显示相关的关键词。由于宣传效果良好且成本较低,因而这种广告非常适合于中小企业。

④ 图标广告。图标广告也称按钮广告,也是网络广告中最为常见的形式之一。它以企业的产品或标志为主体,放置在 Web 页面上,用鼠标单击时,可链接到企业的站点或相关信息页面上。按钮广告通常有4种规格,即 125×125(方形按钮)、120×90、120×60、88×31(小按钮)(单位为像素)。

⑤ 浮动广告。相比静态的文字广告和图标广告,浮动广告更能吸引浏览者的目光。浮动广告有两种常见的表现形式:一种是沿着某一固定曲线飘动,另一种是随着浏览者拖动页面的滚动条而做直线式的上下浮动。浮动广告突破了传统广告的定式,不再固定于某一指定位置,因而能够在一定程度上提高广告的吸引力。

⑥ 弹跳广告。弹跳广告是伴随主页的打开弹出小窗口,以独立的页面展示产品信息。它降低了其他信息的干扰,能够获得较好的传播效果,但是容易引起浏览者的反感。

⑦ 全屏广告。全屏广告出现在页面开始下载时,占据整个浏览器的幅面,停留几秒钟后自动消失。全屏广告拥有最强大的视觉冲击力。

⑧ 电子邮件广告。电子邮件是互联网上使用最多的服务项目之一。电子邮件广告具有针

对性强、费用低廉等特点,且广告内容不受限制,可以针对特定消费者发送特定的广告。电子邮件广告一般采用文本格式或 HTML 格式,支持多媒体传输,信息容量较大。由于其具有较好的针对性,因而被网络营销企业广泛采用。

⑨ 电子杂志广告。电子杂志广告是专业人员精心编辑制作的,具有很强的时效性、可读性和交互性,能够给用户提供最新、最全面的行业信息。电子杂志由用户根据兴趣与需求主动订阅。

知识 5.6　网络营销环境分析

1. 网络营销环境分析的基本程序

网络营销环境的分析是指运用各种调研方法,取得网络购物行为的数据和结果,进行网络环境分析。环境分析是营销活动的开端和前提,因此,需要制定一种对这些因素进行持续研究和分析的程序和方法。因为影响环境的各种因素是不断变化的,所以营销环境分析是一个永不终止的过程。

网络营销环境分析的基本步骤和过程如图 5.4 所示。

图 5.4　环境分析的基本步骤和过程

2. 网络营销环境分析报告的内容

网络营销环境分析通过上述程序和方法,最终要形成环境分析报告。报告就是要在复杂多变的环境中,分析市场的机会与威胁、优势与劣势,并提出分析结论和相应对策。

分析报告的内容一般有:任务说明、市场状况分析、消费者购买行为分析、主要竞争对手分析、宏观环境分析和营销机会与对策分析。

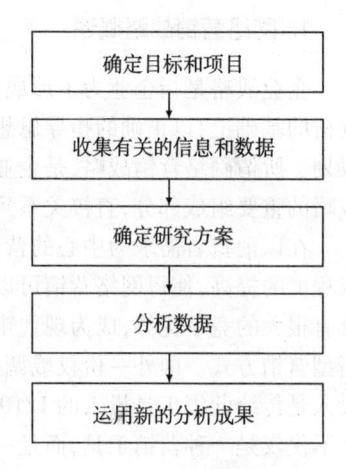

① 市场状况分析。主要是微观环境因素在企业要进入的市场中的状况,包括产品特点的分析、市场规模的分析和市场供求状况的分析。

② 消费者购买行为分析。主要内容有消费者构成的分析、购买特点的分析、购买动机的分析、影响购买因素的分析、使用感受的分析。

③ 竞争对手分析。竞争对手分析主要是找出对比基准,把自己与类似企业比较,找出优势劣势,确定自己的市场位置,有针对性地制定竞争策略。它包括的内容有:竞争对手的确定分析、竞争对手的营销实力分析及竞争对手的营销战略和策略分析。

④ 宏观环境分析。它的主要内容有:对人口环境的分析(人口总数、人口结构、家庭状况);对经济环境的分析(人均 GDP、消费者收入水平、消费结构、储蓄状况);对社会文化环境的分析(社会教育、宗教信仰、价值观念、风俗习惯);对政治法律环境的分析(政治体制、方针政策、政治局势、法律法规);对科技环境的分析和对自然地理环境的分析。

⑤ 营销机会与对策分析。机会与对策的分析是分析企业在市场的机会与威胁、优势与劣势、问题和对策。这是分析报告的最后部分,也是核心部分。

在分析报告的最后,可以采用 SWOT 分析方法来分析:企业的优势与劣势;市场的机会与威胁。

分析报告的基本要求是：结构合理、层次清楚、逻辑性强、数据完整、观点正确。

知识5.7　网络营销战略

网络营销战略为组织的电子营销活动提供持续的方向指引。这些活动与其他营销活动整合到一起，共同支持公司的总体目标。对于许多公司而言，首次进行网络营销并非源自一个经过很好定义和整合的战略，相反，它们是对快速市场发展的必然反应，或者是对顾客需求做出的反应。以网站设立为标志的电子商务活动进行一年左右后，公司的中高层人员自然会质疑它的效率。于是，对实施网络营销战略的需求也就应运而生了。因此，网络营销战略计划与实施的条件在于它是从面向未来的增长角度出发探讨即将建立或业已建立的电子商务活动。

1. 网络营销战略概述

企业战略是指企业为了形成和维持竞争优势，谋求长期生存与发展，在外部环境和内部条件分析的基础上，以正确的指导思想对企业的主要发展目标、达成目标的途径和手段所进行的整体谋划。所谓网络营销战略，是企业利用现代信息网络资源开展营销活动的一种战略谋划，是企业战略的重要组成部分，直接关系到企业的利益和发展。

在以消费者需求为中心的营销时代，随着网络的迅速普及和广泛应用，以及消费者个性化需求程度的提高，使得网络营销可以在控制成本费用方面、市场开拓方面和与顾客保持关系等方面具有很大的竞争优势，成为现代市场营销新的延伸。网络营销是借助互联网来实现营销目标的新型营销方式。国外一份权威调查结果显示：企业在获得同等收益的情况下，对网络营销工具的投入是传统营销工具投入的1/10，而信息到达速度却是传统营销工具的5～8倍。但网络营销并不仅仅是一种营销工具，而是一个关系到多个层面的系统工程，涉及网络品牌、网站推广、信息发布、销售促进、销售渠道、顾客服务、顾客关系、网上调研及企业网站建设等多方面的内容，而每一种职能的实现都有相应的策略和方法，因此企业应该且必须将网络营销提升到总体营销战略的层面。

2. 网络营销战略实施与控制

网络营销作为信息技术的产物，具有很强的竞争优势，但并不是每个公司都能进行网络营销。公司实施网络营销必须考虑到公司的业务需求和技术支持两个方面。业务方面需要考虑的有公司的目标、公司的规模、顾客的数量和购买频率、产品的类型、产品的周期及竞争地位等；技术方面需要考虑的有公司是否能支持技术投资、决策时技术发展状况和应用情况等。互联网作为大众型的信息平台，它的使用发展非常迅猛，而网络营销技术作为专业性技术依赖于公司的技术力量。

网络营销战略的制定要经历3个阶段：首先确定目标优势，分析网络营销是否可以通过促进市场增长，改进实施策略的效率来增加收入，同时分析是否能通过改进目前营销策略和措施，降低营销成本；其次是分析、计算网络营销的成本和收益，需要注意的是计算收益时要考虑战略性需要和未来收益；最后是综合评价网络营销战略。公司在决定采取网络营销战略后，要组织战略的规划和执行。

知识 5.8　网络营销的产品策略

产品是企业从事生产经营活动的直接而有效的物质成果。现在市场上的产品,不是每一种都可以用网络营销的方式来销售的。企业想通过网络营销把产品推向市场,就必须了解网上销售产品的整体概念、分类及方式等。如果企业很少或根本不对网络营销商品的属性进行研究,只靠主观臆测,凭借传统市场的营销经验匆匆入网,要想拓展网络上的市场是非常困难的。

1. 网上产品的特点

一般而言,适合在网络上销售的产品通常具有以下特性。

① 产品特点。产品是否有高技术或与计算机、网络有关,是否是无形化产品,是否适于通过网络传送。

② 产品质量。由于网络购买者在购买前无法尝试或只能通过网络来尝试产品,所以为了增加消费者的信心,网络上销售的商品必须能保持稳定的质量。

③ 产品式样。通过国际互联网对全世界的国家和地区进行营销的产品,需要符合该国或地区的风俗习惯、宗教信仰和教育水平。

④ 产品品牌。在网络营销中,生产商与经销商的品牌同样重要,要在网络浩如烟海的信息中引起浏览者的注意,必须拥有明确、醒目的品牌。品牌就是质量的保证,当网络上的商品质量不一致时,品牌就非常重要了。

⑤ 产品包装。作为通过国际互联网经营的产品,其包装必须适合网络营销的要求。通过网络传送的软件、游戏、信息等无形产品可以没有任何包装,其他的实体性的产品,就应采用适合专业递送的包装。

⑥ 产品的目标市场。所面临的市场是以网络用户为主要目标的产品,或者是需要覆盖广大的地理范围的产品。

⑦ 产品的经营成本核算。通过互联网进行销售的成本低于通过其他渠道销售的产品。

互联网上卖得好的产品通常有如表 5.1 所示的实体产品特性。

表 5.1　易于互联网销售的实体产品特性

实体产品特点	适合互联网的特性
类型	看得到、听得到、想象得到
特性	消费风险小,容易通过联想得到实体感受
质量	质量稳定
品牌	品牌知名度高
包装	包装易于运输

2. 选择产品时应注意的问题

① 要充分考虑产品自身的性能。一般来说,可鉴别性产品或标准化较高的产品易于在网络营销中获得成功,而经验性产品或个性化产品则难以实现大规模的网络营销。因此,企业在进行

网络营销时,可适当地将可鉴别性高的产品或标准化高的产品作为首选的对象和应用的起点。

② 要充分考虑实物产品的营销区域范围及物流配送体系。虽然网络营销消除了地域的概念与束缚,但是在实际操作中,企业仍然必须考虑自身产品在营销上的覆盖范围,以取得更好的营销效果。

③ 产品市场生命周期策略。这是指产品从上市到下市的时间间隔。产品市场生命周期的长短主要取决于产品上市后,市场对产品的需求变化和新产品的更新换代程度。因此,企业在网络营销中,应特别重视产品市场的生命周期中的试销期、成长期和成熟期营销策略的研究,在这几方面,可以采用传统市场营销中相对应的营销策略。

知识 5.9　网络营销定价策略

价格无疑是企业销售的重要因素。在 4P 理论中,只有价格是收入,其他都是成本。价格也是最灵活的营销组合,随着市场的变化,价格一直都处于变化之中。网络经营也不例外,企业在做一份商业技术书时,就必须明确价格。网上价格便宜已深入人心,但便宜只是网上经营的一个现象,还有更多问题亟待解决。

在实际业务中,可采取以下相关定价策略。

1. 低于进价销售

由于采取这种定价方式能吸引很多消费者,所以供货商乐于在网站做广告以图多销商品。这如同传统的大型超级市场收供货商的"上架费"一样。而且,由于网上经营的高度自动化和网上商场的虚拟性,网上销售的经营成本极低,只要销售到一定规模,靠广告收入就足以抵销开支,甚至有所盈余。这种定价方式主要适用于价格弹性较大的日用品。

2. 差别定价策略

这是指针对不同的人定不同的价格。传统上,如果为一台计算机定价 7 000 元,可能会有 10 个人买,定价 6 000 元可能会有 100 人买,定价 5 000 元可能会有 1 000 人买。如果希望销售 1 000 台的话,那么只能按统一的价格 5 000 元出售,虽然有人愿意出更高的价钱,但这部分的利润是挣不到的。而在网上,对不同的人定出不同的价格,把能挣的钱都挣到却可能成为现实。通过"黑箱操作",厂家与每一顾客的交易价格都可以是不透明的。这样,就可能差别定价了。

3. 高价策略

由于网上商品价格的透明度比传统方式要高,因而普遍来讲,网上商品的价格会比传统方式要低。不过,有时也有部分商品价格高于传统方式的情况,这主要出现在一些独特商品或对价格不敏感的商品上。例如,艺术品在传统方式中由于顾客群相对小,价格上不去,而在网上却可以面向全球的买主销售,能卖出好价。

4. 竞价策略

网络使日用品也能采用拍卖的方式销售。厂家可以只规定一个底价,然后让消费者竞价。厂家所花费用极低,甚至免费。除销售单件商品外,也可以销售多件商品。目前,我国已有多家网上拍卖站点提供此类服务,如雅宝、网猎、易趣等。

5. 集体砍价

集体砍价是网上出现的一种新还价方式。随着每一个新的竞标者加入,原定价格就会下跌一格,竞买的人越多,价格越低,呈递滑曲线。简单地说,就是参加竞买的人越多,商品的价格就会越低。这种由于购买人数的增加,价格不断下降的趋势,是典型的网络需求方向。

总之,虽然网上商务中普遍采取底价策略,但这并不是唯一的定价方式,企业应根据自己的实际情况和竞争对手的情况选择适合自己的策略。

知识 5.10 网络营销渠道策略

网络营销渠道策略是整个市场经营组合策略的重要组成部分。合理的分销渠道,一方面可以最有效地把产品及时地提供给消费者,满足需要;另一方面有利于扩大销售,加速物资和资金的流转速度,降低营销费用。有些企业的产品质量好,价格也合理,但缺乏分销渠道或分销渠道不畅,所以无法扩大销售,这种例子是很常见的。

1. 完善的网络营销渠道的功能

(1) 订货功能

它为消费者提供产品信息,同时方便厂家获取消费者的需求信息,达到供求平衡。一个完善的订货系统,可以最大限度地降低库存,减少销售费用。订货功能通常由购物车完成,消费者在结算后,生成订单,订单数据进入企业的相关数据库,为产品生产、配送提供依据。

(2) 结算功能

消费者在购买产品后,可以用多种方式方便地付款,所以厂家(商家)应有多种结算方式。目前国外流行的方式有信用卡、电子货币、网上划款等,国内的付款结算方式主要有邮局汇款、货到付款、信用卡、网上转账等。

(3) 配送功能

对于无形产品,如服务、软件、音乐等可以直接在网上配送,而对于有形产品的配送,由于涉及运输和仓储问题,所以大多采用邮寄或送货上门两种方式,配送时间一般在一两个工作日内,并实行有条件的免费配送。

2. 网络营销的两种渠道

(1) 网上直接销售渠道(零级渠道)

与传统的直接营销渠道一样,网上直接渠道也没有营销中间商,商品直接从生产者转移给顾客。生产企业可以通过建设网络营销站点,使顾客直接从网站订货,并与一些电子商务服务机构(如网上银行)和专业物流公司合作,直接提供支付结算和物流配送等服务。

网络直销的特点主要如下。

① 网络直销促成产需直接见面。企业可以直接从市场上搜集到真实的第一手资料,合理安排生产。

② 网络直销对买卖双方都有直接的经济利益。由于网络直销大大降低了企业的营销成本,企业能够以较低的价格销售自己的产品,消费者也能够买到大大低于现货市场价格的产品。

③ 营销人员可以利用网络工具,如电子邮件、公告牌等,随时根据用户的愿望和需要,开展

各种形式的促销活动,迅速扩大产品的市场占有率。

④ 企业能够通过网络及时了解到用户对产品的意见和建议,并针对这些意见和建议提供技术服务,解决疑难问题,提高产品质量,改善经营管理。

网络直销的缺点如下。

① 面对大量分散的企业域名,网络访问者很难有耐心一个个去访问制作平庸的企业主页。

② 对一些不知名的中小企业网站,大部分网络漫游者不愿意在此浪费时间或只是在路过时看一眼。

③ 我国目前建立的企业网站除个别行业和部分特殊企业外,大部分访问者寥寥,营销收效不大。

(2) 网络间接销售渠道(一级渠道)

网络间接销售是指企业通过电子中间(融入了互联网技术)这一新型的中间商环节,把产品销售给最终用户,又称为"网络分销"。在这种交易的过程中,购买方、供应方和中间商以 Internet 为基础,紧密地联系起来,为客户提供市场信息、商品交易、仓储配送、货款结算等全方位的服务。

网络商品交易中介机构的基本功能是连接网络上推销商品或服务的卖方和在网络上寻找商品和服务的买方,成为连接买卖双方的枢纽。商品和服务的推销者不直接面对消费者,同样,消费者也不直接面对推销者。商品和服务通过网络商品交易中介机构完成向消费者的转移。

利用网络间接销售渠道销售商品和服务,必须谨慎地选择网络商品交易中介商,这关系到网络营销的基本效果。在选择网络中介服务商时,要考虑功能、成本、信息、覆盖、特色和连续性六大因素,这六大因素是网络间接营销能否成功的关键所在。

知识 5.11　网络营销的服务策略

网络顾客服务的最大优势就是能够与客户建立起持久的"一对一"的服务关系。

1. 顾客服务

面对日益激烈的市场竞争,越来越多的企业在营销中开始关注人的因素,最大限度地满足顾客需求。顾客服务是指企业通过营销渠道,为满足顾客的需求,提供的包括售前、售中、售后等一系列服务。顾客服务的目的是满足顾客的服务需求,顾客是否满意是评价企业顾客服务成败的唯一指标。只有顾客满意才能引发顾客对企业的忠诚,才能长期保留顾客。研究表明,顾客所需服务按顺序划分有 4 个层次。

① 为满足个性化的需求,顾客需要了解产品和服务信息。企业应在网站提供详细的产品和服务资料,利用网络信息量大、查询方便、不受时空限制的优势,满足顾客的需求。

② 顾客在进一步研究产品和服务时,可能会遇到问题需要在线帮助。选购产品时或购买产品后,顾客还会遇到许多问题,需要企业帮助解决。这些问题主要包括产品的安装、调试、试用和故障排除等。

③ 对于难度更大或网络营销站点未能提供答案的问题,顾客希望能与企业人员直接接触,寻求更深入的服务,解决更复杂的问题。

④ 顾客不仅仅需要了解产品和服务信息、需要在线帮助、进一步与企业人员接触,还有可能愿意积极参与到产品的设计、制造、配送、服务的整个过程,追求更符合个性要求的产品和服务。

顾客需求服务的4个层次之间相互促进,低层次的需求满足得越好,越能促进高一层次的服务需求。顾客得到满足的层次越高,满意度就越高,与企业的关系就越密切。顾客需求层次的提高过程,正是企业对顾客需求的理解逐步提高的过程,也是顾客对企业关心支持程度逐步提高的过程。

2. 信息提供

对于一个成功的网上商务运作来讲,资料收集都是至关重要的环节,有关访问者和顾客行为的资料更是分析投资收益的基础。不过,顾客的经验也会随着资料的增加而增加。随着时间的推移,网上商务相互影响的经验也在不断提高。这个过程促使企业不断提高为客户服务的价值,并且优化同每个顾客关系的收益。由于这个过程是渐进的,所以有时被称为渐进的个性化服务。

3. 信息反馈

网络时代使信息渠道变得畅通无阻,信息的反馈也变得更加及时、准确。在传递信息的手段上,经常采用的是电子邮件。电子邮件是企业与网络顾客之间双向互动的根源,是实现企业与顾客对话的双向走廊。顾客根据自己的问题可将邮件发至相应的部门。电子邮件自动应答器给电子邮件发出者回复一封预先设置好的信件,这样做的目的是让发出者放心电子邮件已收悉,并引起了公司的关注。网络顾客服务不仅能实现由公司到顾客的双向服务,还可以实现顾客和顾客之间的交流与帮助。顾客对话的主要场所是各种新闻组、网络论坛、邮件清单等。对顾客之间的谈话,公司的态度应是积极鼓励,而不是相反。

知识 5.12 网上促销策略

网络促销是指利用现代通信网络,特别是互联网向市场传递有关产品和服务的信息,以启发需求,引起消费者的购买欲望和购买行为的各种活动,其目标与传统促销是一致的。但由于网络的普遍存在性和交互性,网络促销与传统促销相比,在时间和空间上,在信息传播模式上及在客户参与程度上都发生了较大的变化。

因此,一方面要从技术、方式及手段等角度去认识这种依赖现代网络技术、与客户不见面、完全通过电子化手段交流思想和意愿的产品促销形式,另一方面则应当通过与传统促销的比较去体会两者之间的异同。网络促销的主要内容有站点推广、网络广告、网上销售促进和网上公共关系。

1. 网络营销促销的相关知识

网络营销站点推广就是利用网络营销策略扩大站点的知名度,吸引网上流量访问网站,起到宣传和推广企业及企业产品的效果。

销售促进就是企业利用可以直接销售的网络营销站点,采用一些销售促进方法,如价格折扣、有奖销售、拍卖销售等方式宣传和推广产品。

关系营销是通过借助互联网的交互功能吸引顾客与企业保持密切关系,培养顾客忠诚度,提高顾客的收益率。

2. 网络营销促销的实施

对于任何企业来说,如何实施网络促销都是一个新问题。每一个营销人员都必须深入了解产品信息在网络上传播的特点,分析网络信息的接收对象,设定合理的网络促销目标,通过科学的实施程序,打开网络促销的新局面。

根据国内外网路促销的大量实践,网络促销的实施程序可以由6个方面组成。

(1) 确定网络促销对象

网络促销对象是针对可能在网络虚拟市场上产生购买行为的消费者群体提出来的。随着网络的迅速普及,这一群体也在不断扩大。这一群体主要包括3部分人员:产品的使用者、产品购买的决策者、产品购买的影响者。

(2) 设计网络促销内容

网络促销的最终目标是希望引起购买。这个最终目标是要通过设计具体的信息内容来实现的。消费者的购买过程是一个复杂的、多阶段的过程,促销内容应当根据购买者目前所处的购买决策过程的不同阶段和产品所处的寿命周期的不同阶段来决定。

(3) 决定网络促销组合方式

网络促销活动主要通过网络广告促销和网络站点促销两种促销方法展开。但由于企业的产品种类不同,销售对象不同,促销方法与产品种类和销售对象之间将会产生多种网络促销的组合方式。企业应当根据网络广告促销和网络站点促销两种方法各自的特点和优势,根据自己产品的市场情况和顾客情况,扬长避短,合理组合,以达到最佳的促销效果。

(4) 制定网络促销预算方案

在网络促销实施过程中,使企业感到最困难的是预算方案的制定。所有的价格、条件都需要在实践中不断学习、比较和体会,不断地总结经验。只有这样,才可能用有限的精力和有限的资金收到尽可能好的效果,做到事半功倍。

(5) 衡量网络促销效果

网络促销的实施过程到了这一阶段,必须对已经执行的促销内容进行评价,衡量一下促销的实际效果是否达到了预期的促销目标。

(6) 加强网络促销过程的综合管理

项目实施

项目任务

根据项目内容,本项目要求根据企业业务特点选择合适的综合网站、行业网站和搜索引擎进行产品信息查询,并从合适的查询信息中获取有效信息,具备熟练运用信息查询的方法在网站上查询、比较、获取信息的能力和网络市场产品信息的发布能力,熟悉整个市场产品信息的收集和发布的过程。这主要有以下两个任务。

1. 网络市场商业信息的收集。
2. 商业信息的发布。

项目要求

1. 掌握通过行业网站、综合网站和搜索引擎进行网络市场产品信息的收集方法。
2. 掌握在阿里巴巴上进行企业产品信息的发布的方法。

实施步骤

1. 网络市场商业信息收集

1) 分别打开中国化妆品网（http://www.zghzp.com）、中国美容化妆品网（http://www.cn-cosmetic.com）和中国化妆品贸易中心（http://www.cck-a.cn）。

2) 分析查找行业动态、行业政策、媒体报道、新闻咨询、流行趋势、供需状况、新品讨论等相关的市场信息，如图5.5所示。

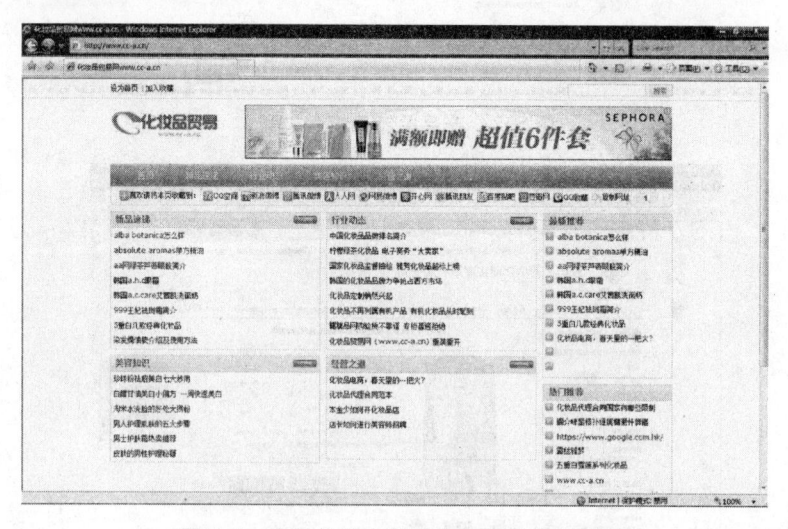

图5.5 中国化妆品贸易中心商机信息页面

3) 登录阿里巴巴网站（http://china.alibaba.com），在产品栏内以"空气增湿器"为关键词进行搜索，如图5.6所示。

图5.6 产品关键词搜索

4) 在"摆放方式"栏内选择"台式"，得到"台式增湿器"的信息，如图5.7所示。

5) 根据提供商品的企业的地区、经验模式、价格、款式、颜色、服务等信息进行挑选，进入产品的详细信息页面，如图5.8所示。

图 5.7 产品关键词搜索结果

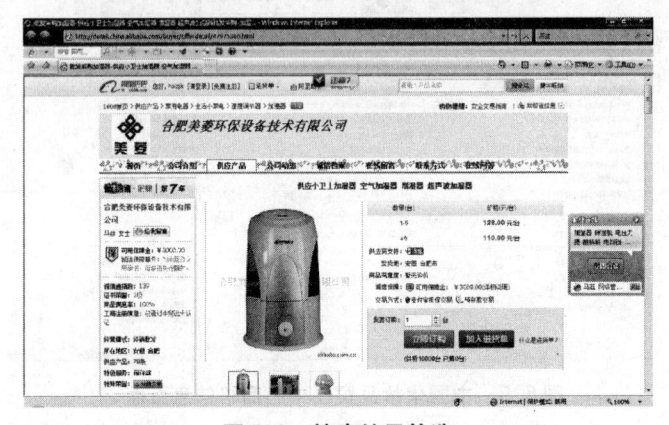

图 5.8 搜索结果筛选

6）详细查看该产品的价格、款式、性能参数、生产厂家、联系方式等信息,最终确定是否购买或最后与该供货商联系,如图 5.9 所示。

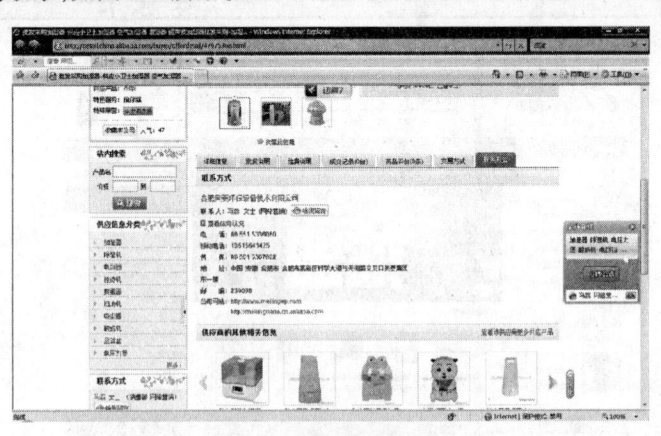

图 5.9 查看商家信息

7）登录谷歌网站(http://www.google.com.hk),在文本框中输入"山东苹果",进行搜索,如图 5.10 所示。搜索得到相应信息,属于初步信息确定,需要进一步精确搜索。

8）在文本框中,将关键词"山东苹果"改为"山东烟台苹果",单击搜索按钮再次搜索,如图 5.11 所示。

图 5.10　Google 初步信息搜索

图 5.11　Google 精确信息搜索

9）为了进一步确定信息，在文本框中将关键词"山东烟台苹果"改为"供应山东烟台苹果"，单击搜索按钮再次搜索，如图 5.12 所示。

图 5.12　Google 精确信息搜索

10）此时得到的信息基本上就属于比较精确的信息了，如果还需要进一步确定搜索信息，可以单击高级搜索，如果希望搜索到最近供应商发布的信息，可以在日期下拉列表中进行设置，然后单击"搜索"按钮，如图 5.13 所示。

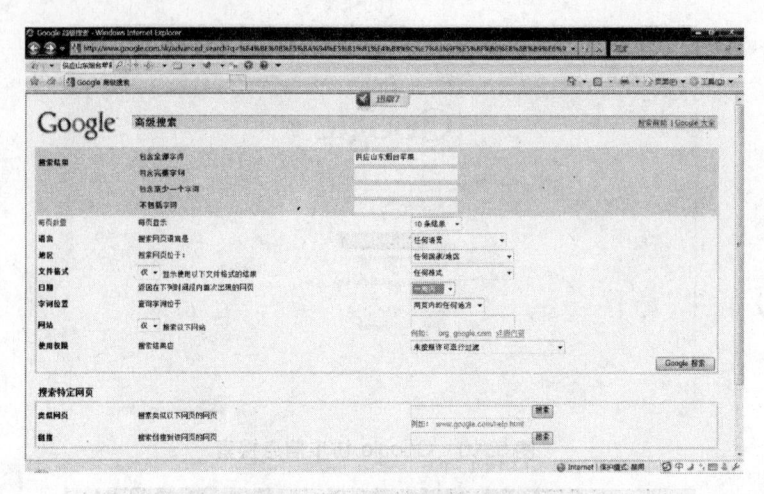

图 5.13　Google 高级搜索

11) 得到一周内供应商发布的信息页面的链接。在页面中进行筛选,分别进入相关的页面进行信息的收集。

2. 商业信息的发布

1) 登录阿里巴巴网站(http://china.alibaba.com),单击"免费注册",注册用户信息。按要求填写会员登录名、密码、公司名称等信息,如图 5.14 所示。

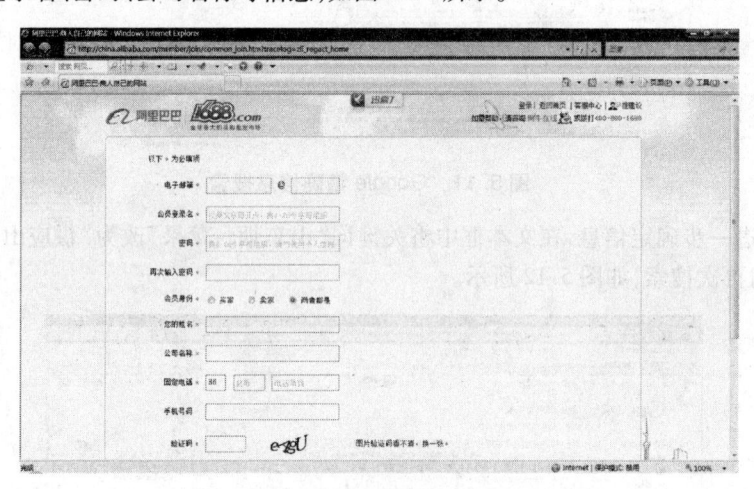

图 5.14　阿里巴巴免费注册

2) 提交注册信息成功,选择使用邮箱进行登录验证,如图 5.15 所示。

3) 重新登录,为了让商业伙伴及时联系到,需要补充完善联系信息,如图 5.16 所示。

4) 单击"阿里助手"中的"发布供求信息",进入发布信息窗口,选择"发布产品供应信息",如图 5.17 所示。

5) 输入产品名称以查找类目"节点节能设备",单击查找,根据输入的关键词确定查找的类目,单击"下一步,填写信息详情",如图 5.18 所示。

6) 详细填写产品发布的供应信息,主要有产品类目、产品属性、信息标题、产品图片、产品说明、交易信息、物流运费信息、信息有效期等,如图 5.19 所示。

7) 产品的供应信息输入完成后,单击"预览",查看产品发布后的效果,如图 5.20 所示。

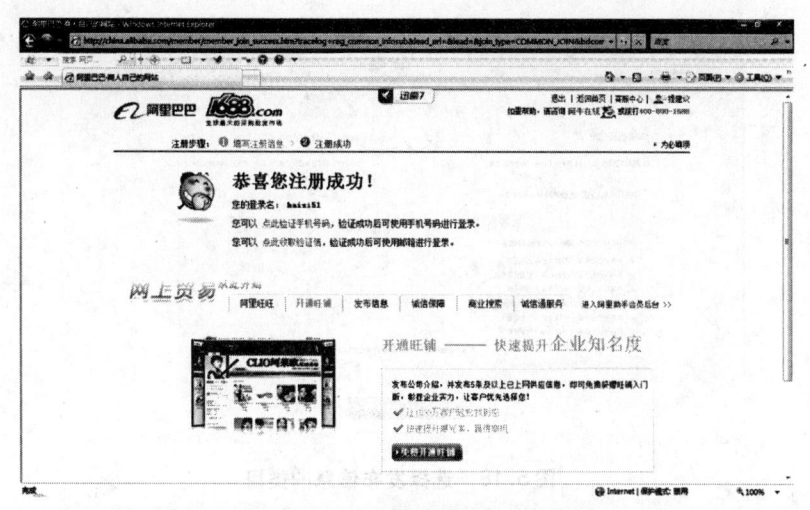

图 5.15　注册信息邮箱验证成功

图 5.16　补充注册联系信息

图 5.17　发布产品供应信息

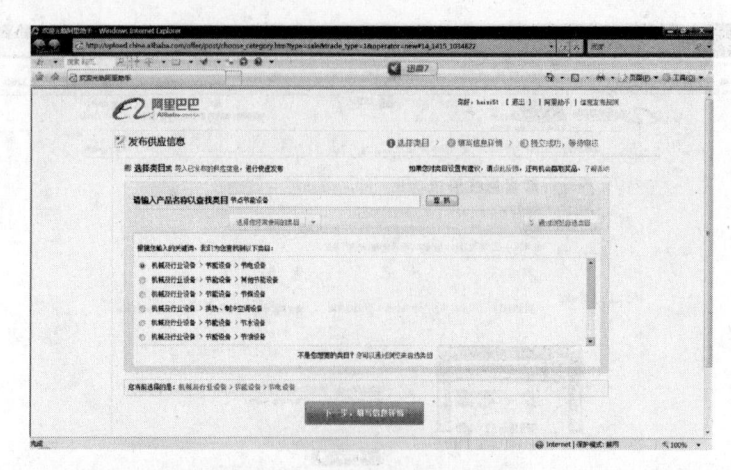

图 5.18 选择发布信息的类目

图 5.19 填写产品发布的供应信息

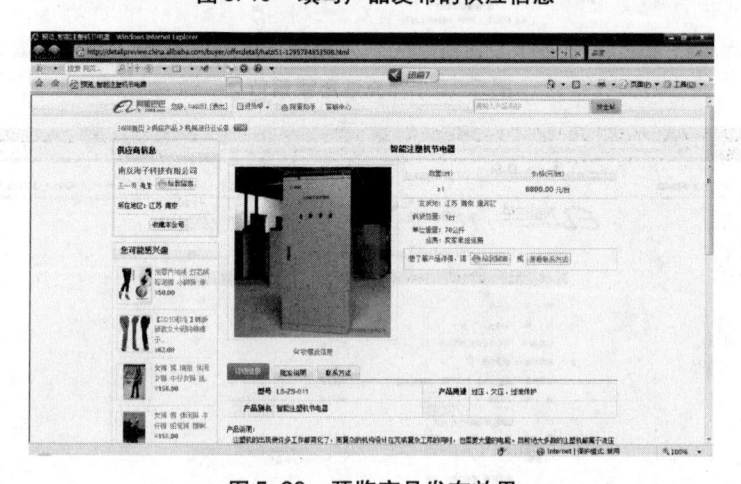

图 5.20 预览产品发布效果

8) 信息发布成功后,发布的信息需要经过阿里巴巴工作人员的编辑和审核。在正常工作日发布信息,2 小时内就可以在网站上正式发布。如果发布信息审核不通过,会给客户发邮件说明理由,如图 5.21 和图 5.22 所示。

图 5.21　发布成功等待审核

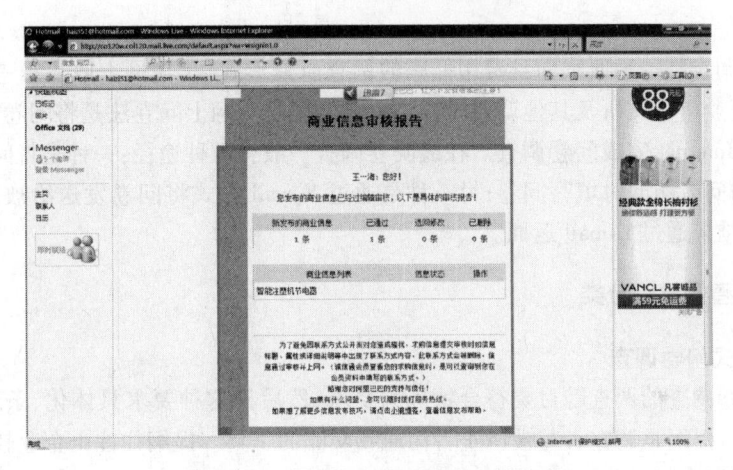

图 5.22　产品发布商业信息审核报告

知识 5.13　网络营销的产生

网络营销是伴随互联网的迅猛发展而出现的新型营销方式。互联网改变了世界,自然也改变了企业的营销环境。当企业的营销环境改变时,营销方式的变革也势在必行。一些企业的先知先觉者,将目光由传统媒体转向网络媒体时,他们敏锐地发现了互联网的巨大魅力和蕴含的无限商机。网络营销也就应运而生,并成为他们的掘金利器。

网络营销自产生至今,只有 10 年左右的时间,而其获得广泛应用并发挥重要作用更是近几年的事情。网络营销产生的标志性事件有下面几件。

① 1971 年,汤姆·林森发明了电子邮件。但电子邮件在 20 世纪 70 年代并没有应用到营销领域。

② 1994 年 10 月,网络广告诞生。当年 10 月 14 日,美国著名的 Wired 杂志推出了网络版 Hotwired,其主页上开始有 AT&T 等 14 家客户的旗帜广告。这是广告史上里程碑式的标志。1997 年 3 月,中国第一则商业性的网络广告出现,其传播网站是天极网(http://www.chinabyte.com.cn)。

③ 1994年,基于Internet的知名搜索引擎Yahoo!、WebCrawler、Infoseekd等诞生,从此人们可以搜索互联网上的信息。

④ 1994年4月12日,坎特和希格尔夫妇把一封"绿卡抽奖"的广告信发到了他们可以发现的每个新闻组,这在当时引起了轩然大波。他们的"邮件炸弹"使许多服务商的服务处于瘫痪状态。尽管这种未经许可的电子邮件离正规的网络营销思想相去甚远,但自此以后,人们开始认真地思考并研究与网络营销有关的问题,网络营销的思想也逐渐形成。

⑤ 1995年7月,贝索斯建立起了世界上最大的网上商店——亚马逊网上书店。

从这些事件可以看出,真正的网络营销诞生于1994年,1996年以后网络营销进入了高速发展时期,网络营销的理论、方法与实践都有了极大发展。

知识5.14 在线问卷调查

在线问卷调查是一种便利而且费用低廉的调查研究形式,是在网上收集第一手资料的主要方式,已经为企业市场调研及其他调查统计机构普遍采用。网上问卷法是将问卷在网上发布,被调查对象通过Internet完成问卷调查。在线问卷调查一般有两种途径:一种是将问卷放置在Web站点上,等待访问者访问时填写问卷;另一种是通过E-mail方式将问卷发送给被调查者,被调查者完成后再将结果通过E-mail返回。

1. 在线调查问卷的分类

(1) 答卷式问卷调查

答卷式问卷调查的调查题目要符合精炼的要求,然后把这种要求具体化、条理化,这样就形成了调查提纲。提纲是调查者与被调查者沟通和交流的工具。提纲往往由企业较高级的管理人员起草,他要把调查的目的、调查对象、问题、框架、时间、格式要求、奖品激励、期望调查的样本数量等清楚详细地制定出来。网站上修改调查问卷的内容是极为容易的,因此,可用不同内容的组合进行调查。

答卷式问卷调查往往是在本企业的网页上发布的,客户在访问站点时,邀请他进行填写。要从网上调查的方便性、客户填写的简洁性、以后计算机处理的简便性等方面进行考虑。

(2) 动画式(多媒体)问卷调查

多媒体和动画的加入肯定会使问卷调查生动得多,从技术上也已经没有障碍,主要是受限于网络的传输速度。但网络的传输速度是跳跃式的,不断发展提高的,这就使使用多媒体和动画问卷调查即将成为可能。

(3) 游戏式问卷调查

在进行问卷调查时,特别希望留住访客,但访客往往很吝啬自己的眼球,把注意力转向别处。而对于游戏或网络上的游戏,有许多访客很愿意对它专心致志。如果问卷调查能够设计成游戏式的,将是一种很好的创意,同时也会收到更好的效果。

(4) 使用电子邮件进行调查

如果在目标市场中收集了客户和潜在客户的电子邮件地址,就可向他们发出有关产品和服务的询问。利用电子邮件的群发功能,可快速地调查到信息。当然,大量的反馈电子邮件必须用软件自动处理。也可在其他媒体上发出调查问卷,用电子邮件来收集回答。

2. 在线调查问卷的设计

利用在线问卷调查收集信息,需要经过3个基本环节,即调查问卷的设计、投放和回收。其中,设计高质量的问卷是在线调研获得有价值信息的基础。采用网上问卷调查时,问卷设计的质量直接影响到调查效果。设计不合理的网上调查问卷网民可能拒绝参与,更谈不上调查效果了。

（1）在线问卷的一般结构

在线问卷一般由卷首语、问题与回答方式、编码和其他资料4个部分组成。

① 卷首语。卷首语是问卷调查的自我介绍。卷首语的内容应该包括调查的目的、意义和主要内容,选择被调查者的途径和方法,对被调查者的希望和要求,填写问卷的说明,回复问卷的方式和时间,调查的匿名和保密原则及调查者的名称等。为了能够引起被调查者的重视和兴趣,争取他们的合作和支持,卷首语的语气要谦虚、诚恳、平易近人,文字要简明、通俗、具有可读性。卷首语一般放在问卷第1页的上面,也可单独作为一封信放在问卷的前面。

② 问题和回答方式。问题和回答方式部分是问卷的主要组成部分,一般包括调查询问问题、回答问题的方式及对回答方式的指导和说明等。

③ 编码。编码是把问卷中询问的问题和被调查的回答,全部转变成A、B、C、…或1、2、3、…代号和数字,以便运用计算机对调查问卷进行数据处理。

④ 其他资料。其他资料包括问卷名称、被访问者的地址或单位(可以是编号)、访问员姓名、访问的开始时间和结束时间、访问的完成情况、审核员的姓名和审核意见等。这些资料,是对问卷进行审核和分析的重要依据。

其中,调查内容是主体,调查说明是为了增加被调查者的信任,以及对调查问卷做必要的解释以免引起歧义,从而影响参与者的积极性或对调查结果产生不良的影响。要求被调者提供个人信息的目的,一方面在于了解被调查者的基本状况,另一方面也是为了向参与调查者提供奖励,表示感谢。这部分内容通常为可选内容。

在设计问卷时除了遵循一般问卷设计中的一些要求外,还应该注意几点:在网上调查问卷中附加多媒体背景资料;注意特征标志的重要作用;进行选择性调查;注意问卷的合理性,即在问卷中设置合理数量的问题和控制填写问卷的时间,以便有助于提高问卷的完整性和有效性;注意保护调查对象的个人隐私。

（2）在线问卷设计存在的问题

设计高质量的在线调查问卷不是一件轻而易举的事情,在实际中经常发现一些在线问卷存在以下种种问题。

① 对调查的说明不够清晰。这种情况容易降低被调查者的信任和参与兴趣,结果是参与调查的人数减少或问卷回收率低。

② 调查问题描述不专业或可能引发歧义。这种情况会造成被调查者难以决定最适合的选项,进而不仅影响调查结果的可信度,甚至可能使得参与者未完成全部问题选项即中止调查。

③ 遗漏重要问题选项。调查问卷应包含全部可能的因素并且设有其他选项。调查选项不完整可能使得参与者从中无法选择自己认为最合适的条目,这样的调查很可能无法得到真实的结果,会降低调查结果的可信度。

④ 调查问题过多,影响被调查者参与的积极性。同一份问卷中设计过多的调查问题会使参与者没有耐心完成全部调查问卷,这是在线调查最容易出现的问题之一。如果一个在线调查在10分钟之内还无法完成,一般的调查者都难以忍受,除非这个调查对其非常重要,或者是为了获得奖品才会继续参与。

⑤ 调查目的不明确，数据没有实际价值。由于问卷设计的不尽合理，即使获得了足够数量的调查结查，但是有些数据对于最终的调查研究报告却没有价值，这样也会失去调查的意义。为了避免这种事情的发生，在实际应用中可以采用预期结果导向法设计在线调查表。

⑥ 过多收集被调查者的个人信息。有些在线调查对参与者的个人信息要求过多，从真实姓名、出生年月、学历、收入状况、地址、电话、电子邮箱，甚至连身份证号码也要求填写，其结果是问卷的回收率较低，影响在线调查的效率，并且可能影响调查结果的可信度。

知识 5.15　搜索引擎

1. 搜索引擎的定义

搜索引擎(search engine)是一类运行特殊程序的、专用于帮助用户查询 Internet 上 WWW 服务信息的 Web 站点。同时，搜索引擎也是通过获得网站网页资料，建立数据库并提供查询的系统。它以一定的策略在 Internet 中搜集、发现信息，对信息进行理解、提取、组织和处理，并为用户提供检索服务，从而起到信息导航的目的。

常见的搜索引擎有两类：一类是纯技术性的全文搜索引擎(full text search engine)，通过机器手(spider 程序)到各个网站中收集、存储信息，按照一定的规则分析整理形成索引数据库供用户查询，如 Google、百度等；另一类是分类目录，利用各网站登录信息时填写的关键词和网站描述等资料，经过人工审核编辑后形成数据库以供查询，如雅虎、搜狐、新浪等。

2. 搜索引擎的工作特点

① 搜索引擎使用自动索引软件来发现、收集并标引网页，建立数据库。
② 搜索引擎以 Web 形式提供给用户一个检索界面，供用户输入检索关键词、词组或短语等检索对象。
③ 搜索引擎代替用户在数据库中查找出与提问匹配的记录，并返回结果且按相关度顺序排列。

目前 Internet 上有多种语言的搜索引擎工具，都是由信息查询系统、信息管理系统和信息检索系统 3 个部分组成的。工作过程中，由自动索引软件生成数据库，收集、加工整理信息的范围广、速度快，能够及时地向用户提供新增的信息。

3. 搜索引擎的分类

搜索引擎按其工作方式主要可分为 3 种，分别是全文搜索引擎(full text search engine)、目录索引类搜索引擎(search index/directory)和元搜索引擎(meta search engine)。

(1) 全文搜索引擎

全文搜索引擎国外具有代表性的有 Google、Fast/AllTheWeb、AltaVista、Inktomi、Teoma、WiseNut 等，国内著名的有百度，如图 5.23 所示。它们都是通过从互联网上提取的各个网站的信息(以网页文字为主)而建立的数据库中检索与用户查询条件匹配的相关记录，然后按一定的排列顺序将结果返回给用户。

图 5.23　全文搜索引擎

从搜索结果来源的角度,全文搜索引擎可细分为两种:一种是拥有自己的检索程序(indexer),俗称"蜘蛛"(spider)程序或"机器人"(robot)程序,并自建网页数据库,搜索结果直接从自身的数据库中调用,如上面提到的 7 个引擎;另一种则是租用其他引擎的数据库,并按自定的格式排列搜索结果,如 Lycos 引擎。

(2) 目录索引搜索引擎

目录索引虽然有搜索功能,但在严格意义上算不上是真正的搜索引擎,仅仅是按目录分类的网站链接列表而已。用户完全可以不用进行关键词(keywords)查询,仅靠分类目录也可找到需要的信息。目录索引中最具代表性的是雅虎,其他著名的还有 Open Directory Project(DMOZ)、LookSmart、About 等,国内的搜狐、新浪、网易搜索也都属于这一类,如图 5.24 所示。

图 5.24　目录搜索引擎

(3) 元搜索引擎

元搜索引擎在接受用户查询请求时,同时在其他多个引擎上进行搜索,并将结果返回给用户。著名的元搜索引擎有 InfoSpace、Dogpile、Vivisimo 等,中文元搜索引擎中具有代表性的有搜星搜索引擎。在搜索结果排列方面,有的直接按来源引擎排列搜索结果,如 Dogpile,有的则按自定的规则将结果重新排列组合,如 Vivisimo。

除上述三大类引擎外,还有几种非主流形式:集合式搜索引擎,如 HotBot 在 2002 年底推出的引擎,该引擎类似于 Meta 搜索引擎,但区别在于不是同时调用多个引擎进行搜索,而是由用户从提供的 4 个引擎当中选择;门户搜索引擎,如 AOL Search、MSN Search 等虽然提供搜索服务,但自身既没有分类目录也没有网页数据库,其搜索结果完全来自其他引擎;免费链接列表(Free For All Links,FFA),这类网站一般只简单地滚动排列链接条目,少部分有简单的分类目录,不过规模比起 Yahoo 等目录索引来要小很多。

4. 搜索引擎的工作原理

了解搜索引擎的工作原理对日常搜索应用和网站提交推广都会有很大的帮助。

(1) 全文搜索引擎

在搜索引擎分类部分提到过全文搜索引擎从网站提取信息建立网页数据库的概念。搜索引擎的自动信息搜集功能分为两种。一种是定期搜索,即每隔一段时间(如 Google 一般是 28 天),搜索引擎主动派出"蜘蛛"程序,对一定 IP 地址范围内的互联网站进行检索,一旦发现新的网站,会自动提取网站的信息和网址加入到自己的数据库中。

另一种是提交网站搜索,即网站拥有者主动向搜索引擎提交网址,它在一定时间内(2 天到数月不等)定向向网站派出"蜘蛛"程序,扫描网站并将有关信息存入数据库,以备用户查询。由于近年来搜索引擎索引规则发生了很大变化,主动提交网址后并不保证网站能进入搜索引擎数据库,因此目前最好的办法是多获得一些外部链接,让搜索引擎有更多的机会找到并自动将网站收录。

当用户用关键词查找信息时,搜索引擎会在数据库中进行搜寻,如果找到与用户要求内容相符的网站,便采用特殊的算法——通常根据网页中关键词的匹配程度,出现的位置/频次、链接质量等——计算出各网页的相关度及排名等级,然后根据关联度高低,按顺序将这些网页链接返回给用户。

(2) 目录索引

与全文搜索引擎相比,目录索引有许多不同之处。

首先,搜索引擎属于自动网站检索,而目录索引则完全依赖手工操作。用户提交网站后,目录编辑人员会亲自浏览网站,然后根据一套自定的评判标准甚至编辑人员的主观印象,决定是否接纳网站。

其次,搜索引擎收录网站时,只要网站本身没有违反有关的规则,一般都能登录成功,而目录索引对网站的要求则高得多,有时即使登录多次也不一定能成功,尤其像 Yahoo 这样的超级索引,登录更是困难。此外,在登录搜索引擎时,一般不用考虑网站的分类问题,而登录目录索引时则必须将网站放在一个最合适的目录(directory)。

最后,搜索引擎中各网站的有关信息都是从用户网页中自动提取的,所以以用户的角度看拥有更多的自主权,而目录索引则要求必须手工另外填写网站信息,且还有各种各样的限制。更有甚者,如果工作人员认为提交网站的目录、网站信息不合适,可以随时对其进行调整,事先是不会同拥有者商量的。

目录索引,顾名思义就是将网站分门别类地存放在相应的目录中,所以用户在查询信息时,可以选择关键词搜索,也可按分类目录逐层查找。如果以关键词搜索,返回的结果与搜索引擎一样,也是根据信息关联程度排列网站,只不过其中人为因素要多一些;如果按分层目录查找,某一目录中网站的排名则一般是由标题字母的先后顺序决定的。

目前,搜索引擎与目录索引有相互融合渗透的趋势。原来一些纯粹的全文搜索引擎现在也提供目录搜索,如 Google 就借用 Open Directory 目录提供分类查询,而像 Yahoo 这些老牌目录索引则通过与 Google 等搜索引擎合作扩大搜索范围。在默认搜索模式下,一些目录类搜索引擎首先返回的是自己目录中匹配的网站,如国内搜狐、新浪、网易等,而另外一些则默认的是网页搜索,如 Yahoo。

5. 搜索引擎的选择

在电子商务领域中,如何选用全球范围内若干搜索引擎工具,一般来说,可以按以下几个标准进行选择。

(1) 速度

要求查询的速度要快,无论是关键词还是短语,都要求查询显示结构的速度要快,同时信息的更新速度也要快。这就要求搜索引擎数据库中收集整理的信息应该是最新的。

(2) 返回的信息量

这是一个衡量搜索引擎数据库内容大小的重要指标。如果它返回的有效信息量多,就说明这个站点收录的信息范围广,数据容量大,能给用户提供更多的信息资源。

(3) 信息的相关度

要求搜索引擎工具返回给用户的信息准确可靠,与用户输入的关键词、词组或短语的信息关联度高。

(4) 易用性

这是指搜索引擎提供的查询操作的方式是否简便易行,用户对查询的结果是否能够实施控制和选择,显示的方式和数量是否可以改变等。

(5) 稳定性

优秀的搜索引擎提供的服务器和数据库应当非常稳定,才能保证给用户提供安全可靠的查询服务。

知识 5.16　网络消费者市场

可以从近年来全球电子商务的热潮中感受到:网络零售这一商业模式进一步强化了消费者的主体地位。网络零售企业的发展在很大程度上取决于网络零售商对消费者需求的把握程度及反应情况。在网络购物过程中哪些因素影响了消费者的网络购物行为?消费者如何进行网络购物决策?网络零售商又如何把握消费者的消费心理与消费行为,并调整可控因素来迎合消费者的需求?这一系列相互关联的问题是网络消费者市场研究的热点问题。

我国网络消费者有以下特点。

① 中青年消费者居多。在我国,中青年消费者,特别是青年消费者在使用网络的人员中占有绝对的比重。当前 30 岁以下的网民占到 60%,未婚者占到 63%,这说明网络市场的潜力巨大。按职业分类,学生占 30%。因此,网络营销必须瞄准中青年消费者。

② 具有较高文化水准的群体。最新调查显示我国上网用户中近 80% 接受过高等教育(大专以上)。这是因为,一方面,为减少上网费用,需要上网者具有快速阅读的能力,并熟悉计算机操作;另一方面,在国外站点浏览需要具有一定的英文水平。因此,教师、学生、科技人员和政府官员上网的比例较高。

③ 中低收入阶层为主。由于上网费用比较高,一般用户对上网费用都比较敏感,上网费用自费的占 63.37%,其他的一般都尽量利用公费上网。用户每周上网时间与发达国家相比明显较短,用户平均每周上网 13.66 小时。用户在一天当中首次上网的时间多集中在早上或晚上,一方面是晚上有集中的时间上网,再者,在晚上上网由于使用人数较白天少速度能较快。

④ 不愿意面对售货员的消费者。一些顾客不喜欢面对面地从售货员那里买东西,他们厌恶售货员过分热情而造成的压力。互联网对这些喜欢浏览、参观的顾客是一个绝好的去处,他们可以在网上反复比较,选择合适的商品,在毫无干扰的情况下自主做出购买决定。也有一些人,出于隐私的考虑,不愿意到商店购买易于引起敏感问题的商品,网上商店如果能够较好地满足这些顾客对隐私权的要求,便可以获得丰厚的回报。

⑤ 女性将占主导地位。目前最新的调查结果显示,上网用户中女性占 30.44%。然而专家认为今后女性网上购物者人数将后来居上,逐渐超过男性人数,开始全面主导网上消费市场。调查表明,在被调查的女性中,9% 控制着家庭中 30% 的消费资金,15% 控制家庭中 50% 的消费资金,47% 控制家庭中 67% 的消费资金,29% 控制家庭中 75% 的消费资金,而且近六成被调查家庭的消费计划也都由女性说了算。网络营销应始终保持对女性顾客的关注,一般女性较感兴趣的网上内容有服装、情感及女性话题等。

案例分析

网络经济时代的海尔营销策略

早在 2002 年,海尔就建立起了网络会议室,在全国主要城市开通了 9999 客服电话,在"非典"时真正体现出了它巨大的商业价值和独有的战略魅力。海尔如鱼得水般地坐在了视频会议桌前调兵遣将。

通过BBP交易平台，每月接到6 000多个销售订单，定制产品品种逾7 000个，采购的物料品种达15万种。新物流体系降低呆滞物资73.8%，库存占压资金减少67%。

几年前，海尔集团采用了SAP公司为之搭建的国际物流中心，成为国内首家达到世界领先水平的物流中心。"网络营销远非广告和销售渠道，它更重要的是企业系统化的网络体制"。

赢得全球供应链网络：在要么触网，要么死亡的互联网时代，海尔作为国内外一家著名的电器公司，迈出了非常重要的一步。海尔公司2000年3月开始与SAP公司合作，首先进行企业自身的ERP改造，随后便着手搭建BBP采购平台。从平台的交易量来讲，海尔集团可以说是中国最大的一家电子商务公司。

海尔集团首席执行官张瑞敏在评价该物流中心时说："在网络经济时代，一个现代企业，如果没有现代物流，就意味着没有物可流。对海尔来讲，物流不仅可以使我们实现3个零的目标，即零库存、零距离和零营运资本，更给了我们能够在市场竞争中取胜的核心竞争力。"在海尔，仓库不再是储存物资的水库，而是一条流动的河，河中流动的是按单来采购生产必需的物资，也就是按订单来进行采购、制造等活动，这样，从根本上消除了呆滞物资，消灭了库存。海尔集团每个月平均接到6 000多个销售订单，这些订单的定制产品品种达7 000多个，需要采购的物料品种达15万余种。新的物流体系将呆滞物资降低了73.8%，仓库面积减少了50%，库存资金减少了67%。

海尔通过整合内部资源，优化外部资源，使供应商由原来的2 336家优化至978家，国际化供应商的比例却上升了20%，建立了强大的全球供应链网络，有力地保障了海尔产品的质量和交货期。不仅如此，更有一批国际化大公司已经以其高科技和新技术参与到海尔产品的前端设计中，目前可以参与产品开发的供应商比例已高达32.5%，实现3个JIT（JusTinTime，即时），即JIT采购、JIT配送和JIT分拨物流的同步流程。

目前通过海尔的BBP采购平台，所有的供应商均在网上接受订单，并通过网上查询计划与库存，及时补货，实现JIT采购；货物入库后，物流部门可根据次日的生产计划利用ERP信息系统进行配料，同时根据看板管理4小时送料到工位，实现JIT配送；生产部门按照B2B、B2C订单的需求完成订单以后，满足用户个性化需求的定制产品通过海尔全球配送网络送达用户手中。海尔在中心城市实行8小时配送到位，区域内24小时配送到位，全国4天以内到位。

在企业外部，海尔CRM（客户关系管理）和BBP电子商务平台的应用架起了与全球用户资源网、全球供应链资源网沟通的桥梁，实现了与用户的零距离。目前，海尔100%的采购订单由网上下达，使采购周期由原来的平均10天降低到3天；网上支付已达到总支付额的20%。在企业内部，计算机自动控制的各种先进物流设备不但降低了人工成本，提高了劳动效率，还直接提升了物流过程的精细化水平，达到质量零缺陷的目的。计算机管理系统搭建了海尔集团内部的信息高速公路，能将电子商务平台上获得的信息迅速转化为企业内部的信息，以信息代替库存，达到零营运资本的目的。

案例思考：
1. 网络营销的意义从哪些方面体现？
2. 如何提高网络营销的优越性？
3. 在实际的工作中，对于网络营销应注意的问题有哪些？

课后习题

一、选择题

1. 属于网络广告优势的是（　　）。
   A. 网络广告的效果评估困难
   B. 网络广告表现形式灵活，界面具有交互性
   C. 可供选择的广告位置有限
   D. 网络广告创业困难
2. 网络信息的收集绝大部分是通过（　　）获得的。
   A. 聊天程序　　　B. 新闻组　　　C. 搜索引擎　　　D. BBS
3. 关于网络营销和传统营销的说法准确的是（　　）。
   A. 网络营销暂时还是一种不可实现的营销方式
   B. 网络营销不可能冲击传统营销方式
   C. 网络营销最终将与传统营销相结合
   D. 网络营销将完全取代传统营销的一切方式
4. "企业可以借助因特网将不同的营销活动进行统一规划和协调，以统一的资讯向消费者传达信息"。这体现了网络营销的（　　）特点。
   A. 互动性　　　B. 整合性　　　C. 跨时空性　　　D. 成长性
5. 网上市场调研的主要内容有（　　）。
   A. 市场需求研究　B. 营销因素研究　C. 竞争对手研究　D. 组织内部环境
6. 网络消费的心理动机包括（　　）。
   A. 理智动机　　　B. 追求自由的动机　　　C. 感情动机　　　D. 惠顾动机
7. 对网络营销4C理论中的4C的理解正确的是（　　）。
   A. 顾客、成本、方便、促销　　　B. 顾客、价格、方便、沟通
   C. 顾客、成本、方便、沟通　　　D. 产品、价格、地点、促销
8. 下面产品不适合在网上销售的是（　　）。
   A. 计算机软、硬件　　　B. 规格明确、价格统一的产品
   C. 知名品牌产品　　　D. 贵重产品，如金饰、珠宝等
9. 在选择网络广告时，一般首先考虑网站的（　　）。
   A. 受众群体　　　B. 网页设计　　　C. 经营策略　　　D. 网页浏览次数
10. 最经典、最常用的网站推广的手段是（　　）。
    A. 在搜索引擎上注册　　　B. 建立关键词列表
    C. 充分利用友情链接　　　D. 在媒体上做广告

二、简答题

1. 简述网络市场调查的基本方法。
2. 简述网络营销的定价策略。
3. 简述网络广告的特点。举例说明各种类型的网络广告及其应用。
4. 网络营销与传统营销有哪些区别？
5. 简述搜索引擎的分类及工作原理，以及如何选择搜索引擎。

项目 6 电子商务单证

本项目阐述电子商务中的单证与合同的相关知识,包括电子商务单证,电子商务合同的定义、特征、分类、订立,以及电子合同的生效、监管、条款和签订注意事项,电子商务贸易洽谈的方式,电子签章技术,电子数据交换技术。

项目内容

熟练掌握电子商务单证和电子商务合同的相关知识;学会电子商务网上询价、网上报价、贸易洽谈的方式;掌握电子商务单证的使用;了解电子商务合同的特点及内容;熟悉电子商务合同洽谈和签订的整个过程。

知识要求

掌握电子商务单证的定义、分类、特征和设计方法;掌握电子合同的定义、特征和分类;熟练使用电子商务中常用的洽谈工具;理解电子签章的原理和应用;了解电子商务合同的签订以及监管;理解电子数据交换技术的原理和应用。

相关知识

知识 6.1 电子商务单证

1. 网上单证的概念

所谓网上单证,就是在电子交易中使用的表格和单证。它是计算机网络中的数据库与用户之间的联系界面,是电子交易信息流的逻辑载体。它可以通过网页的形式来表现和传播,向用户收集和传递必要的商务信息。从表面形式上看,它与纸质单证没有区别,但实际上,它通过计算机程序与数据库紧密相连,并可通过计算机根据不同的需求进行不同的处理,从而实现交易的自动化。阿里巴巴会员注册使用的单证如图 6.1 所示。

2. 网上单证的分类

(1) 身份注册类型

网上单证一般用于各网站收集用户信息和确认用户身份。例如,在进行网站会员注册、申请电子邮件或个人主页空间时,都需要用户的个人信息,以确认用户身份,赋予用户相应的角色和权限。

图6.1 阿里巴巴会员注册使用的单证

（2）普通信息交流类型

网上单证的内容包括姓名、主题、电子邮件、地址、电话和留言信息等，用于网站自身、为第三方客户进行需求调查或收集用户反馈信息。

（3）信息发布类型

网上单证一般用于网站提供给用户发布信息的工具。信息发布类型网上单证的内容包括单位名称、邮编、电子邮件、地址、电话、联系人、信息主题和信息内容（主要是与产品相关的信息，如产品规格、数量及价格等）。

3. 网上单证的设计方法

（1）设计网上单证的种类和格式内容

按照一般网上商店、网上超市卖场在网上销售、交易双方信息互动的需要，列出所需的网上单证种类的名称，如客户注册单证、商品信息表、购物车等；列出各种单证的有关数据项并确定项目名称及定义其数据类型和长度等；画出各种单证的表格样张；确定客户在填写单证时各种数据项的特征是必需的或是可选的。

（2）设计网上单证的风格

列出各种网上单证为方便客户所需要的提示语内容；确定本店铺网上单证的统一风格，包括色彩、字体和字形等；确定各单证中问候语和广告语的内容。

（3）设计网上单证的功能和链接

确定各网上单证应出现哪些相关网页及其具体位置；设计各网上单证之间的相互关系，包括数据调用和链接关系；设计各网上单证的有关功能，如购物车中商品的确认和删除等；设计对客户输入数据的核对功能。

知识 6.2　电子合同的定义

合同也称契约,反映了双方或多方意思表示一致的法律行为。在市场经济条件下,绝大多数交易活动都是通过缔结和履行合同来进行的,而交易活动是市场活动的基本内容,无数的交易构成了完整的市场,因此,合同关系是市场经济社会最基本的法律关系。

随着电子技术的发展,电子商务正在被越来越多的商家采用,于是在电子交易中就产生了电子合同。电子合同(electronic contract),也称电子商务合同,目前我国对电子合同尚未做出明确的法律定义,世界各国在其有关电子商务的立法中也没有一个权威性的统一解释。

根据联合国《电子商务示范法》及世界各国所颁布的电子商务(交易)法,同时结合我国《合同法》的有关规定,可以给出如下定义:电子合同是以电子方式所订立的合同,主要是指在网络条件下当事人为了实现一定的目的,通过数据电文、电子邮件等形式签订的明确双方权利义务关系的一种电子协议,如图 6.2 所示。

图 6.2　电子商务交易中的购销合同

知识 6.3　电子合同的特征

电子合同作为一种崭新的合同形式,与传统合同所包含的信息大体相同,即同样是对签订合同各方当事人的权利和义务做出确定的文件。在订立电子合同的过程中,合同的意义和作用并没有发生改变,但其签订过程和载体已不同于传统的书面合同,其形式也发生了很大的变化。电子合同与传统合同相比,主要有以下几个特点。

① 电子合同是通过计算机互联网,以数据电文的方式订立的。在传统合同的订立过程中,当事人一般通过面对面的谈判或通过信件、电报、电话、电传和传真等方式进行协商,并最终缔结合同。这是电子合同有别于传统书面合同的关键。

② 电子合同交易的主体具有虚拟性和广泛性的特点,订立合同的各方当事人通过在网络上的运作,可以互不谋面。电子合同的交易主体可以是世界上的任何自然人、法人或其他组织,合同当事人的身份依靠密码辨认或认证机构的认证。这就必然需要提供一系列的配套措施,如建立信用制度、让交易的相对人在交易前知道对方的信用状况等。

③ 电子合同中的意思表示具有电子化的特点。在电子合同订立的过程中,合同当事人可以通过电子方式来表达自己的意愿。电子合同的要约与承诺不需要传统意义上的协商过程和手段,其文件的往来也可通过互联网进行。

④ 电子合同生效的方式、时间和地点与传统的合同有所不同。传统的合同一般以当事人签字或盖章的方式表示合同生效,而在电子合同中,表示合同生效的传统的签字盖章方式被电子签名所代替。合同成立的时间和地点对于确定当事人的权利和义务及合同应适用的法律具有重要意义,但各国合同法对承诺生效的时间的规定并不一致。一般认为,电子合同采取到达生效的原则更为合理,联合国《电子商务示范法》也采取此种做法。传统合同的生效地点一般为合同成立的地点;没有主营业地的,经常以居住地为合同成立的地点。

⑤ 电子合同的载体与传统合同不同。传统合同一般以纸张等有形材料作为载体,同时对于大宗交易一般要求采用书面形式,而电子合同的信息记录在计算机或磁盘等载体中,其修改、流转、储存等过程均通过计算机进行。因此,电子合同也被称为"无纸合同"。电子合同所依赖的电子数据是无形物,具有易消失性和易改动性,因此,如果不对合同的信息采用一定的加密、保全措施,其作为证据时就具有很大的局限性。同时,由于信息的传递具有网络化、中介性、实时性等特征,故电子合同比传统合同具有更大的风险性。

知识6.4　电子合同的分类

合同的分类就是将种类各异的合同按照特定的标准所进行的抽象性区分。一般来说,依据合同所反映的交易关系的性质,可以分为买卖、赠予、租赁、承揽等不同的类型。我国《合同法》就以此为标准,建立了相关的法律制度。当然,除了这一标准之外,还有以双方权利义务的分担方式,分为双务合同与单务合同;以当事人是否可以从合同中获取某种利益,分为有偿合同与无偿合同;以合同的成立是否需要交付标的物,分为诺成合同与实践合同;以合同的成立是否以一定的形式为要件,分为要式合同与不要式合同等。

对电子合同进行科学的分类,一方面有利于法学研究,使研究更加深入;另一方面也可以使电子合同法律制度的建设更具针对性和全面性。电子合同作为合同的一种,也可以按照传统合同的分类方式进行划分,但基于其特殊性,还可以将其分为以下几种类型。

① 从电子合同订立的具体方式的角度,可分为利用电子数据交换订立的合同和利用电子邮件订立的合同。

② 从电子合同标的物的属性的角度,可分为网络服务合同、软件授权合同、需要物流配送的合同等。

③ 从电子合同当事人的性质的角度,可分为电子代理人订立的合同和当事人亲自订立的合同。

④ 从电子合同当事人之间的关系的角度,可分为B2C合同,即企业与个人在电子商务活动中所形成的合同;B2B合同,即企业之间从事电子商务活动所形成的合同;B2G合同,即企业与政府进行电子商务活动所形成的合同。

知识6.5　贸易洽谈的方式

传统商务受到时域地域的限制,交易双方一般是面对面地协商并进行交易;而电子商务充分利用 Internet,其贸易伙伴的选择范围很大,互不见面地利用很多有效的方式进行咨询洽谈,整个过程不受时域和地域的限制。常用的贸易洽谈方式有:利用非实时的电子邮件(E-mail)、实时的讨论组(Chat)、网上的聊天室、电子公告系统(BBS)、新闻组(News Group)以及网上白板会(Whiteboard Conference)等。

1. 电子邮件

电子邮件的操作处理方法一般有两种。一种是采用 WWW 方式,即登录到注册邮件账号的电子邮件服务商的网站上,输入用户名和密码,单击相应的链接进行操作。例如,电子邮件地址为 haizijk@163.com,登录 http://www.163.com 网站,输入用户名 haizijk 和设置的密码后就可以进行电子邮件的相关操作,如图 6.3 所示。

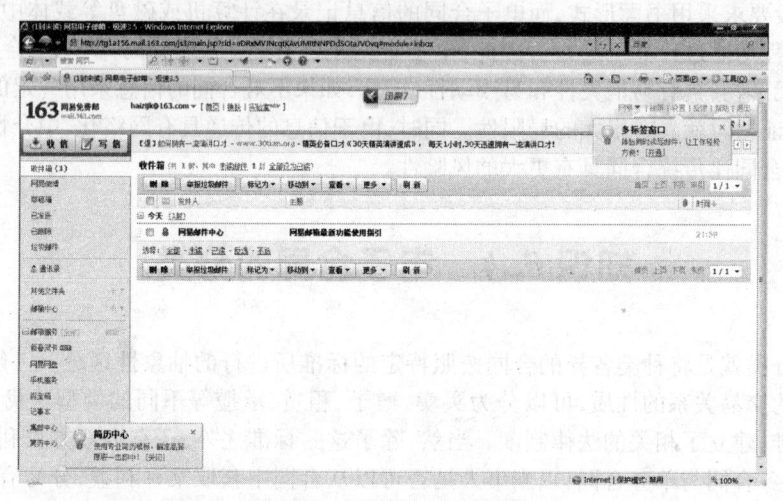

图 6.3　163 网易电子邮箱

对于从事电子商务行业的人员,拥有很多客户和邮箱,每天需要处理多个邮箱的邮件,就可以选择使用客户端邮件处理软件高效率地处理大量邮件。常用的客户端邮件处理软件有 Windows Mail、Outlook Express、Foxmail 等,如图 6.4 所示。

图 6.4　Windows Mail 电子邮件客户端软件

2. 聊天室

利用网上聊天室进行洽谈有两种。一种是在客户端下载安装聊天软件,如阿里旺旺、腾讯QQ、微信等,如图6.5所示。另一种是某些电子商务交易平台开发出来的系统,用户进入聊天室系统的入口界面,根据提示输入用户昵称和密码,单击即可进入相应的聊天室,可以发言、密谈,应用好友功能、屏蔽功能、分屏功能等,可以使用颜色、字体、配色方案、表情等设置,洽谈结束后可以直接退出。

3. 电子公告板

电子公告板系统(BBS)能够实现多种信息的网上发布、意见反馈、问题讨论的电子化管理,目前已经升级为论坛、社区等多版区、多论题的形式给人们提供了发言的空间,可以立即发布,也可以审核后发布,还可以定义权限等。BBS作为一种重要的网上交流方式,现已成为现代企业实现高效率、低成本、电子化办公与资源利用的电子商务洽谈的工具。如图6.6所示为阿里巴巴网站中的服装服饰论坛。

图6.5 微信聊天软件

图6.6 阿里巴巴网站的服装服饰论坛

知识6.6 电子数据交换技术

电子数据交换(EDI,Electronic Data Interchange)是一种利用计算机进行商务处理的新方法。它将贸易、运输、保险、银行和海关等行业的信息,用一种国际公认的标准格式,通过计算机通信网络,使各有关部门、公司和企业之间进行数据交换和处理,并完成以贸易为中心的全部业务过程。由于 EDI 的使用可以完全取代传统的纸张文件的交换,因此也有人称它为无纸贸易或电子贸易。随着我国经济的飞速发展,各种贸易量逐渐增大,为了适应这种形势,我国陆续实行了"三金"工程,即金卡、金桥、金关,这其中的金关工程就是为了适应贸易的发展,加快报关过程而设立的。用户终端可通过电话网、ChinaPAC 网、DDN 网、ChinaNet 网等方式接入 EDI 系统。

1. 电子数据交换的优点

① 降低了纸张的消费。根据联合国组织的一次调查,进行一次进出口贸易,双方约需交换近 200 份文件和表格,其纸张、行文、打印及差错可能引起的总开销等大约为货物价格的 7%。据统计,美国通用汽车公司在采用 EDI 后,每生产一辆汽车可节约成本 250 美元,按每年生成 500 万辆计算,可以产生 12.5 亿美元的经济效益。

② 减少了许多重复劳动,提高了工作效率。如果没有 EDI 系统,即使是高度计算机化的公司,也需要经常将外来的资料重新输入本公司的计算机中。调查表明,从一部计算机输出的资料有多达 70% 的数据需要再输入到其他的计算机中,既费时又容易出错。

③ EDI 使贸易双方能够以更迅速有效的方式进行贸易,大大简化了订货或存货的过程,使双方能及时地充分利用各自的人力和物力资源。美国 EDI 公司应用了 EDI 后,使存货期由 5 天缩短为 3 天,每笔订单费用从 125 美元降到 32 美元。新加坡采用 EDI 贸易网络之后,使贸易的海关手续从原来的 3~5 天缩短到 10~15 分钟。

④ 通过 EDI 可以改善贸易双方的关系,厂商可以准确地估计日后商品的寻求量。货运代理商希望可以简化商业事务的愿望促进了 EDI 技术的发展。

2. 电子数据交换的应用

电子数据交换的应用包括以下 4 个方面。

(1) EDI 用于金融、保险和商检

EDI 用于金融、保险和商检,可以实现对外经贸的快速循环和可靠支付,降低银行间转账所需的时间,增加可用资金的比例,加快资金的流动,简化手续,降低作业成本。

(2) EDI 用于外贸、通关和报关

EDI 用于外贸,可以提高用户的竞争能力。EDI 用于通关和报关,可加速货物通关,提高对外服务能力,减轻海关业务的压力,防止人为弊端,实现货物通关自动化和国家贸易的无纸化。

(3) EDI 用于税务

税务部门可利用 EDI 开发电子报税系统,实现纳税和申报的自动化,既方便快捷,又节省人力物力。

(4) EDI 用于制造业、运输业和仓储业

制造业利用 EDI 能充分理解并满足客户的需要,制订出供应计划,达到降低库存、加快资金流动的目的;运输业采用 EDI 能实现货运单证的电子数据传输,充分利用运输设备、舱位,为客户提供高档和快捷的服务;对仓储业,可加速货物的提取及周转,减少仓储空间紧张的矛盾,从而提高利用率。

3. 电子数据交换的层次

构成 EDI 系统的 3 个要素是 EDI 软件、硬件、通信网络及数据标准化。因此,可以从 3 个层次来理解 EDI。

① 结构化的数据。它是用于交换的数据或信息,在内容、意义和格式上是可以认识的,并可以用计算机有效和准确地处理。

② 统一的报文标准。EDI 为了扩大其使用,方便企业接受,已经形成了标准化的报文格式,通过兼容的 EDI 翻译软件,在企业间进行信息交换。

③ 电子手段。它是指计算机用户之间直接的电子数据交换。EDI 的关键是交换,它的主要目标是以最少的人工介入实现贸易循环,尤其是重复交换中文件的自动处理,从而降低公司内部缓慢、繁杂和昂贵的管理费用。

4. 电子数据交换的工作过程

1) 用户应用系统从数据库取出用户格式数据,通过映象程序将用户格式的数据展开成平面文件,以便翻译软件进行识别。翻译软件按照 EDI 标准将平面文件翻译成 EDI 报文,如图 6.7 所示。

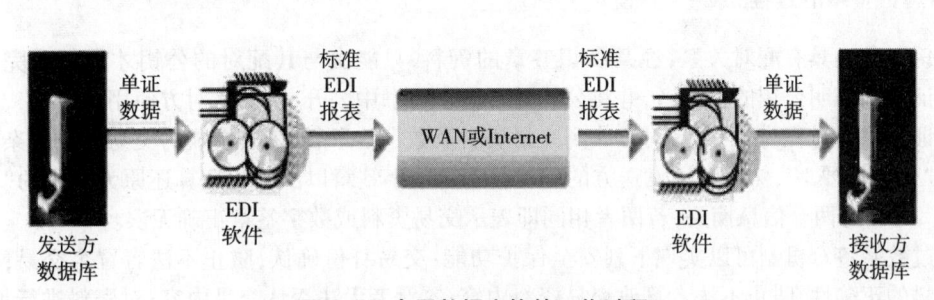

图 6.7 电子数据交换的工作过程

2) 通信软件将已经转换成标准格式的 EDI 报文通过网络和通信线路传送网络中心。

3) 贸易对方通过通信线路从网络中心读取数据,也可以通过通信网络自动通知贸易对方。

4) 贸易对方将取回的具有 EDI 标准格式的数据,经过 EDI 翻译软件转换成平面文件。平面文件经映象程序转换成用户格式数据,存入相应的用户数据库中,并到达接收用户的应用系统。

知识 6.7 电子签章

电子签章(electronic signature)泛指所有以电子形式存在,依附于电子文件并与逻辑相关,可以辨别电子文件签署者身份,保证文件的完整性,并表明签署者同意电子文件所陈述事项的内容。电子签章技术包括数字签章和逐渐普及的用于身份验证的生物识别技术,如指纹、面纹、DNA 技术等。

目前最成熟的电子签章技术就是数字签章(digital signature),是以公钥及密钥的"非对称型"密码技术构成的电子签章。它的使用原理大致为:由计算机程序将密钥和需传送的文件浓缩为信息摘要予以运算,得到数字签章,将数字签章并同原交易信息传送给交易对方,交易对方可用来验证该信息确实由前者传送,查验文件在传送过程中是否遭他人篡改,并防止对方抵赖。由于数字签章技术采用的是单向不可逆运算方式,要想对其破解非常困难。文件传输是以乱码的形式显示的,他人无法阅读或篡改。因此,从某种意义上讲,使用电子文件和数字签章,要比使用经过签字盖章的书面文件安全得多。

1. 数字签章的过程

数字签章的过程为：利用某种数学方程式杂凑算法将交易资料转换为"信息摘要"，再利用私钥（电子印章）对"信息摘要"进行乱码运算，即可得到此笔交易资料的数字签章。在这个过程中有以下3点要特别注意。

① 所使用的杂凑算法具备"单向不可逆运算"的特性，即仅能由交易资料推算出信息摘要，而无法由信息摘要反向推算出交易资料的内容，因此交易资料与信息摘要的内容具备有关联性，且不同的交易资料内容不会运算出相同的信息摘要。

② 为节省签章所需运算时间，对较为简短的信息摘要进行签章，而不对原交易资料进行签章。只要信息摘要与原交易资料内容完全相关，对信息摘要签章即相当于对原交易资料签章。

③ 乱码化运算是一个相当复杂的运算过程，由于其破解难度非常高，只要私钥不外泄，他人即无法伪造代表交易资料的数字签章，因此，数字签章可实现传统印章的身份识别功能。

2. 验证签章的过程

公钥与私钥具有配对关系，经某私钥签章的资料，只能由与其配对的公钥才能正确完成验证。认证机构证明公钥的拥有者，并将公钥置于电子证书中公开，供交易对方使用。

验证签章的过程为：当交易对方收到交易资料及数字签章后，依其接收的交易资料经杂凑运算产生"信息摘要1"，然后利用发送方的配对公钥将数字签章以乱码化运算还原为原来的"信息摘要2"，对比这两个信息摘要，若两者相同即表示交易资料或数字签章正确无误。

通过数字签章机制可以实现下列安全保护功能：交易身份确认，防止不法者冒名交易；确认接收资料的正确性，防止不法者篡改交易资料内容；签章者无法否认交易内容；对资料进行加密，确保机密资料不会外泄。

知识 6.8 电子合同的订立

电子合同的订立，是指缔约人作出意思表示并达成合意的行为和过程。任何一个合同的签订都需要当事人双方进行一次或是多次的协商、谈判，并最终达成一致意见，合同即可成立。电子合同的成立是指当事人之间就合同的主要条款达成一致的意见。

电子合同作为合同中的一种特殊形式，其成立与传统的合同一样，同样需要具备相关的要素和条件。世界各国的合同法对合同的成立大多都减少不必要的限制，这种做法是适应和鼓励交易行为，增进社会财富的需要，所以说在电子合同的成立上，只要当事人之间就合同的主要条款达成一致的意见即可成立。

关于合同中的主要条款，现行的立法是很宽泛的，我国的《合同法》第12条作了列举性的规定，但是该列举性规定是指一般条款。笔者认为，就合同的主要本质而言，在合同主要条款方面如果当事人有约定，要以双方约定为主要条款；如果没有约定，可以根据合同的性质确定合同的主要条款。

合同的成立与合同的订立是两个不同的概念，两者既有联系又有区别。电子合同的成立需要具备相应的要件：首先，订约人的主体是双方或多方当事人，合同的主体是合同关系的当事人，他们是实际享受合同权利并承担合同义务的人；其次，订约当事人对主要条款达成合意，合同成立的根本标志在于合同当事人就合同的主要条款达成合意；最后，合同的成立应该具备要约和承诺两个阶段,《合同法》第13条规定:"当事人订立合同,采取要约、承诺方式。"

1. 要约和要约邀请

要约是指缔约一方以缔结合同为目的向对方当事人作出的意思表示。关于要约的形式,联合国的《电子商务示范法》第11条规定:"除非当事人另有协议,合同要约及承诺均可以通过电子意思表示的手段来表示,并不得仅仅以使用电子意思表示为理由否认该合同的有效性或是可执行性。"要约的形式,既可以是明示的,也可以是默示的。

要约通常都具有特定的形式和内容。一项要约要发生法律效力,则必须具备以下特定的有效要件。

① 要约是由具有订约能力的特定人作出的意思表示。
② 要约必须具有订立合同的意图。
③ 要约必须向要约人希望与之缔结合同的受要约人发出。
④ 要约的内容必须明确具体和完整。
⑤ 要约必须送达受要约人。

要约邀请是指希望他人向自己发出要约的意思表示。在电子商务活动中,从事电子交易的商家在互联网上发布广告的行为到底应该视为要约还是要约邀请?在该问题上学界有不同的观点,一种观点认为是要约邀请,他们认为这些广告是针对不特定的多数人发出的;另一种观点认为是要约,因为这些广告所包含的内容是具体确定的,包括了价格、规格、数量等完整的交易信息。

要约一旦作出就不能随意撤销或是撤回,否则要约人必须承担违约责任。我国《合同法》第18条规定:"要约到达受要约人时生效。"由于电子交易均采取电子方式进行,要约的内容均表现为数字信息在网络上传播,往往要约在自己的计算机上单击确认按钮的同时对方计算机就会同步收到要约的内容。这种技术改变了传统交易中的时间和地点观念,为了明确电子交易中何谓要约的到达标准,《合同法》第16条第2款规定:"采用数据电文形式订立合同,收件人指定特定系统接收数据电文的,该数据电文进入该特定系统的时间,视为到达时间,未指定特定系统的,该数据电文进入收件人的任何系统的首次时间,视为到达时间。"

2. 承诺

承诺,又称为接盘或接受,是指受要约人作出的,对要约的内容表示同意并愿意与要约人缔结合同的意思表示。我国的《合同法》第21条规定:"承诺是受要约人同意要约的意思表示。"意思表示是否构成承诺需具备以下几个要件。

① 承诺必须由受要约人向要约人作出。
② 承诺必须是对要约明确表示同意的意思表示。
③ 承诺的内容不能对要约的内容作出实质性的变更。
④ 承诺应在要约有效期间内作出。要约没有规定承诺期限的,若要约是以对话方式发出的,承诺应当即时作出;要约是以非对话方式作出的,承诺应当在合理期间内承诺,双方当事人另有约定的从其约定。

承诺的撤回,是指受要约人在发出承诺通知以后,在承诺正式生效之前撤回承诺。根据《合同法》第27条的规定:"承诺可以撤回。撤回承诺的通知应当在承诺通知达到要约人之前或者是承诺通知同时达到要约人。"因此,承诺的撤回通知必须在承诺生效之前达到要约人,或者是与承诺通知同时到达要约人,撤回才能生效。如果承诺通知已经生效,合同已经成立,受要约人当然不能再撤回承诺。对承诺的撤回问题学界有不同的观点,反对者认为电子商务具有传递速度快,自动化程度高的特点,要约或承诺生效后,可能自动引发计算机发出相关的指令,这样会导致一系列的后果。赞同承诺撤回的学者则认为不管电子传输速度有多快,总是有时间间隔的,而且也存在网络故障、信箱拥挤、计算机病毒等突发性事件,使得要约、承诺不可能及时到达。

项目实施

项目任务

根据项目内容,本项目应学会电子商务网上询价、网上报价、贸易洽谈的方式,掌握电子商务单证的使用,了解电子商务合同特点及内容,以及熟悉电子商务合同洽谈和签订的整个过程。这主要有下面几个任务。

1. 贸易洽谈的方式及应用。
2. 电子签章的制作。
3. 电子合同签订的操作。

项目要求

1. 理解电子商务所使用的几种贸易洽谈方式,学会使用并熟练掌握。
2. 掌握电子签章软件的安装过程和电子签章的制作过程。
3. 熟知电子商务合同的格式内容,全面掌握电子商务合同的签订过程。

实施步骤

1. 贸易洽谈的方式及应用

1)进入网易(http://www.163.com),免费申请邮箱,申请成功以后,两个同学一组扮演贸易的双方,就某一产品的销售、价格、服务、质量、合同等交易内容互发邮件进行沟通,掌握贸易洽谈中电子邮件的使用方法,如图6.8所示。

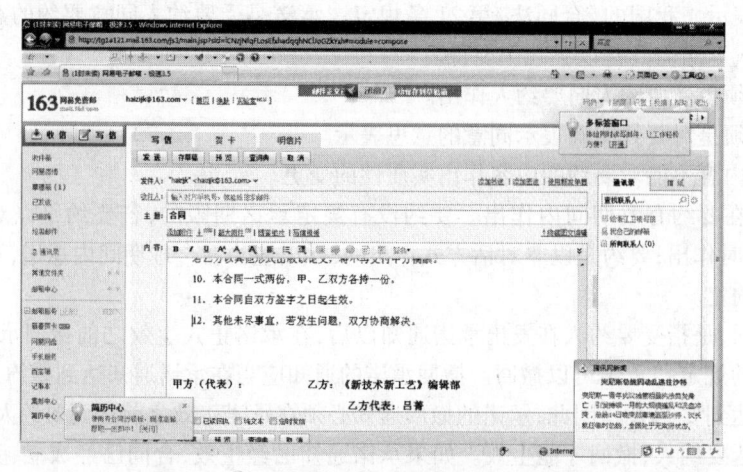

图6.8 电子邮件工具在贸易洽谈中的应用

2）下载安装阿里旺旺、腾讯 QQ、微信 3 个软件,两个同学一组扮演贸易的双方,就某一产品的销售、价格、服务、质量、合同等交易内容进行洽谈沟通,掌握贸易洽谈中客户端聊天软件的使用方法。

3）进入海尔商城(http://www.ehaier.com),浏览热卖产品、最新上市、精品推荐和自选套餐 4 个栏目中的海尔产品。单击屏幕右侧在线导购、销售咨询和售后服务的链接,进入海尔在线客服中心,如图 6.9 所示。

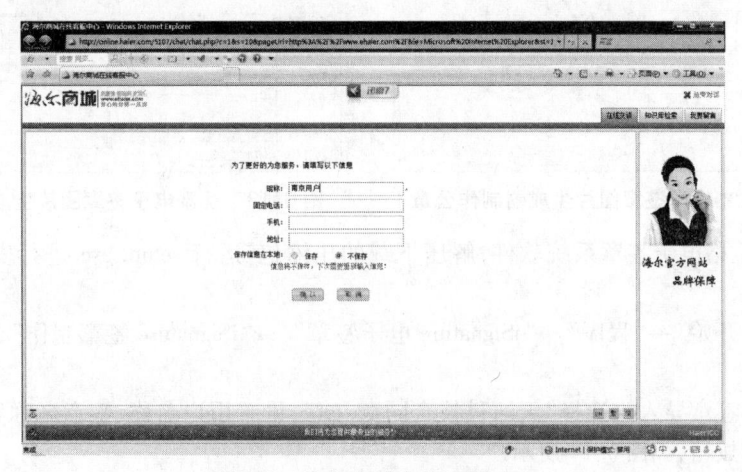

图 6.9　海尔商城在线客服中心

输入昵称或固定电话、手机和地址,就某一型号的海尔产品进行在线沟通咨询,内容包括销售、价格、服务、质量、性能、活动等,掌握电子商务在线客服中心所提供的商务洽谈室的使用方法,如图 6.10 所示。

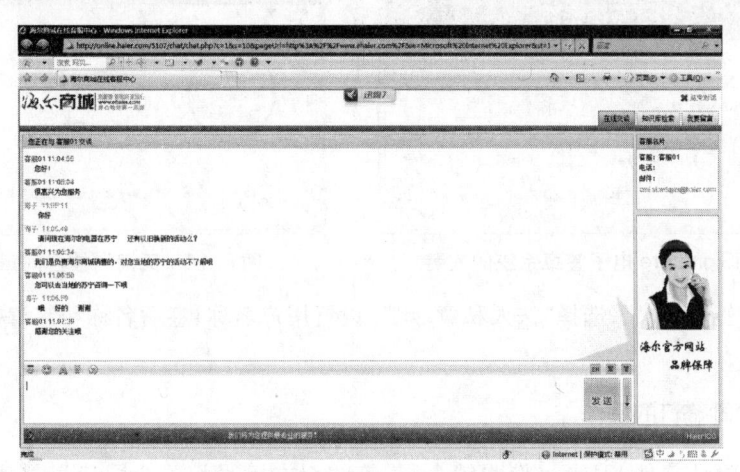

图 6.10　海尔商城客服中心在线交谈

2. 电子签章的制作

1）下载优泰电子签章图片生成器软件,解压下载的压缩包,运行 setup.exe 进行安装,运行优泰电子签章图片生成器。

2）熟悉优泰电子签章图片生成器的参数界面,设置适当的参数制作南京天河科技发展有限公司合同专用章,保存为"天河科技合同章.gif",如图 6.11 所示。

3) 进行适当的参数设置,制作南京天河科技发展有限公司法人郭东升私章,保存为"法人私章.gif",如图 6.12 所示。

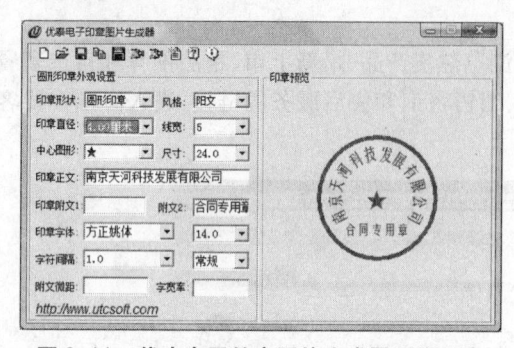

图 6.11　优泰电子签章图片生成器制作公章

图 6.12　优泰电子签章图片生成器制作私章

4) 下载金格电子签章系统软件,解压下载的压缩包,运行 setup.exe 进行安装,如图 6.13 所示。

5) 单击"开始"→"程序"→"iSignature 电子签章"→"iSignature 签章制作",进入签章制作界面。

6) 单击"签章导入",选择"天河科技合同章.gif",设置用户名称、签章名称和签章密码,然后单击"确定"按钮,如图 6.14 所示。

图 6.13　iSignature 电子签章系统的安装

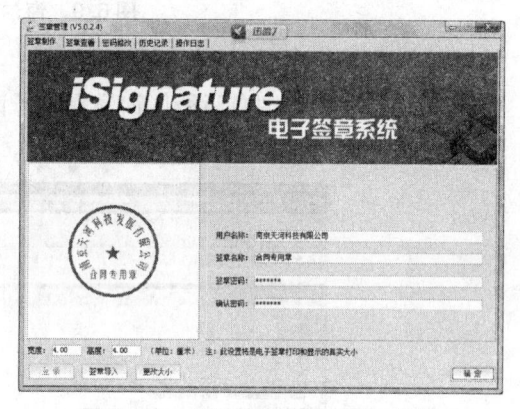

图 6.14　天河科技合同章导入设置

7) 单击"签章导入",选择"法人私章.gif",设置用户名称、签章名称和签章密码,然后单击"确定"按钮。

3. 电子合同签订的操作

1) 打开 Word 软件,编辑一份购销合同,签约双方填写相关合同信息并确认,如图 6.15 所示。

2) 乙方进行电子签章。单击 Word 软件的"加载项"菜单,将光标放在乙方后面,单击屏幕左上角的"电子签章",进入参数设置,选择签章文件"C:\Program Files\iSignature_V5\iSignature\南京天河科技有限公司\南京天河科技有限公司.key",如图 6.16 所示。

3) 选择签章名称为合同专用章,输入钥匙密码,进行乙方公司电子签章,如图 6.17 所示。

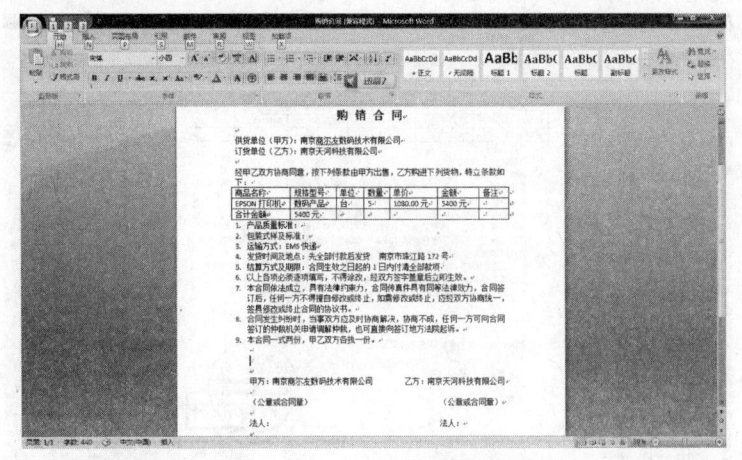

图 6.15 用 Word 软件编辑购销合同

图 6.16 乙方进行电子签章参数设置

图 6.17 乙方对购销合同进行电子签章

4）用相同的方法选择签章名称为法人私章，输入钥匙密码，进行乙方公司法人签章，如图 6.18 所示。

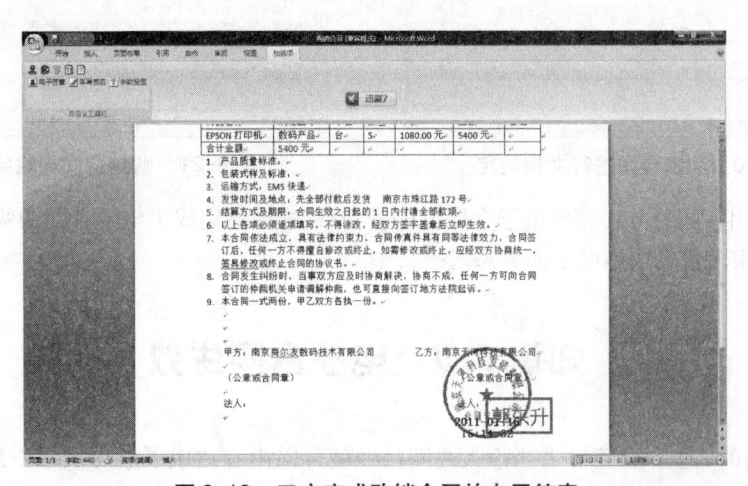

图 6.18 乙方完成购销合同的电子签章

5）乙方在电子签章之后，若想再修改合同内容，如将结算方式改为 2 日内，则合同内容一旦被修改过，应在印章上单击鼠标右键，选择"文档验证"命令后，将看到印章被加上两条线，表示印章无效，如图 6.19 所示。

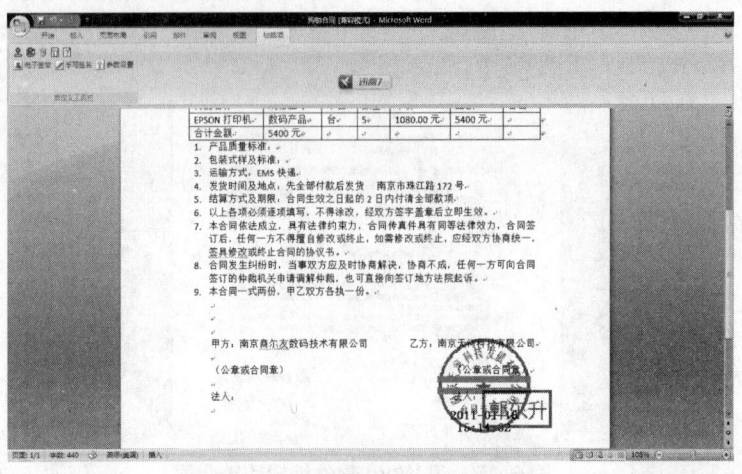

图 6.19　购销合同的内容遇到修改

6）乙方在电子签章之后，需要将电子合同以邮件等方式传给甲方签章，在传送之前需要对合同进行锁定——在"文档锁定"窗口输入钥匙密码，如需要对合同进行修改，需要使用"解除锁定"功能，在传送过程中还可以加入数字证书，如图 6.20 所示。

7）甲方收到乙方的电子合同之后，首先要判断电子合同在传输过程中有没有被修改——可以使用"文档验证"功能，如果没有遭到破坏和修改，在窗口中会显示"文件完好无损"的信息，否则就会显示如图 6.21 所示的鉴定结果。

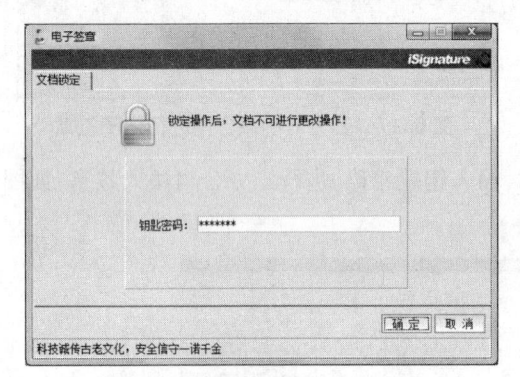

图 6.20　购销合同进行文档锁定 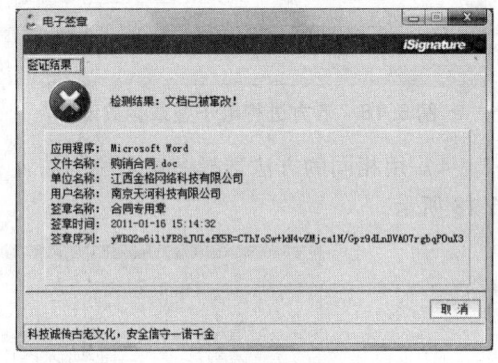　　　　图 6.21　购销合同传输鉴证结果

8）甲方用相同的方法完成电子合同的电子签章，这样就完成了电子合同的签订。电子合同的签订，现在很多都集成到电子商务系统平台中。

知识 6.9　电子合同生效

电子合同的成立只是意味着当事人之间已经就合同内容达成了意思表示一致，但合同能否产生法律效力，是否受法律保护还需要看它是否符合法律的要求，即合同是否符合法定的生效要件。电子合同的成立并不等于电子合同的生效。电子合同的生效，是指已经成立的合同符合法律规定的生效要件。虽然我国的《合同法》没有对合同的生效作出具体的规定，但是电子合同是一种典型的民事法律关系。我国的《民法通则》第 55 条规定，民事法律行为应当具备几个要件：

行为人具有相应的行为能力;意思表示真实;不违反法律或社会公共利益。

这些条件是合同生效的一般要件,有的电子合同还需具备特殊要件,如有些特殊的电子合同还需要到有关部门办理批准登记手续后才能生效。电子合同的生效需具备以下几个法定要件。

1. 行为人具有相应的民事行为能力

行为人具有相应的民事行为能力的要件在法理上又被称为有行为能力原则或主体合格原则。行为人必须具备正确理解自己行为性质和后果,独立地表达自己的意思的能力。

2. 电子意思表示真实

这是指利用资讯处理系统或计算机为真实意思表示的情形。电子意思表示的形式是多种多样的,包括但不限于电话、电报、电传、传真、电子邮件、EDI、Internet 数据等,具体通过封闭型的 EDI 网络、局域网连接开放型的 Internet 或传统的电信网络进行电子交易信息的传输。

3. 不违反法律和社会公共利益

不违反法律和社会公共利益,是指电子合同的内容合法。合同有效不仅要符合法律的规定,而且在合同的内容上不得违反社会公共利益。

在我国,凡属于严重违反公共道德和善良风俗的合同,应当认定其无效。

4. 合同必须具备法律所要求的形式

我国现行的法律规定无法确认电子合同的形式属于哪一种类型,尽管电子合同与传统书面合同有着许多差别,但是在形式要件方面不能阻挡新科技转化为生产力的步伐,立法已经在形式方面为合同的无纸化打开了绿灯。法律对数据电文合同应给予书面合同的地位,无论意思表示方式是采用电子的、光学的还是未来可能出现的其他新方式,一旦满足了功能上的要求,就应等同于法律上的"书面合同"文件,承认其效力。

知识 6.10　电子合同的监管

网上广告、网上购物、网上合同、网上支付等新型网络交易活动给工商行政管理机关提出了新的要求。工商行政管理机关是国家主管市场监督管理和有关行政执法的职能部门。工商行政管理部门监管的市场是社会主义市场经济下的大市场,工商行政管理机关对电子合同进行监督管理责无旁贷,该项职能是由法律赋予的。工商部门对电子合同监管能促进网络市场交易的公平性、安全性、经济性,能有效地保护消费者和经营者的合法权益,能减少合同争议和违法合同,提高合同的履约率,维护市场交易安全,促进经济的发展。

1. 我国现阶段的电子合同监管主要存在的问题

① 电子合同的实体法和监管的程序法等立法不能适应现阶段的要求。对电子合同的监管是一个技术性很强的工作,没有相关的规章制度是无法开展的。

② 相关的技术与配套工程没有确立,从而无法保证电子合同的监督与管理工作。电子合同交易的开展需要一系列的配套措施,是一个系统的工程,如市场主体制度的认证、电子合同效力、电子合同交易的安全性与真实性问题,电子证据、电子合同争议的管辖权等。目前的立法严重滞

后,影响电子合同的交易和监管力度。

③ 现有的工商登记制度无法对网络交易主体进行监管,没有统一的认证机构。

④ 工商行政管理机关执法人员的水平和能力有限,执法的手段单一。目前,我国基层工商机关自动化办公水平有待提高,计算机知识、网络技术有待加强。执法人员对网络交易行为不了解,不能快速地对网络市场信息进行有效地收集、分析和整理,从而影响了电子合同监管的力度。

工商行政管理机关对电子合同的监管是对电子合同交易的整个过程的监管,包括电子合同要约、电子合同的订立、电子合同的交付、电子合同的签证、电子合同争议的处理等。根据等同法则,电子合同具有书面合同的形式与性质,现阶段不能用原有的方法来对电子合同进行监管。电子合同的监管是对签约前、签约过程及签约后电子合同的履行等进行监管。电子合同签约前的阶段主要是对买卖信息的检索,对整个交易行为做充分的准备工作,这就需要政府和职能部门提供一系列的配套措施。作为政府职能部门的工商行政管理机关,应该对网络市场予以规范和管理,为电子合同的广泛使用提供良好的网络环境,保障网络交易的安全性、公正性,促进网络交易行为,提高履约率。

2. 工商部门对电子合同的监管应注重的方面

① 建立电子合同监管平台。工商行政管理机关应该按照所辖区域设立电子合同监管平台,各级工商行政管理机关应该对所辖区域的经济主体经济情况对公众公开,以备市场相关人进行查询和了解。这种信息包括企业的信用、资金、产品质量,有无违规经营等一切公众资料,涉及企业的商业秘密未经权利人同意不能公开。

② 对电子合同的监管应该是对电子合同是否违反法律、法规、规章进行审查,纠正电子合同中的违法行为,查处利用电子合同进行违法交易的行为,以及对违约处罚。

③ 完善我国物流配送体系,加强电子合同依法履行的监管工作,促进电子合同交易的成功率。

④ 建立电子合同签证网。电子合同签证是对合同签证的延伸,电子合同签证网的建立能有效地弥补书面签证的缺陷,减少人力、物力和才力方面的支出,提高工作效率。

⑤ 建立网上电子合同监管投诉中心,及时反映合同监管中的问题,保护消费者的合法权益。

⑥ 加强电子合同的法律法规的研究制定工作,建立有效的网络监管体制,维护市场经济的安全。

⑦ 加强执法人员的培训工作,提高执法人员的水平。电子合同监管是一项技术性很强的工作,涉及的知识面广泛,需要不断学习和更新知识结构。

知识 6.11 电子合同基本条款

根据《合同法》第 12 条的规定,电子商务合同的基本条款有以下几点。

1. 当事人信息

当事人的基本情况,包括当事人的姓名(自然人)或名称(经济组织)、法定代表人(负责人)、委托代理人、住所(自然人的户口所在地或经常住所地、经济组织的主要办事机构或主要经营场地)、电话、传真、银行账号等。这些因素应当尽量注明,主要是为了经济交易的一般需要(如发货收货地、通信地址、联系地)和经济管理的特殊需要(如发生纠纷时司法文书送达地、强制措施的执行地)。

2. 合同标的

标的是指合同各方当事人权利义务指向的对象,如买卖合同中具体买卖的物品、演出合同中的演出行为等。

3. 数量

数量是衡量合同权利义务大小的尺度,如物品的数量(如吨、台、量、个、间)、劳务的数量(如工作多少天、小时)。有些标的数量是概括性的,如承建一幢大楼、仓储一批货,中间涉及个别物品的单价,也涉及工作、服务的时间等多种数量标准。概括性数量常用于以劳务作为标的的合同中。在社会生活中,通常没有数量约定的合同,是没有效力的合同。在阶段供货合同中,可以约定以收货单计算合同数量;在大宗交易的合同中,还应当约定损耗的幅度和正负尾差。

4. 质量

质量是对合同标的品质的内在要求,如货物属于优等品还是合格品、技术服务是一般技术服务还是特殊技术服务。质量高低直接影响到合同履行的质量及价款报酬的支付数额。质量标准有不同类型,应当谨慎适用,一旦选择其一,必须忠实履行,不能偷梁换柱。在社会生活中,质量条款能够按国家质量标准进行约定的,按国家质量标准进行约定,没有质量标准的标的,可约定按样品来规定质量。

5. 价款或报酬

在约定中,除应当注意采用大小写表现合同价款外,还应当注意在大写文字的表示方式上,不能有错误、简写等情况,以免对以后的履行造成障碍。

6. 履行期限、地点和方式

履行期限是合同中确定的各方合同当事人履行各自义务的时间限度,是确认合同当事人是否违约的一个主要标准。履行期限可以有先有后,也可以同时履行。经双方协商,还可以延期履行。在连续性的交易中,有些可以不规定期限。履行地点是当事人一方履行义务另一方享受权利的地点。履行地可以是合同当事人的任何一方所在地,也可以是第三方所在地,如发货地、交货地、提供服务地、接受服务地,具体选择由当事人协商确定。确立履行地主要是为了安全、快捷、方便地履行合同义务。履行方式是当事人履行义务采取的方式。履行方式主要有两方面内容:一是合同标的的履行方式,这种方式主要有自提、送货上门、包工包料、代运、分期分批、一次性交付、代销、上门服务等;二是价款或报酬的结算方式,这种方式有托收承付、支票支付、现金支付、信用证支付、按月结算、预支(多退少补)、存单、实物补偿等。

7. 违约责任

违约责任是合同当事人一方或各方不履行合同或者没有完全履行合同时,违约方应当对守约方进行的救济措施。违约责任是为了保证合同能够顺利、完整履行而由双方自主约定的。它可以给合同各方形成压力,促使合同如约履行。违约责任的种类有违约金、赔偿金、继续履行等。

8. 解决争议的办法

解决争议的办法是当事人就纠纷解决协商的一种可取途径。争议的解决主要有 4 种:一是当事人双方自行协商解决；二是由第三人介入进行中间调解；三是提交仲裁机构解决；四是向人民法院提起诉讼。

知识 6.12　电子合同签订注意事项

1. 违约及违约责任条款

实践中很多人在签合同时，对违约情形即什么情况下构成违约没有说清楚，或者只约定违约情形却没有约定违约方在违约后应承担的具体责任，使合同对当事人之间的制约力减弱，从而容易造成合同当事人有意不履约或故意悔约。另一方面，一些当事人将违约情形定得过多过细，同时希望违约方承担的违约责任越重越好，也容易使合同变得不公平，影响双方交易的进行。

2. 签约双方的名称应当是全称而不应是简称

我方或对方是集团公司的成员（如子公司或分公司）时，更应写明全称，明确交易方式，即究竟是代理还是经销，是独家代理或经销还是其他方式的代理或经销，是否允许国外公司代理或经销其他方的产品等。

3. 指定地区范围

合同中应当根据交易的具体情形和我方意图、对方拓展市场的能力，将国外公司代理或经销的区域予以明确约定，以免造成我方产品在不同市场因销售者的不同而相互进行价格竞争。同时，约定产品的范围和数量或金额，即国外公司代理或经销的具体产品，以及在一定的明确期间内应当代理或经销的产品数量或金额。还要约定报酬及支付结算的方式，即根据交易方式是代理或经销，明确报酬的计算方式和支付方式。

4. 国外公司对产品在当地市场营销推广的义务

合同中应当约定：广告宣传、展览、市场信息的提供，以及因这些营销推广产生的费用承担问题；合同终止的情形，即应当约定合同在哪些情形下将自动终止，哪些情形下为提前终止合同，这对于保护我方利益以及控制交易的主动权相当重要；违约责任，即由于各国法律规定不同，最好预先约定违约金及损害赔偿的计算方式，以免发生争议后双方难以协商解决违约金或损害赔偿的金额。

5. 适用法律

在国际贸易中，一定要在合同中预先约定合同适用的法律，在代理或经销交易中也不例外。这直接决定了今后争议解决的难度和方式，也涉及争议解决方案与决议的执行问题。鉴于仲裁是国际贸易中普遍接受的方式，且容易并方便在各国执行，建议采用仲裁方式，同时要约定仲裁机构和仲裁地点。

案例分析

阿里旺旺

阿里旺旺(贸易通)是为商人量身定做的免费商务沟通软件,可轻松找到客户,随时洽谈业务,发布和管理商务信息。从阿里巴巴集团获悉,阿里软件旗下的阿里旺旺的用户已经超过一亿。这是继腾讯QQ之后,我国第2个用户过亿的即时通信平台。这样,在全球用户过亿的即时通信软件中,中国独占两席。同时,这也是继支付宝之后,阿里巴巴第2个用户过亿的平台,分析人士指出,这一突破意味深远,给市场带来了很多变化。

根据著名调研机构iResearch发布的《2008年第二季度即时通信市场研究报告》表明,2008年1—7月阿里旺旺淘宝版月度覆盖人数上超过MSN,仅次于QQ;在网上交易市场中,阿里旺旺的市场率位列第一。截至目前,旺旺"群"总数已超过250万,再次刷新互联网上商务性及时交流社区的总规模数。依托于阿里巴巴平台创立的阿里旺旺,兼具了淘宝旺旺和贸易通的多重优点,对客户需求了解也有着天然优势,已成为商务人士进行即时交流的首选。

报告显示,阿里旺旺的品牌知名度比第1季度上升6.4%,使用者对阿里旺旺商务特性中"便捷的商务功能"认知度远远高于其他IM。"同比2007年1月的2 000多万注册用户,旺旺在短短一年半的时间里,实现了连翻五番的神话,快速高效地完成了破茧成蝶地蜕变。"阿里软件市场总监王冠雄表示,"在竞争激烈的IM领域中,作为最有价值的即时通信平台,我们已经不仅仅满足于前3名,显然,我们还有很多事情可以做。"

根据易观国际近期发布《2008年第2季度中国即时通信市场季度监测》显示,2008年第2季度中国即时通信市场9个主要IM产品(QQ、阿里旺旺、MSN、飞信等)总注册账户数达到13.3亿,同比增长25%,其中活跃账户数达到4.25亿,同比增长13%,最高同时在线账户数达到5 351万,同比增长40%。

2008年5月,阿里旺旺携手前程无忧,推出"亮灯计划",从一个单纯的在线通信工具成功渗透到商务人士的求职方面。当然,这是一个新的起点,旺旺的上升空间还十分大。同年9月,阿里旺旺推出了全新版本——阿里旺旺2008。

在全新的插件体系上开发的阿里旺旺2008给客户带来了全新的用户体验,不仅调整了主界面,标签tab采用新的展现方式,还全面优化了程序性能,大大提高了稳定性,操作起来更轻快流畅。此外,新增了许多特色服务,如邮件提醒、旺旺助手等都迅速成了旺旺上的人气助手。旺旺已经不仅仅定位于IM软件的角色,而是提升到一个IM平台,尽可能地满足用户的各种需求。以高新技术和特色服务为矛,以强大的阿里集团的支持为盾,使得阿里旺旺名正言顺地登上国内商务即时通信领域第一品牌。

案例思考:
1. 贸易洽谈的方式有哪些?贸易洽谈有什么技巧?
2. 阿里旺旺在电子商务交易中有什么作用?
3. 贸易洽谈在整个电子商务交易中起着什么样的作用?

课后习题

一、选择题

1. 属于我国新《合同法》规定的数据电文形式是(   )。

  A. 电话   B. EDI   C. 计算机打印的合同   D. 普通信件

2. 电子合同按照自身的特点分类，可以分成(　　)。

  A. 信息产品合同与非信息产品合同

  B. 有形信息产品合同与无形信息产品合同

  C. 信息许可使用合同与信息服务合同

  D. 有价合同与无价合同

3. 电子合同中用(　　)表示电子合同生效。

  A. 银行确认   B. 数字证书   C. 数字签名   D. 厂商确认

4. 在电子商务中，电子化是指(　　)。

  A. 技术手段   B. 为商务服务   C. 核心和目的   D. 以上都不对

5. 在订单尚未进入配送程序前，应该允许客户直接在网页上取消订单，但(　　)状态不可以取消订单。

  A. 未处理   B. 已联系   C. 已收款   D. 已配送

6. 为保护消费者的权益，许多国家的法律赋予消费者具有在一定期间内试用商品，并无条件解除合同的权利。这个无条件退货或解除合同的期间，被称为(　　)。

  A. 解除合同期   B. 变更合同期   C. 撤销合同期   D. 冷却期

7. 电子商务对以纸质文件为基础的传统法律规范带来的冲击表现在(　　)。

  A. 书面形式问题   B. 主体资格问题   C. 签名问题   D. 证据效力问题

8. 为防止他人对传输的文件进行破坏，需要(　　)。

  A. 数字签名及验证   B. 对文件进行加密   C. 身份认证   D. 时间戳

9. 在电子商务中，所有的买方和卖方都在虚拟市场上运作，其信用依靠(　　)。

  A. 现货付款   B. 密码的辨认或认证机构的认证

  C. 双方订立书面合同   D. 双方的互相信任

10. 客户关系管理的核心管理思想主要包括(　　)方面。

  A. 客户是企业发展最重要的资源之一

  B. 对企业与客户发生的各种关系进行全面管理

  C. 延伸企业供应链管理

  D. 组织客户在讨论组中交换

二、简答题

1. 什么是电子商务单证？电子商务单证的功能特点有哪些？
2. 什么是电子商务合同？电子合同与传统合同有什么区别？
3. 简述 EDI 的应用及工作过程。
4. 什么是电子签章？电子签章有什么作用？
5. 谈谈电子合同签订时要注意的问题。

项目 7 电子商务支付

本项目阐述电子商务交易中电子支付的相关技术;电子支付工具的种类和支付过程;网上银行业务、特点和应用;第三方支付平台的特点、产品类型及支付过程;移动支付的特点、发展、支付过程及应用。

➡ 项目内容

对电子支付的各种技术深入了解,掌握电子商务中各种支付技术的功能和应用;熟悉网上银行的注册及基本业务操作,学会使用第三方支付平台;培养学生熟练运用银行卡、支付宝进行网上支付,熟练运用个人网上银行进行转账等业务的操作。

➡ 知识要求

在电子商务的交易过程中,必须理解电子商务支付系统的基本构成、功能和特点;掌握主要的网上支付的方式;熟悉网上银行的概念、类型和特点;能够使用网上银行的主要功能;能够使用第三方支付平台完成支付活动。

📖 相关知识

知识 7.1　传统支付方式

支付方式按使用的技术不同,可以大体上分为传统支付方式和电子支付方式两种。传统支付指的是通过现金流转、票据转让及银行转账等物理实体的流转来实现款项支付的方式;电子支付是通过先进的通信技术和可靠的安全技术实现的款项支付结转方式。传统的支付方式主要有3 种:现金、票据和信用卡。

1. 现金

现金支付是每个生活在现代社会的人都非常熟悉的支付方式。现金有两种形式,即纸币和硬币,由政府授权的银行发行——在我国由中国人民银行行使货币发行权。纸币本身并没有价值,只是一种由国家发行并强制使用的货币符号,但却可以代替货币加以流通,其价值是由国家信用来保证的;硬币是由金属铸造的,本身含有金属成分,具有一定的价值,但也不等于它本身的面值。此外,还有一些非官方的辅币,如意大利在 20 世纪六七十年代曾用糖块代替小额零钱使用。由于纸币本身没有价值,所以它的流通可能会带来一些经济问题,如假币和通货膨胀等。

在现金交易中,买卖双方处于同一位置,而且交易是匿名进行的,卖方不用了解买方的身份,现金就是最好的身份证明,因为现金本身是有效的,其价值是由发行机构加以保证的,用不着由买方来认同。加之现金具有的使用方便和灵活的特点,因此在日常生活中多数交易是通过现金来完成的。在这种现金交易中,交易方式在程序上非常简单,通俗地说就是"一手交钱,一手交货"。交易双方在交易结束后马上就可以实现其交易的目的——卖方用货物换取现金,买方用现金买到货物,如图7.1所示。

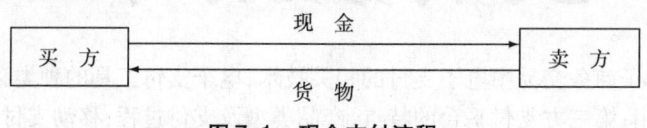

```
┌─────┐   现  金   ┌─────┐
│ 买 方 │ ←──────  │ 卖 方 │
│     │  ──────→  │     │
└─────┘   货  物   └─────┘
```

图7.1 现金支付流程

现金交易方式也存在不足,主要表现在:第一,受时间和空间的限制,对于不在同一时间、同一地点进行的交易,就无法采用现金支付的方式来完成交易;第二,现金表面金额的固定性意味着在进行大宗交易时,必须要携带大量现金,这种携带的不方便,以及由携带大量现金产生的不安全因素,影响了现金交易方式的采用。基于上述不足,人们要求有更能适应现代生活节奏和方式的交易方法。

2. 票据

票据交易方式是在现金交易方式不能满足支付需要后产生的。票据可以分为广义票据和狭义票据。广义的票据包括各种记载一定文字,代表一定权利的文书凭证,如股票、债券、货单、汇票、车船票等,人们笼统地将它们泛称为票据;狭义的票据是一个专用名词,专指《中华人民共和国票据法》(以下简称《票据法》)中所规定的票据,主要是指汇票、本票和支票3种。汇票是出票人委托付款人在见票时或在指定日期无条件支付一定金额给受款人的票据;本票是出票人自己于到期日无条件支付一定金额给受款人的票据;支票是出票人委托银行或其他法定金融机构于见票时无条件支付一定金额给受款人的票据。因此,票据就是出票人依据《票据法》发行的、无条件支付一定金额或委托他人无条件支付一定金额给受款人或持票人的一种文书凭证。

在商业交易中,尤其是在对外贸易活动中,交易双方往往分处两地或分处不同的国家,一旦成交就要向外地或外国输送现金。在这种情况下,如果直接用现金交易,会给交易双方带来许多不便。如果采取在甲地将现金转化为票据,再在乙地将票据转化为现金的办法,以票据的转移代替现金的转移,就完全可以避免上述现金的转移带来的麻烦和不便。在国际贸易中,支票的这种作用就更加突出了,如图7.2所示。

```
┌─────┐   货 物   ┌─────┐  现金或对账  ┌─────┐
│ 买 方 │ ──────→ │ 卖 方 │ ←────────  │ 银 行 │
│     │   支票1   │     │    支票2    │     │
└─────┘          └─────┘             └─────┘
```

图7.2 支票支付流程

在3种票据中,支票、汇票的交易流程大体相同,本票则有所不同。汇票与支票是由卖方通过银行处理的,而本票则是由买方通过银行处理的。可见,票据决定了交易可以异时、异地进行,突破了现金交易同时同地的局限性,大大增加了交易实现的机会。同时,票据所具有的汇兑功能也使得大宗交易成为可能。当然,票据本身也存在着一定的不足,如票据的真伪、遗失等也会给票据的使用带来一系列问题。

3. 信用卡

信用卡是指具有一定规模的银行或金融公司发行的,可凭此向特定商家购买货物或享受服务,或者向特定银行支取一定款项的信用凭证。信用卡的大小与名片相似,卡面印有信用卡和持卡人的姓名、卡号、发行日期、有效日期等信息,背面有持卡人的预留签名、磁条和发卡人简要声明等信息,如图7.3所示。

图7.3 信用卡

信用卡最早诞生于美国。1915年,美国的一些百货商店和饮食业主为招揽生意,在一定范围内给顾客发放信用筹码,顾客可以在这些发行筹码的商店及其分店赊购商品,约定时间付款。这种方便顾客的新方法对笼络顾客、扩大销售起到了明显的作用。1946年,美国狄纳斯俱乐部和运通公司等开始发行旅游、娱乐信用卡。1952年,美国加利福尼亚富兰克林国民银行首先发行信用卡,到了1959年,美国已经有60多家银行发行信用卡。而电脑的发明与普及,又极大地推动了信用卡业务的迅速发展,它跨越了国家界限,使世界各国掀起了信用卡业务的高潮。20世纪80年代,在美国、加拿大、日本等国家和西欧地区,信用卡已成为一种普遍的支付工具,逐步取代了现金和支票,大到买房置地、旅游购物,小到公用电话、公共汽车,都采用信用卡结算。到了20世纪80年代后期,美国每年信用销售交易额已达7 000亿美元,占家庭可支配收入的份额已经超过20%。美国人均拥有信用卡数量已超过8张。

我国从1978年中国银行广东省分行代理香港东亚银行信用卡业务开始,伴随着我国改革开放的不断深化,信用卡在我国也得到了快速发展。1985年3月1日,中国银行珠海分行发行了我国第1张信用卡——人民币中银卡。1986年6月1日,中国银行北京分行发行了第1张人民币长城卡,同年10月,中国银行总行指定长城卡为中国银行系统的信用卡,并在全国各地发行。1987年10月,中国银行加入万事达(MasterCard)国际组织,并于1988年6月发行第1张外汇长城万事达卡。1987年10月,中国银行加入维萨(VISA)国际组织,并于1989年8月发行了第1张长城维萨卡。其他国有商业银行,如工商银行、建设银行、农业银行也相继发行了自己的信用卡,如牡丹卡、龙卡、金穗卡,由此带来了我国信用卡业务的一个全新发展时期。

信用卡主要有两个特点:第一,多功能,不同的信用卡其功能和用途各不相同,但主要有4种功能,即转账结算功能、消费借贷功能、储蓄功能和汇兑功能;第二,高效便捷,由于银行为持卡人和特约商户提供高效的结算服务,这样消费者就乐于持卡购物和消费,同时也给消费者带来了更多的便利。利用信用卡结算还可以减少现金流转量,简化收款手续,即使持卡人到外地,也可以凭卡存取现金,十分灵活高效,避免了携带现金旅行的不方便。信用卡交易流程如图7.4所示。

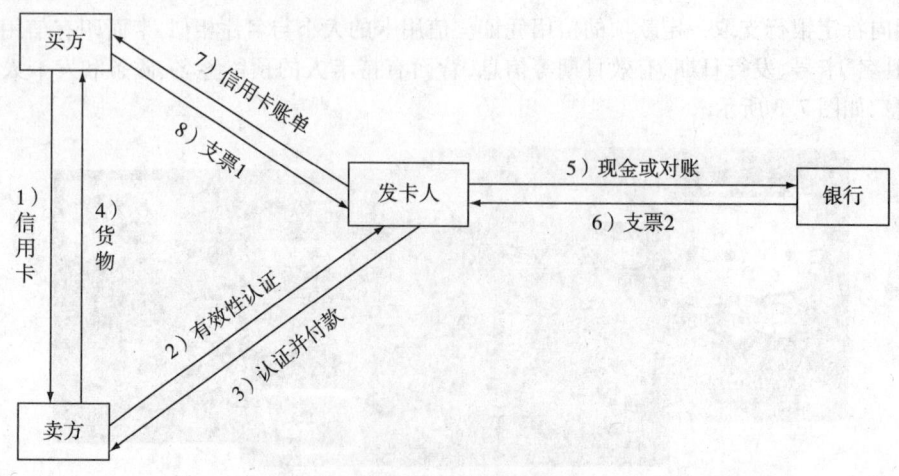

图7.4 信用卡支付流程

知识7.2 电子支付

1. 电子支付的概念及特征

随着电子商务的普及,世界范围内电子商务活动的支付问题和通过信息技术网络产生的成千上万笔交易流支付问题的解决势在必行,而解决的根本方法就是利用电子支付。

所谓电子支付,是指电子商务交易的当事人,包括消费者、厂商和金融机构,使用安全电子支付手段通过网络进行的货币支付或资金流转。电子支付系统是电子商务活动的基础,人们只有在建立可行的电子支付系统的基础上,才能真正开展电子商务活动。同时,电子支付系统也是关系到国家金融体制、经济管理及每一个人经济活动方式的重要事物。

与传统的支付方式相比较,电子支付具有以下几方面的特征。

① 电子支付是采用先进的技术通过数字流转来完成信息传输的,各种支付方式都是采用数字化的方式进行款项支付的;传统的支付方式是通过现金的流转、票据的流转及银行的汇兑等物理实体的流转来完成款项支付的。

② 电子支付的工作环境是基于一个开放的系统平台(即 Internet)之中的;传统支付是在较为封闭的系统中运行的。

③ 电子支付使用的是最先进的通信手段,如因特网,而传统支付使用的是传统的通信媒介。电子支付对软、硬件设备的要求很高,一般要求有联网的计算机、相关的软件及其他一些配套设施,而传统支付没有这么高的要求。

④ 电子支付具有方便、快捷、高效、经济的优势,用户只要拥有一台上网的计算机,便可以足不出户,在很短的时间内完成整个支付过程,支付成本仅相当于传统支付的几十分之一,甚至几百分之一。

⑤ 电子支付目前也还存在一些需要解决的问题,主要是安全问题,如防止黑客入侵、防止内部作案、防止密码泄露等涉及资金安全的事项。

2. 电子支付系统

电子支付系统是指客户、商家、银行或其他金融机构、商务认证管理部门之间使用安全电子手段交换商品或服务，即把支付信息通过网络安全地传送到银行或相应的处理机构，实现电子支付的过程，是融购物流程、支付工具、安全技术、认证体系、信用体系及现在的金融体系为一体的综合系统。面向 Internet 网络的电子支付系统的基本结构如图 7.5 所示。

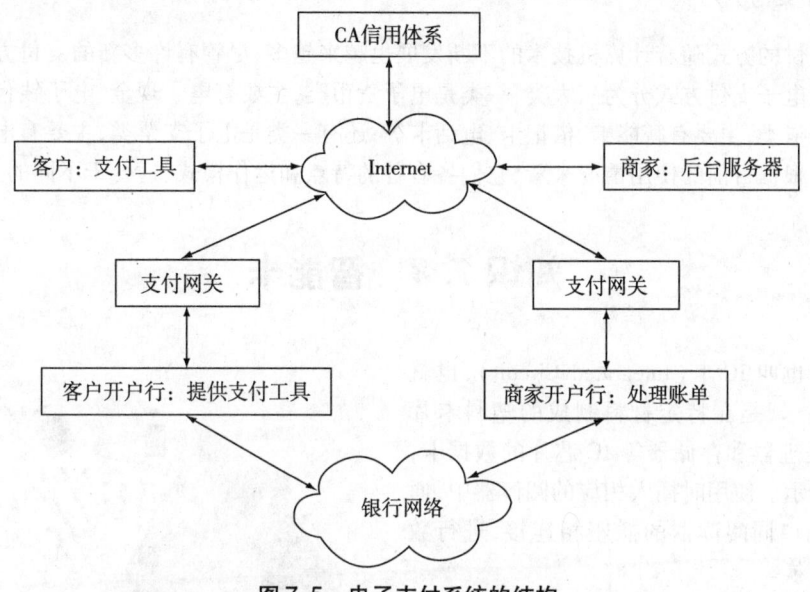

图 7.5 电子支付系统的结构

① 客户。一般是指互联网上与某企业或商家有商务交易关系且存在未清偿的债权、债务关系的单位和个人。客户用自己拥有的网络支付工具（电子钱包、信用卡、电子支票等）进行支付，是电子商务支付体系运作的原因和起点。

② 商家。这是指拥有债权的商务交易的除客户之外的另一方。商家可以根据客户发出的支付指令向中介金融机构请求结算。商家一般有专用服务器来处理这一过程，包括身份认证及对不同网络支付工具的处理。

③ 客户开户行。这是指客户在其中拥有资金账户的银行，客户所拥有的网络支付工具主要是由开户行提供的。客户开户行在提供网络支付工具的时候，同时提供一种银行信用，即保证支付工具是真实的并可以兑付的。在利用银行卡进行网络支付的体系中，客户开户行又被称为发卡行。

④ 商家开户行。这是指商家在其中开设资金账户的银行，其账户是整个支付与结算过程中资金流向的目的地。商家将收到的客户支付指令提交开户行后，就由开户行进行支付授权的请示，并且进行商家开户行与客户开户行之间的清算工作。商家开户行是依据商家提供的合法账单（客户的支付指令）来工作的，所以又被称为收单行或接收行。

⑤ 支付网关（Payment Gateway）。这是 Internet 和银行专用网络之间的接口，支付信息必须通过支付网关才能进入银行支付系统，进而完成支付的授权和获取。支付网关的主要作用是完成两者之间的通信、协议转换和进行数据的加密、解密，以及保护银行专用网络的安全。

⑥ 金融专用网。这是银行内部及各个银行之间进行沟通的专用网络，不对外开放，所以有极高的安全性。在我国国家金融专用网络上，运行着中国国家现代化支付系统、中国人民银行电

子联行系统、中国工商银行电汇兑系统、银行卡授权系统等。我国传统商务中的电子支付与结算应用,如信用卡POS支付结算、ATM现金存取、电话银行系统,均运行在金融专用网络上。

⑦ CA认证中心。这是网上商务中的一个第三方公证机构,主要负责为参与网上电子商务活动的各方发放与维护数字证书,以确认各方的真实身份。它也发放公共密钥和提供数字签名服务等,以保证电子商务支付与结算安全有序地进行。

3. 电子支付的方式

电子支付的方式随着计算机技术的不断发展也越来越多,尽管有许多新的支付方式出现,但仍然可以把电子支付方式分为三大类:一类是电子货币类,主要有电子现金、电子钱包等;另一类是电子信用卡类,主要有智能卡、借记卡、电话卡等;还有一类是电子支票类,主要有电子支票、电子汇款等。根据目前的使用情况来看,它们各有各的特点和运作模式,适合于不同的交易过程。

知识7.3 智能卡

智能卡也叫IC卡(Integrated Circuit),也就是集成电路卡,是在特定材料制成的塑料卡片中嵌入微处理器和存储器等IC芯片的数据卡,如图7.6所示。使用时插入相应的阅读器中,通过卡上的端口同阅读器的插座相连接,进行数据通信与交换。

智能卡最早在法国出现。20世纪70年代中期,法国率先开发成功IC存储卡。目前法国IC卡不仅在数量上领先于其他各国(高达2 800万张),而且应用的领域也十分广泛,如在金融、电信、医疗、保险、旅游、游戏和交通运输等方面都有IC卡的应用。常见的智能卡有电话IC卡、身份IC卡,以及一些交通票证和存储卡,可应用于电子识别、数字存储和电子支付。

图7.6 智能卡

美国使用智能卡的人数占比比较少,人们更多地使用ATM卡。智能卡与ATM卡的区别在于两者分别是通过嵌入式芯片和磁条来存储信息的,但由于智能卡存储信息量较大,存储信息的范围广、安全性也好,因而越来越受到人们的重视。到2010年底,美国的智能卡使用量将达到一亿张左右。

在我国,从1993年起在全国范围内开展了"金卡工程",用了10年左右的时间,在3亿城市人口中推广和普及金融交易卡,实现了支付手段的革命性变化,跨入了电子货币时代。"金卡工程"的总体构想是建立全国统一的金卡专用网、金卡服务中心和金卡发卡体系。许多城市都相继推出了智能卡支付系统或智能卡信用卡系统。在行业上,智能卡汽车加油系统、出租车智能卡计费系统、智能卡税收系统、智能卡电话收费系统等不胜枚举。可以说,智能卡在我国已经有了一个十分良好的开端,在我国的应用还在不断地扩展。

智能卡的结构主要包括3个部分。第一,建立智能卡的程序编写器。程序编写器在智能卡的开发过程中使用,它从智能卡布局的层次描述了卡的初始化和个人化创建所需要的数据。第二,处理智能卡操作系统的代理。这包括智能卡操作系统和智能卡应用程序接口的附属部分。

该代理具有极高的可移植性,它可以集成到芯片卡阅读设备或个人计算机及客户/服务器系统上。第三,作为智能卡应用程序接口的代理,该代理是应用程序到智能卡的接口。它帮助对使用不同智能卡代理的管理,并且向应用程序提供了一个智能卡类型的独立接口。

智能卡系统的工作过程是:第1步,在适当的机器(可以是PC、终端电话、付费电话)上启动用户的Internet浏览器;第2步,通过安装在PC上的读卡器,用用户的智能卡登录到为用户服务的银行Web站点上,输入银行用户账号、密码和其他一些加密信息;完成前面两步操作后,用户就可以从智能卡上下载现金到厂商的账户上,或从银行账号上下载现金存入智能卡。举例分析如下:假设某用户在商店想购买定价为300元的一件大衣,将智能卡插入到商店的计算机中,登录到用户的发卡银行,输入密码和商店的账号;很快,商店的银行账号增加了300元,用户的银行现金正好减少了300元,用户买到了想买的大衣,一笔交易完成。以上是在现实的交易过程中智能卡的应用过程,在电子商务交易过程中,智能卡的应用类似于实际交易过程,只是用户在网上选好商品后,输入智能卡的号码登录到发卡银行,并输入密码和网上商店的账号,就完成了一笔电子商务的交易。

知识7.4 电子现金

电子现金(E-cash)是一种以数据形式流通的货币,也称为数字现金、数字货币。通俗地说,就是以数字化形式存在的货币。电子现金与智能卡不同,智能卡仅仅是一种结算支付手段,最终还是通过结算机构银行来兑现。而电子现金同货币一样,本身就是钱。它通过一个适合于在Internet上进行的实时支付系统,把现金数值转换成一系列的加密序列数,通过这些序列数来表示现实中各种金额的币值。用户在开展电子现金业务的银行开设账户并在账户内存钱后,就可以在接受电子现金的商店购物了。当用户拨号进入网上银行,使用一个口令和个人识别码来验证身份,直接从其账户中下载成包的小额电子"硬币"时,此时电子现金就开始发生作用。然后,这些电子现金被存放在用户硬盘中,直到用户从网上商店进行购买活动时为止。在电子现金系统中,货币仅仅是一连串的数据位,银行可以发行这样的货币,或者在验证密码后直接从用户的账户上划拨出与货币价值相等的等值数字,可称之为代币,就像纸币代替贵金属货币一样。为了保证交易安全,计算机还为每个硬币建立随时选择的序号,并把这个号码隐藏在一个加密的信封中,以免他人知道谁提取和使用了这些电子现金。这种购买方式实际上可以让买主无迹可查,保证了个人的隐私权。

电子现金的特点主要有以下几个方面。

① 银行与商店具有授权关系,事先签有协议,并且用户、商店和电子现金银行都使用电子现金的软件。

② 电子现金银行负责用户与商店之间资金的转移。

③ 身份验证工作是由电子现金系统自身来完成的。电子现金银行在发放电子货币时使用了数字签名。商店在每次交易中,将电子货币传送给电子现金银行,由电子现金银行验证用户支付的电子货币是否有效。

④ 具有现金特点,可以存、取、转让,适用于小数额的交易,具有匿名性。

电子现金在电子商务的交易过程中仍然存在很多不足,主要有以下几点。

① 成本较高。电子现金对软件和硬件的技术要求都较高,如需要一个大型数据库存放用户完成的交易和电子现金序号以防止重复消费。

②存在货币之间的兑换问题。各国发行自己的货币,在跨国交易中就会出现兑换的问题,需要使用特殊的兑换软件。

③风险较大,如果某个用户的硬盘损坏,电子现金丢失,钱就无法恢复,这个风险是许多消费者不愿意承担的。

④有可能出现电子伪钞。

电子现金的支付过程可以归纳总结成4步来完成(见图7.7):第1步,用户在电子现金银行开设电子现金账号,用现金服务器账号中预先存入的现金来购买电子现金证书,也就是购买电子现金代币,这些电子现金就有了价值,并被分成为若干包"硬币",可以在商业领域流通了;第2步,使用计算机电子现金终端软件从电子现金银行中取出一定数量的电子现金,存放在计算机的硬盘中,一般一次不取太多,以防止丢失;第3步,用户与同意接受电子现金的商店协商,签订订货合同,使用电子现金支付所购商品的费用;第4步,接收电子现金的商店与电子现金发放银行之间进行清算,银行将用户购买商品的钱支付给商店,一笔交易至此完成。

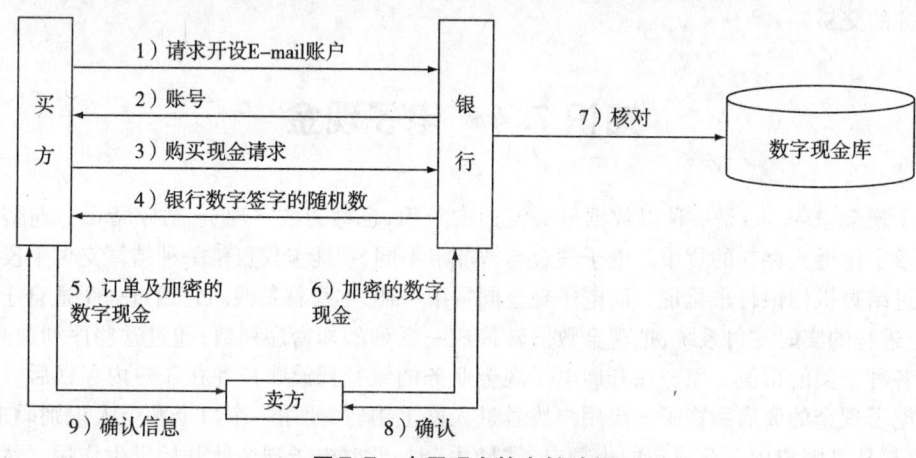

图7.7 电子现金的支付过程

知识7.5 电子钱包

电子钱包(E-wallet)是顾客在电子商务购物活动中常用的一种支付工具,是在小额购物或购买小商品时常用的新式钱包。以智能卡为电子现金支付系统,可应用于多种用途,具有信息存储、电子钱包、安全密码等功能,安全可靠。在电子钱包内只能装电子货币,即可以装入电子现金、电子零钱、电子信用卡、在线货币、数字货币等。使用电子钱包购物,通常需要在电子钱包服务系统中进行,使用电子钱包的顾客通常在银行都有自己的账户。在使用电子钱包时,将有关的应用软件安装到电子商务服务器上,利用电子钱包服务系统就可以把自己的各种数字货币或电子金融卡上的数据输入进去。在发生收付款时,如果顾客要用电子信用卡付款,只要单击一下相应项目或相应图标即可以完成。人们也把这种电子支付方式称为单击式支付方式。这种方式彻底改变了传统的面对面交易和"一手交钱一手交货"的购物方式,是一种很有效且非常安全可靠的支付方式。

1995年7月,英国西敏寺(National-Westminster)银行开发的电子钱包Mondex(世界上最早的电子钱包系统)在有"英国的硅谷"之称的斯温顿(Swindon)市开始使用。开始时,并没有为大多数人所接受,但很快就在斯温顿打开了局面,被大量地应用在超市、酒吧、珠宝店、宠物商店、餐饮店、食品店、停车场、电话间和公共交通车辆中。它能够得到广泛应用,主要是因为使用起来十分简单,只要把 Mondex 卡插入终端,经过几秒钟时间,收据便从设备中出来了,一笔交易便告结束,读取器将从卡中所有的钱款中扣除本次交易的花销。电子钱包自出现以来,已经在多个国家和地区使用。

电子钱包主要有以下几个功能。

① 个人资料管理。消费者成功申请钱包后,系统将在电子钱包服务器中为其开立一个属于个人的电子钱包档案,消费者可在此档案中增加、修改、删除个人资料。

② 网上付款。消费者在网上选择商品后,登录到电子钱包,选择入网银行卡,向支付网关发出付款指令来进行支付。

③ 交易记录查询。消费者可对通过电子钱包完成支付的所有历史交易记录进行查询。

④ 银行卡余额查询。消费者可通过电子钱包查询个人银行卡余额。

⑤ 商户站点链接。电子钱包内设众多商户站点链接,用户可通过链接直接登录商户站点进行购物。

Mondex 卡终端支付只是电子钱包的早期应用,从形式上看,它与智能卡十分相似。而今天电子商务中的电子钱包已经完全摆脱了实物形式,成为真正的虚拟钱包了。网上购物使用电子钱包,需要在电子钱包服务系统中进行。这种电子钱包服务系统通常都是免费的,用户可以直接使用与自己银行账号相连接的电子商务系统服务器上的电子钱包软件,也可以通过各种保密方式使用 Internet 上的电子钱包软件。同时,还要求顾客在有关的银行开设有资金账户,利用电子钱包的服务系统可以把自己的各种电子货币或电子金融卡上的数据输入进去。在电子商务服务系统中设有电子货币和电子钱包的功能管理模块,叫做电子钱包管理器(waller administration),顾客可以通过它来改变保密口令或保密方式,用它来查看自己银行账号上的收付往来的电子货币账目、清单和数据。电子商务服务系统中还有电子交易记录器,顾客通过查询记录器,可以了解自己都买了一些什么物品,购买了多少,可以把查询结果打印出来。

电子钱包的使用如图 7.8 所示,主要有以下几个步骤。

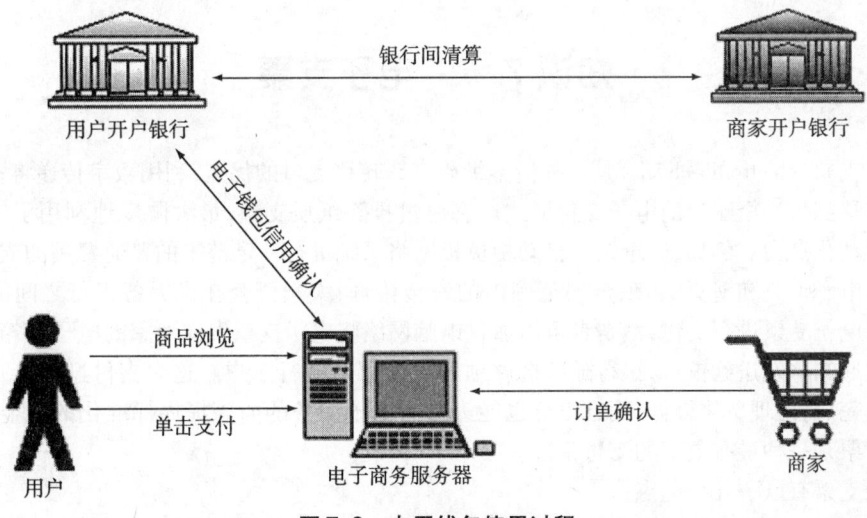

图 7.8 电子钱包使用过程

1) 顾客使用浏览器在商店的 Web 主页上查看在线商品目录浏览商品,并对需要购买的商品进行选择,包括对所购商品的价格与商店进行协商,并通过电子化方式从商店传来订单,或者由顾客自己的电子购物软件建立好购物的订单。

2) 顾客确认订单后,选定用电子钱包付款,将电子钱包装入系统,单击电子钱包的相应项目或电子钱包图标,电子钱包立即打开。然后输入自己的保密口令,在确认是自己的电子钱包后,从中取出一张电子信用卡来付款。

3) 电子商务服务器对此信用卡号码采用某种保密算法算好并加密后,发送到相应的银行,同时销售商店也收到了经过加密的购货账单,商店将自己的顾客编码加入电子购物账单后,再转送到电子商务服务器上。在这个过程中,商店对顾客电子信用卡上的号码是看不见的,不可能也不应该知道,也无权处理信用卡中的钱款。因此,只能把信用卡送到电子商务服务器上去处理。经过电子商务服务器确认这是一位合法顾客后,将其同时送到信用卡公司和商业银行。在信用卡公司和商业银行之间要进行应收款项和账务往来的电子数据交换的结算处理。信用卡公司将处理请求再送到商业银行请求确认并授权,商业银行确认并授权后送回信用卡公司。如果经商业银行确认后拒绝并且不予授权,则说明顾客的这张电子信用卡上的钱数不够或根本就没有钱了,或者本身就已经透支。银行拒绝后,顾客可以再次单击电子钱包的相应项打开电子钱包,取出另一张电子信用卡重复上述操作。

4) 如果经过银行证明这张信用卡有效并授权后,商店就可以交货了,并将整个交易过程中发生往来的财务数据记录下来,出示一张电子收据发送给顾客。

5) 上述交易成功后,商店就按照顾客提供的电子订货单将货物通过配送中心或运输公司送到指定地点、指定的人手中,一笔交易就此结束。

在上述使用电子钱包购物的过程中,经过信用卡公司和银行多次身份确认、银行授权、各种财务数据交换和账务往来等许多环节,看来有些复杂,其实这一切都是在极短的时间内完成的。在实际运用过程中,从顾客输入订单后开始到拿到商店开出的电子收据为止的整个过程仅用时5~20秒,省时、省力、省事,安全可靠性能也十分高,既可以保证顾客信用卡上的信息不会被别人看到,也可以保证顾客购物的商店是一个真实的商店而不是一个假冒的商店,保证顾客付款后可以放心地买到自己满意的物品。

知识7.6　电子支票

电子支票(electronic check)是一种借鉴纸质支票转移支付的优点,利用数字传递将资金从一个账户转移到另一个账户的电子支付形式。它通过排除纸质支票,最大限度地利用了当前银行系统的自动化潜力。例如,通过银行自动柜员机网络系统进行一定范围的普通费用的支付,通过跨省市的电子汇兑和清算,实现全国范围内的资金传输;大额资金在世界各银行之间的资金传输。利用电子支票进行支付,消费者可以通过电脑网络将电子支票发向商家的电子信箱,同时把电子付款通知单发送到银行,银行随即把款项转入商家的银行账户。这一支付过程在几秒钟之内就可以完成,处理费用较低,而且银行也能为参与电子商务的商店提供标准化的资金信息,因而电子支票是一种最有效率的支付手段。

电子支票有以下几个优点。

① 电子支票可为新型的在线服务提供便利。它支持新的结算流;可以自动证实交易各方的数字签名;增强每个交易环节上的安全性;与基于EDI的电子订货集成来实现结算业务的自动化。

② 电子支票的运作方式与传统支票相同,简化了顾客的学习过程。电子支票保留了纸制支票的基本特征和灵活性,又扩展了纸制支票的功能,因而易于理解,能得到迅速采用。

③ 电子支票非常适合小额结算;电子支票的加密技术使其更容易处理。收款人和收款人银行、付款人银行能够用公钥证书证明支票的真实性。

④ 电子支票可为企业市场提供服务。企业运用电子支票在网上进行结算,可比现在采用的其他方法降低成本;由于支票内容可附在贸易伙伴的汇款信息上,电子支票还可以方便地与EDI应用集成起来。

⑤ 电子支票要求建立准备金,而准备金是商务活动的一项重要要求。第三方账户服务器可以向买方或卖方收取交易费来赚钱,它也能够起到银行的作用,提供存款账户并从中赚钱。

⑥ 电子支票要求把公共网络同金融结算网络连接起来,这样就充分发挥了现有的金融结算基础设施和公共网络的作用。

电子支票交易的过程如图7.9所示,由几个步骤组成:第1步,消费者与商店达成购销协议并选择使用电子支票方式来进行支付;第2步,消费者通过网络向商店发出电子支票,同时向银行发出付款通知书;第3步,商店通过验证中心对消费者提供的电子支票进行验证,验证无误后将电子支票送交银行索付;第4步,银行在商店索付时通过验证中心对消费者提供的电子支票进行验证,验证无误后即向商店兑付或转账。

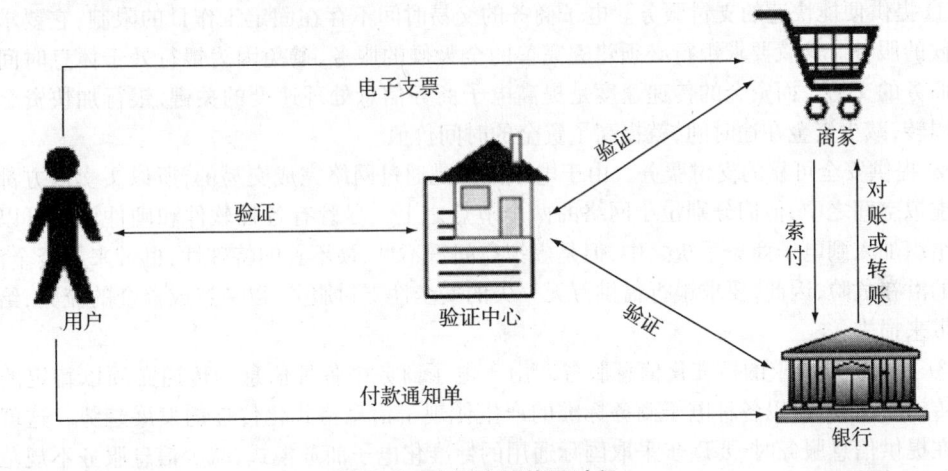

图7.9 电子支票使用过程

目前,电子支票的支付一般是通过专用网络、设备、软件及一套完整的用户识别、标准报文、数据验证等规范化协议完成数据传输的,确保了安全性。电子支票发展的主要方向是逐步过渡到在公共互联网上进行传输。

知识7.7 网上银行

电子商务的发展要求银行等金融机构同步电子商务化,于是网上银行应运而生。相对于有400多年历史的银行业,网上银行诞生至今不过短短几年的时间,但它的扩展速度却以几何级数增长,大有取代传统银行业务方式的势头。

1. 网上银行定义

网上银行(Internet Banking)也叫网络银行、电子银行、虚拟银行，是指设立在 Internet 上的金融站点。它没有银行大厅，没有营业网点，只需要通过与 Internet 连接的计算机进入该站点，就能够在任何地方 24 小时全天候进行银行的各项业务，即网上银行是在 Internet 上的虚拟银行柜台。网上银行几乎囊括了现有银行的所有金融业务，代表了整个银行金融业未来的发展方向。

2. 网上银行产生的原因

网上银行是由信息社会不断发展所带来的一种全新的银行模式，是为了适应网络经济的需要而产生的。它依托迅猛发展的计算机网络技术与通信技术，利用 Internet，实现对传统银行模式的新突破。

（1）网上银行是电子商务发展的需要

银行是电子商务活动的参与者，被买卖双方通过电子技术手段连接在相应的电子网络之中。买卖双方在电子商务中拥有自己的自主权，银行则是买卖双方完成商务活动的服务机构，买卖双方需要依靠银行来完成货币资金的清算与支付两大功能。离开了银行，一切电子商务活动都无法实现。电子商务对银行的影响与要求主要表现在以下几个方面。

① 提供便捷快速的支付服务。电子商务的交易时间不存在固定工作日的限制，它要求的是全天候的服务。这就要求银行必须建立完善的全天候的服务，避免因为银行处于休息时间影响电子商务的交易。而资金的传递速度是提高电子商务信息处理速度的关键，银行加快资金的支付与周转，减少资金在途时间，就提高了资金的时间价值。

② 提供安全可靠的支付服务。由于电子商务是通过网络完成交易的，所以买卖双方都处在一种虚拟空间之中，他们分别位于网络的两个节点之上。尽管有各种软件和硬件设施可以防止无关组织加入到电子商务系统之中，但是虚拟空间看不见、摸不着的特殊性，也带来了资金消失、蒸发的潜在危险，因此，要求银行提供万无一失的安全性支付服务，以免造成资金的流失，给交易双方带来损失。

③ 提供符合要求的标准化信息服务。由于电子商务中各种信息的传递必须以特定的格式进行传输与交换，所以各种电子商务标准的产生体现了信息格式化传递的发展趋势。这就要求银行在提供信息服务时，要逐步采取国际通用的标准化电子商务模式，减少信息服务不规范可能产生的混乱与错误。

（2）网上银行也是银行业自身发展的需要

目前，原有的各种传统产业无一例外地受到了快速发展的信息产业的冲击，银行业这一古老的产业也不例外。例如，银行员工工资成本越来越高，支出较大，而银行业之间的竞争在不断加剧，又造成了银行利润的相对减少。而且，传统的手工操作方式也带来了易出现差错、重复劳动、效率低下等弊端。面对现实，银行业只有扩大服务范围，提高服务质量，才能在激烈的竞争中立于不败之地。而迅速发展的电子商务不仅给银行带来了压力，更给银行业带来了机遇。因此，银行业从自身生存与发展来考虑，也必须要尽快地拓展网上银行业务，谁抢占了先机，谁就赢得了主动，也就赢得了未来的客户和利润。

3. 网上银行的业务与特点

自 1995 年世界上第 1 家网上银行——美国安全第一网络银行诞生以来，网上银行的发展始终保持着强劲势头。近年来，随着网上银行业务量的增加，网上银行在银行业中的地位与日俱增,对社会发展起到了积极作用。如图7.10所示为中国工商银行网上银行。

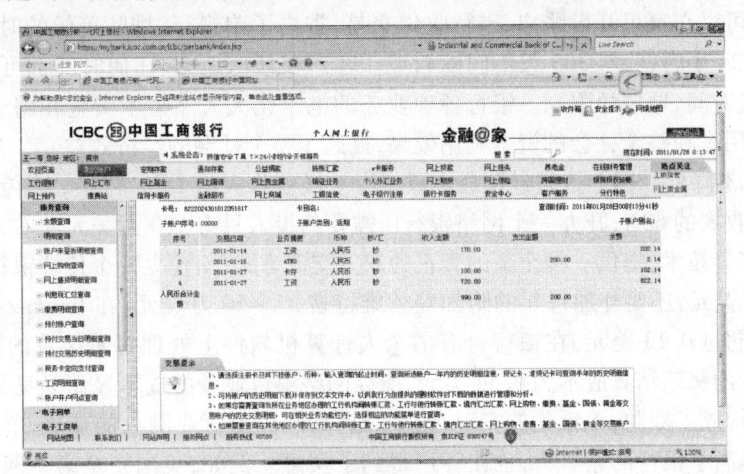

图7.10 工商银行网上银行

(1) 网上银行的业务内容

网上银行提供的服务可以分为三大类:第一,即时资讯,如查询结存的余额、外币的买卖价格、贵金属交易价格、存款的利率资料等;第二,办理银行一般业务,如客户往来、储蓄、定期账户间的转账、定期存款及更改存款的到期时间、申请支票簿等;第三,为网上交易的买卖双方办理交割手续。具体的服务项目有以下几种。

① 个人账户管理。网上银行为个人提供的服务包括在线查询账户余额、交易记录、下载数据、投资理财、信用卡还款、电子转账和网上支付等。

② 企业账户管理。也称为对公业务,包括查询本企业或下属企业的账户余额和历史业务记录、代发员工工资、划转企业内部各单位之间的资金、为企业提供金融报告和报表、企业资金托管等。

③ 信用卡服务。信用卡业务是目前各大银行争夺的焦点,网上银行的信用卡业务包括通过Internet申办、开启、挂失信用卡,信用卡账户查询、清算等功能。例如,美国安全第一网络银行发行维萨(VISA)卡,分为普通卡与金卡两种。信用卡不收取年费,但如果每年使用次数少于6次,则收取25美元的费用。

④ 投资理财业务。银行为客户提供全面的金融分析服务,及时向客户提供各种市场信息和新闻,包括股票、基金、外汇、黄金、期货、保险等金融产品的即时信息发布,以便使客户了解外汇汇率的变动情况和股票、期货、黄金市场的行情。

⑤ 网上商城。银行在电子商务迅猛发展的今天,不再局限于担当支付的角色,也开始积极拓展自己的业务领域,最常见的做法是在电子支付下建立网上商城。根据调查显示,顾客对网上银行的网络商城青睐程度仅次于C2C网站。

⑥ 各种支付。支付是银行的基本业务,包括电子支票、信用卡等网上支付方式,还包括代收水费、电费、手机费、上网费等服务。

(2) 网上银行的特点

网上银行与传统银行相比,表现出以下特点。

① 无纸化交易。传统银行使用的票据和各种单据大部分被电子支票、电子汇票和电子收据所代替;原有的纸币被电子货币(电子现金、电子钱包、电子信用卡)所代替;原有的纸质文件的传递变成了数据通过网络传递。

② 服务方便、快捷、安全。网上银行的用户，可以享受到方便、快捷、高效、安全的全方位服务。上网客户可以在家里开设账户，进行收付交易，省去了跑银行、排队等候的时间。网上银行实行全天候的 24 小时，一年 365 天不间断营业。客户在任何地方、任何时间都可以使用网上银行的服务，不受时间、地域的限制。银行各项业务的电子化大大缩短了资金在路途上的时间，提高了资金的利用率和整个社会的资金利用效果，提高了整个社会的经济效益。

③ 经营成本降低。网上银行经营成本只相当于经营收入的 15%～20%，而传统银行的经营成本占了经营收入的 60%；开办一个网络银行所需要的投入只有 100 万美元左右，还可以利用电子邮件、讨论组等技术，提供一种全新的真正的双方交流方式，而建立一个传统银行分行，投入需要 150～200 万美元，还要外加每年的附加经营维持费 35～50 万美元；在 Internet 上进行资金结算每笔成本不超过 0.13 美元，在银行自有的个人计算机软件上处理每笔结算的成本则为 0.26 美元，电话银行的每笔结算成本为 0.54 美元，所以网络银行业务的成本显而易见是最低的，对传统的银行已经构成了威胁；无纸化的实现、效率的提高和固定营业网点的减少，节约了大量的银行运营成本，提高了银行的竞争力，也让客户得到了实惠。例如，美国安全第一网络银行的基本支票账户不收手续费，没有最低余额限制，并且客户还可以免费使用 20 次电子付款服务，免费使用自动柜员机和借记卡，它的定期存单的利率也是美国最高的几家银行之一，因为电子业务处理方式的使用，降低了成本，银行将这部分额外利润的一部分返还给客户。

④ 操作简单易学。使用网上银行的服务不需要特别的软件，甚至不需要任何专门的培训，只要有一台计算机，有进入 Internet 的账号，上网后，即可根据网络银行网页的显示，按照提示进入自己所需要的业务项目即可。简明快捷的用户指南，让具有 Internet 基本知识的网民很快就能够掌握网上银行的操作方法。

知识 7.8　第三方支付

1. 第三方支付的概念

所谓第三方支付，就是一些与产品所在国家及国外各大银行签约，并具备一定实力和信誉保障的第三方独立机构提供的交易支持平台。简单说来，第三方支付平台是独立于银行、网站及商家之外来做支付的服务型中介机构，主要为电子商务企业提供电子商务基础支撑与应用支撑的服务，不直接从事具体的电子商务活动。也就是说，在通过第三方支付平台的交易中，买方选购商品后，使用第三方平台提供的账户进行货款支付，由第三方通知卖家货款到达、进行发货，买方检验物品后，就可以通知付款给卖家，第三方再将款项转至卖家。

第三方支付较好地解决了制约电子商务发展的诚信和资金流的问题，具有安全、快捷的优势，目前正逐渐发展成为电子商务中广泛采用的一种支付模式。

2. 第三方支付的特点

第三方支付主要是围绕双方都信任的第三方机构来进行的，客户可以在第三方支付平台开设账号，银行卡信息不会在公共网络上多次传输而导致信用卡被窃，在网络传输的只是第三方支付账号，除了第三方代理机构外，其他人无法看见客户的银行卡信息。第三方支付具有以下几个特点。

① 第三方支付平台提供一系列的应用接口程序，将多种银行卡支付方式整合到一个界面

上,负责交易结算中与银行的对接,使网上购物更加快捷、便利。消费者和商家不需要在不同的银行开设不同的账户,从而可以帮助消费者降低网上购物的成本,帮助商家降低运营成本,同时还可以帮助银行节省网关开发费用,并为银行带来一定的潜在利润。

② 较之 SSL、SET 等支付协议,利用第三方支付平台进行支付操作更加简单而易于接受。SSL 是现在应用比较广泛的安全协议,在 SSL 中只需要验证商家的身份。SET 协议是目前发展的基于信用卡支付系统的比较成熟的技术。但在 SET 中,各方的身份都需要通过 CA 进行认证,程序复杂,手续繁多,速度慢且实现成本高。有了第三方支付平台,商家和客户之间的交涉由第三方来完成,使网上交易变得更加简单。

③ 第三方支付平台本身依附于大型的门户网站,且以与其合作的银行的信用作为信用依托,所以第三方支付平台能够较好地突破网上交易中的信用问题,有利于推动电子商务的快速发展。

3. 第三方支付平台的产品类型

目前我国国内的第三方支付产品主要有 PayPal(易趣公司产品)、支付宝(阿里巴巴旗下)、财付通(腾讯公司,腾讯拍拍)、易宝支付(Yeepay)、快钱(99bill)、百付宝(百度 C2C)、物流宝(网达网旗下)、网易宝(网易旗下)、网银在线(Chinabank)、环迅支付、汇付天下、汇聚支付(Join-pay)。其中,用户数量最大的是 PayPal 和支付宝,前者主要在欧美国家流行,后者是阿里巴巴旗下的产品,截至 2015 年 6 月,支付宝实名用户超过 3 亿。另外,中国银联旗下的银联电子支付也开始发力第三方支付,其实力不容小视。

(1) 支付宝(http://www.alipay.com)

支付宝网站是国内先进的网上支付平台,由阿里巴巴公司创办,致力于为网络交易用户提供优质的安全支付服务。如图 7.11 所示,支付宝服务自 2003 年 10 月 18 日在淘宝网推出以来,在短短的几年时间内,迅速成为会员网上交易不可缺少的支付方式,深受淘宝会员的喜爱。经过不断改进,支付宝服务日趋完善。为了更好地运营支付宝,为用户提供更优质的服务,成立了支付宝公司,并于 2004 年 12 月 30 日推出了支付宝账户系统。

图 7.11 支付宝

(2) 贝宝(http://www.paypal.com)

贝宝是由上海网付易信息技术有限公司与世界领先的网络支付公司——PayPal 公司通力合作,为中国市场量身定做的网络支付服务。贝宝网站如图 7.12 所示。贝宝利用 PayPal 公司在电子商务支付领域先进的技术、风险管理与控制及客户服务等方面的能力,通过开发适合中国电子商务市场与环境的产品,为电子商务的交易平台和交易者提供安全、便捷和快速的交易支付支持。

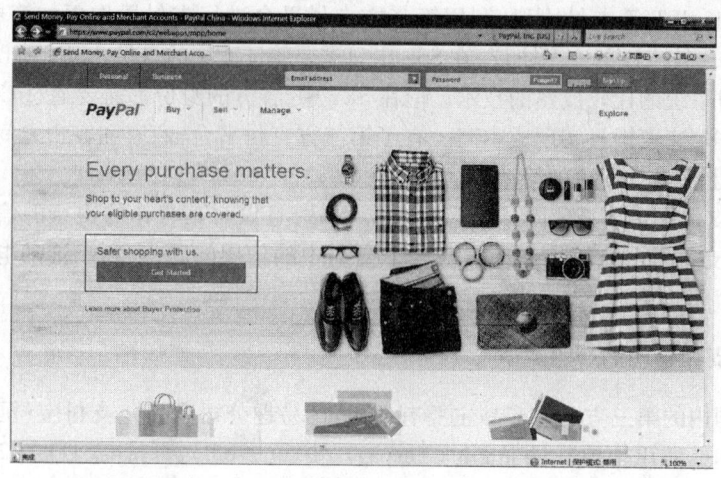

图 7.12 贝宝

(3) 快钱(http://www.99bill.com)

快钱是国内领先的独立电子支付及清结算企业,专注于为各类行业和企业提供安全、便捷的综合电子支付服务。它推出的基础支付产品包括人民币支付、外卡支付、神州行卡支付、联通充值卡支付、VPOS 支付等,支持互联网、手机、电话和 POS 等多种终端,提供充值、收款、付款、提现、对账、交易明细查询等功能,满足各类企业和个人的不同支付需求。同时,快钱全面的解决方案覆盖航空、教育、保险、物流、数字娱乐、网上购物、零售等多个行业,可协助企业提升财务管理效率、拓展营收渠道。快钱产品和服务的高度安全性及严格的风险控制体系深受业内专家和众多企业的好评。快钱网站如图 7.13 所示。

图 7.13 快钱

(4) 云网(http://www.cncard.net)

北京云网无限网络技术有限公司成立于 1999 年 12 月,是国内首家实现在线实时交易的电子商务公司。作为国内 B2C 电子商务网站中最早、最专业、最具规模的公司之一,云网目前拥有国内极其完善的银行卡在线实时支付平台和多年的数字商品电子商务运营经验,占有国内网上

数字卡交易市场份额的 80% 以上,日成功交易超过 4 万笔,年营业额逾 2 亿元人民币,连续多年在全国各个银行网上支付 B2C 商户中名列前茅。目前云网支付@网是在支持银行卡卡种、覆盖范围和实时交易速度等方面都居国内领先位置的支付平台,如图 7.14 所示。

图 7.14 云网

(5) 网汇通

网汇通是中国率先提供互联网现金汇款、支付的服务提供商,由集联天下公司与中国邮政紧密合作,提供网汇通业务的数据处理和经营。网汇通网站如图 7.15 所示。自 2005 年成立以来,作为在线支付市场的生力军,集联天下公司致力互联网新经济和传统行业相结合的研究,为电子支付的商业应用,开创性地推出了崭新的电子金融服务产品——网汇通。由于中国邮政的网络遍布城乡,网汇通产品更加具备服务于普通民众的特性。集联天下公司兼蓄国内外先进资源、建造的大型计算机处理系统,会遵照消费者的指令,将资金安全、可靠、实时地送达。

图 7.15 网汇通

(6) 财付通

财付通是腾讯公司 2005 年 9 月创办的在线支付平台,致力于为互联网用户和企业提供安全、便捷、专业的在线支付服务。财付通支持全国各大银行的网银支付,为用户提供提现、收款、付款等配套账户功能,还为广大用户提供了手机充值、游戏充值、信用卡还款、机票专区等特色便民服务。针对企业用户,财付通构建全新的综合支付平台,业务覆盖 B2B、B2C 和 C2C 各领域,提供卓越的网上支付及清算服务,如图 7.16 所示。

图 7.16 财付通

(7) 拉卡拉

拉卡拉是联想控股旗下的高科技金融服务企业,依托遍布全国的拉卡拉支付终端,拉卡拉为用户提供安全、简单、方便、灵活的全方位便民金融服务。在拉卡拉,用户可以轻松地完成很多原本需要去银行、邮局及社区店才能完成的业务,包括还款、交费、充值、账单号付款、订阅期刊、购买票务、积分兑换等。同时,拉卡拉促进了电子商务的发展,依托拉卡拉的系统,各类产品销售、票务预订、积分兑换等电子商务用拉卡拉一刷即付,极大地拓展了支付渠道,真正实现了无处不能支付的电子商务。拉卡拉网站如图 7.17 所示。

图 7.17 拉卡拉

4. 第三方支付流程

第三方支付平台的工作流程主要分为 3 步:一是将买方货款转拨到买方在第三方平台的账户;二是当转账成功后通知卖方发货;三是接受买方确认货物信息后,货款转拨到卖方账户。一次成功的第三方支付过程包括 9 个环节,具体流程如图 7.18 所示。

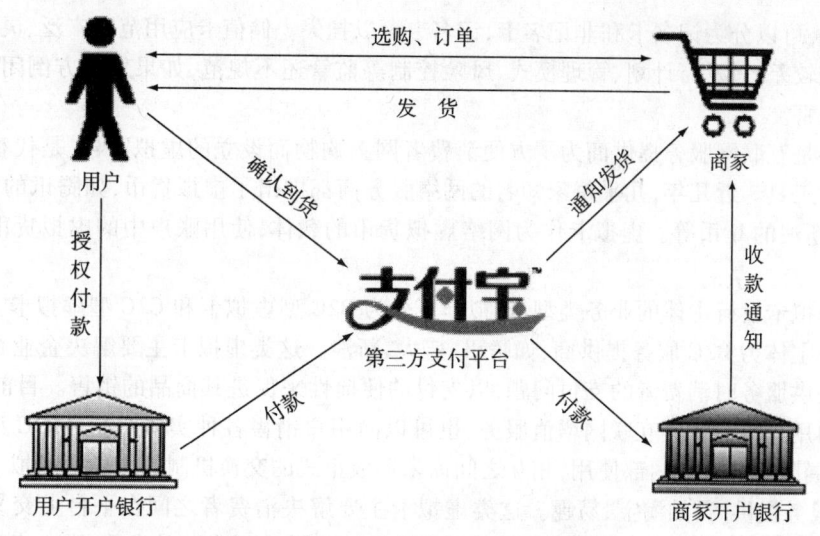

图 7.18　第三方电子支付平台的交易流程

1）网上消费者浏览检索商户网页，选择好想购买的商品，并与卖方商定好价格，双方在网上达成交易意向。

2）网上消费者在商户网站下订单，商户通知消费者进行第三方支付。

3）网上消费者选择第三方支付平台，直接链接到其安全支付服务器上，在支付页面上选择自己适用的支付方式，单击后进入支付页面进行支付操作。

4）第三方支付平台将网上消费者的支付信息按照各银行支付网关的技术要求传递到各相关银行。

5）由相关银行（银联）检查网上消费者的支付能力，实行冻结、扣款或划账，并将结果信息传至第三方支付平台和网上消费者本身。

6）第三方支付平台将支付结果通知商户。

7）对支付成功的，由商户向网上消费者发货或提供服务。

8）消费者收到商品后向第三方支付平台确认到货信息。如果未收到货或商品有质量问题，可以向第三方支付平台申请退款。

9）各个银行通过第三方支付平台向商户实施清算。

知识 7.9　储值卡和虚拟卡

储值卡（Value Card），又称预付卡、消费卡、智能卡、积分卡等，是发卡银行或其他经中国人民银行认可有权发卡的企业单位将持卡人预先支付的货币资金转至卡内储存，交易时直接从卡内扣款的电子支付卡片。

随着电子商务的使用领域越来越广，储值卡的支付在不断发展与创新。按储值卡的发卡主体，可以分为银行发行的储值卡，电信行业发行的储值卡，商场、超市、餐饮、娱乐、美容等商业机构发售的优惠卡、购物卡、会员卡、加油卡等，公共事业单位发行的储值卡，如公交 IC 卡、社保卡等，不销售商品或提供服务的机构发行的第三方机构储值卡。

按储值卡的存在形式划分，可以分为智能卡、磁条卡、纸凭证和互联网账户储值卡等；按储值卡的支付方式划分，可以分为网上支付的、网下支付的、网上网下均可支付的储值卡；按储值卡是否记名划分,可以分为记名卡和非记名卡,记名卡可以挂失。储值卡应用范围广泛、灵活多样,但是安全措施较差,对发行计划、管理模式、风险控制等监管还不规范,如果发卡方倒闭,消费者权益会受到损害。

虚拟卡是互联网服务提供商为了方便消费者网上购物而设立的虚拟账号,是代替实物卡片的一种支付工具。近几年,几乎每家知名的网络服务商都推出了虚拟货币,如腾讯的Q币、百度的百度币、新浪的U币等。虚拟卡作为网络虚拟货币的载体,使用账户中的虚拟货币进行网上消费。

按照虚拟卡发行主体的业务类型,虚拟卡可分为B2C型虚拟卡和C2C型虚拟卡。B2C型虚拟卡的发行主体为B2C服务提供商,如腾讯、盛大、新浪。这类虚拟卡主要解决企业在网络上销售商品或提供服务时消费者的支付问题,以支付的便捷性来促进其商品的销售。目前B2C型企业既可以向用户提供各类互联网增值服务,也可以向用户销售各种实体商品。B2C型虚拟卡属于封闭式,局限于各企业内部使用,相互之间尚未形成正式的交换机制。C2C型虚拟卡的发卡机构为C2C服务提供商,如淘宝、易趣。这类虚拟卡主要解决消费者之间在平台上交易时的支付问题,以支付的便捷性和安全性来提高平台的竞争力。随着电子商务的发展,进入虚拟卡市场的企业越来越多,目前国内市场的虚拟卡发卡机构已经超过400多家。

知识 7.10 移 动 支 付

1. 移动支付的定义

移动支付是指用户以手机、PDA等移动终端为工具,通过移动通信网络,实现资金由支付方转移到受付方的支付方式。

目前移动支付的运营方式中,一部分由网络运营商独立运营。运营商推出的移动支付业务大多可以提供3种账户设置方式:手机账户、虚拟银行账户和银行账户。除银行账户外,消费者可以选择手机,即账户与手机进行绑定,支付款项从手机话费中扣除,也可以选择虚拟银行账户,这是一种过渡时期的账户形式,适用于在发展初期,尤其是还没有得到多银行的支持的时候,虚拟账户将在小额度的移动支付业务上发挥其作用。

另外,银行也可以借助移动运营商的通信网络,独立提供移动支付服务。银行有足够的在个人账户管理和支付领域的经验,以及庞大的支付用户群和他们对银行的信任,移动运营商不参与运营和管理,由银行独立享有移动支付的用户,并对他们负责。

而应用比较多的是网络运营商与金融组织联合运营,移动电信运营商与金融组织进行互补,发挥各自的优势,共同运营移动支付服务。在国内,中国移动和中国银联共同投资创办联动优势科技有限公司,共同推出移动支付业务并参与运营;韩国SK Telecom联合5家卡类组织(KORAM Bank、Sumsung Card、LG Card、Korea Exchange Card、Hang Card)共同推出了移动支付业务品牌MO-NETA;日本的NTT DoCoMo推出的i-mode Felica是与VISA合作的结果,让手机也同时拥有信用卡的功能。

2. 移动支付的优点

移动支付结合了移动通信和电子货币的服务,丰富了现代支付手段,使人们不仅能在固定场所享受各种便利的支付方式,同时也可以在出差、旅行、参观中便利地进行各种支付。

移动支付作为一种崭新的支付方式,具有方便、快捷、安全、低廉等优点,将会有非常大的商业前景,而且会引领移动电子商务和无线金融的发展。手机付费是移动电子商务发展的一种趋势,它包括手机小额支付和手机钱包两大内容。手机钱包就像银行卡,可以满足大额支付,是中国移动近期的主打数据业务品牌,通过把用户银行账户和手机号码进行绑定,就可以通过短信息、语音、GPRS等多种方式对自己的银行账户进行操作,实现查询、转账、交费、消费等功能,并可以通过短信等方式得到交易结果通知和账户变化通知。

3. 移动支付的过程

从技术构成来看,手机支付主要涉及消费者、商家和无线运营商,所以手机支付系统大致可以分为3个部分,即客户端系统、商家管理系统和无线运营商综合管理系统。客户端系统主要是保证客户购买到所需的产品和服务,并可随时查看交易记录、余额等信息;商家管理系统可以使商家随时查看销售数据及利润分成情况;无线运营商综合管理包括鉴权系统和计费系统两个重要子系统,既要对客户的权限、账户进行审核,又要对商家提供的服务和产品进行监督,并为利润分成的最终实现提供保证。下面就以利用移动支付购买一般商品为例讲述整个过程,如图7.19所示。

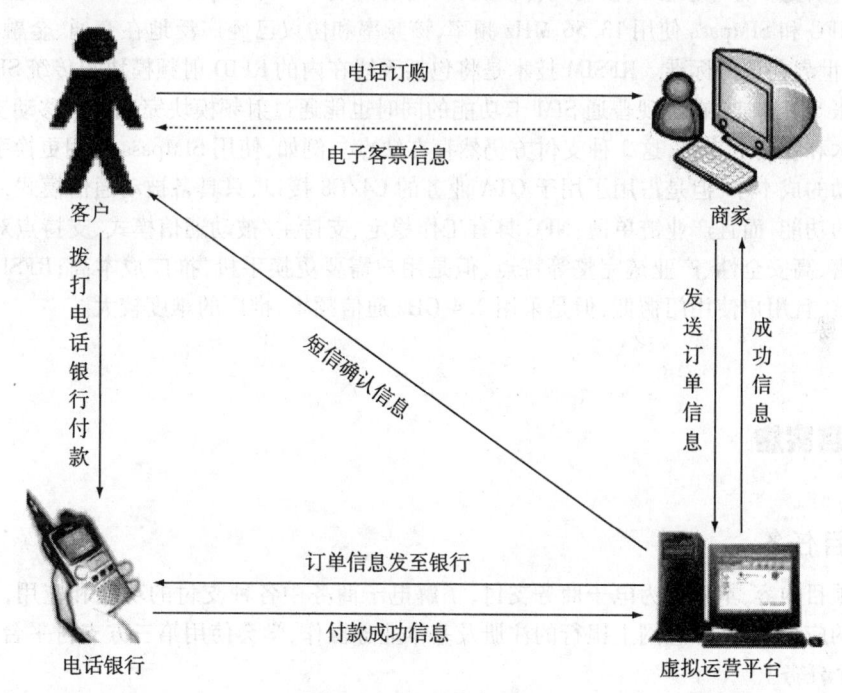

图7.19 手机支付过程

1)消费者通过互联网进入消费者前台系统选择商品。
2)将购买指令发送到商家管理系统。
3)商家管理系统将购买指令发送到无线运营商综合管理系统。
4)无线运营商综合管理系统将确认购买信息指令发送到消费者前台消费系统或消费者手机上请求确认,如果没有得到确认信息,则拒绝交易。
5)消费者通过消费者前台消费系统或手机将确认购买指令发送到商家管理系统。
6)商家管理系统将消费者确认购买指令转交给无线运营商综合管理系统,请求交费操作。

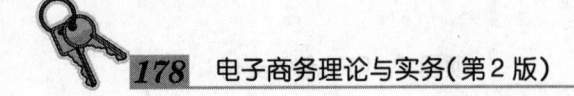

7）无线运营商综合管理系统交费后，告知商家管理系统可以交付产品或服务，并保留交易记录。

8）商家管理系统交付产品或服务，并保留交易记录。

9）将交易明细写入消费者前台消费系统，以便消费者查询。

4. 移动支付技术的发展

我国的移动支付技术前后经历了 3 个发展阶段。

第 1 阶段是将手机短信与后台账户捆绑在一起的支付模式。它主要是将用户的手机号和后台中用户的支付账号实行关联，从而来完成支付过程。虽然这种方式使用门槛很低，但是存在安全性欠缺、操作繁琐复杂、无法即时支付等问题。

第 2 阶段是基于 WAP 和 Java 方式，利用移动终端的客户端或 WAP 浏览器，通过 GPRS 或 CDMA2000 网络实行支付。这种方案既可以采用后台账户绑定模式，也可以采用在支付过程中记录账户信息的模式，如让用户输入银行卡号和密码。这种移动支付模式与第 1 阶段移动支付有同样的缺点，还受到网络速度的制约。

第 3 阶段是一种非接触式移动支付模式，目前已经有 NFC、SIMpass 及 RFSIM 三种比较成熟的技术。NFC 和 SIMpass 使用 13.56 MHz 频率，该频率和协议已经广泛地在交通、金融等多个行业应用，是世界公认的标准。RFSIM 技术是将包括天线在内的 RFID 射频模块与传统 SIM 卡功能集成在一张 SIM 卡上，在实现普通 SIM 卡功能的同时也能通过射频模块完成各种移动支付。

从技术和应用上来讲，这 3 种支付方仍然存在缺点。例如，使用 SIMpass 不用更换手机，运营商项目启动的成本小，但是占用了用于 OTA 业务的 C4/C8 接口，只具备被动通信模式，不具有点对点通信的功能，而且产业链单薄；NFC 具有工作稳定、支持主/被动通信模式、支持点对点通信、支持高加密、高安全性、产业链完整等特点，但是用户需要更换手机，推广成本高；RFSIM 更容易控制产业链，且用户使用门槛低，但是采用 2.4 GHz 通信频率，推广的难度较大。

项目实施

项目任务

根据项目内容，本项目为电子商务支付，了解电子商务中各种支付的功能和应用，以及各种支付技术的应用过程，熟悉网上银行的注册及基本业务操作，学会使用第三方支付平台。这主要有下面 3 个任务。

1. 工商银行个人网上银行的使用。
2. 第三方支付平台支付宝的操作。
3. 网上充值的使用。

项目要求

1. 掌握工商银行个人网上银行的注册过程、基本业务和安全服务。
2. 掌握支付宝的注册、安全设置和实名认证的操作过程及方法。
3. 熟悉网上营业厅的业务，掌握网上充值的操作过程。

实施步骤

1. 网上银行的使用

（1）网上银行的开通

用户只要在商业银行开通银行账户，就可以开通网上银行，当然不同的银行其网上银行的开通方式存在某些差异，但流程大致相同。下面以中国工商银行为例来开通个人网上银行。

1）登录中国工商银行网站（http://www.icbc.com.cn），单击"个人网上银行登录"栏目下的"注册"，申请注册，如图7.20所示。

图7.20　中国工商银行首页

2）阅读网上自助注册须知，单击"注册个人网上银行"按钮，如图7.21所示。

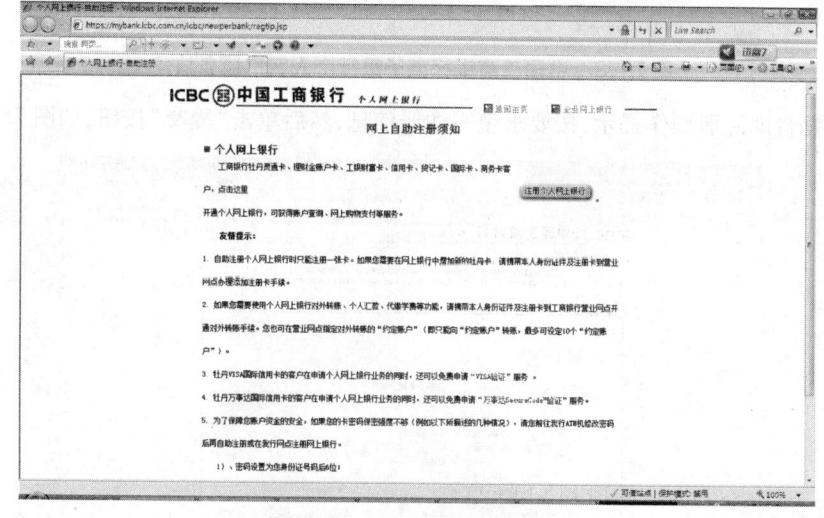

图7.21　网上自助注册须知

3）阅读开户信息提示，输入注册卡账号、账号密码和验证码，单击"提交"按钮，如图7.22所示。

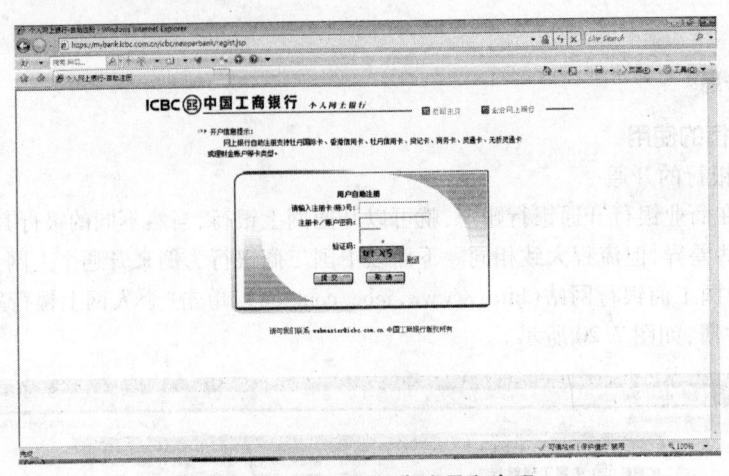

图7.22 输入银行卡账号和密码

4) 显示"中国工商银行电子银行个人客户服务协议",仔细阅读后单击"接受此协议",如图7.23所示。

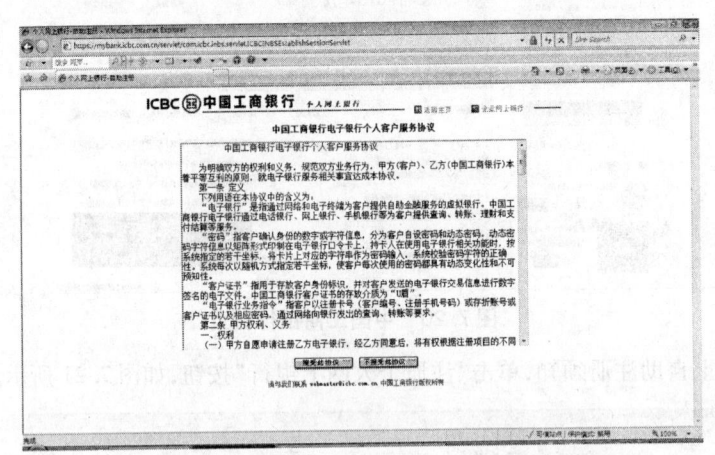

图7.23 中国工商银行电子银行个人客户服务协议

5) 根据自助注册操作提示,按要求填写注册信息,然后单击"提交"按钮,如图7.24所示。

图7.24 填写注册信息

(2) 使用个人网上银行

用户个人网上银行注册成功后，就可以开始登录并使用网上银行所提供的基本业务，对个人网上银行进行操作。

1) 为了保证正常使用个人网上银行，需要在计算机上进行相关的设置，包括下载安全控件、工行根证书、证书驱动程序和个人客户证书，进行安装，如图7.25所示。

图7.25 运行个人网上银行的计算机设置

2) 计算机能够正常使用个人网上银行后，单击"登录"，输入账号、登录密码及验证码，阅读下方的风险提示，如图7.26所示。

图7.26 个人网上银行用户登录

3) 登录成功后进入个人网上银行首页，单击"我的账户"，对账户的余额和明细账进行查询。熟悉定期存款、通知存款、转账汇款、网上挂失、网上保险、网上基金、缴费等网上银行的基本业务，如图7.27所示。

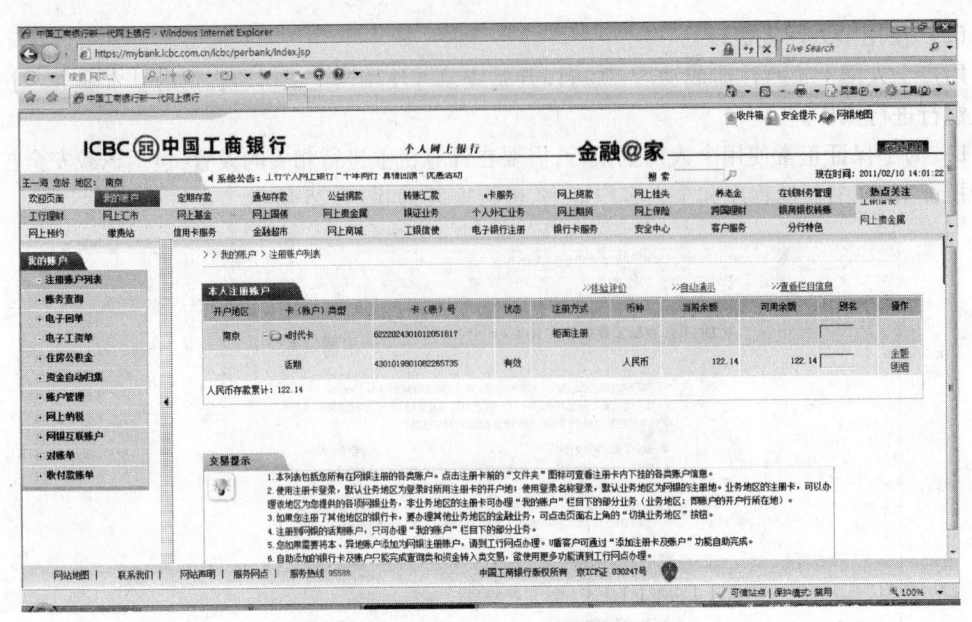

图 7.27　工商银行个人网上银行首页

2. 支付宝的操作

（1）注册支付宝账号

1）登录支付宝首页（http://www.alipay.com），单击"立即免费注册"，选择 E-mail 注册，也可以使用手机注册，如图 7.28 所示。

图 7.28　支付宝个人用户注册

2）填写 E-mail、真实姓名、登录密码、校验码，同时仔细阅读支付宝服务协议，然后单击"同意以下协议并提交"，如图 7.29 所示。

3）打开电子邮箱，使用邮件激活支付宝账号，支付宝账号激活如图 7.30 所示。

图 7.29　支付宝用 E-mail 注册的用户信息

图 7.30　支付宝账号激活

(2) 申请支付宝实名认证

1) 登录支付宝账号,登录成功后(见图 7.31),进入"我的账户",单击账户状态右侧的"申请实名认证",填写认证信息。

图 7.31　我的支付宝

2）仔细阅读支付宝实名认证服务协议后，单击"我已经阅读并同意接受以上协议"按钮，进入支付宝实名认证，如图7.32所示。

图7.32 支付宝实名认证方式的选择

3）有两种进行实名认证的方式可选，可选择其中一种，这里选择支付宝卡通来进行实名认证，然后单击"立即申请"按钮，如图7.33所示。

图7.33 申请"支付宝卡通"服务——选择银行

4）选择银行，确认信息，正确填写姓名、身份证号码、支付密码等信息，然后单击"提交"按钮，如图7.34所示。

5）输入银行账号和验证码，进行网上银行验证，进行网上银行签约，如图7.35所示。进入"我的支付宝卡通"，激活卡通，中国工商银行"支付宝卡通开通"，支付宝实名认证成功。

图 7.34　申请"支付宝卡通"服务——填写信息

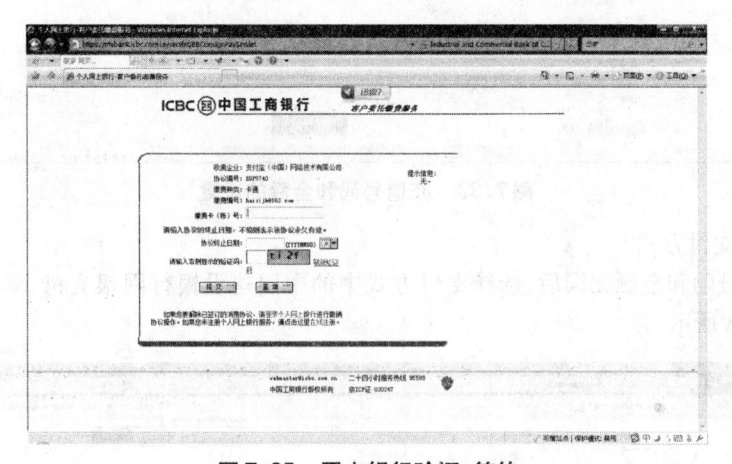

图 7.35　网上银行验证、签约

3. 网上充值的使用

(1) 进入网上营业厅

登录中国江苏移动的主页(http://www.js.10086.cn),单击"网上营业厅",选择"网上充值"的"银行卡充值",如图 7.36 所示。

图 7.36　中国移动网上营业厅

(2) 选择充值金额

江苏移动官方网站充值服务支持50多家银行、支付宝、银联、银行直充等方式,未开通网银也能充值。输入充值号码,选择充值金额,单击"开始充值"按钮,如图7.37所示。

图7.37 充值号码和金额的设置

(3) 选择支付方式

确认充值号码和金额无误后,选择支付方式中的中国建设银行网银支付,单击"立即支付"按钮,如图7.38所示。

图7.38 选择支付方式

(4) 个人网银支付

1) 进入中国建设银行个人网银支付,查看"我的订单"情况,选择"账号支付",输入支付账号和附加码,然后单击"下一步"按钮,如图7.39所示。

2) 输入账户柜台预留的手机号码的后4位,单击"确定"按钮(见图7.40),短信验证码发送到手机,查看手机上的验证码信息。

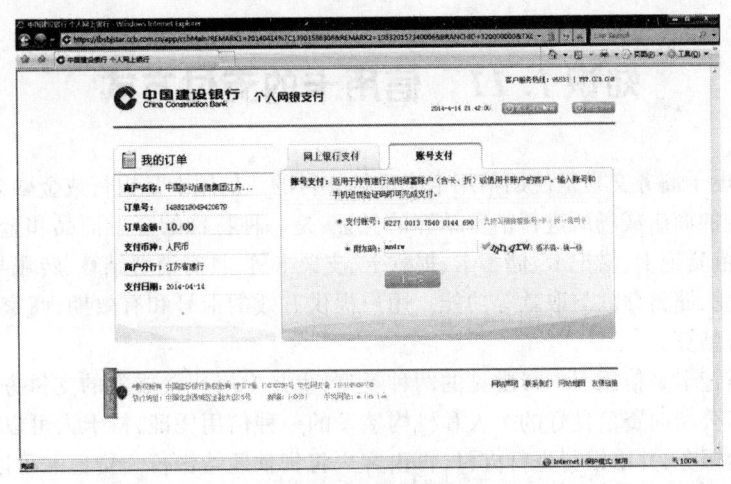

图 7.39　账号支付

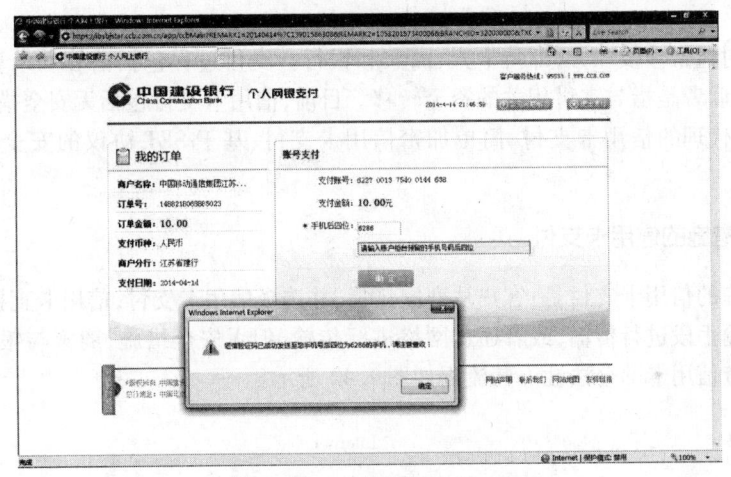

图 7.40　获取手机验证码

3）输入验证码信息，单击"支付"按钮，确认支付金额和订单号后单击"确定"按钮，账户支付，银行扣款成功，如图 7.41 所示。

图 7.41　支付成功

知识 7.11 信用卡的支付方式

目前,很多电子商务交易是使用信用卡来进行支付的。信用卡是银行或金融公司发行的、授权持卡人在指定的商店或场所进行消费结算的凭证,是一种特殊的金融商品和金融工具。信用卡包括贷记卡、准贷记卡、借记卡、储蓄卡、提款卡、支票卡等,具有消费结算、转账与支付结算、透支信贷、通存通兑、储蓄存款与取款等功能。用户提供有效的卡号和有效期,商家可以通过银行计算机网络进行结算。

贷记卡和借记卡是信用卡中最常见的两种类型,也是发展比较成熟的支付方式。贷记卡是由银行或信用卡公司向资信良好的个人和机构签发的一种信用凭证,持卡人可以在规定的特约商户购物或获得服务,并由银行先行支付,再由客户将贷款还给银行。贷记卡可以透支,是持卡人信用的标志。借记卡是银行向社会发行的具有消费信用、转账结算、存取现金等功能的支付工具,不能透支。

信用卡支付通常涉及三方,即持卡人、商家和银行。支付过程包括清算和结算,前者是指支付指令的传递,后者是指与支付相关的资金转移。目前,信用卡支付包括无安全措施的信用卡支付、通过第三方代理的信用卡支付、简单加密信用卡支付、基于 SET 协议的安全信用卡支付等类型。

1. 无安全措施的信用卡支付

无安全措施的信用卡支付是:客户从商家订货,并选择信用卡支付,信用卡直接通过电话、传真等非网上传输手段进行传输,或者通过网络进行传输,但无安全措施,商家与银行之间使用各自的授权来检查信用卡的合法性。其流程如图 7.42 所示。

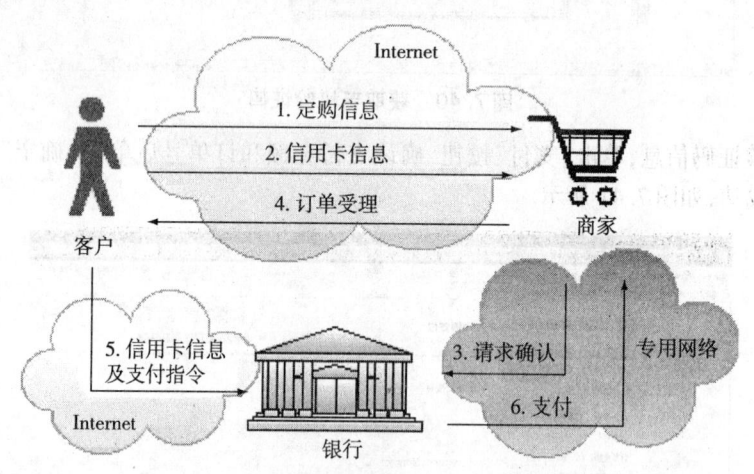

图 7.42 无安全措施的信用卡支付流程

无安全措施的信用卡支付的风险由商家承担。由于商家没有得到客户的签字,如果客户拒付或否认购买行为,商家将承担一定的风险。同时,客户(持卡人)将承担信用卡信息在传输过程中被截获或篡改的风险。

2. 通过第三方代理的信用卡支付

在采用无安全措施的信用卡支付模式中，由于商家完全掌握客户的银行账户信息，存在信用卡信息在网上多次公开传输而导致信用卡被窃取的风险。为降低这一风险，可以采取在买方和卖方之间启用第三方代理来协助完成支付的方式。

在这种方式下，客户在第三方代理人处开设账户，第三方代理人持有客户的账号和信用卡号。客户用该账号从商家订货，并把客户账号传送给商家。商家将客户账号、交易资金、支付条款等信息提供给第三方代理人。第三方代理人验证商家身份和客户账号信息，同时给客户发送电子邮件，要求客户确认购买和支付，之后再将确认信息返给商家。第三方代理人收到商家交易确认的信息后，按照支付条款要求与银行之间办理资金转拨手续，完成支付过程。其流程如图7.43所示。

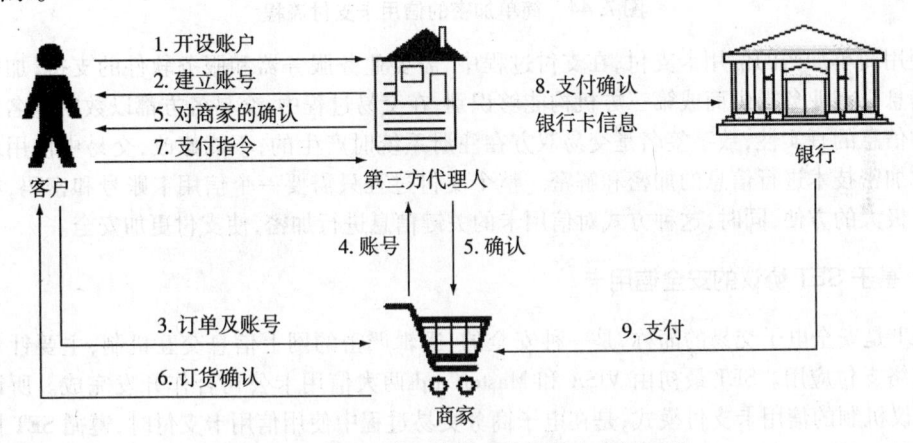

图7.43 通过第三方代理的信用卡支付流程

通过第三方代理的信用卡支付的特点是：客户账号的开设不通过 Internet；信用卡信息不在开放的网络上传送；使用电子邮件来确认客户的身份，防止伪造；商家自由度大，无风险；支付是通过双方都信任的第三方代理人完成的，安全性相对较高；交易双方都对第三方有较高的信任度，风险由第三方承担，保密等功能由第三方实现。

3. 简单加密信用卡支付

简单加密信用卡是目前较为常用的一种电子支付方式。使用这种方式支付时，客户的信用卡信息采用 SHTTP、SSL 等技术进行加密，这种加密的信息只有业务提供商或第三方付费处理系统能够识别，从而保障客户信用卡信息的安全。

在该支付方式下，客户在发卡银行开设一个信用卡账户，并获取信用卡卡号。客户向商家订货后，把加密的信用卡信息和订单信息一起传送给商家服务器。商家服务器验收接收信息的有效性和完整性后，将客户加密的信用卡信息传给业务服务器，这时商家服务器无法看到客户的信用卡信息。经业务服务器验证商家身份后，将客户加密的信用卡信息转移到安全的地方解密，然后将客户信用卡信息通过安全专用网传送到商家银行。商家银行与客户发卡银行联系，确认信用卡信息的有效性，得到证实后，将结果传送给业务器。业务服务器通知商家服务器交易完成或拒绝，商家再通知客户。其具体流程如图7.44所示。

图7.44 简单加密的信用卡支付流程

使用简单加密的信用卡支付,在支付过程中,需要业务服务器和服务软件的支持,加密的信用卡信息只有业务提供商或第三方机构能够识别;在交易过程中,交易各方都以数字签名来确认身份和信息的真实性,数字签名是交易双方在注册系统时产生的,不能修改,交易中使用对称和非对称加密技术进行信息的加密和解密。整个支付过程只需要一个信用卡账号和密码,给客户带来了极大的方便,同时,这种方式对信用卡的关键信息进行加密,使支付更加安全。

4. 基于 SET 协议的安全信用卡

SET 是安全电子交易的简称,是一种安全的、逻辑严密的网上信息交互机制,主要针对信用卡的网络支付应用。SET 最初由 VISA 和 MasterCard 两大信用卡公司合作开发完成。所谓基于 SET 协议机制的信用卡支付模式,是在电子商务交易过程中使用信用卡支付时,遵循 SET 协议和安全通信与控制机制,以实现信用卡的即时、安全可靠的在线支付。它提供了客户、商家和银行之间的认证,确保了交易数据的安全性、完整性和交易的不可否认性。

使用基于 SET 协议的安全信用卡支付时,持卡客户选中商品后请求订货,并验证商家身份,商家返回空白订单,并传送商家的数字认证书。客户发送给商家一个完整的订单及支付指令,订单和支付指令由客户进行数字签名,同时利用双重数字签名技术来保证商家看不到客户的账号信息。支付指令包含信用卡信息,说明客户已经作出支付承诺,这是 SET 协议的核心。商家接收订单后,利用其中的客户证书审核其身份,并将经双重签名的订单和支付指令通过支付网关送往银行专用网,向发卡银行请求支付认可,批准交易,发卡行返回确认信息给商家。批准即意味着银行承诺为客户垫付货款,但货款并未划转。商家将支付批准信息返回客户,确认其购买并组织送货,完成订购服务。商家可请求银行将支付款项划转到商家账号,也可以成批处理。其支付流程如图 7.45 所示。

基于 SET 协议的安全信用卡支付在使用时,需要在客户的计算机上安装客户端软件(电子钱包客户端软件),在商家服务端安装商家服务器端软件(电子钱包服务器端软件),在支付网关安装对应的网关转换软件等。交易过程中必须确认交易双方及其他机构身份的合法性,要求建立专门的电子认证机构(CA),并需要交易双方申请安装数字证书验证真实身份。由于使用了对称加密技术、非对称加密技术、数字摘要、电子信封、数字签名等技术,因此安全性较好,但支付处理较复杂。

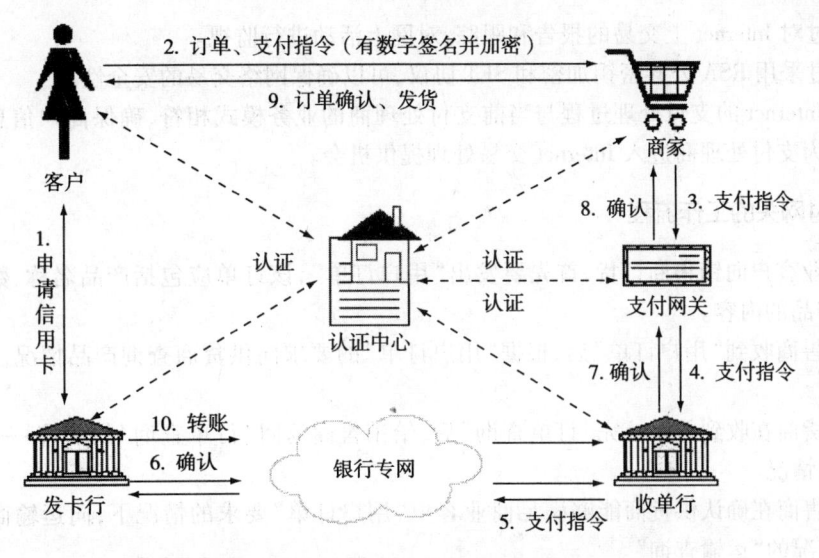

图 7.45　基于 SET 协议的安全信用卡支付流程

知识 7.12　支付网关

支付网关(payment gateway)是银行金融网络系统和 Internet 网络之间的接口,是由银行操作的将 Internet 上传输的数据转换为金融机构内部数据的一组服务器设备,或者由指派的第三方处理商家支付信息和顾客的支付指令。

1. 支付网关的作用及组成

支付网关可以确保交易在 Internet 用户和交易处理商之间安全、无缝地传递,并且无须对原有主机系统进行修改。它可以处理所有 Internet 支付协议、Internet 安全协议、交易交换、信息及协议的转换,以及本地授权和结算处理。另外,它还可以通过设置来满足特定交易处理系统的要求。离开了支付网关,网络银行的电子支付功能就无法实现。支付网关系统主要由主控模块、通信模块、数据处理模块、数据库模块、统计清算模块、查询打印模块、系统管理功能设计模块、异常处理模块、安全模块等部分组成。

2. 支付网关的主要功能

支付网关的主要功能是:将 Internet 传来的数据包解密,并按照银行系统内部的通信协议将数据重新打包;接收银行系统内部传回来的响应消息,将数据转换为 Internet 传送的数据格式,并对其进行加密,即支付网关主要完成通信、协议转换和数据加解密功能,以保护银行内部网络。

具体的说,银行使用支付网关可以实现以下功能。

① 配置和安装 Internet 支付能力。
② 避免对现有主机系统的修改。
③ 采用直观的用户图形接口进行系统管理。
④ 适应诸如扣账卡、电子支票、电子现金及微电子支付等电子支付手段。
⑤ 提供完整的商户支付处理功能,包括授权、数据捕获和结算及对账等。

⑥ 通过对 Internet 上交易的报告和跟踪,对网上活动进行监视。
⑦ 通过采用 RSA 公共密钥加密和 SET 协议,可以确保网络交易的安全性。
⑧ 使 Internet 的支付处理过程与当前支付处理商的业务模式相符,确保商户信息管理上的一致性,并为支付处理商进入 Internet 交易处理提供机会。

3. 支付网关的工作流程

1) 商业客户向销售商订货,首先要发出"用户订单",该订单应包括产品名称、数量等等一系列有关产品的内容。

2) 销售商收到"用户订单"后,根据"用户订单"的要求向供货商查询产品情况,发出"订单查询"。

3) 供货商在收到并审核完"订单查询"后,给销售商返回"订单查询"的回答——基本上是有无货物等情况。

4) 销售商在确认供货商能够满足商业客户"用户订单"要求的情况下,向运输商发出有关货物运输情况的"运输查询"。

5) 运输商在收到"运输查询"后,给销售商返回运输查询的回答。例如,有无能力完成运输,以及有关运输的日期、线路、方式等。

6) 在确认运输无问题后,销售商即刻给商业客户的"用户订单"一个满意的回答,同时要给供货商发出"发货通知",并通知运输商运输。

7) 运输商接到"运输通知"后开始发货,接着商业客户向支付网关发出"付款通知",支付网关和银行结算票据。

8) 支付网关向销售商发出交易成功的"转账通知"。

案例分析

一卡通

"一卡通"是招商银行向社会大众提供的、以真实姓名开户的个人理财基本账户。它集定活期、多储种、多币种、多功能于一卡,多次被评为消费者喜爱的银行卡品牌,是国内银行卡中独具特色的知名银行卡品牌。招行从 1995 年 7 月发行"一卡通"以来,凭借高科技优势,不断改进其功能,不断完善综合服务体系,创造了个人理财的新概念。

"一卡通"可以通过互联网或其他公用信息网,将客户的计算机终端连接至银行,实现将银行服务直接送至办公室、家中和手中的服务系统,拉近银行与客户的距离,使客户不再受限于银行的地理环境、上班时间,突破了空间距离和物流媒介的限制,足不出户就可以享受到招商银行的服务。"一卡通"包括"个人银行"、"企业银行"、"网上支付"、"网上证券"和"网上商城"等,如图 7.46 所示。网上支付系统向客户提供网上消费支付结算服务,招商银行 Internet 网站已通过国际权威认证并且采用了先进的加密技术,客户在使用网上支付时,所有数据均经过加密后才在网上传输,因此是安全可靠的。凡在招商银行办理"一卡通"业务的客户都可享受此项服务。"一卡通"的服务特色是集定活期、多储种、多币种、多功能于一卡,具有"安全、快捷、方便、灵活"的特点。

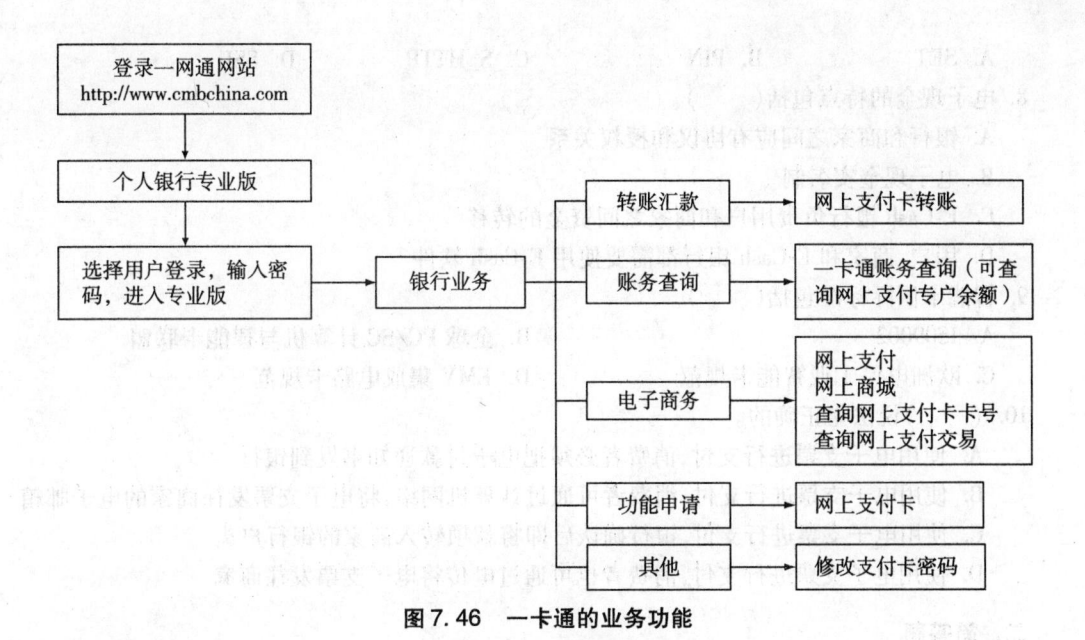

```
登录—网通网站
http://www.cmbchina.com
        ↓
个人银行专业版
        ↓
选择用户登录,输入密码,进入专业版  →  银行业务  →  转账汇款   →  网上支付卡转账
                                        →  账务查询   →  一卡通账务查询(可查询网上支付专户余额)
                                        →  电子商务   →  网上支付
                                                          网上商城
                                                          查询网上支付卡卡号
                                                          查询网上支付交易
                                        →  功能申请   →  网上支付卡
                                        →  其他       →  修改支付卡密码
```

图 7.46 一卡通的业务功能

案例思考:

1. 电子支付的形式有哪些?"一卡通"属于哪种形式?
2. 简述电子支付相对于其他支付手段所具有的优势。

课后习题

一、选择题

1. 网上支付属于电子商务交易过程中的( )阶段。
   A. 交易前准备   B. 洽谈和签订合同
   C. 办理合同履行前手续   D. 交易合同的履行

2. 电子支付是指电子交易的当事人,使用安全电子支付手段,通过( )进行的货币支付或资金流转。
   A. 网络   B. 发卡银行   C. 开户银行   D. 中介银行

3. 不属于传统支付方式的是( )。
   A. 现金   B. 票据   C. 信用卡   D. 智能卡

4. 当前电子支付中存在的主要问题之一在于( )。
   A. 货币兑换问题   B. 经济问题
   C. 支付票据格式的统一问题   D. 跨国交易中的关税问题

5. 网上银行提供的服务可分为三大类,不包括( )。
   A. 提供即时资讯服务   B. 为在线交易的买卖双方办理交割手续
   C. 颁发信用等级证书   D. 办理银行一般交易

6. 网上购物使用电子钱包需要在( )系统中进行。
   A. 电子商务系统   B. 无线遥控系统
   C. 电子钱包服务系统   D. 金融服务系统

7. 由 VISA 和 MasterCard 两大信用卡公司于 1997 年 5 月联合推出的是( )。

　　　　A. SET　　　　　　B. PIN　　　　　C. S_HTTP　　　　D. SSL
8. 电子现金的特点包括(　　)。
　　A. 银行和商家之间应有协议和授权关系
　　B. 电子现金实名制
　　C. E-Cash 银行负责用户和商家之间资金的转移
　　D. 用户、商家和 E-Cash 银行都需要使用 E-Cash 软件
9. 智能卡国际标准包括(　　)。
　　A. ISO9002　　　　　　　　　　B. 全球 PC/SC 计算机与智能卡联盟
　　C. 欧洲电信工业智能卡规范　　　D. EMV 集成电路卡规范
10. (　　)说法是正确的。
　　A. 使用电子支票进行支付,消费者必须把电子付款通知书发到银行
　　B. 使用电子支票进行支付,消费者可通过计算机网络,将电子支票发往商家的电子邮箱
　　C. 使用电子支票进行支付,银行确认后即将款项转入商家的银行户头
　　D. 使用电子支票进行支付,消费者也可通过电传将电子支票发往商家

二、简答题

1. 常用的电子支付方式有哪些?分别简述其流程。
2. 什么是第三方支付?常用的第三方支付系统有哪些?
3. 什么是支付网关?支付网关有哪些功能?
4. 网上银行的业务有哪些?简述网上银行的特点。
5. 简述信用卡支付的方式。

项目 8 电子商务安全

本项目阐述电子商务的安全技术及应用,包括电子商务的安全性要求、电子商务安全体系结构、电子商务安全技术及协议、电子商务安全中的基本方法和技能。

项目内容

电子商务交易中数字证书的申请和安装的方法,包括数字证书的导入、导出和查看;用 Outlook Express 发送数字签名电子邮件,用 Outlook Express 发送加密电子邮件。

知识要求

了解电子商务安全性需求;掌握网络安全技术,包括防火墙技术、虚拟专用网络技术、网络反病毒技术;了解信息加密技术、密码基础知识、密钥加密技术、信息认证技术、数字签名、数字时间戳;掌握数字证书与 CA 认证中心;理解电子商务安全协议,包括 SSL 安全协议和 SET 安全协议。

相关知识

知识 8.1 电子商务的安全威胁

电子商务是建立在 Internet 之上的,所以 Internet 的安全问题同样是电子商务所面临的安全问题。电子商务的安全问题主要体现在交易双方及信息传递过程中产生的威胁。传统的交易是面对面的,比较容易保证交易双方的信任关系和交易过程的安全性,而电子商务活动中的交易行为是通过网络进行的,买卖双方互不见面,因而缺乏传统交易中的信任感和安全感。作为一个安全的电子商务系统,首先要解决网络安全问题,保证交易信息的安全;其次要保证数据库服务器的绝对安全,防止信息被篡改或盗取。电子商务交易过程中买卖双方都可能面临的安全威胁有以下 6 方面。

1. 系统的中断

这是对系统可用性的攻击,使得系统不能正常工作,从而中断或延迟正在进行的交易,对交易双方的数据产生很大的破坏,直接导致交易失败。

2. 信息的截获和盗取

攻击者通过电话线监听、Internet 截获数据包、搭线等非法手段获取个人、企业或国家的商业机密,如消费者的银行账号、密码及企业的交易信息机密等,使得不该享用交易信息的实体通过非法手段盗取交易信息,致使机密信息泄露。

3. 黑客攻击

黑客攻击一般分为两种：一种是主动攻击，它以各种方式有选择地破坏信息的有效性和完整性，如拒绝服务攻击、内部攻击等；另一种是被动攻击，它是在不影响网络正常工作的情况下，进行截获、窃取破译以获得重要的机密信息。

4. 信息的篡改

非法授权实体不但存取资源，而且对资源进行修改，这就是所谓的篡改攻击。例如，某人修改数据库中的数据，或者修改程序使之具有额外的功能，或者修改正在传输的数据。

5. 信息的伪造

非法实体伪造计算机系统中的实体或信息，掌握了网络信息数据规律或破解交易信息后，可以假冒合法的用户或发送虚假的信息给交易方用来欺骗双方。

6. 交易抵赖

当交易一方发现交易行为对自己不利的时候，就有可能否认电子交易的行为。交易抵赖包含很多方面，如商家否认曾发布过某些商品信息、购买者下了订单而不予承认等。

知识8.2 电子商务的安全性需求

电子商务的安全性需求可以分为两个方面：一方面是对计算机及网络系统安全性的要求，表现为对系统硬件和软件运行安全性及可靠性的要求、系统低于非法客户入侵的要求等；另一方面是对电子商务信息安全的要求。

基于 Internet 的电子商务系统技术使在网上购物的客户能够极其方便地获得商家和企业的信息，但同时也增加了对某些敏感和有价值的数据滥用的风险。买方和卖方都必须保证在 Internet 上进行的一切金融交易运作都是真实可靠的，并且要使客户、商家和企业等交易各方都具有绝对的信心。因此，Internet 电子商务系统必须保证具有十分可靠的安全保密技术，也就是说，必须保证具有网络安全的五大要素，即信息的有效性、机密性、完整性、可靠性、审查能力。

1. 有效性

电子商务以电子形式取代了纸张，那么如何保证这种电子形式的贸易信息的有效性则是开展电子商务的前提。电子商务作为贸易的一种形式，其信息的有效性将直接关系到个人、企业或国家的经济利益和声誉。因此，要对网络故障、操作错误、应用程序错误、硬件故障、系统软件错误及计算机病毒所产生的潜在威胁加以控制和预防，以保证贸易数据在确定的时刻、确定的地点是有效的。

2. 机密性

电子商务作为贸易的一种手段，其信息直接代表着个人、企业或国家的商业机密。传统的纸面贸易都是通过邮寄封装的信件或通过可靠的通信渠道发送商业报文来达到保守机密的目的；电子商务是建立在一个较为开放的网络环境上的（尤其 Internet 是更为开放的网络），维护商业

机密是电子商务全面推广应用的重要保障,因此,要预防非法的信息存取和信息在传输过程中被非法窃取。

3. 完整性

电子商务简化了贸易过程,减少了人为干预,也带来了维护贸易各方商业信息的完整、统一的问题。由于数据输入时的意外差错或欺诈行为,可能导致贸易各方信息的差异。此外,数据传输过程中信息的丢失、重复或信息传送的顺序差异也会导致贸易各方信息的不同。贸易各方信息的完整性将影响到贸易各方的交易和经营策略,保持贸易各方信息的完整性是电子商务应用的基础。因此,要预防对信息的随意生成、修改和删除,同时要防止数据传送过程中信息的丢失和重复,并保证信息传送顺序的统一。

4. 可靠性(不可抵赖性或鉴别)

电子商务可能直接关系到贸易双方的商业交易,如何确定要进行交易的贸易方正是所期望的贸易方这一问题是保证电子商务顺利进行的关键。在传统的纸面贸易中,贸易双方通过在交易合同、契约或贸易单据等书面文件上手写签名或印章来鉴别贸易伙伴,确定合同、契约、单据的可靠性并预防抵赖行为的发生。这也就是人们常说的"白纸黑字"。在无纸化的电子商务方式下,通过手写签名和印章进行贸易方的鉴别已是不可能的,因此,要在交易信息的传输过程中为参与交易的个人、企业或国家提供可靠的标识。

5. 审查能力

根据机密性和完整性的要求,应对数据审查的结果进行记录。对交易数据的审查能力能够保证交易信息的完整性,以便为以后更好地开展多方的交易作好记录,是进一步发展电子商务的基础。

知识8.3 电子商务的安全体系结构

电子商务的安全体系是保证电子商务系统安全的一个完整的逻辑结构。电子商务的安全体系由网络服务层、加密技术层、安全认证层、安全协议层和应用系统层组成,如图8.1所示。

电子商务系统是依赖网络实现的商务系统,需要利用Internet基础设施和标准,所以构成电子商务安全架构的底层是网络服务层。它提供信息传送的载体和用户接入的手段,是各种电子商务应用系统的基础,为电子商务系统提供了基本的网络服务。通过Internet网络服务层的安全机制,如入侵检测、安全扫描、防火墙等,保证网络服务层的安全。在此基础上,为保证电子交易数据的安全,电子商务系统还必须拥有完善的加密技术和认证机制,即构筑机密技术层、安全认证层和安全协议层,为电子商务系统提供安全协议、数字签名、认证和加密等多种安全技术。为安全电子商务交易的实现提供技术平台的关键是应用系统层。它是加密技术层、安全认证层和安全协议层的安全控制技术的综合运用和完善,也是实现电子商务交易中的机密性、完整性、有效性,以及不可抵赖性和交易者真实性等安全要求的基础平台。

应用系统	信息的保密性、信息的完整性、信息的有效性、不可抵赖性、身份的真实性
安全协议	SSL协议、SET协议
安全认证	数字摘要、数字签名、数字凭证、CA认证
加密技术	对称加密、非对称加密
网络服务	网络安全扫描、网络入侵监视、防火墙、防病毒、内容识别

图 8.1 电子商务的安全体系结构

知识 8.4　防火墙技术

1. 防火墙概念

古时候，人们常常在寓所之间砌一道墙，一旦发生火灾，能够防止火势蔓延到其他的寓所。这种墙因此而得名"防火墙"，主要是进行火势隔离。在当今信息社会里，则存在着某种程度的信息隔离的要求。于是人们就借用了古代防火墙的概念，只不过信息世界中的防火墙是由先进的计算机硬件和软件系统构成的，如图 8.2 所示。

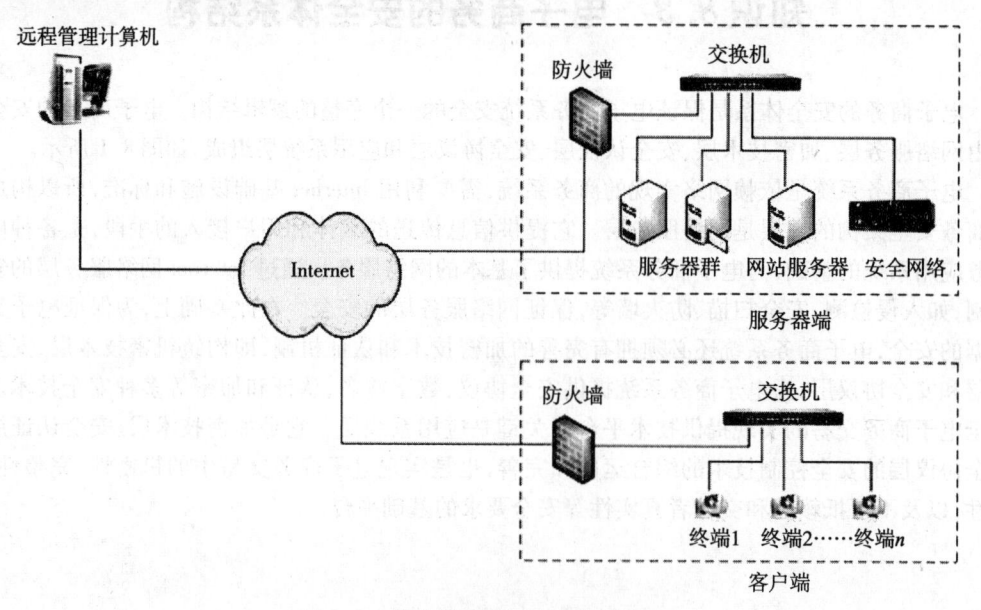

图 8.2　防火墙在网络安全中的应用

防火墙(Firewall)是指设置在不同网络(如可信任的企业内部网和不可信任的公共网)或网络安全域之前的一系列不可视的组合。它是不同网络或网络安全域之前信息的唯一出入口,能根据企业的安全政策控制(允许、拒绝、检测)出入网络的信息流,且本身具有较强的抗攻击能力。它是提供信息安全服务,实现网络和信息安全的基础设施,其目的如同一个安全门,为门内的部门提供安全,控制那些可被允许出入该受保护环境的人或物,就像工作在门前的安全卫士,控制并检查站点的访问者。

2. 防火墙的功能

防火墙是两个网络之间的访问控制和安全策略,用来增强内部网络的安全性,能够保证E-mail、文件传输、Telnet 及特定系统间的信息交换的安全。

防火墙的主要功能有以下几个方面。

① 过滤不安全的数据。防火墙能对进出的数据包进行检测与筛选,阻止那些带有病毒或木马程序的数据通过,保护网络避免基于路由的攻击。

② 控制不安全的服务和访问。防火墙可以限制他人进入内部网络,过滤不安全的服务和非法的用户,使得内部网络免于遭受来自外界的攻击。同时,防火墙也提供了对特殊站点的访问控制,允许或禁止某些外部网络能够访问内部网络的某些主机或服务器。

③ 对网络存取和访问进行监控。防火墙能够记录所有经过的访问并进行日志记录,同时提供网络的使用情况统计数据。当发生可疑行为时,防火墙进行适当的报警,并提供网络是否受到监测和攻击的详细信息。

④ 防止内部信息外泄。利用防火墙对内部网络的划分,可以实现对内部网络重点网段的隔离,从而限制局部重点或敏感网络安全问题对全局网络造成的影响。同时,使用防火墙可以阻止攻击者获取、攻击网络系统的有用信息,如 DNS 等,从而堵住内部网络的某些安全漏洞。

⑤ 强化网络安全策略。防火墙对企业内部网络实现集中安全管理,在防火墙中定义的安全规则可以运行于整个内部网络系统。以防火墙为中心的安全方案配置,用户可以将口令、身份认证等安全信息配置在防火墙上,无须在内部网络的每台主机上分别配置安全策略。

3. 防火墙的体系结构

防火墙从体系结构上可以分为 3 种模式:双宿/多宿主机模式(dual-homed /multi-homed host Firewall)、屏蔽主机模式(screened host Firewall)、屏蔽子网模式(Screened Subnet Firewall)。

① 双宿/多宿主机模式是一种拥有两个或多个连接到不同网络上的网络接口的防火墙,通常用一台装有两块或多块网卡的主机作为防火墙,或者使用多个网络接口的硬件防火墙。多个网络接口分别与受保护的网络或外部网络相连。图 8.3 所示为双宿/多宿主机模式防火墙体系结构图。

图 8.3 双宿/多宿主机模式防火墙体系结构

② 屏蔽主机模式由包过滤路由器和堡垒主机组成，图8.4 所示为屏蔽主机模式防火墙体系结构图。在这种模式的防火墙中，堡垒主机安装在内部网络上，通常在路由器上设立过滤规则，并使这个堡垒主机成为从外部网络唯一可直接到达的主机。这确保了内部网络不被未授权的外部用户攻击。屏蔽主机模式防火墙实现了网络层和应用层的安全，因而比单独的包过滤或应用网关代理更安全。在这一方式下，包过滤路由器是否配置正确是这种防火墙安全与否的关键，如果路由表遭到破坏，堡垒主机就可能被越过，而使内部网完全暴露。

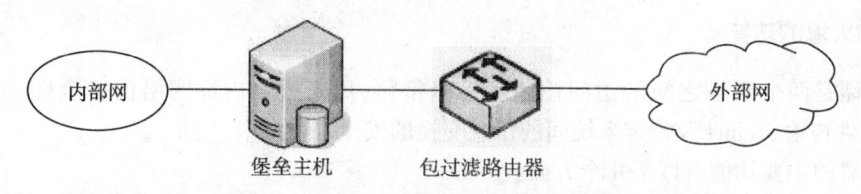

图8.4 屏蔽主机模式防火墙体系结构

③ 屏蔽子网模式采用了两个包过滤路由器和一个堡垒主机，在内外网络之间建立了一个被隔离的子网，定义为"非军事区（De-Militarized Zone, DMZ）"网络，有时也称作周边网（perimeter network）。图8.5 所示为屏蔽子网模式防火墙体系结构图。网络管理员将堡垒主机、信息服务器等公用服务器放在非军事区网络中。内部网络和外部网络均可访问屏蔽子网，但禁止它们穿过屏蔽子网通信。在这一配置中，即使堡垒主机被入侵者控制，内部网仍受到内部包过滤路由器的保护。

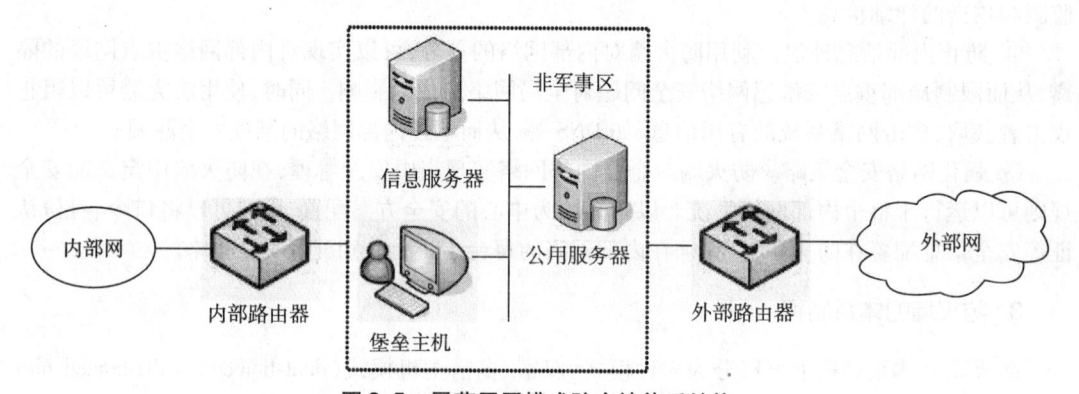

图8.5 屏蔽子网模式防火墙体系结构

4. 防火墙相关技术

防火墙以多种不同的方式提供网络安全性，如过滤、网络地址转换（NAT）、应用层网关（application layer gateway）、电路级网关（circuit gateway）。

（1）包过滤

包过滤是所有防火墙的核心功能。事实上，包过滤是最早期的一种防火墙，是所有边界安全设置中的一种有效的组件。此外，与代理服务器相比，其优势在于它不占用带宽。数据包过滤器检查数据包报头，把它撕掉，并且用一个新的报头代替原来的报头，再把它送到网络中的特定位置。

包过滤检查报头决定是否拒绝或允许数据包通过防火墙，但网络攻击者会伪造合法用户 IP 地址以穿透包过滤防火墙。包过滤防火墙一般包括两种：无状态包过滤器防火墙和有状态包过滤器防火墙。无状态包过滤防火墙在检查报头时，不注意服务器和客户机之间的连接状态，进行无状态包过滤检查的防火墙将只根据报头中的信息来阻断数据包;有状态包过滤防火墙将检查数据包中包含的数据,而客户机与服务器之间的连接状态保存在磁盘缓存中。

防火墙执行包过滤功能时可以觉察到攻击者通过扫描网络地址与开放端口发起攻击的企图。在没有防火墙保护的网络中,攻击者使用专用的扫描软件对一批 IP 地址进行扫描,并试图通过扫描到的端口连接到其中某一台计算机上。如果这台计算机给出了连接回应,则成为被攻击的目标。在网络中用来做包过滤器的所有网关或路由器,应该被正确配置,以防止攻击者的非法连接。

包过滤器也有其局限性。包过滤功能并没有在过滤器中隐藏主机在过滤器内部网络上的地址,对外的通信中包含这些地址,这使得攻击者可以比较容易地锁定这些处在过滤器后面的主机;包过滤器不会检查通过它的来自内部网的消息的合法性;包过滤器只能根据数据包报头中显示的源 IP 地址进行检查,容易受到 IP 欺骗攻击。所有这些局限性使得单独的包过滤不能完全胜任防火墙的职责。

(2) 网络地址转换(NAT)

NAT 在一定程度上弥补了包过滤器的缺点,可以隐藏被保护网络中主机的 IP 地址,以阻止攻击者获取被保护网络中的主机地址后,向该主机发送携带病毒的信息或其他有害信息的数据。

NAT 是一个 IETF 标准,允许一个整体机构以一个或多个公用 IP 地址出现在 Internet 上,是一种把内部私用网络地址(IP 地址)翻译成合法网络 IP 地址的技术。NAT 就是在局域网内部网络中使用内部地址,而当内部节点要与外部网络进行通信时,就在网关处将内部地址替换成公用地址,从而在外部公网(如 Internet)上正常使用。NAT 可以使多台计算机共享 Internet 连接,这一功能很好地解决了公共 IP 地址紧缺的问题。通过这种方式,NAT 屏蔽了内部网络,所有内部网计算机对于公共网络来说是不可见的,而内部网计算机用户通常不会意识到 NAT 的存在。

NAT 实际上是起到网络级的代理程序的作用,它可以代表内部网络上的所有主机作为一个单独的主机发出请求,对于 Internet 或外网的其他用户来说,似乎所有信息都来自同一台计算机。因此,受保护网络内部的计算机对外界来说,似乎与运行 NAT 的计算机具有相同的公共的 IP 地址,但是实际上每台计算机都有自己专用的 IP 地址。例如,当配备了 NAT 的防火墙收到来自内部网计算机 A 请求时,它就用自己的 IP 地址代替计算机 A 的地址。

(3) 应用层网关

应用层网关即代理服务器,它运转在应用层,如图 8.6 所示。

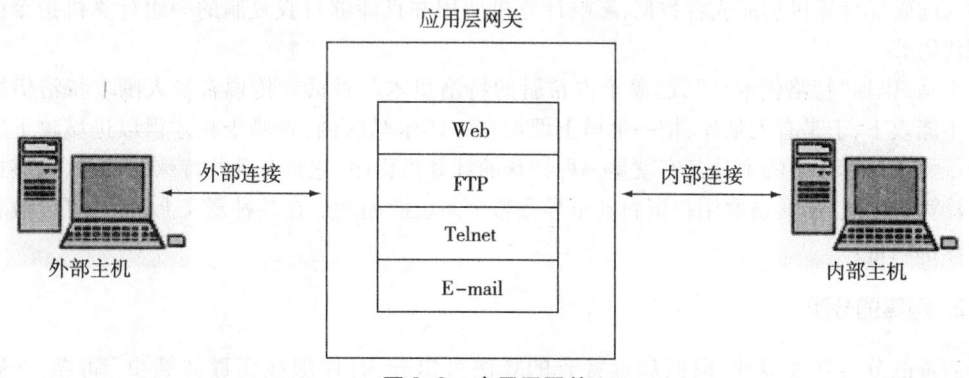

图 8.6 应用层网关

通过设置代理服务器,应用层网关可以控制网络内部的应用程序访问外界。该服务器充当客户端的代理,如代表用户请求 Web 页,或者发送和接受邮件,这样就避免了用户与 Internet 直接连接。这种隐蔽性可以降低病毒、蠕虫、木马等所造成的影响。

应用层网关可以识别请求的数据内容,可以允许或拒绝某些特殊内容,如病毒或可执行文件等。应用层网关比包过滤器更安全,它不再去试图处理 TCP/IP 层可能发生的所有事情,而只需要去考虑一小部分被允许运行的应用程序。另外,在应用级上进行日志管理和通信的审查要容易得多。

应用层网关的缺点是在每次连接中有多余的处理开销,因为两个终端用户通过代理取得连接,而代理就必须检查并转发通信中两个终端上的所有数据。

(4) 电路级网关

在电路级网络的传输层上实施访问策略,是在内、外网络主机之间建立一个虚拟电路来进行通信。它相当于在防火墙上直接开了个口子进行传输,不像应用层防火墙那样能严密地控制应用层的信息。

网络级网关只依赖于 TCP 连接,并不进行任何附加的包处理或过滤;电路级网关就像电线一样,只是在内部连接和外部连接之间来回复制字节,从而隐藏受保护网络的有关信息。电路级网关常用于向外连接,这时网络管理员对内部用户是信任的。其优点是堡垒主机可以被设置成混合网关,对内连接支持应用层或代理服务,而对外连接支持电路级网关功能。这使防火墙系统对于要访问 Internet 服务的内部用户来说使用起来很方便,同时又能保护内部网络免于外部攻击。在电路级网关中,可能要安装特殊的客户机软件,用户也有可能需要一个可变用户接口来相互作用。

知识 8.5　病毒和木马防范

1. 病毒和木马的概念

计算机病毒这个概念是借自于生物学中病毒的概念,通过分析和研究,计算机病毒和生物学中的病毒有着许多相似之处。一个比较流行的定义为:计算机病毒是一段附在其他程序上的可以实现自我复制的程序代码。这个说法也正好与生物学中的病毒相似——自我复制。《中华人民共和国计算机系统信息系统安全保护条例》中定义:"计算机病毒是指编制或者在计算机程序中插入的破坏计算机功能或者数据,影响计算机使用并且能够自我复制的一组计算机指令或者程序代码。"

木马,也称"特洛伊木马",起源于古希腊的特洛伊木马神话。传说希腊人围攻特洛伊城但久久不能攻下,于是有人献计,把一批勇士埋伏在一匹木马腹内,希腊士兵才得以进城攻下特洛伊城。而在计算机中的木马其实就是一种特殊的计算机程序,它具有某些特殊的功能,能够控制用户计算机系统,从而窃取用户资料甚至导致整个系统的崩溃。在某种意义上,木马可以被看成是计算机病毒。

2. 病毒的分类

病毒的分类有很多种,根据病毒特有的算法可以分为:伴随性病毒、"蠕虫"病毒、寄生型病毒。

(1) 伴随性病毒

这类病毒并不改变文件的本身,它们根据自身的算法产生与 EXE 文件具有同样的名字和不同的扩展名的伴随体。例如，xcopy.exe 的伴随体为 xcopy.com。病毒把自身写入 COM 文件，并不改变 EXE 文件，当 DOS 操作系统加载文件时，伴随体优先被执行，再由伴随体加载执行原来的 EXE 文件。

(2) "蠕虫"病毒

这类病毒通过计算机网络传播，它不改变文件和资料信息，通过网络从一台计算机的内存传播到其他计算机的内存，如"红色代码"、"冲击波"等。

(3) 寄生型病毒

除了以上两种病毒外，其他的病毒都可称作寄生型病毒。计算机寄生型病毒是指病毒码加在主程序上，一旦程序被执行，病毒也就被激活。

3. 病毒和木马的特点

病毒危害性极大，轻者只是占用磁盘空间、内存，对系统运行影响不大；重者则删除系统文件，恶意修改系统，导致系统无法运行甚至崩溃；更有甚者（如 CIH 病毒），会破坏计算机的硬件（如主板、硬盘）。为了更好地防治病毒，首先要认清计算机病毒的特点和行为机理。根据病毒的产生、感染和破坏行为，可总结出病毒的以下几个特点。

(1) 自我复制性

自我复制性是指病毒具有再生性。再生性是判断是不是病毒最重要的依据。这也正是计算机病毒和生物病毒最重要的相似点之一。病毒会把自身的副本放入其他的程序中。

(2) 可执行性

计算机病毒也是一段可执行程序，只有当它在计算机内得以运行时，才具有感染性从而表现出一定的破坏能力。

(3) 潜伏性

一般病毒在感染了文件后并不是马上就发作，而是潜伏在计算机系统中，等满足一定的条件时才会被触发。

(4) 隐蔽性

计算机病毒总是以各种方式来隐蔽自己在计算机中的存在。感染了病毒之后计算机系统一般仍然能够运行，用户不会感觉到非常明显的异常，这就是所谓的隐蔽性。

(5) 夺取系统控制权

病毒在运行时，与正常程序争夺系统的控制权，其中争夺系统 CPU 的控制权是关键。同一台计算机内病毒程序与正常系统程序或其他病毒程序争夺系统控制权时往往会造成系统崩溃，导致计算机瘫痪。

(6) 不可预见性

不同种类的病毒的代码是千差万别的。与反病毒软件相比，它们永远是超前的。随着计算机技术的不断发展，也给计算机病毒提供了广阔的发展空间，从而使得病毒的预测更加困难。这就要求人们提高防范病毒的意识。

木马有客户端和服务器两个执行程序，客户端就是攻击者远程控制植入木马的计算机，服务器端就是木马程序。木马一旦被植入计算机内，攻击者就好像使用自己的计算机一样可以远程控制中了木马的系统，以监控远程计算机的操作或窃取信息。

4. 病毒和木马的预防

随着个人计算机的普及、Internet 的发展、网民数量的增多，病毒所造成的影响和危害也越来越大。但很多病毒是可以预防的,这样可以减少许多不必要的损失,尽可能地把损失降低到最低程度。病毒的防御主要应该从以下几个方面入手。

（1）加强病毒教育和宣传工作

首先要大力宣传计算机病毒的危害,从而引起人们的重视。还要普及计算机软件、硬件的基础知识,使人们了解病毒的机理和感染方法。另外,要提高系统管理员及用户的技术素质和防毒意识。

（2）建立健全的法律规章制度

对计算机病毒的防范不是一两个人、一两家企业的事情,而需要全民参与,利用一切可以利用的资源,建立完善的病毒防范制度和体系,形成一个强大、完善的病毒防范网络。我国于2000年4月26日发布了《计算机病毒防治管理方法》。

（3）使用各种防病毒技术

只有防病毒意识和相应的制度还是不行的,还应该综合使用各种防病毒软件和防病毒技术。

（4）规范使用计算机的习惯

① 合理地设置杀毒软件。目前的杀毒软件的防毒措施做得非常全面。例如,KASPERSKY 6.0(卡巴斯基)、金山毒霸就有文件保护、邮件保护及 Web 反病毒保护等,尽量将这些功能都开启,并经常更新其病毒库。

② 不要随意单击一些不明链接。在上网的时候,有时会弹出一些莫名其妙的链接,这时一定不要轻易单击,防止链接中有恶意代码,一旦单击就很可能导致中毒。

③ 尽量从大型正规网站下载文件。用户经常要从网络上下载文件,这时尽量从一些大型网站下载,因为很多病毒都是从不知名的网站上开始传播的。大型正规网站有一定的安全措施保证所下载的文件是安全的。

④ 合理地使用 E-mail。邮件是计算机病毒传播的一个重要途径,在平时收发邮件时应该注意。如果使用的是微软自带的 Outlook Express 作为收发邮件的工具,可以通过设置,以纯文本格式发送 E-mail；如果以 HTML 方式发送,邮件中可能会被植入恶意代码。另外,对于邮件的附件也要特别慎重,如果附件中有可执行文件(如.exe、.com)或带有宏的文档(.doc 等),最好先把它存在磁盘上,然后使用杀毒软件查杀一遍后再打开。不要随意打开扩展名为 SHS、VBS 或 PIF 的附件,因为这种文件经常被病毒或木马利用。邮件系统发信时需要用户认证可以减少用户感染病毒后自动发送病毒邮件,而且用户尽量不要将密码自动保存在机器上。

⑤ 设置始终显示文件的扩展名。许多计算机用户不太喜欢在自己的计算机中把文件的扩展名显示出来,但是许多病毒经常会有异常的扩展名,因此可以通过设置始终显示文件的扩展名来发现这种异常现象,尽早地发现病毒的存在。

⑥ 及时升级自己的操作系统。不管使用什么系统都可能会存在着一些漏洞,很多病毒(如冲击波)就是针对系统漏洞而存在和传染的,必须及时升级操作系统。Windows XP 系统的"控制面板"的"安全中心"中有一个"自动更新"选项,是专门用来提供系统升级的。

⑦ 不要随意接收文件。在用 QQ、阿里旺旺等聊天工具进行在线聊天时,不要随意接收陌生人的文件。有时候熟人的文件也不要随便接收,因为对方的计算机可能已中毒,而对方的计算机系统就在对方不知情的情况下自动发送文件。

⑧ 备份重要数据。病毒一旦发作,数据文件很可能受到破坏而不能恢复,对于一些个人非常重要的数据,最好通过刻录光盘或其他方式备份。

知识 8.6　数据加密技术

在电子商务活动中,为了实现交易信息及数据在传输过程中的保密性和完整性,防止信息被窃取或修改,必须采用加密技术对数据进行加密。

加密技术就是采用合适的加密算法,把原始信息(明文)转换成不可理解的形式或偏离信息原意的信息(密文),从而保障信息的安全。加密的逆过程是解密,即合法接收者使用解密密钥将密文转换为可以理解形式的过程。加密系统包括信息(明文和密文)、算法(加密算法和解密算法)和密钥(加密密钥和解密密钥)3个部分。其中,加密算法是基于一定的数学方法,将普通文本(可理解的信息)与一串字符串(密钥)相结合,产生不可理解的密文;密钥是在加密过程中,用于对文本进行编码和解码所使用的可变参数。算法是相对稳定的,而密钥是可以改变的。

发送方使用加密密钥,通过加密算法,对需要传输的数据进行加密,得到密文,并将密文传输出去;接收方收到密文后,用解密密钥对密文进行解密,还原为明文。加密和解密的过程如图8.7所示。

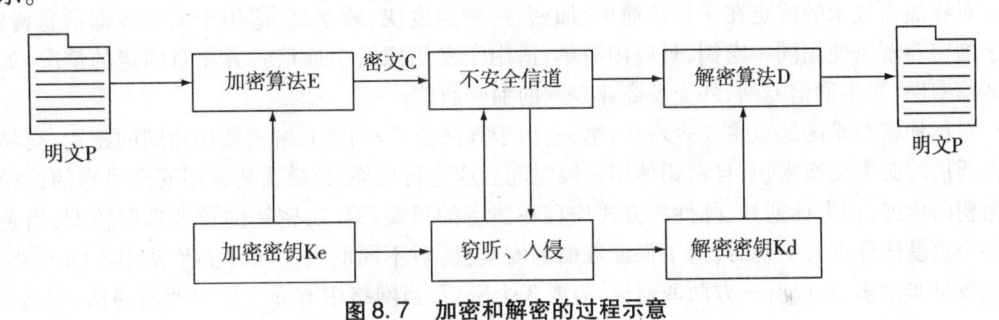

图 8.7　加密和解密的过程示意

例如,采用移位加密法,将英文字母 A、B、C、D、…、X、Y、Z 分别对应变换成 D、E、F、G、…、A、B、C,即字母顺序保持不变,但使之分别与相差3个字母的字母对应。若现在有明文"HOW DO YOU DO",则按照该加密算法和密钥,对应的密文为"KRZ GR BRX GR"。如果信息在传输过程中被窃取,窃取者只能得到无法理解的密文,从而实现了保障信息传输的安全。数据加密技术是电子商务采取的主要安全措施,其目的在于提高信息系统及数据的安全性和保密性,防止数据被外部窃取破译。加密技术通常可以分为对称加密技术和非对称加密技术两种。

1. 对称加密技术

对称加密技术(symmetric encryption)又称为常规密钥加密、私钥或单钥密钥加密,即信息的发送方和接收方使用同一个密钥对信息数据进行加密和解密的技术。

(1) 对称加密技术的原理

在对称加密技术中,由信息的发送方使用加密密钥对信息进行加密后,通过网络传到信息的接收方,接收方再使用相同的密钥对密文进行解密,得到原始信息,从而保证信息的机密性和完整性,如图8.8所示。在这一过程中,交易双方采用相同的机密算法,只交换共享的加密密钥。如果进行通信的交易双方能够确保加密密钥在密钥交换阶段未发生泄露,就可以通过对方的加密技术处理和发送机密信息。密钥的安全交换是关系到对称加密有效性的核心环节。

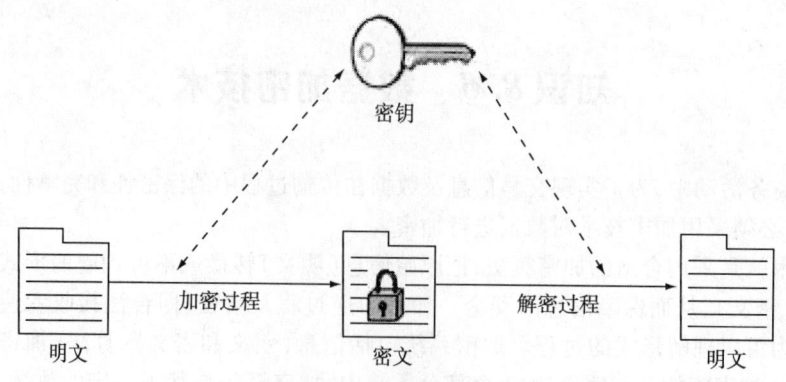

图8.8 对称密钥加密

目前常用的对称加密算法有 DES、IDEA、3DES、RC4 等。其中,数据加密标准(Data Encryption Standard,DES)是目前使用最广泛的对称加密算法,主要用于银行业的电子资金转账领域,被国际标准化组织(ISO)定为数据加密的标准。

(2) 对称加密技术的优缺点

对称加密技术的优点在于算法简单,加密、解密速度快、效率高,适用于大量数据信息传输;由于加密和解密使用同一密钥,且应用简单,适用于专用网络中通信各方相对固定的情况,如金融通信专网、军事通信专网、外交及商业专网的加密通信。

对称加密技术的缺点主要表现在:第一,由于算法公开,加密和解密使用相同的密钥,交易双方在通信前必须交换密钥,且密钥使用一段时间后应进行更换,这就需要使用安全可靠的途径进行密钥的传递,而电话通知、邮件等方式均存在泄密的风险;第二,密钥的管理难度较大,当企业与多个贸易伙伴进行交易时,为了保证数据的安全性,对不同的贸易伙伴必须使用不同的密钥,密钥数量非常多,假设有三方两两通信,需要 3 个密钥,当网络中有 n 个用户两两通信,则需要 $n(n-1)/2$ 个密钥,密钥的分配、管理和保存将面临极大的困难;第三,难以对用户身份的真实性和不可抵赖性进行确认。

2. 非对称加密技术

非对称加密技术(unsymmetric encryption)又称为公开密钥加密,是指分别使用公开密钥(加密密钥)、私有密钥(解密密钥)完成信息的加密和解密的加密技术。在非对称加密体系中,用户掌握两个不同的密钥:一个是公开密钥(加密密钥),可以通过非保护方式向他人公开,用于对机密信息进行加密;另一个是私有密钥(解密密钥)需要保密,用于对加密信息进行解密。

(1) 非对称加密技术的原理

采用非对称加密技术对数据进行加密时,需要信息的接收方拥有一对密钥,且这对密钥无法相互推导。信息的接收方首先将其中一个密钥作为公钥,告知各贸易的伙伴,而将另一个密钥作为私钥,由自己妥善保管。在进行信息传输时,发送方使用接收方的公钥对数据信息进行加密并传输,接收方收到密文后,使用自己的私钥进行解密得到原始信息,如图8.9 所示。与此同时,如果私钥的拥有者利用私钥对数据进行加密,那么只用对应的公钥才能解密,由于私钥只能为特定的发送方拥有,此时就可以采用这种方式确认信息发送者的身份。

目前使用最广泛的非对称加密算法是 RSA(Rivest Shamir Adleman)算法,该算法已被计算机与信息技术委员会(ISO/TC 97)的数据加密技术分委员会(SC20)推荐为非对称密钥数据加密标准。

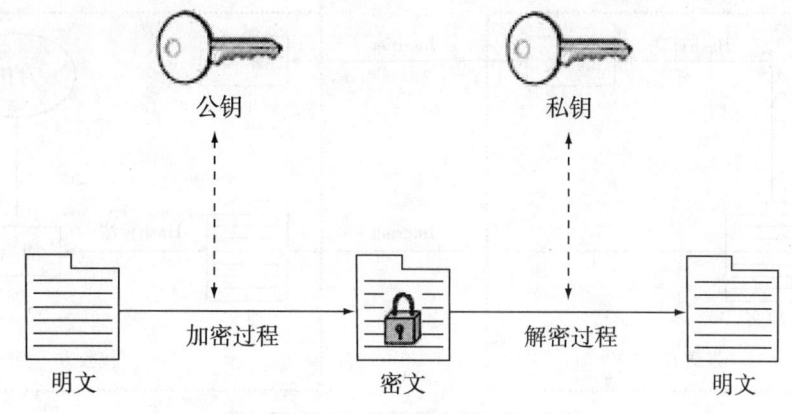

图8.9 非对称密钥加密

（2）非对称加密技术的优缺点

非对称加密技术较好地解决了对称加密技术中密钥数量过多、难以管理及无法对身份进行确认等不足，也无须担心密钥在传输中泄露，密钥分配简单，管理方便，能够很好地支持对传输信息的数字签名，解决交易中身份确认及交易信息的否认与抵赖问题，保密性能比对称加密技术好。但是，非对称加密算法复杂，加密、解密花费时间长、速度慢，一般不适合对数据量较大的文件进行加密。在实践应用中，通常将DES算法的对称加密和RSA算法的非对称加密结合起来使用，在保证数据安全的基础上，提高加密和解密的速度。

知识8.7　数字摘要

数字摘要（digital digest）又称为报文摘要或消息摘要，是指发送者通过采用单向散列函数对某个被传输信息的摘要进行加密处理，形成具有密文性质的摘要值，并将此摘要值与原始信息报文一起发送给接收者，接收者应用此摘要值来检验信息报文在传递过程中是否发生改变，并确定报文信息的真实性。数字摘要一般采用安全的Hash算法（Secure Hash Algorithm，SHA），即选择一个散列函数或随机函数，用一个与记录相关的值作为函数的参数，生成存放该记录的块地址，从而得到一个摘要值。采用单向Hash函数将需要加密的明文"摘要"成一串128位的密文，这一串密文也成为数字指纹，有固定的长度。由于所得到的摘要值同明文是一一对应的，不同的摘要加密成不同的密文，相同的明文其摘要必然一样，因此，利用数字摘要可以验证通过网络传输的明文是否为初始的、未被篡改过的信息，从而保证数据的完整性和有效性。

数字摘要技术的实现过程如图8.10所示，具体包括以下步骤。

1）先提取发送信息的数字摘要，并在传输信息时将之加入文件一同发送给接收方。
2）接收方收到文件后，用相同的方法对接收的信息进行变换运算得到另一个摘要。
3）将自己的运算得到的摘要与发送过来的摘要进行比较，从而验证数据的完整性。

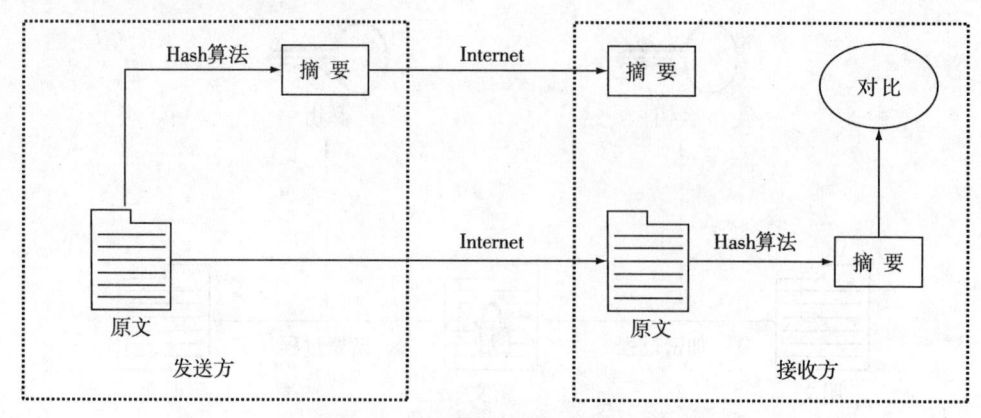

图 8.10　数字摘要技术的实现过程

知识 8.8　数字信封

数字信封是指发送方采用对称加密技术对信息进行加密,然后将此对称密钥用接收方的公钥加密之后,将它和信息一起发送给接收方,接收方先用相应的私钥打开数字信封,得到对称密钥,然后使用对称密钥解开信息。

数字信封技术是为了解决传送、更换密钥问题而产生的技术,结合了对称加密和非对称加密技术的优点。金融交易所使用的密钥必须经常更换,为了解决每次更换密钥的问题,结合对称加密技术和公开密钥技术的优点,数字信封技术克服了密钥加密中密钥分发困难和公开密钥加密中加密时间长的问题,使用两个层次的加密来获得公开密钥技术的灵活性和密钥技术的高效性。

信息发送方使用密码对信息进行加密,从而保证只有规定的收信人才能阅读信的内容。采用数字信封技术后,即使加密文件被他人截获,因为截获者无法得到发送方的通信密钥,也不能对文件进行解密。

数字信封技术的实现过程如图 8.11 所示,具体包括以下步骤。

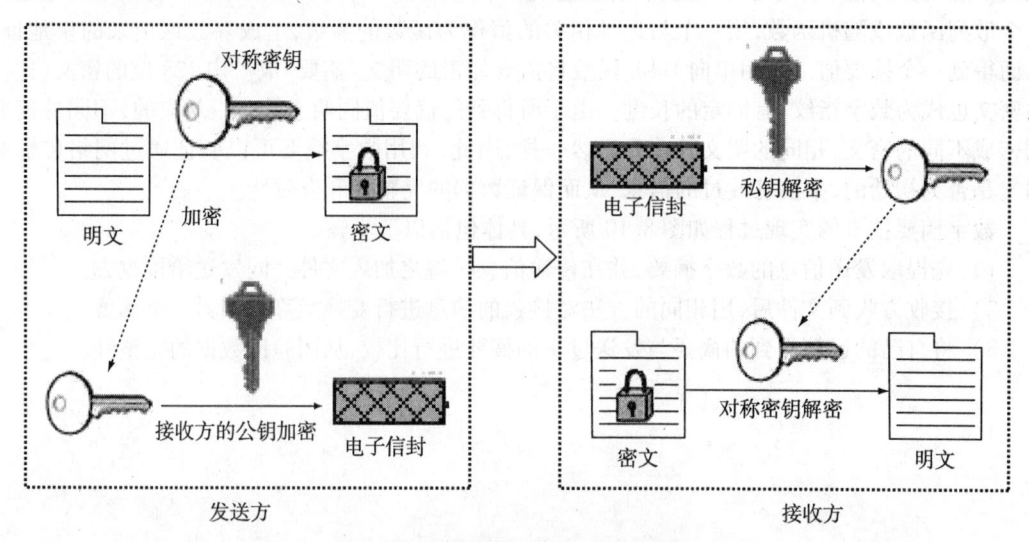

图 8.11　数字信封技术的实现过程

1) 发送者使用随机产生的对称密钥加密数据,然后将生成的密文和密钥本身一起用接收者的公开密钥加密(电子信封)并发送。

2) 接收者先用自己的私钥解密电子信封,得到对称密钥,然后使用对称密钥解密数据。这样,保证每次传送数据都可由发送方选定不同的对称密钥。

知识8.9 数字签名技术

1. 数字签名的概念

数字签名(digital signature)是公开密钥加密技术的一种应用,是指用发送方的私有密钥加密报文摘要,然后将其与原始的信息附加在一起,合称为数字签名。数字签名是通过某种密码运算生成一系列符号及代码组成电子密码进行签名,来代替书写签名或印章。这种电子式的签名还可以进行技术验证,其验证的准确度是一般手工签名和图章的验证无法比拟的。数字签名是目前电子商务、电子证券中应用最普遍、技术最成熟、操作性最强的一种电子签名方法。它采用了规范化的程序和科学化的方法,用于鉴定签名人的身份及对一项电子数据内容的认可。它还能验证出文件的原文在传输过程中有无变动,确保传输电子文件的完整性、真实性和不可抵赖性。

2. 数字签名的实现过程

实现数字签名有很多方法,目前数字签名较多采用公钥加密技术,如基于 RSA Date Security 公司的 PKCS、Digital Signature Algorithm、x.509、PGP。1994 年美国标准与技术协会公布了数字签名标准而使公钥加密技术广泛应用。公钥加密系统采用的是非对称加密算法。目前的数字签名建立在公共密钥体制基础上,是公用密钥加密技术的另一类应用。

现在应用广泛的数字签名方法主要有 3 种,即 RSA 签名、DSS 签名和 Hash(哈希)签名。这 3 种算法可单独使用,也可综合在一起使用。数字签名是通过密码算法对数据进行加密、解密变换实现的,用 DES 算法、RSA 算法都可实现数字签名。但 3 种技术或多或少都有缺陷,或者没有成熟的标准。下面以 Hash 签名为例介绍签名的主要过程。Hash 签名是最主要的数字签名方法,也称之为数字摘要法或数字指纹法。它与 RSA 数字签名是单独的签名不同,该数字签名方法是将数字签名与要发送的信息紧密联系在一起,比合同和签名分开传递,更增加了可信度和安全性。

数字摘要加密的方法也称安全 Hash 编码法或 MD5,由 Ron Rivest 设计。该编码法采用单向 Hash 函数将需加密的明文"摘要"成一串 128 位的密文,这一串密文也称为数字指纹,它有固定的长度,且不同的明文摘要必定不一致。这样,这串摘要便可成为验证明文是否是"真身"的"指纹"了。

只有加入数字签名及验证才能真正实现在公开网络上的安全传输。加入数字签名和验证的文件传输过程如下。

1) 发送方首先用 Hash 函数从原文得到 128 位的数字摘要。
2) 发送方用自己的私有密钥对数字摘要进行加密,形成数字签名。
3) 发送方将原文和加密的数字摘要一起传给对方。
4) 接收方用发送方的公共密钥对摘要进行解密,同时对收到的原文用 Hash 算法产生摘要。
5) 接收方将解密后的摘要与收到的原文用哈希算法产生的摘要相互对比,如果两个摘要一致,则说明在传送过程中信息没有被破坏或篡改过。

整个数字签名的过程如图 8.12 所示,数字签名就是这样通过双重加密和方法来防止原文被修改、冒用别人的名义发送文件、收发文件又加以否认等行为的发生。

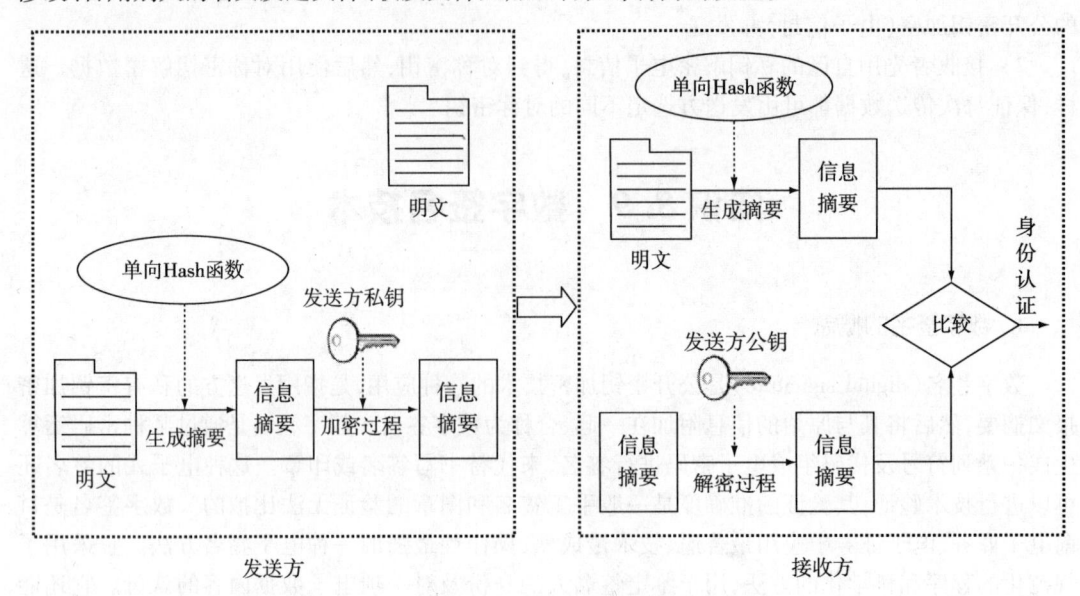

图 8.12 数字签名的过程

知识 8.10 数字时间戳

1. 数字时间戳的定义

在电子商务交易文件中,时间是十分重要的信息。在书面合同中,文件签署的日期和签名一样均是十分重要的防止文件被伪造和篡改的关键内容。在电子交易中,需要对交易文件的日期和时间信息采取安全措施,数字时间戳(Digital Time Stamp,DTS)服务专用于提供电子文件日期和时间信息的安全保护,由专门的机构提供。在数字签名时加上一个时间标记,即是有数字时间戳的数字签名。

时间戳(time stamp)是一个经加密后形成的凭证文档,它包括以下 3 个部分。

① 需加时间戳的文件的摘要(digest);
② DTS 收到文件的日期和时间;
③ DTS 的数字签名。

2. 数字时间戳的实现过程

一般来说,时间戳产生的过程为:用户首先将需要加时间戳的文件用 Hash 算法加密形成摘要,然后将该摘要发送到 DTS,DTS 在加入了收到文件摘要的日期和时间信息后再对该文件加密(数字签名),然后送回用户,如图 8.13 所示。

书面签署文件的时间是由签署人自己写上的,而数字时间戳则不然,是由认证单位 DTS 来加的,以 DTS 收到文件的时间为依据。

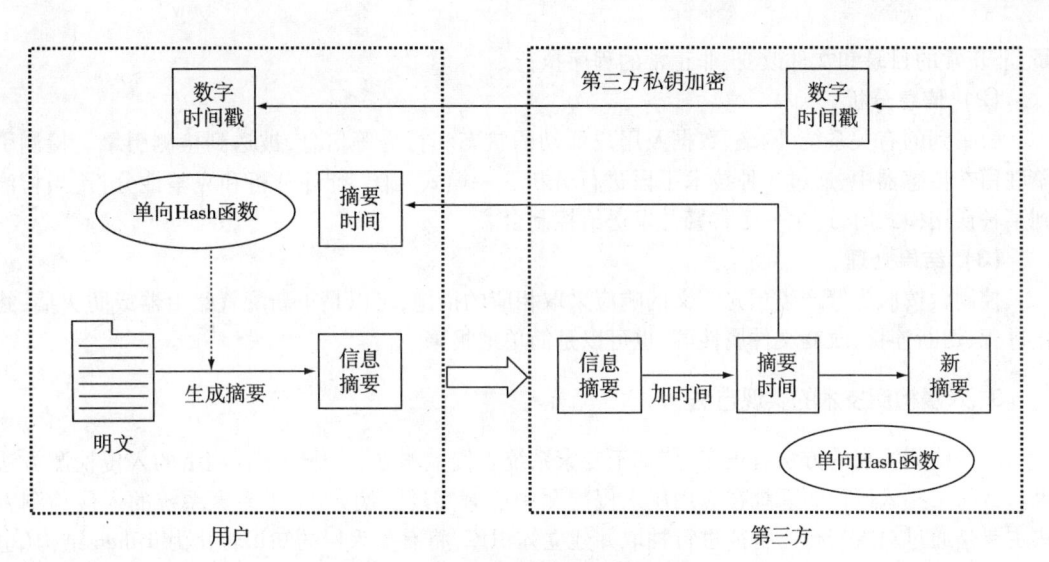

图8.13 数字时间戳的实现过程

知识8.11 入侵检测技术

除了外部攻击外,信息系统往往还会面临来自系统内部的恶意攻击,如内部人员的恶意攻击、非法操作等。因此,计算机网络安全风险系数面临着不断提高的问题,传统的计算机网络安全解决方案已经难以解决。曾经作为计算机网络安全主要的防范手段的防火墙技术,已经不能满足人们对日益增长的网络安全需求。作为对防火墙技术的有益补充,引入了一种全新的计算机网络安全技术——入侵检测系统(Intrusion Detection System,IDS)。入侵检测技术作为一种主动防御技术,在保障系统内部安全及防止入侵攻击方面都发挥着重要作用。

1. 入侵检测的概念

入侵检测是指"通过对行为、安全日志、审计数据或其他网络上可以获得的信息进行操作,检测对系统的闯入或闯入的企图"。入侵检测技术是一种积极主动的安全防御技术,提供了对外部、内部攻击及人员误操作的实时防护。Dorothy. E. Denning 在1986年首次提出了入侵检测系统的抽象模型,并提出将入侵检测系统纳入计算机网络安全系统,从而形成了全新的计算机网络安全的概念。入侵检测是对传统安全产品的合理补充,帮助系统对付网络攻击,扩展了系统管理员的安全管理能力(包括安全审计、监视、进攻识别和响应),提高了信息安全基础结构的完整性。它从计算机网络系统中的若干关键点收集信息,看网络中是否有违反安全策略的行为和遭到袭击的迹象。入侵检测被认为是防火墙之后的第2道安全闸门,在不影响网络性能的情况下能对网络进行监测,从而提供对内部攻击、外部攻击和误操作的实时保护。

2. 入侵检测技术的工作原理

入侵检测技术的工作原理可以用3个过程来表示,即信息收集、信息分析和结果处理。

(1)信息收集

入侵监测的第1步是信息收集,收集内容包括系统、网络、数据及用户活动的状态和行为。由放置在不同网段的传感器或不同主机的代理来收集信息,包括系统和网络日志文件、网络流量、非正常的目录和文件改变、非正常的程序执行。

(2) 信息分析

收集到的有关系统、网络、数据及用户活动的状态和行为等信息,被送到检测引擎。检测引擎驻留在传感器中,通过3种技术手段进行分析——模式匹配、统计分析和完整性分析,当检测到某种误用模式时,产生一个告警并发送给控制台。

(3) 结果处理

控制台按照告警产生预先定义的响应采取相应的措施,可以是重新配置路由器或防火墙、终止进程、切断连接、改变文件属性等,也可以是简单地报警。

3. 入侵检测技术的实现方法

入侵检测实现的方法有很多,如基于专家系统入侵检测方法、基于精神网络的入侵检测方法等。目前一些入侵检测系统在应用层入侵检测中已有实现。例如,基于专家系统的入侵检测方法主要是通过对入侵行为特征进行抽取并建立知识库,将有关入侵的知识转化为if-then结构(也可以是复合结构),if部分为入侵特征,then部分是系统防范措施。这样,当发生入侵行为时,系统便会采取具有针对性的措施。

入侵检测通过执行以下任务来实现。
① 监视、分析用户及系统活动。
② 系统结构和弱点的审计。
③ 识别反应已知进攻的活动模式并向相关人士报警。
④ 异常行为模式的统计分析。
⑤ 评估重要系统和数据文件的完整性。
⑥ 操作系统的审计跟踪管理,并识别用户违反安全策略的行为。

对一个成功的入侵检测系统来讲,它不但可使系统管理员时刻了解网络(包括程序、文件盒硬件设备等)的任何变更,还能给网络安全策略的制订提供指南。更为重要的一点是,它容易管理、配置简单,从而使非专业人员非常容易获得网络安全。而且,入侵检测的规模还会根据网络威胁、系统构造和安全需求的改变而改变。入侵检测系统在发现入侵后会及时作出响应,包括切断网络连接、记录事件、报警等。

入侵检测作为一种积极主动的安全防护技术,提供了对内部攻击、外部入侵和误操作的实时保护,在网络系统受到危害之前拦截和响应入侵。从网络安全立体纵深、多层次防御的角度出发,入侵检测理应受到人们的高度重视,这从国外入侵检测产品市场的蓬勃发展就可以看出。从现阶段入侵检测技术的发展模式可以看出,未来入侵检测技术主要向着分步入侵检测与通用入侵检测架构、应用层入侵检测、智能入侵检测,以及网络安全技术结合的方向发展,其应用前景是非常广阔的。

知识 8.12　数字证书与 CA 认证中心

1. 数字证书

(1) 数字证书的定义

数字证书(digital certificate)是网络通信中标志通信各方身份信息的一系列数据,其作用类似于现实生活中的身份证。数字证书是由一个权威、公正的第三方机构,即 CA 认证中心签发的,如图 8.14 所示。人们可以在交易中用它来识别对方的身份。以数字证书为核心的加密技术可以对网络上传输的信息进行加密、解密、数字签名和签名验证,确保网上传递信息的机密性、完整性,以及交易者身份的真实性和签名信息的不可否认性,从而保障电子商务交易的安全性。

最简单的证书包含一个公开密钥、名称及正式授权中心的数字签名。一般情况下,证书中还包括密钥的有效时间、发证机关(正式授权中心)的名称、该证书的序列号等信息。证书的格式遵循 CCITT X.509 国际标准。一个标准的 X.509 数字证书包含这样一些内容:证书的版本信息;证书的序列号,每个证书都有一个唯一的序列号;证书所使用的签名算法;证书的发行机构名称;证书的有效期,现在通用的证书一般采用 UTC 时间格式,范围为 1950—2049;证书所有人的名称;证书所有人的公开密钥;证书发行者对证书的数字签名等,如图 8.15 所示。

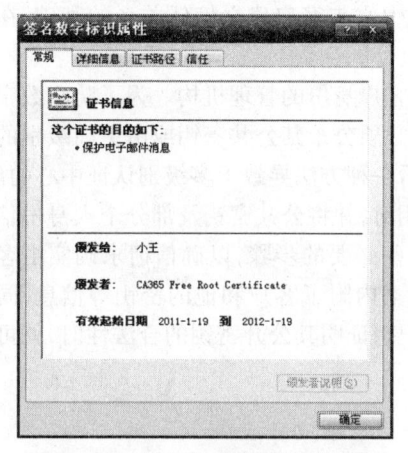

图 8.14　数字证书常规证书信息　　　　图 8.15　数字证书详细证书信息

(2) **数字证书的作用**

电子商务系统必须保证具有十分可靠的安全保密技术,也就是说,必须保证具备网络安全的五大要素,即信息传输的保密性、数据交互的完整性、发送信息的不可否认性、交易者身份的真实性、系统的可靠性。

数字安全证书提供了一种在网上验证身份的方式。安全证书体制主要采用了公开密钥体制,其他还包括对称密钥加密、数字签名、数字信封等技术。

可以使用数字证书,通过运用对称和非对称密码体制等密码技术建立起一套严密的身份认证系统,从而保证信息除发送方和接收方外不被其他人窃取,信息在传输过程中不被篡改,发送方能够通过数字证书来确认接收方的身份,发送方对于自己的信息不能抵赖。

(3) **数字证书的类型**

目前,数字证书有个人数字证书、企业数字证书和服务器数字证书 3 种类型。

① 个人数字证书是用来表明和验证个人在网络上身份的证书,通常安装在个人用户的浏览器内,用以帮助个人在网上进行安全交易操作。它可以用于网上支付、网上证券、网上保险、网上理财、网上交费、网上购物、网上办公等。

② 企业数字证书是用来表明和验证企业用户在网络上身份的证书,用以确保企业网上交易和作业的安全性和可靠性。它可应用于网上证券、网上办公、网上交税、网上采购、网上资金转账、企业网上银行等。

③ 服务器数字证书主要用于网站交易服务器或其他需要安全鉴别的服务器,需要同网站的

IP地址、域名捆绑,以保证网站的真实性和不被他人仿造。服务器数字证书的作用是保证客户机和服务器之间进行交易信息传递中双方身份的真实性、安全性和可信度,可存放于服务器硬盘或加密硬件设备上。

(4) 数字认证的原理

数字证书采用公约体制,即利用一对互相匹配的密钥进行加密、解密。每个客户自己设定一把特定的、仅为本人所知的私有密钥(私钥),用它进行解密和签名,同时设定一把公共密钥(公钥)并由本人公开,为一组客户所共享,用于加密和验证签名。当发送一份保密文件时,发送方使用接收方的公钥对数据加密,而接收方则使用自己的私钥解密,这样信息就可以安全无误地到达目的地了。通过数字的手段保证加密过程是一个不可逆过程,即只有用私有密钥才能解密。

(5) 数字证书的颁发

数字证书是由认证中心颁发的。根证书是认证中心与客户建立信任关系的基础,在客户使用数字证书之前必须首先下载和安装。

认证中心是一家能向客户签发数字证书以确认客户身份的管理机构。为了防止数字凭证的伪造,认证中心的公共密钥必须是可靠的,认证中心必须公布其公共密钥或由更高级别的认证中心提供一个电子凭证来证明其公共密钥的有效性,后一种方法导致了多级别认证中心的出现。

数字证书颁发的过程为:客户产生了自己的密钥对,并将公共密钥及部分个人身份信息传送给一家认证中心;认证中心在核实身份后,将执行一些必要的步骤,以确信请求确实由客户发送而来,然后认证中心将发给客户一个数字证书,该证书内附了客户和他的密钥等信息,同时还附有对认证中心公共密钥加以确认的数字证书,当客户想证明其公开密钥的合法性时,就可以提供这一数字证书。

2. CA认证中心

CA(Certification Authority)认证中心是一个负责发放和管理数字证书的权威机构。对于一个大型的应用环境,认证中心往往采用一种多层次的分级结构,各级的认证中心类似于各级行政机关,上级认证中心负责签发和管理下级认证中心的证书,最下一级的认证中心直接面向最终客户。

认证中心主要有以下几种功能。

(1) 证书的颁发

CA中心接收、验证客户(包括下级认证中心和最终客户)的数字证书的申请,将申请的内容进行备案,并根据申请的内容确定是否受理该数字证书申请。如果中心接受该数字证书申请,则进一步确定给客户颁发何种类型的证书。新证书用认证中心的私钥签名以后,发送到目录服务器供客户下载和查询。为了保证消息的完整性,返回给客户的所有应答信息都要使用认证中心的签名。

(2) 证书的更新

认证中心可以定期更新所有客户的证书,或者根据客户的请求来更新客户的证书。

(3) 证书的查询

证书的查询可以分为两类:一类是证书申请的查询,认证中心根据客户的查询请求返回当前客户证书申请的处理过程;另一类是客户证书的查询,这类查询由目录服务器来完成,目录服务器根据客户的请求返回适当的证书。

(4) 证书的作废

当客户的私钥由于泄漏等原因造成客户证书需要申请作废时,客户需要向认证中心提出证书作废请求,认证中心根据客户的请求决定是否将该证书作废。另外一种证书作废的情况是证

书已经过了有效期,认证中心自动将该证书作废。认证中心通过维护证书作废列表(Certificate Revocation List,CRL)来完成上述功能。

(5) 证书的归档

证书具有一定的有效期,证书过了有效期之后就将被作废,但是不能将作废的证书简单地丢弃,因为有时可能需要验证以前的某个交易过程中产生的数字签名,这时就需要查询作废的证书。基于此类考虑,认证中心还应当具备管理作废证书和作废私钥的功能。

总的来说,基于认证中心的安全方案应该很好地解决网上客户身份认证和信息安全传输问题。一般一个完整的安全解决方案包括几个方面:认证中心的建立;密码体制的选择,现在一般采用混合密码体制(即对称密码和非对称密码的结合);安全协议的选择,目前较常用的安全协议有 SSL(Secure Socket Layer)、S-HTTP(Secure HTTP)等。其中,认证中心的建立是实现整个网络安全解决方案的关键和基础,它的建立对 Internet 上电子商务与政府上网应用的开展具有非常重要的意义。

国内常见的 CA 认证中心有:图 8.16 所示的江苏省电子商务认证中心(http://www.jsca.com.cn)、图 8.17 所示的中国金融认证中心(http://www.cfca.com.cn)、图 8.18 所示的上海市数字证书认证中心(http://www.sheca.com)。

图 8.16 江苏省电子商务认证中心

图 8.17 中国金融认证中心

图8.18　上海市数字证书认证中心

知识8.13　电子商务安全协议

要实现电子商务的安全交易,交易双方必须遵守统一的安全标准协议。目前,在电子商务交易中最重要的安全协议主要有SSL安全协议和SET安全协议。

1. 安全套接层(SSL)协议

安全套接层(Secure Sockets Layer,SSL)协议是由网景公司Netscape设计开发的Internet数据安全协议,主要用于Web浏览器与服务器之间的身份认证和加密数据传输,提高应用程序之间的数据安全系数,它涉及所有的TC/IP应用程序。

SSL安全协议主要提供以下3方面的服务。

① 客户和服务器的合法性认证。认证客户和服务器的合法性,使得它们能够确信数据将被发送到正确的客户机和服务器上。客户机和服务器都有各自的识别号,这些识别号由公开密钥进行编号,为了验证客户是否合法,安全套接层协议在握手交换数据前进行数字认证,以此来确保客户的合法性。

② 加密数据以隐藏被传送的数据。安全套接层协议所采用的加密技术既有对称密钥技术,也有公开密钥技术。在客户与服务器进行数据交换之前,交换SSL初始握手信息。在SSL握手信息中采用了各种加密技术对其加密,以保证其机密性和数据的完整性,并且用数字证书进行鉴别,这样就可以防止非法客户进行破译。

③ 保护数据的完整性。安全套接层协议采用Hash函数和机密共享的方法来提供信息的完整性服务,建立客户机与服务器之间的安全通道,使其所有经过安全套接层协议处理的业务在传输过程中能全部、完整、准确无误地到达目的地。

安全套接层协议是一个保证计算机信息安全的协议,对通信对话过程进行安全保护。例如,一台客户机与一台主机连接上后,首先是要初始化握手协议,然后就建立一个SSL对话时段,直到对话结束,安全套接层协议都会对整个通信过程加密,并且检查其完整性。这样一个对话时段算一次握手。而HTTP协议中的每一次连接就是一次握手,因此,与HTTP相比,安全套接层协议的通信效率会高些。

SSL 安全协议的通信过程为：1）接通阶段，客户通过网络向服务商打招呼，服务商回应；2）密码交换阶段，客户与服务器之间交换双方认可的密码，一般选用 RSA 密码算法；3）会谈密码阶段，客户与服务商间产生彼此交谈的会谈密码；4）检验阶段，检验服务商取得的密码；5）客户认证阶段，验证客户的可信度；6）结束阶段，客户与服务器之间相互交换结束的信息。当上述过程完成之后，两者间的资料传送就会加密，另外一方收到资料后，再将编码资料还原。即使盗窃者在网络上盗取编码后的资料，如果没有原先编制的密码算法，也不能获得可读的有用资料。发送时用对称密钥加密，对称密钥用非对称算法加密，再把两个包绑在一起传送过去。接受的过程与发送正好相反，先打开有对称密钥的加密包，再用对称密钥解密。

在电子商务交易过程中，由于有银行参与，按照 SSL 协议，客户的购买信息首先发往商家，商家再将信息转发到银行，银行验证客户信息的合法性后，通知商家付款成功，商家再通知客户购买成功，并将商品寄送给客户。

SSL 安全协议是国际上最早应用于电子商务的一种网络安全协议，至今仍然有很多网上商店使用。在传统的邮购活动中，客户首先寻找商品信息，然后汇款给商家，商家将商品寄给客户。这里，商家是可以信赖的，所以客户先付款给商家。在电子商务的开始阶段，商家也是担心客户购买后不付款，或者使用过期的信用卡，因而希望银行给予认证。SSL 安全协议正是在这种背景下产生的。

SSL 协议运行的基点是商家对客户信息保密的承诺。但在上述流程中也可以注意到，SSL 协议有利于商家而不利于客户。客户的信息首先传到商家，商家阅读后再传至银行，这样，客户资料的安全性便易受到威胁。商家认证客户是必要的，但整个过程中，缺少了客户对商家的认证。在电子商务的开始阶段，由于参与电子商务的公司大多是一些大公司，信誉较高，这个问题没有引起人们的重视，随着电子商务参与的厂商迅速增加，对厂商的认证问题越来越突出，SSL 协议的缺点也就完全暴露了出来。SSL 协议将逐渐被新的电子商务协议（如 SET）所取代。

2. 安全电子交易（SET）协议

在开放的 Internet 处理电子商务，保证买卖双方传输数据的安全成为电子商务的重要问题。为了克服 SSL 安全协议的缺点，满足电子交易持续不断增加的安全要求，为了达到交易安全及合乎成本效益的市场要求，VISA 国际组织及其他公司，如 Master Card、Microsoft、IBM 等联合于 1997 年 5 月 31 日推出了用于电子商务安全交易的行业规范（Secure Electronic Transaction，即安全电子交易）。这是一个为在线交易而设立的一个开放的、以电子货币为基础的电子付款系统规范。SET 在保留对客户信用卡认证的前提下，又增加了对商家身份的认证，这对于需要支付货币的交易来讲是至关重要的。由于设计合理，SET 协议得到许多大公司和消费者的支持，已成为全球网络的工业标准，其交易形态将成为未来电子商务的规范。SET 已获得 IETF 标准的认可，是电子商务的发展方向。

SET 支付系统主要由持卡人（card holder）、商家（merchant）、发卡行（issuing bank）、收单行（acquiring bank）、支付网关（payment gateway）、认证中心（certificate authority）6 个部分组成。对应的基于 SET 协议的网上购物系统至少包括电子钱包软件、商家软件、支付网关软件和签发证书软件。

SET 协议的工作流程如下：

1）消费者利用自己的计算机通过 Internet 选定要购买的物品，并在计算机上输入订货单。订货单上需要包括在线商品、购买物品名称及数量、交货时间及地点等相关信息。

2）通过电子商务服务器与有关在线商店联系，在线商店作出应答，告诉消费者所填订货单的货物单价、应付款数、交货方式等信息是否准确，是否有变化。

3）消费者选择付款方式，确认订单签发付款指令，此时 SET 开始介入。

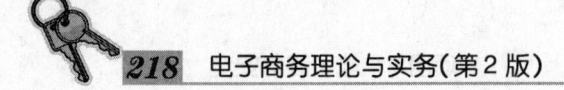

4）在 SET 中，消费者必须对订单和付款指令进行数字签名，同时利用双重签名技术保证商家看不到消费者的账号信息。

5）在线商店接受订单后，向消费者所在银行请求支付认可。信息通过支付网关到收单银行再到电子货币发行公司确认。批准交易后，返回确认信息给在线商店。

6）在线商店发送订单确认信息给消费者。消费者端软件可记录交易日志，以备将来查询。

7）在线商店发送货物或提供服务并通知收单银行将钱从消费者的账号转移到商店账号，或者通知发卡银行请求支付。在认证操作和支付操作中间一般会有一个时间间隔，可在每天的下班前请求银行结一天的账。

前两步与 SET 无关，从第 3）步开始 SET 起作用，一直到第 6）步。在处理过程中，通信协议、请求信息的格式、数据类型的定义等 SET 都有明确的规定。在操作的每一步，消费者、在线商店、支付网关都通过 CA（认证中心）来验证通信主体的身份，以确保通信的对方不是冒名顶替，因此，也可以简单地认为 SET 规格充分发挥了认证中心的作用，以维护在任何开放网络上的电子商务参与者所提供信息的真实性和保密性。

项目实施

项目任务

根据项目内容，本项目为学会电子商务交易中数字证书的申请和安装方法，包括数字证书的导入、导出和查看；掌握使用 OutLook Express 发送数字签名电子邮件，用 OutLook Express 发送加密电子邮件的整个过程。它主要有下面两个任务。

1. 数字证书的申请与安装。
2. 数字签名、安全电子邮件。

项目要求

1. 理解数字证书的作用和特点，学会数字证书的申请和安装方法。
2. 掌握用 OutLook Express 发送数字签名电子邮件和加密电子邮件的方法。

实施步骤

1. 数字证书的申请与安装

为了建立数字证书的申请人与 CA 认证中心的信任关系，保证申请证书时信息传输的安全性，在申请数字证书前，需下载并安装根 CA 证书。

（1）根证书的下载

1）在浏览器地址栏里输入"http://www.ca365.com"，进入中国数字认证网的主页，如图 8.19 所示。

2）在中国数字认证网首页"免费证书"栏中单击"根 CA 证书"，打开根证书下载对话框，如图 8.20 所示。

项目8 电子商务安全

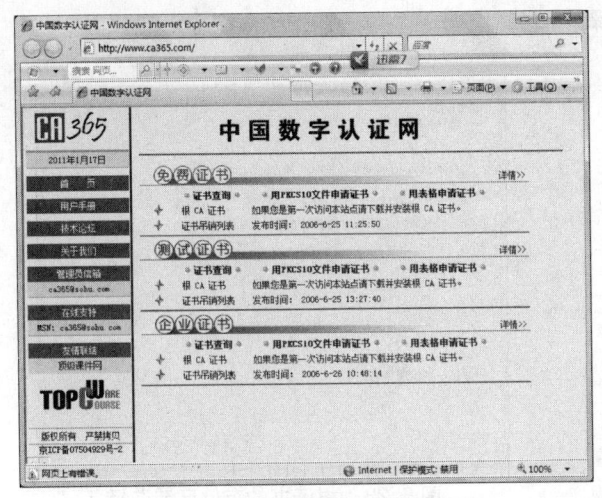

图8.19 中国数字认证网　　　　图8.20 数字证书文件下载

3）在根证书下载对话框中单击"保存"按钮，完成下载。打开文件夹，可以看到根证书的下载情况（见图8.21），双击文件rootFree即可打开证书。

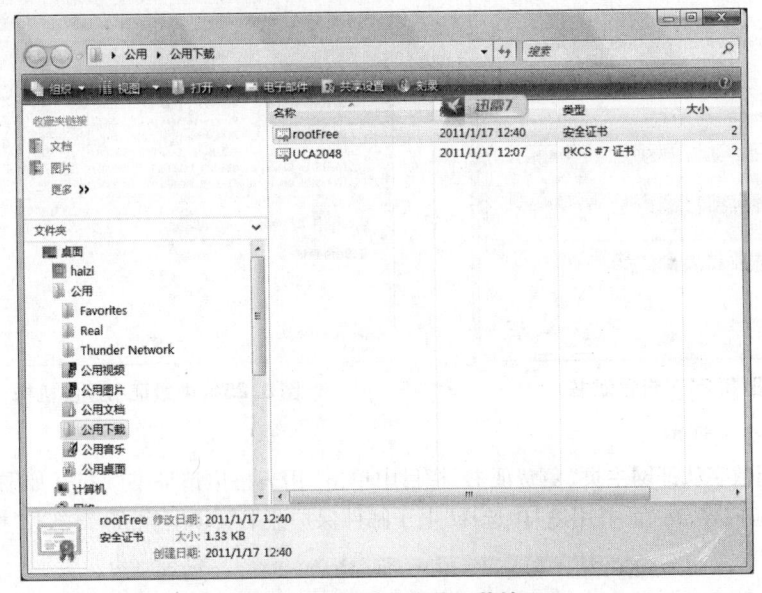

图8.21 根证书文件下载情况

4）单击文件SHECA，进入根证书安装对话框，单击"安装证书"按钮（见图8.22），进入"证书导入向导"对话框。

5）单击"下一步"按钮，进入"证书存储"对话框，系统默认选中"根证书类型，自动选择证书存储"单选按钮，如图8.23所示。

6）单击"下一步"按钮，系统完成根证书的安装。单击"完成"按钮，弹出证书导入成功提示框。

7）启动Internet Explorer，进入"Internet选项"对话框，选择"内容"选项卡，如图8.24所示。

8）单击"证书"按钮，在"证书"对话框的"中级证书颁发机构"选项卡中可以查看有关的证书情况，如图8.25所示。

图 8.22　根证书的安装

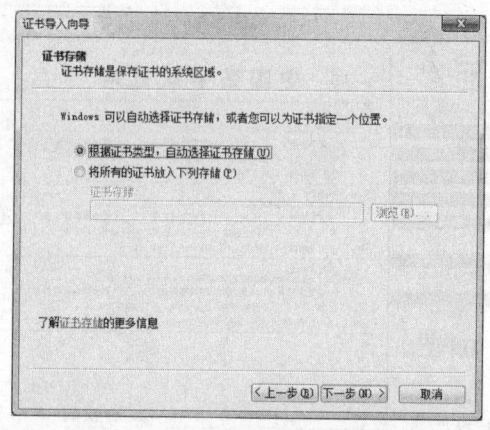

图 8.23　根证书的存储区域选择

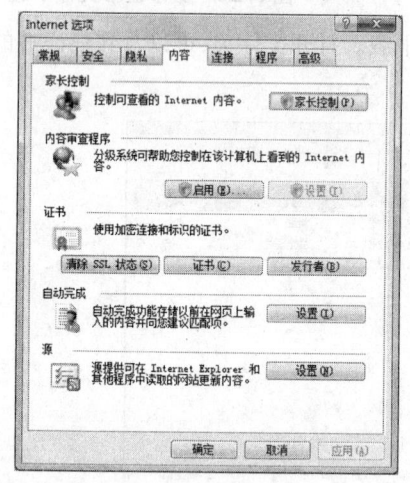

图 8.24　查看证书

图 8.25　中级证书颁发机构

(2) 申请个人证书

1) 在中国数字认证网主页"免费证书"栏目中单击"用表格申请证书",打开如图 8.26 所示的窗口。填写相应内容,在"证书用途"中选择"电子邮件保护证书",填写完成后,单击"提交"按钮。

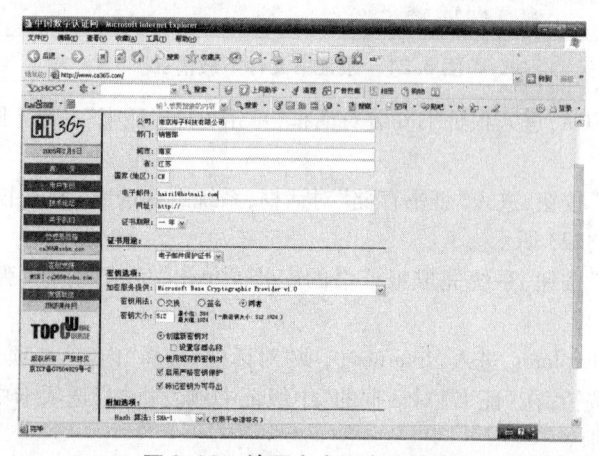

图 8.26　填写个人证书申请表

2）如图8.27所示，单击"确定"按钮。证书申请成功后系统将会返回证书序列号，如图8.28所示。单击"直接安装证书"按钮。

3）查看证书。从浏览器中选择"工具"|"Internet 选项"命令，打开"Internet 选项"对话框，在对话框中选择"内容"选项卡。单击"证书"按钮，选择"个人"选项卡，列表中显示相应的个人证书信息，如图8.29所示。

图8.27　创建密钥

图8.28　成功申请数字证书

图8.29　安装完成的数字证书

（3）证书的导入

单击"导入"按钮，进入"证书导入向导"对话框，单击"浏览"按钮，选择证书文件名（见图8.30），然后单击"下一步"按钮按提示进行操作。

（4）证书的导出

1）在如图8.29所示的"证书"对话框中，在列表中选择要导出的证书，单击"导出"按钮，打开"证书导出向导"对话框，如图8.31所示。

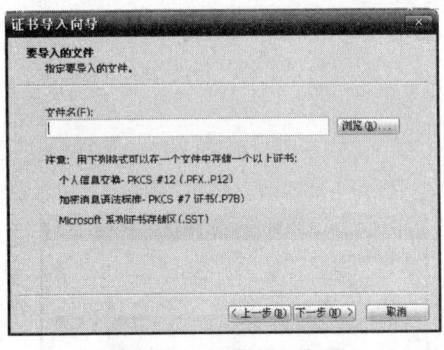

图8.30　证书导入向导

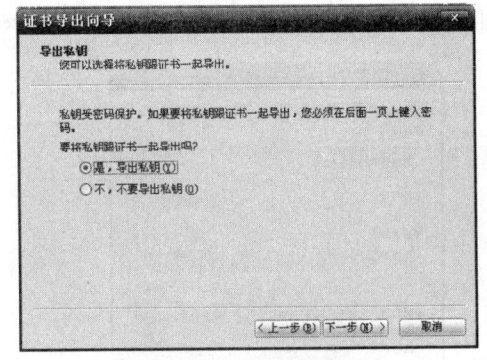

图8.31　证书导出向导

2）私钥为用户个人所有，不能泄露给他人，否则其他人就可以用它来冒充签名。如果是为了保留证书备份而复制证书，选中"是，导出私钥"单选按钮；如果是为了发送加密邮件或其他用途，则不需导出私钥。如果在申请证书时，没有选择"标记密钥为可导出"选项，则不能导出私钥。

3）输入私钥保护密码。如果在申请证书时没有选择"启用严格密钥保护"选项，则没有密码提示，图8.32所示。

4) 单击"浏览"按钮,指定要导出的目录及文件名(见图 8.33),然后单击"下一步"按钮按提示进行操作。

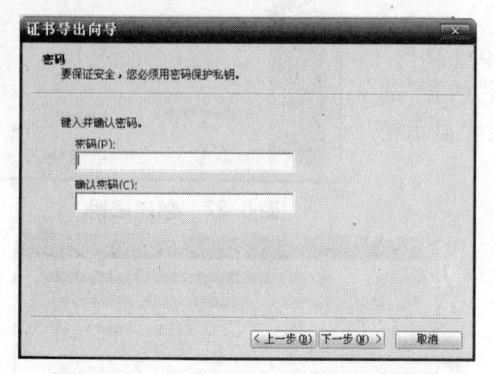

图 8.32　证书导出——密码保护私钥

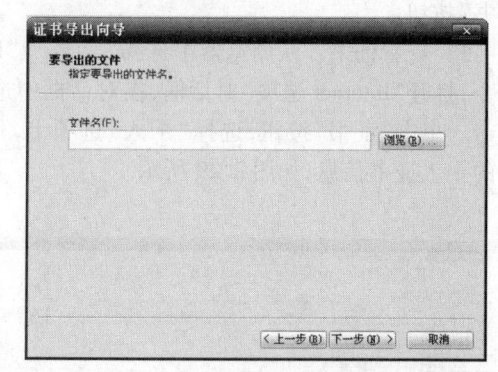

图 8.33　证书导出——指定导出文件名

2. 数字签名、安全电子邮件

小张向小王订购一批计算机,小王将配置清单及报价以数字签名电子邮件方式发送给小张,小张收到邮件后,将配置清单以加密邮件的方式发送给小王。小王给小张发送签名邮件时,要求小王已经申请数字证书,使用的电子邮件地址必须与申请证书填写的邮件地址完全一致,并已经正确安装了自己的电子邮件保护证书,用此证书进行电子邮件的签名发送。

(1) 发送数字签名电子邮件

1) 启动 Outlook Express 邮件管理器,选择"工具"|"账号"命令,单击"邮件"选项卡后选择 pop3.163.com,然后单击"属性"按钮,如图 8.34 所示。

图 8.34　设置邮件账号

2) 选择"安全"选项卡,单击签署证书"选项组中的"选择"按钮(见图 8.35),在弹出的对话框中选择证书,然后单击"确定"按钮,如图 8.36 所示。

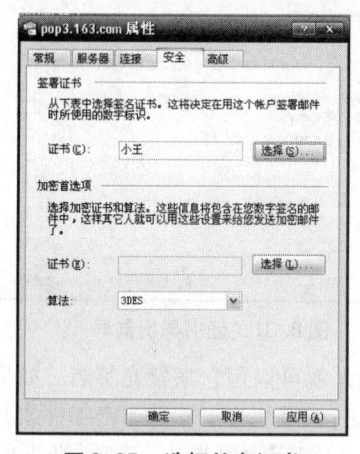

图 8.35　选择签名证书

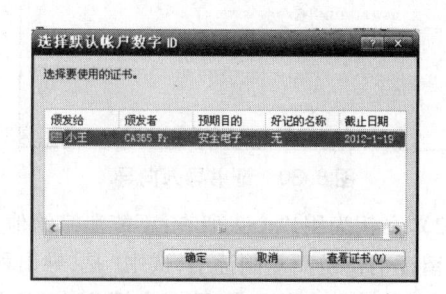

图 8.36　选择默认账户数字 ID

3) 创建新邮件,在新邮件窗口中选择"工具"|"数字签名"命令,收件人地址栏中出现签名标志。输入小张的电子邮件地址、邮件内容并插入附件,发送电子邮件,如图 8.37 所示。

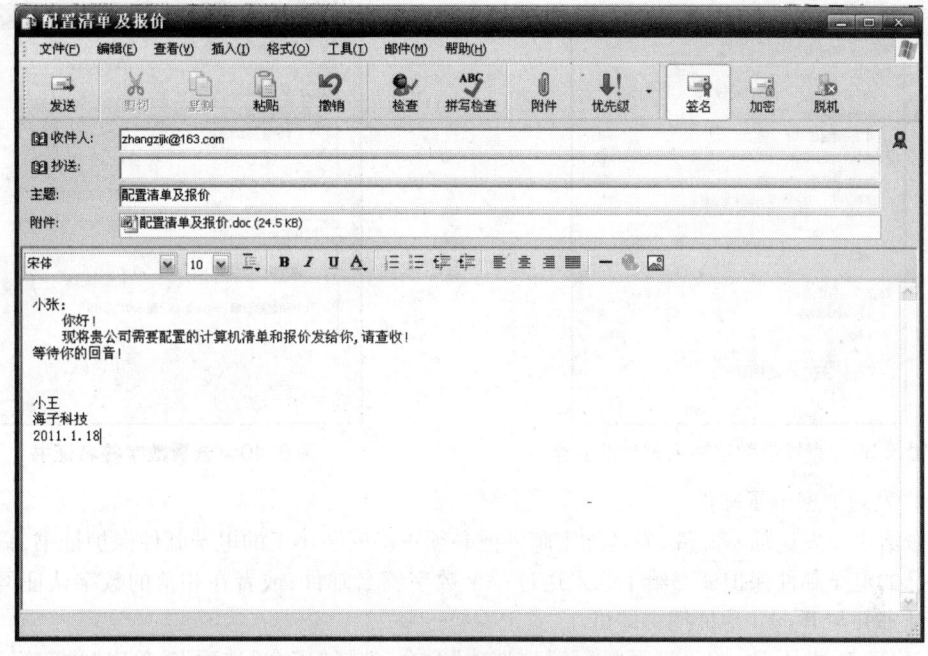

图 8.37 创建带数字签名的邮件

4）阅读带数字签名的邮件。小张收到邮件后，首先打开或预览带数字签名或者加密的邮件，Outlook Express 邮件管理器会显示帮助信息，如图 8.38 所示。单击签名标志，可进一步查看数字签名的详细信息，如图 8.39、图 8.40 所示。如果接收到的邮件有问题，如邮件被篡改或发件人的数字证书已过期，则在被允许阅读邮件内容前会看到安全警告，根据警告中的信息可以决定是否查看邮件。

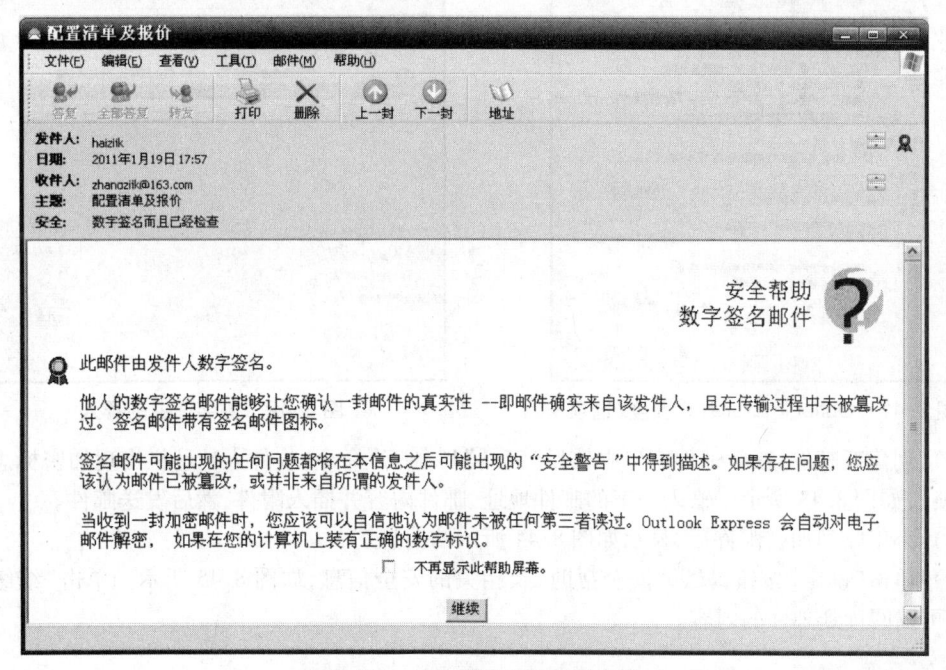

图 8.38 阅读带数字签名的邮件

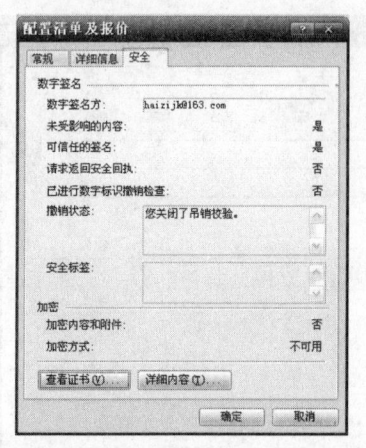

图 8.39　查看带数字签名邮件的安全　　　　　图 8.40　查看数字签名证书

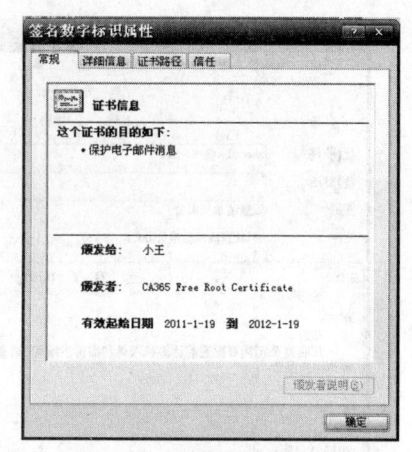

（2）发送加密电子邮件

小张给小王发送加密邮件,发送加密邮件前必须正确安装小王的电子邮件保护证书,只要小王用自己的电子邮件保护证书给小张发送过一个数字签名邮件,或者在相信的数字认证网上下载安装证书并与 E-mail 地址捆绑即可。

1）启动 Outlook Express,选择"工具"|"选项"命令,选择"安全"选项卡,单击"数字标识"按钮,打开"证书"对话框,如图 8.41 所示。

2）如图 8.42 所示,单击"导入"按钮,打开"证书导入向导"对话框。单击"浏览"按钮,选择指定要导入的文件,单击"下一步"按钮,然后再单击"浏览"按钮,选择"其他人"选项,最后单击"下一步"按钮完成小王的数字证书的安装。

图 8.41　Outlook Express"安全"选项卡　　　　　图 8.42　数字证书的导入

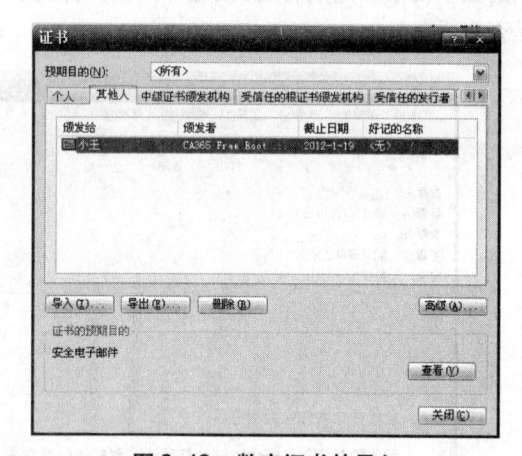

3）创建新邮件,在新邮件窗口中选择"工具"|"加密"命令,收件人地址栏出现加密标志(蓝色小锁),如图 8.43 所示。输入小王的邮件地址、邮件内容并插入附件,然后发送邮件。

4）小王收到加密邮件后,显示如图 8.44 所示的信息。

5）单击"确定"按钮,显示"安全帮助"及相关的安全信息,如图 8.45 所示。单击"继续"按钮,就可以阅读到邮件的内容。

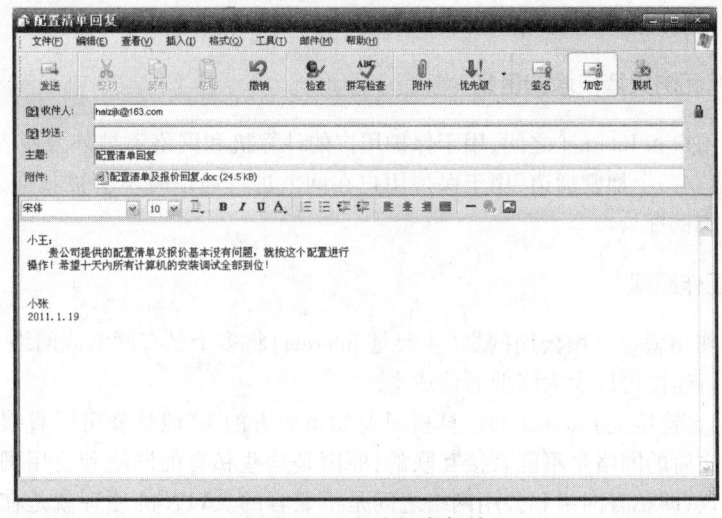

图 8.43 创建加密邮件

图 8.44 加密邮件提示

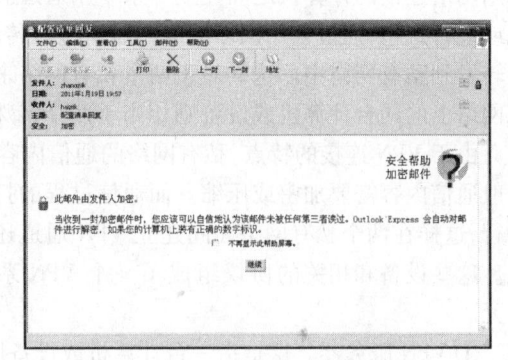

图 8.45 加密邮件的安全帮助

知识 8.14 虚拟专用网络技术

1. 虚拟专用网络技术的含义

虚拟专用网络技术(VPN)的英文全称是 Virtual Private Network,翻译过来就是"虚拟专用网络"。顾名思义,可将虚拟专用网络理解成是虚拟出来的企业内部专线。它可以通过特殊的加密的通信协议在连接 Internet 上的位于不同地方的两个或多个企业内部网之间建立一条专有的通信线路,就如同架设了一条专线一样,但是并不需要真正地去铺设光缆之类的物理线路,就好比去电信局申请专线,但不用给铺设线路的费用,也不用购买路由器等硬件设备。VPN 技术原是路由器具有的重要技术之一,目前在交换机、防火墙设备或 Windows 2000 等软件里也都支持 VPN 功能。VPN 的核心就是利用公共网络建立虚拟私有网。

从另一个角度来说,VPN 是指在公众网路上所建立的企业网络并且此企业网络拥有与专业网络相同的安全、管理及功能等特点。它代替了传统的拨号访问,利用 Internet 公网资源作为企业专网的延续,节省了昂贵的长途费用。VPN 乃是原有专线式企业专用广域网路的替代方案,并非改变原有广域网络的一些特性,如多重协议的支持、高可靠性及高扩充度,而是在更为符合成本效益的基础上来达到这些特征。

2. VPN 技术和防火墙技术的区别

防火墙建在用户和 Internet 之间,用于保护用户的计算机和网络不被外人侵入和破坏。VPN 是在 Internet 上建立一个加密通道,用于保护用户在网上进行通信时不会被其他人截取或窃听。VPN 需要通信双方的配合。

3. VPN 的工作原理

VPN 的主要作用就是利用公用网络(主要是 Internet)将多个私有网络或网络节点连接起来。通过公用网络进行连接可以大大降低通信成本。

一般来说,两台连接上 Internet 的计算机只要知道对方的 IP 地址就可以直接通信。不过位于这两台计算机之后的网络是不能直接互联的,原因是这些私有的网络和公用网络使用了不同的地址空间或协议,即私有网络和公用网络之间是不兼容的。VPN 的原理就是在这两台直接与公用网络连接的计算机之间建立一条专用通道。连接私有网络之间的通信内容经过这两台计算机或设备打包,通过公用网络的专用通道进行传输,然后再对端解包,还原成私有网络的通信内容转发到私有网络中。这样对于两个私有网络来说,公用网络就像是普通的通信电缆,而接在公用网络上的两台计算机或设备则相当于两个特殊的线路接头。

由于 VPN 连接的特点,私有网络的通信内容会在公用网络上传输,出于安全和效率的考虑,一般通信内容需要加密或压缩。而通信过程的打包和解包工作必须通过一个双方协商好的协议进行,这样在两个私有网络之间建立 VPN 通道还需要一个专门的过程,依赖于一系列不同的协议。这些设备和相关的协议组成了一个 VPN 系统。一个完整的 VPN 系统一般包括以下几个单元。

① VPN 服务器。这是指一台计算机或设备用来接收和验证 VPN 连接的请求,处理数据打包和解包工作。

② VPN 客户端。这是指一台计算机或设备用来发起 VPN 连接的请求,也处理数据的打包和解包工作。

③ VPN 数据通道。这是指一条建立在公用网络上的数据连接。

注意,所谓的服务器和客户端在 VPN 连接建立之后在通信中的角色是一样的,服务器和客户端的区别在于连接是由谁发起的而已。这个概念在两个网络之间的连接上尤其明显。

4. VPN 的解决方案

针对不同的客户要求,VPN 有 3 种解决方案:远程访问虚拟网(access VPN)、企业内部虚拟网(intranet VPN)和企业扩展虚拟网(extranet VPN)。这 3 种类型的 VPN 分别与传统的远程访问网络、企业内部的 intranet 及企业网和相关合作伙伴的企业网所构成的 extranet(外部扩展)相对应。

知识 8.15　电子商务安全管理策略

电子商务安全管理是实现电子商务安全的重要环节,不能单纯地仅仅从技术角度去考虑如何解决,而是应该运用综合的安全管理思路来解决。因此,电子商务的安全管理应该从人员、审

计、网络维护和病毒等诸多方面综合考虑，从而建立一个完整的电子商务安全体系。

1. 建立人员管理与保密制度

（1）建立人员管理制度

网络的安全程度取决于网络的最薄弱的环节，最危险的就是个人警惕性的下降和丧失。很多案例表明，人员的素质是决定系统安全的重要因素。因此，建立一支遵守纪律、自觉、主动、热爱系统维护与管理的人才队伍是计算机安全工作的最重要一环。

（2）建立人员保密制度

保密制度需要根据系统信息的安全级别确定安全重点并提出相应的保密措施。信息的保密级别一般分为三级：第一，绝密级，这是重点保护对象，只限于公司高层人员掌握；第二，机密级，这也是重点保护对象，只限于公司中层管理者以上人员使用；第三，秘密级，这可以在互联网上公开，但必须拥有保护程序，防止黑客入侵。

2. 审计稽核制度

审计制度是指对工作人员所作的记录，应用科学方法进行系统审核，包括经常对系统日志的检查、审核，及时发现对系统故意入侵的行为记录和对系统安全功能违反的记录，监控和捕捉各种安全事件，保护、维护和管理系统日志，在此基础上作出客观公正评价的制度。

稽核制度是指工商、税务、银行、会计人员利用网络，借助于稽核业务应用软件调阅、查询、审核辖区内各电子商务参与单位业务经营、流程运作的合理性、安全性，堵塞漏洞，保证网上交易安全，对可能存在的问题发出相应的警示，对已有的违法犯罪行为作出处理、处罚的有关决定的一系列步骤及措施。

3. 网络系统的维护制度

对于企业的电子商务系统来说，企业网络系统的日常维护就是针对内部网的日常管理和维护。它是一件非常繁重的工作，但对于防范系统被攻击和破坏的确是非常重要及有效的方法。对网络系统的日常维护，可以从几个方面进行。一是对软、硬件及网络资源的日常管理维护制度，包括Internet、网络设备、服务器和客户机、通信线路、各种支撑软件和应用软件，及时监控用户使用网络资源情况，对陌生用户及时查清来源，并加以相应处理，对于越权用户查明越权原因，根据实际情况限制其权限。除此之外，要定期清理网络存储资源，因为有些用户将自己的私人文件存储到共享区域，严重影响网络资源的利用。还有一些临时文件或日志，需要对它们定期清理。二是定期进行数据备份。数据备份与恢复主要是利用多种介质，如磁介质、纸介质、光盘等，对信息系统数据进行存储、备份和恢复。这种保护措施还包括对系统设备的备份。

4. 防病毒工作

计算机病毒是一段具有破坏性的软件代码，它依附于正常的软件或电子文档，能够自我复制，破坏系统。病毒在网络环境下具有很强的传染性，对网络交易的顺利进行和交易数据的妥善保存造成很大的威胁，所以必须建立病毒防范措施。

目前主要通过采用安装防病毒软件进行防范，同时还要定期清理病毒，及时升级防病毒软件的病毒库。将网络系统中易感染病毒的文件属性、权限加以限制，对各终端用户只允许他们具有只读权限，堵住病毒入侵的渠道，从而达到预防的目的。

其次要考虑在何处安装病毒防治软件。在企业中，重要的数据往往保存在位于整个网络中心节点的文件服务器上,这也是病毒攻击的主要目标。为保护这些数据,网络管理员必须在网络的多个层次上设置全面保护措施。除此之外,工作站和邮件服务器也是病毒进入的主要途径,应该在工作站和邮件服务器上安装防病毒软件。病毒扫描的任务是由网络上所有工作站共同承担的,每台工作站相对比较轻松。如果每台工作站均安装最新防病毒软件,就可以在日常工作中加入病毒扫描的任务,性能可能会少许下降但无须增添新的设备。邮件在发往其目的地前,首先进入邮件服务器并被存放在邮箱内,在这里安装防病毒软件也是比较有效的。

电子商务安全关系到电子商务的成功与否,决定着一个电子商务网络能否为客户提供安全可靠的网上服务。虽然我国的电子商务安全技术已经取得了一定的成绩,但是电子商务要真正成为一种主导的商务模式,仅从技术角度考虑是远远不够的,还必须完善电子商务方面的立法,以规范飞速发展的电子商务现实中存在的各类问题,从而引导和促进电子商务又好又快的发展。

案例分析

黑客对网站的攻击

电子商务领域的安全问题由来已久,早在2000年就发生过"神秘黑客攻击美国五大网站"的事件。2000年2月7日至9日,一伙神秘黑客在3天的时间里接连袭击了互联网上包括雅虎、美国在线新闻等在内的五大最热门的网站,并且造成这些网站瘫痪长达数小时。

雅虎网站是继美国在线之后排名第二的大网站,注册用户1亿多,平均每天传送的资料多达4.65亿页,每月吸引的访问者多达4 200万人。

遭到袭击后,雅虎的技术人员大惊失色,立即采取紧急措施,一边查明黑客的袭击手段,一边进行紧急补救。技术人员们知道,现在正是一年中网上购物最活跃的时候,如果不能及时恢复服务,就意味着数百万美元的交易将落空。

技术人员很快发现,黑客使用了一种名为"拒绝服务"的入侵方式,在不同的计算机上同时用连续不断针对服务器的电子请求来轰炸雅虎网站。这种方式类似于某人不停拨打某个公司的电话来阻止其他电话打进,从而导致公司通信瘫痪。在袭击进行到最高峰的时候,网站平均每秒钟要遭受1 000 MB数据的猛烈攻击,这一数据量相当于普通网站一年的数据量。面对如此猛烈的攻击,雅虎的技术人员却束手无策,只能眼睁睁地看着泛滥成灾的垃圾电子邮件堵住了雅虎用户上网所需的路由器。

到攻击当日上午10时15分,汹涌而来的垃圾邮件堵死了雅虎网站除电子邮件服务外3个网点所有的路由器,雅虎公司大部分网络服务均陷入瘫痪,公司不得不将网站入口关闭。此时,美国的雅虎用户根本无法登录雅虎的任何站点,而世界各地其他的用户也只能登录雅虎59%的站点。

13时25分,雅虎公司的技术人员终于设法识别了电子请求的数据类型,并且加上新的邮件过滤器将其滤去,这才部分恢复了正常的服务,有70%的网站重新为用户提供服务。

美国东部时间2月8日,也就是雅虎网站遭袭后第2天,尽管世界各著名网站已经高度警惕,但还是再次遭到这些神秘黑客的袭击。世界最著名的网络拍卖行eBay因神秘黑客袭击而瘫痪了整整两小时,以致任何用户都无法登录该站点;赫赫有名的美国有线新闻网CNN随后也因遭神秘黑客的袭击而瘫痪近两小时;风头最劲的购物网站Amazon.com也被迫关闭一个多小时。

eBay网站发言人罗宾·佐恩在接受记者采访时透露,该网站实际上瘫痪了3小时零10分钟,跟雅虎的瘫痪时间一模一样。当时,神秘的袭击者以每秒钟800 MB的数据猛攻网站,这一

数据量相当于正常数据量的24倍，不堪重负的网站终于在美国东部时间下午5时45分彻底瘫痪。网络公司赶紧向其客户发了一份紧急通知，坦言网站正在遭受黑客的袭击，但有关客户的机密数据却丝毫未损。这份紧急通知给其客户吃定心丸说："我们正在采取多种措施反击黑客们的袭击，并且将与当地和联邦政府有关部门、互联网服务商以及我们的合作伙伴们紧密协作。"

2月9日，澳大利亚悉尼一家公司的网站也遭受了同样的网站袭击。这家名叫"比蒂有限公司"的网站在过去3个星期的时间内连续20多次遭受黑客用"拒绝服务"软件的袭击，每次都导致整个网络瘫痪，而且一次长达数小时。

5起袭击事件给全世界敲响了警钟。3天内发生的这5起网络大规模袭击事件有着惊人的相似之处：首先，袭击者用数以亿万计的垃圾邮件猛烈袭击目标网站，从而导致网站网络堵塞，最终因不堪重负而彻底瘫痪，使全世界各地的用户都无法登录网站；其次，袭击者似乎分布在世界各地，因为这些垃圾邮件是从世界各地的多个互联网连接点发出来的。以雅虎网站遭袭击为例，当时互联网50处不同的节点一起向雅虎发起袭击，袭击者们显然是经过严密协调的。

对于这5起袭击事件造成的损失，各大网络公司都讳莫如深。尽管所有遭袭击的网络公司都一再强调这次袭击没有损害用户的利益，但公司本身的损失却相当惨重。雅虎公司发言人在袭击事件发生后一再强调说，由于雅虎公司使用了先进保密技术，所以数据库没有受到侵袭，用户的机密数据没有被破坏或丢失，公司的损失也不算大。从表面上看，雅虎的损失确实不大，袭击事件发生的当天，华尔街股市上雅虎的股值并没有下跌。然而，网络专家却认为，由于现在正是网上购物的活跃时期，3小时的无法服务就意味着数百万美元的交易落空。此外，对于给广告用户造成的损失，雅虎表示会在今后的几天时间里设法加排广告以作补偿。

对于eBay公司来说，这次袭击事件无疑是雪上加霜。1999年6月，eBay网站因遭受黑客袭击而瘫痪整整22小时，从而使公司的股值在5天的时间内损失了26%。1999年11月，该网站在3天的时间内因遭黑客袭击再次瘫痪4个多小时。以后，公司被迫投资1 800万美元用于改善网络的安全运作。即便如此，eBay网站在此次袭击中仍未能逃脱瘫痪的厄运。

案例思考：
1. 黑客对雅虎网站是如何袭击的？几次袭击有什么相似之处？
2. 阅读材料后，你认为网络袭击对商业运作有什么危害？
3. 结合材料，谈谈电子商务安全的重要性。

课后习题

一、选择题

1. 信息的完整性是指（　　）。
   A. 信息不被篡改、延迟和遗漏
   B. 信息内容不被指定以外的人所知悉
   C. 信息在传递过程中不被中转
   D. 信息不被他人所接收
2. 计算机网络系统的安全威胁不包括（　　）类型。
   A. 黑客攻击
   B. 病毒攻击
   C. 网络内部的安全威胁
   D. 自然灾害
3. 设置防火墙的主要目的是（　　）。
   A. 起重发的功能
   B. 防止局域网外部的非法访问
   C. 起加速网络传输的功能
   D. 起路由功能

4. 杀毒软件可用于解决（　　）的问题。
   A. 数据误发　　　　　　　　　　　B. 未授权访问主机资源
   C. 电子邮件病毒　　　　　　　　　D. 发送数据后抵赖
5. 对称加密方式主要存在（　　）问题。
   A. 加密技术不成熟　　　　　　　　B. 无法鉴别贸易双方的身份
   C. 密钥安全交换和管理　　　　　　D. 加密方法很复杂
6. 在数字签名中，发送方使用（　　）进行数字签名。
   A. 接收方公钥　　B. 接收方私钥　　C. 发送方公钥　　D. 发送方私钥
7. 出于安全性考虑，网上支付密码最好用（　　）组成。
   A. 生日的数字　　　　　　　　　　B. 字母和数字混合
   C. 银行提供的原始密码　　　　　　D. 常用的英文单词
8. 当浏览器连接到一个安全网站时，URL 地址栏最可能出现的显示内容为（　　）。
   A. http：//www.somewhere.com　　B. https：//www.somewhere.com
   C. ftp：//www.somewhere.com　　　D. telnet：//www.somewhere.com
9. （　　）说法是正确的。
   A. SET 安全协议解决了电子支付中参与者的角色问题
   B. SET 安全协议解决了交易支付的完整性
   C. SET 安全协议解决了身份认证和不可抵赖性
   D. SET 安全协议解决了购物和支付信息的保密性
10. 数字证书中包含的基本信息有（　　）。
    A. 证书主人的个人信息　　　　　　B. 证书主人的信用评级资料
    C. 证书主人的公开密钥　　　　　　D. 认证中心的数字签名

二、简答题

1. 什么是数字证书？它有何用途？
2. 简述对称加密和非对称加密的过程。分析其优缺点。
3. 简述防火墙的定义、分类及其工作原理。
4. 计算机病毒防范措施主要有哪几种？
5. 什么是 SSL 安全协议？什么是 SET 安全协议？简述其优缺点。

项目 9 电子商务网站

本项目阐述电子商务网站的基本知识,内容包括电子商务网站的定义、功能和分类;电子商务网站设计的原则和规划的步骤;电子商务网站域名申请、建立主机、网页设计、推广方法等的过程。

项目内容

本项目为电子商务网站的规划与设计,剖析电子商务网站的功能和电子商务网站的规划过程,以及电子商务网站开发的过程;重点熟悉电子商务网站域名的策划与申请、企业的电子商务网站规划,以及利用第三方平台创建店铺。

知识要求

通过本项目的学习,使学生理解电子商务网站的概念、功能和类型,掌握电子商务网站的设计原则、规划步骤,从而培养学生创建电子商务网站、推广网站的能力。

相关知识

知识 9.1 电子商务网站定义和功能

电子商务是信息时代的产物,随着 Internet 技术与应用的不断发展,人类进入信息化社会的步伐大大加快。互联网带给人们的好处不仅在于可以通过网络了解和获得大量的信息,还在于可以通过网络进行跨地区的远程通信、网上办公、网上教学,并可以进行各种跨越时间和空间的商务活动。

1. 电子商务网站的定义

电子商务网站是指一个企业、机构或公司在互联网上建立的站点,主要面向供应商、客户或企业产品(服务)的消费群体,以提供某种直属于企业业务范围的服务或交易、宣传企业形象、发布产品信息为目的,是网上的"虚拟公司"或"虚拟工厂"。

这样的网站可以说是正处于电子商务化的一个中间阶段,由于行业特色和企业投入的深度、广度的不同,其电子商务化程度可能处于从初级的服务支持、产品列表到高级的网上支付的其中某一阶段。

2. 电子商务网站的功能

① 企业产品和服务项目展示。这是一个非常重要的基本功能。

② 商品和服务订购。它包括交易磋商、在线预订商品、网上购物或取得网上服务的业务功能。

③ 网上支付。即通过银行电子支付系统实现支付功能。

④ 网络客户服务。将部分或全部传统客户服务功能迁移到网上进行，同时根据网络特点开发新的服务功能。

⑤ 发布商业信息。它包括新闻的动态更新、新闻的检索、热点问题追踪，以及行业信息、提供信息、需求信息的发布等。

⑥ 客户信息管理。这是反映网站主体能否以客户为中心，充分地利用客户信息挖掘市场潜力的有重要利用价值的功能。

⑦ 客户实时互动。通过聊天室、企业社区、电子邮件等工具，与客户实时地交流信息。

⑧ 销售业务信息管理。用于使企业能够及时地接收、处理、传递与利用相关的销售业务信息资料，并使这些信息有序和有效地流动起来。

知识 9.2　电子商务网站的类型

1. 按照商务目的和业务功能分类

按这种方式分类，可以将电子商务网站分为基本型电子商务网站、宣传型电子商务网站、客户服务型电子商务网站和综合型电子商务网站。

(1) 基本型电子商务网站

这种类型的网站适合于小型企业及想尝试网站效果的大中型企业，建立的目的是通过网络媒体和电子商务的基本手段进行公司宣传和客户服务。其特点是网站构件的价格低廉，性价比高，具备基本的电子商务网站功能，如中国常熟服装城（http://www.csfz.com），如图 9.1 所示。

图 9.1　中国常熟服装城

(2) 宣传型电子商务网站

这种类型的网站适合于各类企业，特别是已有外贸业务或想开拓外贸业务的企业。建立的目的是通过宣传产品和服务项目、发布企业的动态信息，提升企业的形象，扩大品牌影响，拓展海内外市场。其特点是具备基本的网站功能，突出企业宣传效果，如江苏华亚化纤有限公司（http://www.jshuaya.com），如图 9.2 所示。

图9.2　江苏华亚化纤有限公司

(3) 客户服务型电子商务网站

这种类型的网站适合于各类企业，建立的目的是通过宣传公司形象与产品，达到与客户实时沟通及为产品或服务提供技术支持的效果，从而降低成本、提高工作效果。其特点是以企业宣传和客户服务为主要功能，如瑞星杀毒网(http://www.rising.com.cn)，如图9.3所示。

图9.3　瑞星杀毒网

(4) 综合型电子商务网站

这种类型的网站适合于各类有条件的企业，建立的目的是通过网站建立公司整体形象和推广产品及服务，并着力实现网上客户服务和产品在线销售，从而直接为企业创造效益，提高竞争力。实时沟通及时为产品或服务提供技术支持，从而降低成本、提高效果。其特点是具备完全的电子商务功能，并突出企业形象宣传、客户服务和电子商务功能，如戴尔公司网站(http://www.dell.com.cn)，如图9.4所示。

图9.4 戴尔公司网站

2. 按照构建网站的主体不同分类

按这种方式分类,可以将电子商务网站分为行业型电子商务网站、企业型电子商务网站、政府型电子商务网站和组织型电子商务网站。

(1) 行业型电子商务网站

每个行业都需要在网上交流信息和提供服务,这是市场竞争的需要。行业电子商务网站是指以行业机构为主体构建一个大型的电子商务网站,建立的目的是为行业内的企业和部门进行电子化贸易提供信息发布、商品交易、客户交流等活动平台,如中国机械网(http://www.jx.cn),如图9.5所示。

图9.5 中国机械网

(2) 企业型电子商务网站

企业型电子商务网站是指以企业为构建主体,建立的目的是为企业的产品和服务提供商务平台,如海尔集团网站(http://www.haier.com),如图9.6所示。

图9.6　海尔集团网站

(3) 政府型电子商务网站

政府型电子商务网站是指以政府机构为主体构建网站来实施电子商务活动。现在许多政府部门都把自己的业务行为通过网站公开化，为政府税收和政府公共服务提供网络化交流平台，如中国供应商网(http://www.china.cn)，如图9.7所示。

图9.7　中国供应商网

(4) 组织型电子商务网站

组织型电子商务网站是指以服务机构为构建主体，包括商业服务机构、金融服务机构、邮政服务机构、家政服务机构、娱乐服务机构等的电子商务网站，如中国邮政网(http://www.chinapost.com.cn)，如图9.8所示。

图9.8 中国邮政网

3. 按照商务网站开办者不同分类

按这种方式分类,可以将电子商务网站分为流通型电子商务网站和生产型电子商务网站。

(1) 流通型电子商务网站

流通型电子商务网站主要由流通企业建立,目的在于宣传和推广其销售的产品与服务,较好地展示产品的外观与功能,使顾客更好地了解产品的性能和用途,促使顾客在线购买。这类网站的网页一般都制作精美,动感十足,很容易吸引浏览者,能起到很好的广告及促销效果,如淘宝网(http://www.taobao.com),如图9.9所示。

图9.9 淘宝网

(2) 生产型电子商务网站

生产型电子商务网站主要由生产产品或提供服务的企业建立,目的在于宣传和推广其生产的产品与服务,实现在线采购、在线销售和在线技术支持等功能。浏览者如果对产品感兴趣,可以直接在页面上下订单,然后付款,完成整个交易过程。这类网站的网页都比较实用,特点是信息量大,并提供大额订单,如中国宝钢集团网站(http://www.baosteel.com),如图9.10所示。

图 9.10　中国宝钢集团网站

4. 按照网站运作的广度和深度分类

按这种方式分类,可以将电子商务网站分为垂直型电子商务网站、水平型电子商务网站、专门型电子商务网站和公司型电子商务网站。

(1) 垂直型电子商务网站

垂直型电子商务网站提供某一类产品及其相关产品的一系列服务(产品列举、网上销售),如销售汽车、汽车零配件、汽车装饰品、汽车保险等产品的商务网站,从而为顾客提供一步到位的服务。这类网站的优势在于产品的互补性和购物的方便性,缺点在于网站较为复杂,实施难度大,如中国兰花交易网(http://www.hmlan.com),如图 9.11 所示。

图 9.11　中国兰花交易网

(2) 水平型电子商务网站

水平型电子商务网站类似于网上购物中心或网上超市,其优势在于产品的宽度。顾客在这类网站上不仅可以买到自己所能接受的价格水平的商品,还可以货比三家,其缺点在于深度和产品配套性欠缺。由于该类网站充当的是中间商的角色,在产品价格方面处于不利地位,如阿里巴巴网(http://www.alibaba.cn),如图 9.12 所示。

图9.12　阿里巴巴网站

(3) 专门型电子商务网站

专门型电子商务网站提供某类产品的最优服务,类似于专卖店,通常提供品牌知名度高、品质优良、价格合理的产品销售。除直接面对消费者外,该类网站也面对许多垂直型和水平型网站的供应商,如三星网站(http://www.samsung.com),如图9.13所示。

图9.13　三星网站

(4) 公司型电子商务网站

公司型电子商务网站是以本公司产品或服务为主的网站,类似于网上店面,以销售本公司产品或服务为主,其缺点在于可扩展性不足。除少数品牌知名度高、市场份额大的公司外,从产品的形态看,金融服务、电子产品、旅游、传媒等行业比较适合此类网站,具有明显的优势,如戴尔公司网站(http://www.dell.com.cn),如图9.14所示。

图 9.14 戴尔公司网站

5. 按照业务范畴和运作方式分类

按这种方式分类,可以将电子商务网站分为非交易型电子商务网站、半交易型电子商务网站和全交易型电子商务网站。

(1) 非交易型电子商务网站

简单来说,这类网站就是在网站上提供了商贸信息源的一个信息发布和查询系统。对于供应商来说,就是建立自己的网页,并加入到同行业一些著名的网站中,然后积极组织本企业产品的信息动态发布;对于需求商来说,则是需要上网到一些本行业著名网站中查询所需要的新产品信息。这类网站只是在向供需双方提供沟通信息的机会,并不参加后续的交易过程,所以不存在安全性、保密性等问题,如东软集团网站(http://www.neusoft.com),如图 9.15 所示。

图 9.15 东软集团网站

(2) 半交易型电子商务网站

这类网站是在非交易型网站的基础上更进一步,使之完成商贸单证和票据交换的过程,如索要报价单、洽谈商定价格等业务细节、填送订购单、支付购货费用、出具发货通知单等一系列单证和票据交换过程,如携程网(http://www.ctrip.com),如图9.16所示。

图 9.16 携程网

(3) 全交易型电子商务网站

这类网站是在非交易型网站和半交易型网站的基础上再进一步,使之能够实现资金的支付、清算、承运、发到货管理等,如亚马逊网上书店(http://www.amazon.com.cn),如图9.17所示。

图 9.17 亚马逊网上书店

知识9.3 电子商务网站的规划

随着互联网宽带和技术应用的成熟,以及物流和支付系统的完善,电子商务已成为互联网普及应用的主流,必将影响着千家万户的生活和经济行为,并日益成为社会商业活动的重要形式。而一个企业网站的成功与否与建站前的网站规划有着极为重要的关系。在建立网站前应明确建设网站的目的,确定网站的功能,确定网站规模、投入费用,进行必要的市场分析。只有详细的规划,才能避免在网站建设中出现的很多问题,使网站建设能顺利进行。

网站规划是指在网站建立前对市场进行分析、确定网站的目的和功能,并根据需要对网站建设中的技术、内容、费用、测试、维护等作出规划。网站规划对网站建设起到计划和指导作用,对网站内容和维护起到定位作用,如图9.18所示。

市场分析 → 功能定位 → 网站内容 → 网页设计 → 费用预算 → 网站维护 → 网站测试 → 网站发布 → 网站推广

图9.18 网站建设流程

1. 电子商务网站的设计原则

① 目的性。建立电子商务网站必须要有目的性和目标群体,这样才能够做出符合实际的设计计划。即要考虑建设网站的目的是什么,为谁提供服务和产品,网站的受众有什么特点。

② 主题鲜明性。在明确目标的前提下,完成网站整体的构思方案,即对网站的整体风格和特色作出定位,以简单明确的语言和画面体现站点的主题。

③ 艺术性。网页设计作为一种视觉语言,要讲究编排和布局的艺术性,即通过文字图形的组合,表达出和谐的美感,使浏览者有一个流畅的视觉体验。

④ 统一性。要将丰富的意义和多样的形式组合成统一的页面,形式语言必须符合页面的内容,体现内容丰富的含义。

⑤ 易操作性。网站页面设计的核心是让用户容易操作,所以在设计网页时要考虑用户的知识层面和动手能力,不可设计出难以操作的网页。

⑥ 时常更新。网站的最大特点就是它总是不断变化的,所以站点内容需要时常更新,让浏览者能了解到企业最新的发展动态和业务,达到吸引浏览者的目的。

2. 电子商务网站规划的步骤

(1) 建设网站前的市场分析

① 分析相关行业的市场是怎样的,市场有什么样的特点,是否能够在互联网上开展公司业务。

② 市场主要竞争者分析,竞争对手上网情况及其网站规划和功能。

③ 公司自身条件分析、公司概况、市场优势,可以利用网站提升哪些竞争力,建设网站的能力(费用、技术、人力等)。

(2) 建设网站的目的及功能定位

① 为什么要建立网站,是为了树立企业形象,宣传产品,进行电子商务,还是建立行业性网

站，以及是企业的基本需要还是市场开拓的延伸。

② 整合公司资源，确定网站功能。根据公司的需要和计划，确定网站的功能类型：企业型网站、应用型网站、商业型网站(行业型网站)、电子商务型网站。企业网站又分为企业形象型、产品宣传型、网上营销型、客户服务型、电子商务型等。

③ 根据网站功能，确定网站应达到的目的作用。

④ 企业内部网(intranet)的建设情况和网站的可扩展性。

(3) 网站技术解决方案

根据网站的功能确定网站技术解决方案。采用自建服务器，还是租用虚拟主机；选择操作系统，用 Window 2000/NT 还是 Unix、Linux；分析投入成本、功能、开发、稳定性和安全性等；采用模板自助建站、建站套餐还是个性化开发；网站安全性措施，防黑、防病毒方案(如果采用虚拟主机，则该项由专业公司负责)；选择什么样的动态程序及相应数据库，如程序 ASP、JSP、PHP；数据库采用 SQL Server、Access，还是 Oracle、DB2 等。

(4) 网站内容及实现方式

① 根据网站的目的确定网站的结构。一般企业型网站应包括公司简介、企业动态、产品介绍、客户服务、联系方式、在线留言等基本内容，还可以包括更多内容，如常见问题、营销网络、招贤纳士、在线论坛、英文版等。

② 根据网站的目的及内容确定网站整合功能。

③ 确定网站导航中的每个频道的子栏目。

④ 确定网站内容的实现方式，如产品中心使用动态程序数据库还是静态页面，营销网络是采用列表方式还是地图展示等。

(5) 网页设计

网页设计一般要与企业整体形象一致，要符合企业 CI 规范。要注意网页色彩、图片的应用及版面规策划，保持网页的整体一致性。在新技术的采用上要考虑主要目标访问群体的分布地域、年龄阶层、网络速度、阅读习惯等。还应该制定网页改版计划，如半年到一年时间进行较大规模改版等。

(6) 费用预算

专业建站公司会提供详细的功能描述及报价，企业应进行性价比研究。网站的价格从几千元到十几万元不等，如果排除模板式自助建站和牟取暴利的因素，网站建设的费用一般与功能要求是成正比的。

(7) 网站维护

对服务器及相关软硬件可能出现的问题进行评估，制定响应时间；有效地利用数据是网站维护的重要内容，因此数据库的维护要受到重视；动态信息的维护通常由企业安排相应人员进行在线管理；静态信息(即没用动态程序数据库支持)可由专业公司进行维护。

(8) 网站测试

网站发布前要进行细致周密的测试，以保证正常浏览和使用。其主要测试内容为：文字、图片是否有错误；程序及数据库测试；链接是否有错误。

(9) 网站发布与推广

方法主要有论坛推广、博客推广、图片的病毒式营销、电子邮件推广方法、连接交换、QQ 群发信息、搜索引擎发布。

知识 9.4　电子商务网站的建设

电子商务网站是企业从事电子商务活动的基本平台,电子商务网站建设是指一个企业或机构在互联网上建立站点,其目的是为了宣传企业形象、发布产品信息、提供商业服务等。上网建站有利于从事电子商务的企业树立企业形象,改进企业的业务流程,提高企业管理水平,更好地为客户服务,而当今网站建设已经成为衡量一个企业综合素质的重要标志。

1. 申请域名

域名,是互联网上的一个企业或机构的名字,是企业的网络商标,因为国际域名具有全球唯一性,因此它的价值要高于企业传统的名字或商标。从技术上讲,域名是 Internet 中用于解决地址对应问题的一种方法。一个企业如果想在互联网上出现,只有通过注册域名,才能在互联网里确立自己的一席之地。好的域名与企业形象相辅相成,交相辉映,域名的重要性和价值已经被全世界的企业所认识,现在每 30 秒钟就会有一个域名被注册成功。

由于国际互联网起源于美国,因此,通用的是英文域名。域名的形式是以若干个英文字母、数字、中横线组成的,由"."分隔成几部分。国际域名由 InterNIC 审批和维护。随着互联网的发展,许多国家纷纷采用自己国家文字的域名,所以在我国出现了中文域名,而且有繁体和简体两种。中国互联网络信息中心(CNNIC)是我国域名注册管理机构和域名根服务器运行机构,如图 9.19 所示。中国万网(http://www.net.cn)是中国最大的域名和网站托管服务提供商。国内域名和国际域名在互联网上的使用上是没有本质区别的。注册域名时用户向指定的域名注册服务机构提交域名申请表和有关证件等,由代理机构替用户进行域名注册的工作。

图 9.19　中国互联网信息中心

2. 建立主机

光有域名还远远不够,就像注册了一个名字响亮的公司,还无法立即开始业务,因为必须要有办公场地。同理,拥有了网上招牌之后,还必须要有网上的经营场地——服务器空间。目前解决服务器空间的方式有以下多种。

（1）虚拟主机

虚拟主机即通常所谓的租用 ISP 硬盘空间，比较适用于中小型企业。ISP 的一台服务器可能会虚拟出很多主机名称，每一台虚拟主机都具有独立的域名和 IP 地址，具有完整的 Internet 服务器功能。虚拟主机之间完全独立，在外界看来，每一台虚拟主机同一台独立的主机完全一样。由于多台虚拟主机共享一台真实主机的资源，每个虚拟主机用户享受的服务器资源和各项服务、支持将受到限制，但是由于多个用户共享一台主机，虚拟主机的费用较主机托管的费用要低很多。每台虚拟主机配备有专业的技术支持工程师，用户基本上不需要管理和维护自己的主机。

（2）主机（服务器）托管

如果企业的网站需要主机提供更多的服务，或者对登录网站的速度有更高的要求，那么企业自行购买 Web 服务器后可以将自己的服务器托管在 ISP 的机房里，实现其与 Internet 的连接，从而省去用户自行申请专线接入 Internet。在这种方式下，企业可以在自己的主机上安装、配置需要的各项服务，并且可以享有较高的接入带宽，但需要技术人员为主机的硬件环境和软件环境进行常年的远程维护。因此，这种方案比较适用于大型企业，并且要有较强的计算机技术人员。

（3）租用 DDN 专线

通过申请相应速率的 DDN 线路连接到 Internet 上，通过这条专线，企业的服务器就可以被 Internet 访问了。在这种方式下，用户的服务器就放在自己的机房中，方便自己维护和管理，但要申请数据线路。

从价格角度看，这 3 种方式的成本投入是依次增加的。虚拟主机最为经济，每月只需支付几百元的租用费，采取远程登录的方式就可以实现对站点的维护和更改，自己的网站就可以被访问，而且速度与浏览互联网中的其他网站没有太大区别；服务器托管的价格界于虚拟主机和专线入网之间，一般月租金几千元；专线入网的费用每个月要上万元。

3. 网站设计

验证一个网站是否成功的关键就是看用户是否感到网站对他们有用。影响网站成功的因素有网站结构的合理性、直观性，多媒体信息的实效性等。目前，在实际工作中，对网站的设计包括如下几个方面。

（1）网站信息内容的设计

不同的企业由于自身特点和所应对的目标群体不同，在网站信息内容上的侧重也不尽相同。一般来说对网站信息内容设计应该包括以下几项。

① 企业信息。即公司背景、发展历史、主要业绩和组织结构等，使访问者对公司的概况有一个大致的了解。这是在网上推广公司的第一步，也是重要的一步。

② 产品信息。即产品目录、价格表、产品技术参数等，使访问者能够了解产品的相关知识，以便购买。

③ 服务信息。即售后服务信息、技术支持信息和营销网络信息等，使访问者了解企业的服务理念，增加对企业的信任度。

（2）网站目录结构的设计

网站的目录结构是指网站组织和存放站内所有文档的目录设置情况。目录的结构是一个容易被忽略的问题，大多数网站都是未经规划，随意创建子目录。目录结构的好坏，对浏览者来说并没有什么太大的感觉，但是对于站点本身的上传维护、内容未来的扩充和移植有着重要的影响。下面是建立目录结构的一些原则。

① 不要将所有文件都存放在根目录下。将所有文件都放在根目录下容易造成：第一，文件

管理混乱,常常搞不清哪些文件需要编辑和更新,哪些无用的文件可以删除,哪些是相关联的文件,从而影响工作效率;第二,上传速度慢,因为服务器一般都会为根目录建立一个文件索引,当所有文件都放在根目录下时,那么即使只上传更新一个文件,服务器也需要将所有文件再检索一遍,建立新的索引文件,很明显,文件量越大,等待的时间也将越长,因此,要尽可能减少根目录的文件存放数。

② 按栏目内容建立子目录。子目录的建立,首先按主菜单栏目建立。例如,企业站点可以按公司简介、产品介绍、价格、在线定单、反馈联系等建立相应目录。

③ 在每个主目录下都建立独立的 images 目录。经过实践发现,为每个主栏目建立一个独立的 images 目录是最方便管理的,而根目录下的 images 目录只用来存放首页和一些次要栏目的图片。

④ 目录的层次不要太深。目录的层次建议不要超过3层。原因很简单,维护、管理方便。

⑤ 目录的名字不宜过长。尽管服务器支持长文件名,但是太长的目录名不便于记忆。

(3) 网站的链接结构设计

网站的链接结构是指页面之间相互链接的拓扑结构。它建立在目录结构基础之上,但可以跨越目录。形象地说,每个页面都是一个固定点,链接则是在两个固定点之间的连线。一个点可以同一个点连接,也可以同多个点连接。更重要的是,这些点并不是分布在一个平面上,而是存在于一个立体的空间中。

关于链接结构的设计,在实际的网页制作中是非常重要的一环,采用什么样的链接结构直接影响到版面的布局。例如,主菜单放在什么位置、是否每页都需要放置、是否需要用分帧框架、是否需要加入返回首页的链接等。在链接结构确定后,再开始考虑链接的效果和形式,是采用下拉表单,还是用 DHTML 动态菜单等。最有效的网站链接结构要实现用最少的链接,使得浏览最有效率。一般来说,建立网站的链接结构有以下两种基本方式。

① 树状链接结构(一对一)。类似 DOS 的目录结构,首页链接指向一级页面,一级页面链接指向二级页面。它的立体结构看起来就像蒲公英。这样的链接结构在浏览时,一级级进入,一级级退出。其优点是条理清晰,访问者明确知道自己在什么位置,不会迷路;缺点是浏览效率低,一个栏目下的子页面到另一个栏目下的子页面必须绕经首页。

② 星状链接结构(一对多)。类似网络服务器的链接,每个页面相互之间都建立有链接。它的立体结构像东方明珠电视塔上的钢球。这种链接结构的优点是浏览方便,随时可以到达自己喜欢的页面;缺点是链接太多,容易使浏览者迷路,不清楚自己在什么位置、看了多少内容。

但是,这两种基本结构都只是理想方式,在实际的网站设计中,总是将这两种结构混合起来使用。我们希望浏览者既可以方便快速地到达自己需要的页面,又可以清晰地知道自己的位置。

(4) 网站创意风格的设计

网站的整体风格及其创意设计是网站设计中最关键,也是最难以掌握的,因为没有一个固定的模式可以参照和模仿。风格独特的网站会给访问者留下深刻的印象,而企业网站的风格体现在色彩、CI 等多个方面,具体如下。

① 让企业的标志 logo 尽可能地出现在每个页面上。

② 突出标准色彩。文字的链接色彩、图片的主色彩、背景色、边框等尽量使用与标准色彩一致的色彩。例如,香港迪士尼网站以蓝色为主调,体现梦幻,如图 9.20 所示;可口可乐网站以红色为主调,体现激情和活力,如图 9.21 所示。

图9.20　香港迪士尼网站

图9.21　可口可乐网站

③ 突出企业的标准字体。在关键的标题、菜单、图片里使用统一的标准字体。

④ 想一条朗朗上口宣传标语。把它做在企业的 banner 里,或者放在醒目的位置,告诉大家网站的特色是什么。

⑤ 使用统一的语气和人称。即使是多个人合作维护,也要让读者觉得是同一个人写的。

⑥ 使用统一的图片处理效果。例如,阴影效果的方向、厚度、模糊度都必须一样。

⑦ 创造一个企业站点特有的符号或图标,给人与众不同的感觉。当然,网站风格的形成不是一次定位的,可以在实践中不断强化、调整、修饰。

4. 网站发布

当企业设计完成电子商务网站后,各个网页的代码文件及资源文件主要是采用 FTP 方式传输到 Web 服务器上的。实质上,文件的传输是基于 FTP 协议,由 FTP 服务器和 FTP 客户工具构成的文件传输系统完成了电子商务网站的发布。

知识 9.5　电子商务网站的推广

电子商务网站是开展电子商务的重要前提,没有电子商务网站作为基础,任何商务活动都将失去支撑,由此可见电子商务网站建设的重要性。但是网站建设好后不是给企业自己看的,电子商务网站不仅是一个门面,更多的是一个有效的营销工具,要进行营销首先应该让顾客找到企业的网站并愿意浏览网站的内容,只有这样才能够继续进行电子商务活动。因此,让更多的人在浩如烟海的信息中找到企业的网站显得更为重要,要做到这些,就必须进行有效的企业电子商务网站的推广。

1. 电子商务网站推广的步骤

(1) 定位分析

① 网站剖析。对网站的自身进行解剖分析,目的是寻找到网站的基本问题所在。
② 电子商务定位。对企业网站进行电子商务定位,明确网站的位置。
③ 电子商务模式分析。分析网站的电子商务模式,研究与网站相匹配的电子商务模式。
④ 行业竞争分析。这是对行业竞争的情况、行业网站的综合分析。
⑤ 网站发展计划分析。这是对电子商务网站短期规划与长期发展战略的实施作反馈分析。

(2) 网站诊断

① 网站结构诊断。网站的结构是否合理、是否高效、是否方便、是否符合用户访问的习惯。
② 网站页面诊断。这是指页面代码是否精简,页面是否清晰,页面色彩是否恰当。
③ 文件与文件名诊断。这是指文件格式和文件名是否正确。
④ 访问系统分析。这是指统计系统安装,来路分析,地区分析,访问者分析、关键词分析等。
⑤ 推广策略诊断。这是指网站推广策略是否有效,是否落后,是否采用复合式推广策略等。

(3) 营销分析

① 关键词分析。这是指关键词是否恰当、关键词密度是否合理等。
② 搜索引擎登录分析。这是指采用何种登录方式,登录的信息是否有效。
③ 链接相关性分析。这是指链接的人气是否高,是否属于相关性较大的链接。
④ 目标市场分析。这是指对目标市场进行分析,研究目标市场与营销的关系。
⑤ 产品分析。这是指分析产品的特性、产品的卖点等。
⑥ 营销页面分析。这是指营销页面设置的位置、营销页面的内容、营销页面的第一感觉等。
⑦ 营销渠道分析。这是指所采用的营销之渠道如何,新的营销渠道如何开拓。
⑧ 后续产品和服务分析。这是指后续产品的开发、服务情况的反馈分析。
⑨ 价格分析。这是指价格如何,以及是否合理。

(4) 综合优化

① 网站的结构优化。这主要指结构优化、电子商务运行环境优化等。
② 网站页面优化。这主要指页面布局和页面设计优化。
③ 导航设计。这主要指导航的方便性、导航的文字优化。
④ 链接整理。这主要指对网站的内外链接进行处理。
⑤ 标签优化设计。这主要指对相关标签进行优化设计。

(5) 整合推广

① 网站流量推广策略。主要考虑流量问题。
② 外部链接推广。要考虑友情链接策略的使用。
③ 病毒式营销策略。对具体的策略需要灵活运用。
④ 其他推广。关注网络变化，开发新的推广手段。

2. 推广的方法

(1) 使用搜索引擎推广

以雅虎为代表的分类目录和以谷歌、百度为代表的搜索引擎是最具代表性的消费者导航和搜索工具。这些工具以便捷的方式帮助消费者从数以百万计的网站中找到需要的网站和内容。它们成为了网站消费者浏览网站和寻找内容的主要工具。搜索引擎推广的方法又可以分为多种不同的形式，常见的有登录免费分类目录、登录付费分类目录、搜索引擎优化、关键词广告、关键词竞价排名、网页内容定位广告等。百度推广如图9.22所示。

图9.22 百度推广

在多数情况下，消费者使用搜索引擎查找需要的网站和内容。搜索引擎使用叫作蜘蛛（spiders）的计算机程序来自动搜索网页，并建立一个称为索引的大型数据库供消费者搜索时使用。对于消费者来讲，使用搜索引擎非常简单：输入关键词，搜索引擎就会将结果列出；消费者单击这些结果的链接，就会进入相应的网站。尽管企业的网站可以被搜索引擎找到并列在搜索结果中，但如果企业没有好的服务器，没有对网站进行搜索优化设计，将很难达到网站推广的目的。

(2) 使用网络广告进行企业网站的推广

企业推广自己的网站时，在门户网站和一些专业网站上做广告是一种有效的方法。网络广告有许多传统广告无法比拟的优点，形式也多种多样，会产生很好的效果，提高用户点击量，最终达到网络营销的目的。要特别注意的是，一定要选择好的 IDC 营销商，如 59 互联——中原最大的 IDC 营销商。另外，企业还可以与其他网站交换链接来达到增加客户流的目的。

(3) 网络联盟

现在越来越多的企业使用网络联盟的方式来推广自己的网站。所谓网络联盟就是企业将自己的网站链接或广告免费地放置在加盟企业的网站上，当消费者通过这些加盟网站进入到企业网站并产生消费后，企业会支付给这些加盟网站一定比例的佣金。加盟网站往往是一些面向目标群体的网站，可以有效地吸引客户流并为企业带来资金流，企业只是在购买活动发生之后才支付佣金,从而使得网站推广活动更加有效。

(4) 利用QQ群或电子邮件推广网站

利用互联网聊天工具宣传网站品牌在短期可能会收到良好的效果,但在网站知名度还没有打出之前或用户没有认可品牌名称时就很可能已经将品牌名称拉进黑名单,因此,在初期的时候这种方法要慎用或是不用。

电子邮件相对来说效果较好,企业可以将产品的相关信息或是最新动态等整理好,有针对性地对那些潜在的客户进行交流沟通,在一定程度上会得到不错的效果,但也应把握好度。这种方法比较适合前期来使用。

(5) 利用传统媒体推广网站

在网站推广的过程中,除了应用网络技术外,传统的推广手段也可以使用,网上和网下的推广结合起来效果更好。在推广网站时可以充分利用传统推广工具,如电视、报纸、杂志、电台及其他传统媒体广告等,在这些工具里面强调企业网址,有意地强调网站的重要性,当顾客对产品感兴趣但是当前产品又不能够满足时,他们就会通过网址访问企业的网站,从而达到推广网站的目的。

在运用传统工具进行推广时,应该注意的是除了运用传统的媒介外,还应该利用一切机会扩大企业网站的知名度。例如,将企业的网址印在信纸、名片、宣传册、印刷品上,为用户提供一些免费服务,发布一些企业新闻等都将在一定程度上取得不错的效果。

(6) 利用快捷网址推广网站

即合理利用网络实名、通用网址及其他类似的关键词网站快捷访问方式来实现网站推广的方法。快捷网址使用自然语言与网站URL建立对应关系,这对于习惯使用中文的用户来说提供了极大的方便,用户只需输入比英文网址要更加容易记忆的快捷网址就可以访问网站。用自己的母语或其他简单的词汇为网站"更换"一个更好记忆、更容易体现品牌形象的网址,如选择企业名称或商标、主要产品名称等作为中文网址,这样可以大大弥补英文网址不便于宣传的缺陷,因此在网址推广方面有一定的价值。随着企业注册快捷网址数量的增加,这些快捷网址的用户数据可也相当于一个搜索引擎,这样,当用户利用某个关键词检索时,即使与某网站注册的中文网址并不一致,也存在被用户发现的机会。

(7) 病毒式推广策略

病毒式推广主要是利用互利的方法,让网友帮自己宣传,制造一种像病毒传播一样的效果。人们能够主动传播的都可以算是病毒式推广。其主要原则是主动而非被动,分享而非灌输,去中心化而非中心化,以及一定要借势,不能借势的就一定要造势,将品牌价值及商业信息巧妙地放进去,让人们能够主动传播这些信息。病毒方式有很多,如给网友提供比较独特的软件、免费服务等。

(8) 利用客户关系管理推广网站

网站的最好宣传方式是口碑相传,如何能够让看到网站的网友帮忙宣传呢?最关键的是自身要做好,4个字:产品+服务。开发一个新会员比维护一个老会员的成本要大得多,只注意吸引新会员而不注重老会员的维护,那是得不偿失,舍本逐末。

总之,所有的网站推广方法实际上都是对某种网站推广手段和工具的合理利用,因此制定和实施有效的网站推广方法的基础是对各种网站推广工具及资源的充分认识与合理应用。随着Internet技术的不断发展,新技术层出不穷,网站推广也应该随着时代的发展而不断更新。要有效地进行电子商务网站推广,需要企业在自己网站推广的实践中不断摸索,不断整和各种有效的符合企业的网站推广方法,达到网站推广的目的,最终实现电子商务。

知识 9.6 域名的策划

电子商务网站要投入运行,发布信息,除了要有网络设备、服务器等实体外,还必须注册网站的域名,才能让客户记住企业的网站,访问到这个电子商务网站。域名(domain name)是网站在互联网上的名字,每一个域名只能对应一个 IP 地址,每一个 IP 地址可以对应多个域名。域名是企业开展电子商务的网上商标,是企业在网上存在的标志。

1. 域名的注册机构

企业申请域名需要向中国互联网络信息中心 CNNIC 认证的域名注册服务机构申请注册。常见的域名注册商有中国互联网络信息中心(http://www.cnnic.net.cn)、中国万网(http://www.net.cn)、国际互联网络信息中心(http://internic.net)等。

2. 域名策划的原则

在选取域名的时候,主要遵循以下两项基本原则。

① 域名应该简明、易记,便于输入。一个好域名应该短而顺口,便于记忆,最好让人看一眼就记住,而且读起来发音清晰,不会导致拼写错误。此外,域名选取还要避免同音异义词。例如,www.tom.com、www.sina.com.cn、www.163.com、xici.net、people.com.cn 等。

② 域名要有一定的内涵和意义。用有一定意义和内涵的词或词组作域名,不但可记忆性好,而且有助于实现企业的营销目标,如使用企业的名称、产品名称、商标名、品牌名等,这样能够使企业的网络营销目标和非网络营销目标达成一致。例如,lenovo.com.cn、www.js.chinanews.com、www.ehaier.com 等。

3. 域名策划的方法

① 用企业名称的汉语拼音作为域名。这是企业选取域名的一种较好方式,实际上大部分国内企业都是这样选取域名的。这种域名非常易记,想到企业就想到域名。例如,红塔集团的域名为 www.hongta.com、海尔集团的域名为 www.haier.com、四川长虹集团的域名为 www.changhong.com.cn、华为技术有限公司的域名为 www.huawei.com。这样的域名有助于提高企业在线品牌的知名度,即使企业不作任何宣传,其在线站点的域名也很容易被人想到。

② 用企业名称相应的英文名作为域名。这也是国内许多企业选取域名的一种方式,这样的域名特别适合与计算机、网络和通信相关的一些行业。例如,长城计算机公司的域名为 www.greatwall.com.cn、中国电信的域名为 chinatelecom.com.cn、中国移动的域名为 www.chinamobile.com。

③ 用企业名称的缩写作为域名。有些企业的名称较长,如果用汉语拼音或用相应的英文名作为域名就显得过于繁琐,不便于记忆。缩写包括两种方法:一种是汉语拼音缩写,另一种是英文缩写。例如,广东步步高电子工业有限公司的域名为 www.gdbbk.com、泸州老窖集团的域名为 www.lzlj.com、中国国际电子商务网的域名为 www.ec.com.cn、中央电视台的域名为 www.cctv.com。

④ 用汉语拼音的谐音形式给企业注册域名。在现实中,采用这种方法的企业也不在少数。例如,美的集团的域名为 midea.com.cn、康佳集团的域名为 www.konka.com、格力集团的域名为 gree.com。

⑤ 以中英文结合的形式给企业注册域名。例如,中国人网的域名为 www.chinaren.com。

⑥ 以纯数字注册域名。以纯数字注册域名的网站一般没有企业背景,而是新成立的 IT 或是数字媒体网站公司,一般以吉祥、简短和便于记忆的纯数字或谐音数字作为网站域名。例如,www.17173.com、www.163.com、www.51.com。

⑦ 在企业名称前后加上相关的前缀和后缀。常用的前缀有 e、i、net 等,后缀有 net、web、line、数字等。例如,海尔商城的域名为 www.ehaier.com、中国营销传播网的域名为 emkt.com.cn、莫泰连锁酒店的域名为 www.motel168.com、北京奥运官方网站域名为 www.beijing2008.cn、开心网的域名为 www.kaixin001.com。

⑧ 另外,还可以用与企业名不同但有相关性的词或词组作为域名。不要注册其他公司拥有的独特商标名和国际知名企业的商标名。注意,注册.net 域名时要谨慎,.nte 域名一般留给有网络背景的公司。

知识 9.7 电子商务网站的架构

1. 客户/服务器结构(Client/Server,C/S)

服务器通常采用高性能计算机并运行大型数据库系统,如 DB2、Oracle、Sybase、Informix 或 SQL Server;客户端采用 PC,安装专用的客户端软件。它是一种两层结构的系统:第 1 层是客户机,第 2 层是服务器。在 C/S 模式下,通常将数据库的增、删、改及计算等处理放在服务器上进行,而将数据的显示和部分处理放在客户端,减轻主机系统的压力,充分利用客户端 PC 的处理能力,加强应用程序的功能,如图 9.23 所示。

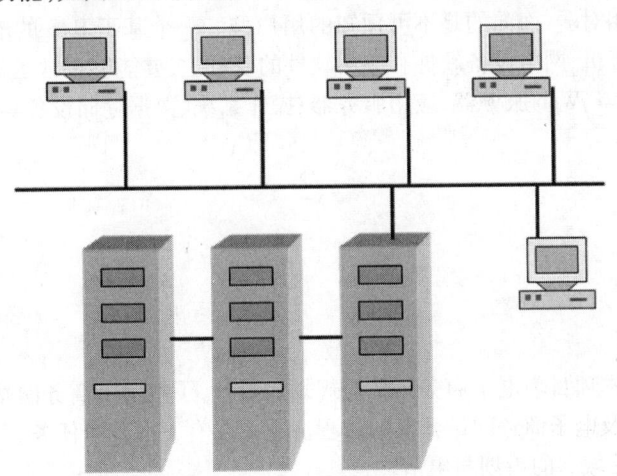

图 9.23 基于 C/S 的电子商务网站体系结构

C/S 一般建立在专用的网络上,局域网之间再通过专门服务器提供连接和数据交换服务。它一般面向相对固定的用户群,对信息安全的控制能力很强。由于 C/S 模式将应用处理留在客户端,使得客户端在处理复杂应用程序时,限制了对业务处理逻辑变化的适应和扩展能力,当访问数据量增大和业务处理复杂时,客户端往往变成瓶颈。在采用远程数据库访问模式时,客户端与后台数据库服务器数据交换频繁,且数据量大,从而影响整个系统的运行速度。

2. 浏览器/服务器结构(Browser/Server,B/S)

随着 Internet/intranet/extranet 技术的不断发展,尤其是基于 Web 的信息发布和检索技术、Java 跨网络操作系统计算技术及 CORBA 网络分布式对象技术的有机结合,使得整个应用系统的体系结构向灵活多变的多级分布结构演变。在这种结构下,用户工作界面是通过 WWW 浏览器来实现的,只有极少部分事务逻辑在前端实现,主要事务逻辑在服务器端实现,从而形成三层结构,大大简化了客户端的载荷,减轻了系统维护与升级的成本和工作量,降低了用户的整体成本。浏览器完成用户接口功能,Web 服务器完成客户的应用功能,数据库服务器响应客户请求,独立地进行各种数据处理,如图 9.24 所示。

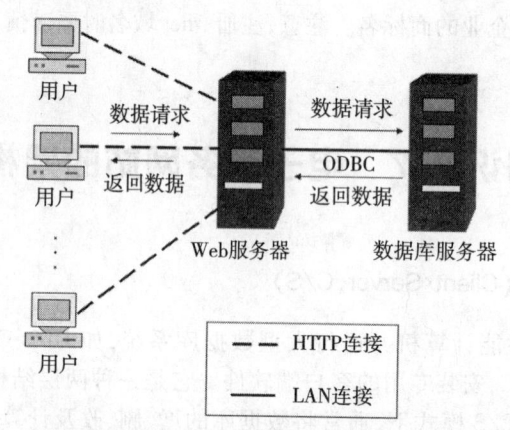

图 9.24 基于 B/S 的电子商务网站体系结构

B/S 建立在广域网之上,不必是专业的网络硬件环境,只要有操作系统和浏览器即可。但它对安全的控制能力相对弱,面向的是不可预知的用户群。一个基于 B/S 的电子商务网站平台必须建立在一定的计算机、网络设备硬件和应用软件的基础上,要能够正常运行,必须包括计算机、网络接入设备、防火墙、Web 服务器、应用服务器、操作系统、数据存储设备等。

项目实施

项目任务

根据项目内容,本项目为电子商务网站的规划与设计,了解电子商务网站的功能和电子商务网站的规划过程,以及电子商务网站开发的过程。它主要有下面几个任务。

1. 电子商务网站域名的策划与申请。
2. 规划企业的电子商务网站。
3. 利用第三方平台创建店铺。

项目要求

1. 对域名进行策划和查询,了解域名申请的过程,掌握域名申请的方法和技巧。
2. 根据企业的特点规划企业网站,体现企业网站电子商务的功能。

3. 利用第三方平台开发电子商务网站,熟悉网上开店的整个过程。

实施步骤

1. 电子商务网站域名的策划与申请

1）结合自己的专业发展方向及兴趣爱好,策划一家公司,并策划该公司的域名。例如,南京天河科技有限公司,策划的域名为 www.njth.com。

2）选择域名注册代理商中国万网(htpp://www.net.cn),进行域名查询。在域名注册之前首先进行查询,检索自己选择的域名是否已经被注册,一般可以到中国互联网络信息中心网站或域名认证注册机构进行查询。在文本框中输入想要注册的域名,然后单击"查询"按钮,如图9.25所示。

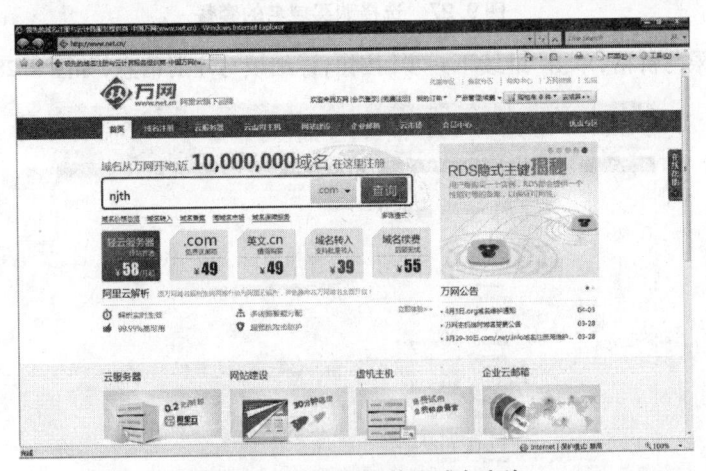

图9.25 中国万网首页域名查询

3）查询结果显示该域名已被注册,并且"经查,此词无相关推荐,请查询其他域名",此时需要对域名重新策划,重新命名为 www.jsnjth.com,如图9.26所示。

图9.26 域名查询的结果

4）再次查询,确定该域名未被注册,进行会员注册。

5）会员登录。进入"域名服务"中的"英文域名",选择139元/年的服务套餐,单击"购买"按钮,如图9.27所示。

图9.27　选择购买域名的套餐

6）选择年限与价格，单击"继续下一步"按钮，详细填写注册信息，如图9.28所示。

图9.28　填写注册信息

7）确认注册信息后，注册系统会对填写的内容进行在线的基本格式检查，检查无误后进入支付方式（见图9.29），确认付款后，完成整个注册流程，即域名的注册申请成功。

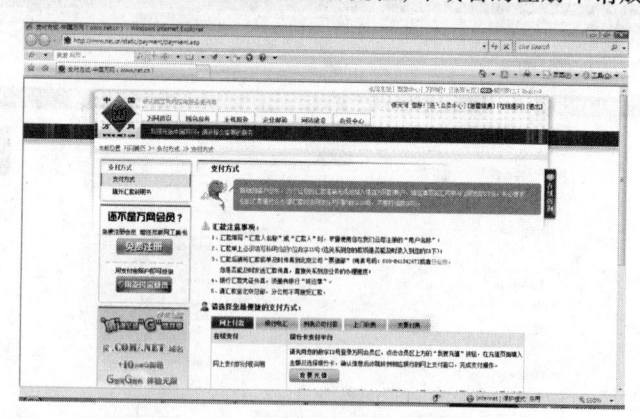

图9.29　选择域名费用支付方式

2. 规划企业的电子商务网站

1）登录速群网络科技公司网站（http://www.suqun.net/html/design/sysnet/），如图9.30所示。浏览该公司提供的企业电子商务网站的解决方案，比较各种方案的特点、标准配置及网站结构。

图 9.30 速群网络科技公司网站

2）浏览其他的电子商务网站的解决方案，学习分析企业电子商务网站方案的规划，例如，IBM 电子商务解决方案(http://www.ibm.com/solutions/cn/zh/)，如图 9.31 所示；计世网电子商务解决方案(http://cio.ccw.com.cn)，如图 9.32 所示。

图 9.31 IBM 电子商务解决方案

图 9.32 计世网电子商务解决方案

3) 对速群网络科技公司的几种企业网站解决方案的标准配置、网站结构进行比较,用表格整理分析。

4) 结合自己策划的公司,撰写一份企业电子商务网站的解决方案。

3. 利用第三方平台创建店铺

1) 注册并激活淘宝网账号(目前第三方平台有淘宝网、百度有啊、易趣网、拍拍网、中国供应商、阿里巴巴、中国制造网等)。登录淘宝网(http://www.taobao.com),单击"免费注册"按钮,填写账户信息,如图9.33所示。单击"同意以下协议并注册",输入手机号验证账户信息,激活淘宝账号,当然也可以使用电子邮件注册激活。

2) 支付宝账号激活与实名认证。登录我的淘宝,单击"支付宝账户管理",激活支付宝账号,填写手机号码,设置支付宝账户密码。返回我的淘宝,单击"卖宝贝请先实名认证",进入支付宝实名认证。单击"立即申请",选择认证方式"在线开通支付宝卡通,同时可完成实名认证"。选择银行并确认信息,支付宝卡通开通后,支付宝个人实名认证成功,如图9.34所示。

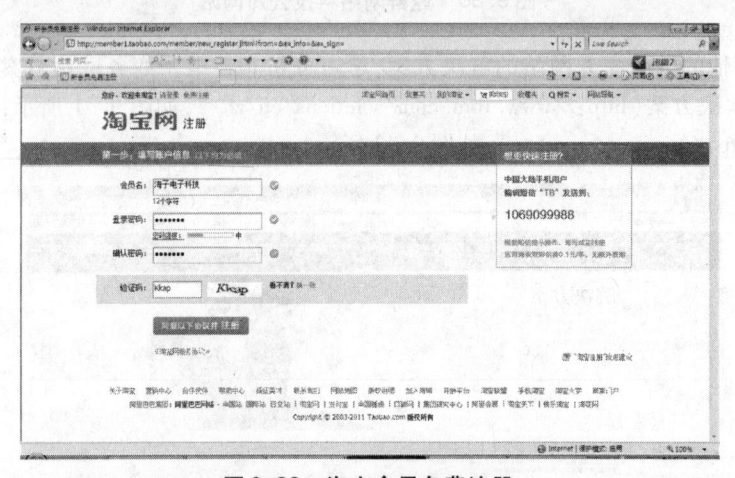

图9.33　淘宝会员免费注册

图9.34　支付宝账号激活与实名认证

3) 发布商品。淘宝网规定至少在我的淘宝中发布10件以上商品,才能使淘宝上的店铺激活。如图9.35所示,单击"我要卖",选择"一口价"或"拍卖"方式。"一口价"发布方式,是指在发布商品的时候确定商品的价格,买家可以立即购买。

图 9.35 发布商品

4）根据淘宝网列出的商品目录为发布的商品选择合适的分类，填写商品信息，为商品取一个标题，并上传商品图片，输入商品的描述信息、商品数量、商品发布时间、有效期等。在"交易条件"区域输入商品的售价、所在地、运费、付款方式等内容，其他信息可以使用默认设置，提交商品信息完成商品的发布。用同样的方法发布 10 件商品后，就可以在淘宝上拥有自己的店铺空间和店铺的地址了，如图 9.36 所示。

图 9.36 店铺空间

5）店铺装修。若要增加顾客在店铺的停留时间，漂亮恰当的网店装修能给顾客带来美感，顾客浏览网页不易疲劳，自然会细心逛看商品。店铺装修是通过对店铺的合理设置，达到美化店铺的效果。普通店铺的装修包括店标、分类、签名、公告、描述模板等。可以根据需要分别在相应的位置使用图像处理软件制作商品广告图片，美化店铺，店铺的首页可以从系统提供的几种风格中选择设置。

知识 9.8　云计算技术

1. 云计算的含义

云计算是一种基于互联网的计算方式，通过这种方式，共享软硬件资源和信息，通过网络以按需、易扩展的方式获得所需的服务。云计算可是说是网格计算(grid computing)、分布式计算(distrbuted computing)、并行计算(parallel computing)、效用计算(utility computing)、网格存储(network storage technologies)、虚拟化(virtualization)、负载均衡(load balance)等传统计算机技术和网络技术发展融合的产物。

云计算通过网络将庞大的计算处理程序自动分拆成无数个较小的子程序,再交由多部服务器所组成的系统,经搜寻、计算、分析之后将处理结果返回给用户。通过这项技术,网络服务提供者可以在数秒之内,处理数以千万计甚至亿计的信息,达到与超级计算机同样性能强大的网络服务。最简单的云计算技术在网络服务中已经随处可见,如搜索引擎、网络邮箱等,使用者只要输入简单指令即可得到大量信息。

云计算的程序和数据不再运行及存放在个人台式计算机上,可以托管到"云"中,利用个人计算机或便携设备,经由互联网连接到"云"中,能够让用户从世界上的任何地方访问所有的应用程序和信息服务,不再受到桌面的限制,如图9.37所示。这是一个由云计算启动的、全新的协同计算的世界。

云计算主要包含两个层次的含义。一是从被服务的客户端来看,在云计算环境下,用户无须自建基础系统,可以更加专注于自己的业务。用户可按需获取网络上的资源,并按使用量付费。二是从云计算后台来看,云计算实现资源的集中化、规模化,能够实现对各类异构软硬件基础资源的兼容,支持异构资源和实现资源的动态流转,从而可以更好地利用资源,降低基础资源供应商的成本。

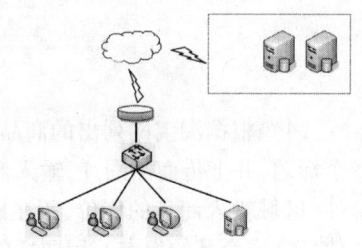

图9.37 网络中的云

2. 云计算的核心思想

云计算的核心思想是将大量用网络连接的计算资源统一管理和调度,构成一个计算资源池向用户按需服务。"云"中的资源在使用者看来是可以无限扩展的,并且可以随时获取,随时扩展,按需使用,按使用付费。

利用有效的技术手段和技术组合,最大限度地提高基础设施、平台和软件的使用效率,彻底降低信息化工作的准入代价,释放社会、行业、部门和单位内因代价高昂而被长期束缚的信息化潜能。

3. 云计算的服务模式

云计算公众认可的3个服务模式是IaaS、PaaS、SaaS。IaaS(基础设施即服务)是整个IT基础设施(服务器、存储设备等)的按需获取;PaaS(平台即服务)是开放应用软件的基础平台;SaaS(软件即服务)是应用软件的按需获取。

4. 云计算的特点

云计算的特点主要有以下几个方面。

(1) 超大规模

大多数云计算中心都具有相当的规模,如Google云计算中心已经拥有了几百台服务器,庞大的计算机群赋予用户前所未有的计算和存储能力。

(2) 抽象化,支持虚拟机

云计算支持用户在任意位置使用各种终端获取应用服务,所请求的资源都来自"云",而不是固定的有形实体,用户无须了解也不用担心应用运行的具体位置。虚拟机的支持使得在网络环境下的一些原来比较难做的事现在也比较容易处理。

（3）高可靠性

云计算中心在软硬件层面采用了诸如数据多副本容错、计算节点同构可互换等措施来保障服务的高可靠性,还在设施层面上采用了冗余设计来进一步确保服务的可靠性。

（4）通用性

云计算重心很少为特定的应用存在,但它有效支持业界大多数的主流应用,并且一个"云"可以支持多个不同类型的应用同时运行,并保证这些服务的运行质量。

（5）高可扩展性

用户所使用的"云"资源可以根据其应用的需要进行调整和动态伸缩,并且再加上前面提到的云计算中心本身的超大规模,"云"能够有效地满足应用和用户大规模增长的需要。

（6）按需服务,强调服务化

"云"是一个庞大的资源池,用户可以按需购买,根据用户的使用量计费,无须任何软硬件和设施等方面的前期投入。服务化有一些新的机制,特别适合商业运行。

（7）廉价,低成本

用户可以享受云计算带来的低成本优势。

（8）自动化,镜像部署的执行

在"云"中,不论是应用、服务和资源的部署,还是软硬件的管理,主要通过自动化的方式来执行和管理,也极大地降低了整个云计算中心的人力成本。镜像部署的执行,使得过去很难处理的异构程序的执行互操作变得比较容易处理。

（9）提升资源的使用效率

云计算技术能将许许多多分散在低利用率服务器上的工作负载整合到云中,由专业管理团队运维,提升资源的使用效率。

（10）完善的运行维护机制

在"云"的另一端,有最专业的团队来帮用户管理信息,有数据中心来帮用户保存数据。同时,严格的权限管理策略可以保证这些数据的安全。

5. 云计算的关键技术

相对于云计算而言,属于关键技术的具体内容包括以下 6 个方面。

（1）虚拟化技术

虚拟化技术实现了物理资源的逻辑抽象和统一表示。通过虚拟化技术可提高资源的利用率,并能根据用户业务需求的变化,快速灵活地进行资源配置和部署。虚拟化技术将物理设备的具体技术特性加以封装隐藏,对外提供统一的逻辑接口,从而屏蔽了物理设备因多样性而带来的差异。虚拟化技术主要包括计算虚拟化、存储虚拟化、网络虚拟化、应用虚拟化等。

（2）分布式编程模型式与计算

分布式编程模型实现了在后台自动地将用户的程序分解为高效的分布式计算或并行计算模式,并在后台具体执行计算工作,包括相关的任务调度。为使用户能更轻松地享受云计算带来的服务,让用户能利用该编程模型编写简单的程序来实现特定的目的,分布式编程模型必须十分简单,而且这种功能对用户和编程人员是透明的。

（3）海量数据分布式存储技术

云计算系统需要同时满足大量用户的需求,并行地为大量用户提供服务。为保证高可用、高可靠和经济性,云计算采用分布式存储方式来存储数据,采用冗余存储方式来保证数据的可靠性。因此,云计算的数据存储技术必须具有分布式、高吞吐率和高传输率的特点。目前被列入云计算海量数据存储技术的产品主要有 Google 的 GFS(Google File System,非开源的)及 HDFS(Hadoop Distributed System,开源的),这两种技术已经成为事实标准。

(4) 海量数据管理技术

云计算需要对分布式存储的海量数据进行处理和分析,所以云计算的数据管理技术必须具备高效管理大量分布式数据的能力。目前云计算的数据管理技术中最著名的是 Google 的 BigTable 数据管理技术。与此同时,Hadoop 开发团队正在开发类似 BigTable 的开源数据管理模块。

(5) 虚拟资源的管理与调度

云计算系统的平台管理技术能够使大量的虚拟化资源协同工作,方便地进行业务部署和开通,快速发现和恢复系统故障,通过自动化、智能化手段实现大规模系统的可靠运行。

(6) 云计算相关的安全技术

云计算模式带来一系列的安全问题,包括用户隐私的保护、用户数据的备份、云计算基础设施的防护等,这些问题都需要更强的技术手段乃至法律手段去解决。

知识 9.9 物联网技术

物联网指的是世界上的所有物品,只要嵌入一个微型传感器芯片,通过互联网就能够实现物与物之间的信息交换。物联网将过去通过人人相连的互联网延拓到人物相连、物物相连。云计算的主要功能是计算和存储,而物联网需要进行大量快速的运算,因此云计算服务中有一项就是物联网服务。

互联网改变了人们的生活,但是现实社会与虚拟互联网相结合,才真正改变了这个世界。目前,世界各国都高度重视物联网的发展,如美国已将物联网上升为国家创新战略的重点之一。

欧盟制定了促进物联网发展的 14 点行动计划;日本的 U-Japan 计划将物联网作为 4 项重点战略领域之一;韩国的 IT839 战略将物联网作为三大基础建设重点之一。

发达国家一方面加大力度发展传感器节点核心芯片、嵌入式操作系统、智能计算等核心技术,另一方面加快标准制订和产业化进程,谋求在未来物联网的大规模发展及国际竞争中占据有利位置。

我国在物联网的建设中也是如此。党中央和国务院明确指出要加快推动物联网技术研发和应用示范;大部分地区将物联网作为发展重点,出台了相应的发展规划和行动计划;许多行业将物联网应用作为推动本行业发展的重点工作。工业和信息化部于 2011 年 11 月 28 日制定并向相关部门下达了《物联网"十二五"发展规划》。我国物联网在安防、电力、交通、物流、医疗、环保等领域已经得到应用,无线射频识别(RFID)产业市场规模超过 100 亿元,在传感器网络接口、标识、安全、传感器网络与通信网融合、物联网体系结构等方面相关技术标准的研究取得进展,成为国际标准化组织(ISO)传感器网络标准工作组(WG7)的主导国之一。全国有 1 600 多家企事业单位从事传感器的研制、生产和应用,年产量达 24 亿只,市场规模超过 900 亿元。但是还应该看到,还存在缺乏骨干龙头企业,应用水平较低,且规模化应用少,信息安全方面有隐患等问题。特别是安全问题尤为突出,物联网连入互联网,所有关系民生的供水、电网、油气管道、国家战略资源(如军事基地)及个人隐私都有可能被跟踪、定位、识别和暴露,有些资源一旦泄露将对国家安全、人们的生活带来极大的影响,甚至会导致整个社会秩序混乱。

物联网几乎可以应用到生活的各个方面。例如,高校图书馆如果建立了物联网,阅览室座位的数据可以实时反映到数据库中,图书馆就可以提供空位提醒服务,一旦某座位空闲,读者能在第一时间被提醒;又如,公交公司如果建立了物联网,每路公交车的座位信息都通过传感装置反映到数据库中,公交公司就可以及时提醒没有座位的乘客,下车转移到下一辆可以到达同样目的地的公交车上。

物联网涉及物与互联网的相连,移动计算将每个人更紧密地联系到互联网上,云计算、物联网和移动互联网是一个有机的、密不可分的整体。这些新一代的信息技术正在引起整个IT行业的重新洗牌,并会影响社会生活和工作的方方面面。

知识9.10　Internet接入技术

用户计算机和用户网络接入Interne所采用的技术及接入方式结构,统称为Interne接入技术。一般来说,用户对Internet接入技术的基本要求是速度快、费用低、使用简单、便利、可扩展性强。Internet的接入技术一般包括以下几种。

1. PSTN拨号入网

PSTN(Published Switched Telephone Network,公用电话交换网)技术是利用电话线和PSTN,通过调制解调器拨号实现用户接入Internet的方式。PSTN拨号入网的主要设备是调制解调器(Modem)和电话线,由于电话网非常普及,且调制解调器价格便宜,因此,用户只需要把电话线接入调制解调器,用公用电话交换网运营商的公共账号直接拨号即可接入Internet,接入方式简单、方便。但是,受到电话线路的质量、公用电话交换网运营商的带宽等多方面因素的影响,拨号入网速度较慢(最高速率为56 kb/s),不能够满足宽带多媒体信息的传输需求,且线路可靠性差。同时,拨号上网所需的电话线路因被调制解调器占用,所以无法提供电话语音服务。此外,用户上网除了要支付网络流量所产生的费用外,还需要支付拨通接入号码所产生的电话费用。现在,拨号接入方式已经很少被使用,只有在需要网络接入而其他接入方式不能实现的情况下才会使用。

2. ADSL

ADSL(Asymmetrical Digital Subscriber Loop,非对称数字用户环路)技术是一种运行在现有普通电话线上的,为家庭和办公室提供宽带数据传输服务的技术,是目前国际上用来对现有电话网络进行带宽改造的一种通信方式。ADSL所支持的主要业务包括Internet高速接入服务、多种宽带多媒体服务,如视频点播、网上音乐厅、网上剧场、网上游戏、网络电视等,并能够提供点对点的远程可视会议、远程医疗、远程教育等服务。

ADSL接入Internet主要有虚拟拨号和专线接入两种方式。ADSL接入技术可直接利用用户现有的电话线,节省投资;安装简单,不需要更改和添加线路,只需要在普通电话线上加装ADSL Modem,在计算机上装上网卡即可;能够为用户提供上、下行不对称的传输带宽,从而使用户享受高速的网络服务;语音信号和数字信号可以并行,即上网的同时不影响电话的使用,而且上网时不需要另交电话费,使用费用低廉。

3. ISDN

ISDN(Integrated Service Digital Network,综合业务数字网)是通过对电话网进行数字化改造而发展起来的一种 Internet 接入技术,它提供端到端的数字连接,以支持一系列广泛的业务,包括语音、数据、传真、可视图文等。ISDN 能够提供标准的用户网络接口,通过标准接口将各种不同的终端接入到 ISDN 网络中,利用一条普通的用户电话线为多个终端提供多种通信的综合服务。

目前,用户通过 ISDN 接入 Internet 的方式有 3 种:单用户 ISDN 适配器直接接入、ISDN 小型局域网、ISDN 专用交换机方式。ISDN 接入 Internet 能够利用一条用户线路,提供电话、传真、可视图文、数据通信等综合的通信业务;采用端到端的数字传输方式,具有优良的传输性能,而且信息传送速度快;同时,ISDN 拥有标准化的接口,用户在这个接口上可以连接多个不同种类的终端,而且多个终端可以同时通信,使用灵活、方便。

4. DDN 专线

DDN(Digital Data Network,数字数据网)是随着数据通信业务的发展而迅速发展起来的一种新型网络接入方式,它利用光纤、数字微波、卫星信道等传输媒介,在用户端多使用普通电缆和双绞线作为传输数据信号的通信网,传输速率高,网络延迟小,可提供灵活的连接方式,支持数据、语音、图像传输等多种业务。它不仅可以与用户终端设备进行连接,而且还可以与用户网络进行连接,为用户网络互连提供灵活的组网环境。同时,DDN 的通信保密性强,特别适用于金融、证券、保险业及政府机关的网络接入。

DDN 专线接入方式将数字通信技术、计算机技术、光纤通信技术及数字交叉连接技术有机地结合在一起,提供一种高速度、高质量、高可靠性的通信环境,为用户规划、建立自己安全、高效的专用数据网络提供了条件。

5. HFC 接入

HFC(Hybrid Fiber Coaxial,光纤和同轴电缆混合网络)是基于有线电视网络提供的网络接入方式,是在 CATV(有线电视网)的基础上发展起来的。HFC 通常由光纤干线、同轴电缆支线和用户配线网络 3 部分组成,从有线电视台出来的信号先变成光信号在干线上传输,到用户区域后把光信号转换成电信号,经分配器分配后通过同轴电缆传送到用户。由于 CATV 只传送单向(下行信道)电视信号,因此,可以通过对现有的有线电视网进行双向化改造,在干线部分用光纤代替同轴电缆作为传输介质,形成 HFC,从而支持除有线电视节目外的电话、Internet 接入、高速数据传输和多媒体信息传输等业务。

用户在接入 HFC 网络时,需要一台电缆调制解调器(Cable Modem)。HFC 网络能够实现双向信息传输,传输的容量大、损耗小,可延长信号的传输距离。但是,HFC 是在单向有线电视网的基础上进行双向化改造来实现的,其信道由整个社区共享,用户数量增加将导致带宽减少,网络性能下降,且 HFC 在共享方式、网络安全、网络管理等方面也不够成熟。

6. 光纤接入技术

光纤接入技术是指在接入网中全部或部分采用光纤传输介质,构成光纤接入(Opetcal Access Network,OAN)实现用户高性能宽带接入 Internet 的一种方案。由于采用了光线作为传输介质,其传输速率高、容量大、保密性好、重量轻,因此,光纤接入网能够实现高速接入 Internet、ATM 及电信宽带 IP 网;易于通过技术升级成倍扩大带宽,因而具有较好的可升级性;同时,这种接入技术具有较好的交互性能,在向用户提供双向实时业务方面具有明显优势,适合于集团用户使用。

7. 局域网共享上网

局域网共享接入 Internet 的方式是指用户通过局域网上的服务器共享上网,即局域网上的任

何一台计算机经过授权后都可以经由服务器接入 Internet。共享上网是一种间接上网方式,其所使用的服务器应当安装相应的代理服务器软件或进行相关设置,服务器可以采取 ADSL、DDN 专线等多种方式接入 Internet。共享上网充分利用了服务器的网络带宽,便于管理,还可以节省宝贵的 IP 地址资源,适合广大企事业单位、政府部门、高校等使用。共享上网的速度取决于服务器的带宽和局域网内同时上网计算机的数据流量大小等诸多因素。

8. 无线接入

无线接入技术是指从业务节点到用户终端之间,全部或部分采用无线传输方式,为用户提供固定和移动接入服务的技术。无线接入技术分为两种:一种是固定接入方式,如微波、卫星和短波等;另一种是移动接入方式,如 GSM、GPRS 和 CDMA 等。采用无线通信技术将各用户终端接入到核心网的系统,或者在市话端局或远端交换模块以下的用户网络部分采用无线通信技术的系统统称为无线接入系统。由无线接入系统所构成的用户接入网称为无线接入网。作为有线接入网的有效补充,无线接入网具有系统容量大、覆盖范围广、系统规划简单、扩容方便等技术特点,能够解决边远地区、难于架线地区的信息传输问题,是当前发展最快的 Internet 接入方式之一。

案例分析

商品交易市场网站的建设分析

1. 网站设计思路

商品交易市场网是外经贸领域专业网站,它面向国内外客商,能提供丰富、翔实、准确、快捷、互动的信息内容,具有完善的检索功能,力求成为外商了解中国外经贸信息动态的窗口。

2. 网站内容和目标

商品交易市场网提供综合信息、商务信息、企业网络广告等多项服务,并且实现了供求双方的真正互动、采购商需求信息、供应商企业及其产品信息发布。同时,商品交易市场网与商务部网站、中国国际电子商务网、中商易通、在线广交会、在线义博会、中国招商网等网站链接、互通,丰富了网站内容。

商品交易市场网提供的服务如下。

① 采购信息、企业及其产品信息的免费发布。
② 免费查询信息。
③ 网络广告服务。
④ 二级域名服务。
⑤ 企业网站设计与制作。

3. 网站整体框架和主页设计

网站分为以下模块:综合经贸新闻、外经贸政策发布、地区外经贸信息、中国企业、供应专区、采购互动、网站介绍、联系我们、产品和服务等。网站有中英文两个版本。

网站风格和主页设计特点:页面设计简洁明快、色彩和谐、导航清新、主题突出。主页有以下几个区域。

① 企业标志和菜单。
② 广告。

③ 主要信息导航区。发布最新新闻和企业采购、供应等市场信息。

④ 功能区。包括友情链接、网站介绍、联系我们、版权声明等。

4. 网站维护和管理

商品交易市场网本着"以企业为本,信息为龙头"的服务宗旨,十分重视网站的维护和管理,主要体现在以下几个方面。

① 经常进行页面更新,给人们以不断创新的形象。

② 网页维护人员多,确保网页正确无误和网站的正常运行。

③ 提供良好的链接服务,对提出申请链接的企业,网站管理人员在检查该企业网站无误后,将其连接到相应的行业中,并向用户发送链接成功的反馈信息邮件。

④ 反馈信息答复及时,对于用户提出的问题和要求,网站及时给予答复。

⑤ 专业的网站安全、数据库维护,确保系统使用中的安全性、快速性。

案例思考:

1. 结合本案例说明电子商务网站规划的基本内容是什么。
2. 阐述电子商务网站设计的总体要求。

课后习题

一、选择题

1. 目前在小型企业中,使用最多的是网站类型是(　　)。
   A. 流通型电子商务网站　　　　　　B. 基本型电子商务网站
   C. 综合型电子商务网站　　　　　　D. 水平型电子商务网站

2. 电子商务网站设计原则中不包括(　　)。
   A. 统一性　　　B. 艺术性　　　C. 约束性　　　D. 易操作性

3. 按照业务范畴和运作方式分类,可以将电子商务网站分为(　　)。
   A. 非交易型电子商务网站　　　　　B. 半交易型电子商务网站
   C. 全交易型电子商务网站　　　　　D. 基本型电子商务网站

4. 建设网站前的市场分析中分析的内容包括(　　)。
   A. 分析相关行业的市场　　　　　　B. 分析市场竞争者
   C. 公司自身情况的分析　　　　　　D. 分析内部环境

5. 电子商务网站的推广方法主要有(　　)。
   A. 搜索引擎　　B. QQ群发信息　　C. 电子邮件　　D. 连接交换

6. 安装Web服务器程序后,(　　)可以访问站点默认文档。
   A. 在局域网中直接输入服务器的IP地址
   B. 在局域网中输入服务器所在计算机的名称
   C. 如果是在服务器所在的计算机上,直接输入http://127.0.0.1
   D. 以上全都是对的

7. 关于IIS的配置,说法正确的是(　　)。
   A. IIS一般只能管理一个应用程序
   B. IIS要求默认文档的文件名必须为default或index,扩展名则可以是.htm、.asp
   C. IIS可以通过添加Windows组件安装
   D. IIS只能管理Web站点,而管理FTP站点必须安装其他相关组件

8. 关于设计网站的结构的说法错误的是(　　)。
   A. 按照模块功能的不同分别创建网页,将相关的网页放在一个文件夹中
   B. 必要时应建立子文件夹
   C. 尽量将图像和动画文件放在一个大文件夹中
   D. 当地网站和远程网站最好不要使用相同的结构
9. 网店经营的优势是(　　)。
   A. 进入门槛低、启动及运营成本低　　B. 经营风险小、经营方式灵活
   C. 不受时空限制,传播速度快　　　　D. 区域覆盖广、传播范围广
10. 注册域名时要考虑的因素不包括(　　)。
    A. 在哪里注册域名　　　　　　B. 注册哪一类域名
    C. 注册几个域名　　　　　　　D. 服务器的位置

二、简答题

1. 电子商务网站的功能有哪些?
2. 在设计电子商务网站时要注意哪些原则?
3. 举例说明电子商务网站有哪些类型。
4. 电子商务网站的推广有哪些方法?
5. 试分析网站 http://zt.ztgame.com/ 的类型及推广手段。

项目 10 移动电子商务

本项目阐述了移动电子商务的发展现状；移动电子商务的定义及特点；移动电子商务的应用模式；移动电子商务的核心技术基础及移动电子商务的应用。

项目内容

本项目为移动电子商务的应用，主要结合移动电子商务的发展现状、特点及技术，通过手机登录 WAP 和使用手机短信实现电子商务的功能，体现出移动电子商务的具体应用模式。

知识要求

了解移动电子商务的发现现状；掌握移动电子商务的定义和特点；掌握移动电子商务的分类和应用模式；了解移动电子商务的相关核心技术；了解移动电子商务的价值链及运营管理。

相关知识

知识 10.1 移动电子商务的定义

移动电子商务的定义为：在网络信息技术和移动通信技术的支撑下，在手机等移动通信终端之间，或者移动终端与 PC 等网络终端之间，通过移动商务解决方案，在移动状态下进行的、便捷的、大众化的、具有快速管理能力和整合增值能力的商务实现活动。

移动电子商务从本质上归属于电子商务的类别，是在创新技术推动下产生和形成的一种便捷的、大众化的、能够使移动商务主体在移动中进行，适应市场发展与变化而出现的新商务模式。移动商务将随着网络信息技术和移动通信技术的不断普及和发展成为未来中国电子商务增长的新领域和创富活动的新行业。

从技术角度来看，移动电子商务的技术是创新的。移动商务以网络信息技术和创新的现代通信技术为依托，把手机、传呼机、个人数字助理（PDA）和笔记本电脑等移动通信终端，与因特网和移动通信网有机地结合起来。

从商务角度看，移动电子商务是一种创新的商务模式。移动商务是同商务活动参与主体最贴近的，最便于大众参与的电子商务模式，其商务活动中以应用移动通信技术，使用移动终端为重要特性。由于用户与移动终端具有紧密的对应关系，不仅可以使移动商务运营和参与主体在第一时间以第一反应速度就商务信息作出反应，还可以使用户更多地摆脱设备状态和网络环境对商务活动的束缚，最大限度地在自由的商务空间进行沟通和交流，坚定购买意愿，增加购买动因，适时进行商务决策。这就极大地提高了商务交往的速度和效率，降低了商务交易的成本，提升了社会交易效益。

知识 10.2 移动电子商务服务的内容

移动电子商务服务的内容十分广泛,有的人仅仅把移动电子商务服务的内涵理解为几个部门或几个行业,这是不正确的。事实上,移动电子商务正成为快速发展的新兴市场。因特网、移动通信技术和其他技术的良好组合创造了移动电子商务,但真正推动市场发展的却是多样的服务。目前,移动电子商务主要提供以下服务。

1. 银行业务

移动电子商务使用户能随时随地在网上安全地进行个人财务管理,进一步完善因特网银行体系。用户可以使用其移动终端核查账目、支付账单、进行转账及接收付款通知等。

2. 交易

移动电子商务具有即时性,所以非常适合股票交易等应用。移动设备可用于接收实时财务新闻和信息,也可确认订单并安全地在线管理股票交易。

3. 订票

通过因特网预订机票、车票或入场券已经发展成为一项主要业务,其规模还在继续扩大。移动电子商务使用户能在票价优惠或航班取消时立即得到通知,还可随时支付票款或在旅行途中临时更改航班或车次。借助移动设备,用户可以浏览电影剪辑、阅读评论,然后订购邻近电影院的电影票。

4. 购物

借助移动电子商务,用户能够通过移动通信设备进行网上购物,如订购鲜花、礼物、食品或快餐等。传统购物也可通过移动电子商务得到改进,如用户可以使用无线电子钱包等具有安全支付功能的移动设备在商店里或自动售货机上购物。

5. 娱乐

移动电子商务将带来一系列娱乐服务。用户不仅可以利用移动设备收听音乐,还可以订购、下载特定的曲目,而且可以在网上与朋友们玩交互式游戏,还可以参加快速、安全的博彩等活动。

6. 无线医疗

这种服务是在时间紧迫的情形下,向专业医务人员提供关键的医疗信息。医疗产业十分适合移动电子商务的开展。在紧急情况下,救护车可以作为治疗的场所,而借助无线技术,救护车可以在行驶中同医疗中心和病人家属建立快速、实时的数据交换,这对每一秒钟都很宝贵的紧急情况来说至关重要。无线医疗使病人、医生、保险公司都可以获益,也会愿意为这项服务付费。

7. 移动应用服务

一些行业需要经常派遣工程师或工人到现场作业。在这些行业中,移动应用服务提供商(MASP)将有开展业务的巨大空间。移动应用服务提供商结合定位服务技术、短消息服务、无线应用协议(WAP)技术及呼叫中心技术,为用户提供及时的服务,提高用户的工作效率。过去,现场工作人员在完成一项任务后,需要回到总部等待下一项任务。现在,现场工作人员直接用携带的手持通信设备接受工作任务,并根据所在的位置、交通的状况及任务的紧急程度,自动安排各项工作,使用户得到更加满意的服务。

知识 10.3　移动电子商务的分类

从不同的角度可将移动电子商务分为以下不同的类型。

① 按照商务实现的技术不同进行分类,可分为移动通信网络(GSM/CDMA)的移动电子商务、无线网络(WLAN)的移动电子商务、其他技术(超短距通信、卫星通信、集群通信等)的移动电子商务。

② 按照商务服务的内涵不同进行分类,可分为内容提供型移动电子商务(包括下载和定制服务两种类型)、信息消费型移动电子商务、企业管理型移动电子商务(如"移动商宝"就具有进、销、存、网上支付等多种管理职能)、资源整合型移动电子商务、快速决策型移动电子商务、公益宣传型移动电子商务、定位跟踪型移动电子商务、信息转移型移动电子商务、集成管理型移动电子商务、扫描收费型移动电子商务(如二维码电影票等)。

③ 按照确认方式不同进行分类,可分为密码确认型移动电子商务、短信回复确认型移动电子商务。

④ 按照用户需求的不同进行分类,可分为搜索查询型移动商务、需求对接型移动商务、按需定制型移动商务、预约接受型移动商务(如移动看病挂号系统)。

⑤ 按照移动商务的难易程度进行分类,可分为浅层应用移动商务、深层应用移动商务、移动转移对接型移动商务等。

知识 10.4　移动电子商务的特点

1. 移动接入

移动接入是移动电子商务一个重要特性,也是基础。移动接入是移动用户使用移动终端设备通过移动网络访问 Internet 信息和服务的基本手段。移动网络的覆盖面是广域的,用户随时随地可以方便地进行电子商务交易。

2. 身份鉴别

SIM 卡的卡号是全球惟一的,每一个 SIM 卡对应一个用户,这使得 SIM 卡成为移动用户天然的身份识别工具。利用可编程的 SIM 卡,可以存储用户的银行账号、CA 证书等用于标识用户身份的有效凭证,还可以用来实现数字签名、加密算法,公钥认证等电子商务领域必备的安全手段。有了这些手段和算法,就可以开展比 Internet 领域更广阔的电子商务应用。

3. 移动支付

移动支付是移动电子商务的一个重要目标,用户可以随时随地完成必要的电子支付业务。

移动支付的分类方式有多种,其中比较典型的分类包括按照支付的数额可以分为微支付、小额支付、宏支付等;按照交易对象所处的位置可以分为远程支付、面对面支付、家庭支付等;按照支付发生的时间可以分为预支付、在线即时支付、离线信用支付等。

4. 信息安全

移动电子商务与 Internet 电子商务一样,需要具有 4 个基本特征(数据保密性、数据完整性、不可否认性和交易方的认证与授权)的信息安全。由于无线传输的特殊性,现有有线网络安全技术不能完全满足移动电子商务的基本需求。移动电子商务的信息安全所涉及的新技术包括:无线传输层安全(WTLS)、基于 WTLS 的端到端安全、基于 SAT 的 3DES 短信息加密安全、基于 SignText 的脚本数字签名安全、无线公钥基础设施(WPKI)、KJava 安全、BlueTooth/红外传输信息传输安全等。

知识 10.5 移动电子商务的商业模型

移动电子商务商业模型涉及移动网络运营商网络、设备提供商、移动终端提供商、内容提供商等。这些参与者以移动用户为中心,以移动网络运营商为主导,在一定的政府政策限定下开展各种活动,以实现自己的商业价值。

1. 商业模型的参与者

在移动商务价值链中的主要角色有提供操作系统和测览器技术的平台供应商、提供网络基础设施的设备供应商、提供中间件及标准的应用平台供应商、提供移动平台应用程序的应用程序开发商、内容提供商、内容整台商、提供应用整合的移动门户提供商、移动运营商、移动服务提供商等。

移动电子商务交易中的参与者取决于其底层的商业模型。一般来说,移动电子商务交易的主要参与者如下。

① 移动用户。其最大的特点是经常变换自己的位置,用户接收的商品或服务可能因为时间、地点及其使用移动终端情境的不同而不同。

② 内容提供商。它们提供原创的,对客户有价值的内容,如新闻、音乐等。向客户传递内容的方式有多种,可以通过 WAP 网关,也可以通过当地的移动接入商,选择不同的提供方式就会产生不同的商务模式。

③ 移动接入商。它提供个性化的、本地化的服务,可以根据客户个人的偏好,定制浏览的内容,最大程度地减少用户的导航操作。

④ 移动网络运营商。在移动电子商务中运营商的角色非常重要,根据在价值链中的位置,它的角色可以是简单的移动网络提供者,可以是媒介、移动接入,直至是可信赖的第三方。

2. 主要商业模型

传统电子商务的商业模型发展到今天已经逐渐成熟,如网上商店、网上拍卖等。移动电子商务在网络经济泡沫破灭以后得到了迅速发展,并形成了初具规模的商业模型。移动电子商务商业模型是由移动电子商务交易的参与者相互联系而形成的,因此,大多数移动电子商务商业模型可以与移动电子商务交易的参与者使用相同的名称,如内容提供商模型、移动商业门户模型等。

① 内容提供商模型。它的商业原型是路透社、交通新闻提供者、股票信息提供者等。采用这种商业模型的企业通过向移动用户提供交通信息、股票交易信息等内容达到盈利的目的,企业可以通过移动门户或直接向移动用户提供内容服务。除了这些企业采用该商务模式外,还有一些小公司或个人也采用这种商务模式,为移动设备开发内容并提供给软件公司,再由软件公司销售给移动的客户。

② 移动门户模型。即企业向移动用户提供个性化的基于位置的服务。该模型的显著特征是企业提供个性化和本地化的信息服务。本地化意味着移动门户向移动用户提供的信息服务应该与用户的当前位置直接相关,如宾馆预订、最近的加油站位置查询等;个性化则要求移动用户考虑包括移动用户当前位置在内的所有与用户相关的信息,如用户简介、兴趣爱好、过去的消费行为等。

③ WAP网关提供商模型。该模型可以看作是Internet电子商务中应用程序服务提供商(ASP)模型的一个特例。在该模型中,企业向不愿在WAP网关方面投资的企业提供WAP网关服务,其收益取决于双方所签订的服务协议。

④ 服务提供商模型。企业直接或通过其他渠道向移动用户提供服务,其他渠道可以是移动门户、WAP网关提供商或移动网络运营商,而企业所能提供的服务取决于其从内容提供商处可以获得的内容。

上述参与者和商业模型同Internet电子商务中的参与者和商业模型(如支付服务提供商、金融机构)结合起来,构成了复杂的移动电子商务商业模型。每个参与者为了采用收益率最高的商业模型,必须考虑前面提到的几个方面,即核心竞争力、移动商务环境的特性、互联网商务模式成功的经验。好的商业模型所提供的服务,应该使用户、商家和服务提供商均能通过移动电子商务活动增加自身的价值,只有这样,才能获得大量稳定的客户,移动电子商务才能够真正发展起来。

3. 移动运营商的商业模式

当前,移动运营商正在以数据业务来弥补语音业务方面收入的下滑趋势。以此为契机,移动互联网市场呈现出越来越快的发展势头,像BT Cellnet和T-Mobile这样的运营商早已从这些数据业务中获得了ARPU(每用户平均收益)的迅速增长。然而,在运营商不断努力增加数据业务带来利润的同时,必须考虑如何共同构建这个无线数据或移动互联生态系统。生态系统描述了小到一个池塘大到整个自然界中所有生物物种之间的共生关系,这是一种竞争与合作的关系。对于我们的人工自然,同样是这样的一个生态系统,移动互联产业界也应该是各物种共生的生态系统。

运营商的商业模式决定了在这个移动互联生态环境中应用发展的步伐和性质。一般说来,运营商可能会在如下几个商业模式中作出选择。

① 封闭收入系统。在这种模式下,运营商全面负责开发、聚集和发布移动内容。它的门户网站可能有选择地与少数几个第三方内容提供商链接,并且要达成一些基本的许可协定。这种机制限制了内容提供商参与收入分成,它们需要开发单独的计费系统,而消息业务则基本上由运营商独资经营和管理,包括E-mail、SMS等。

② 智能生态系统:这种模式下,运营商把内容的开发和聚集开放给很大范围的提供商,包括其门户的内部和外部。以用户和收费业务为基础,通过与内容合作伙伴的利益分成,形成了一种业务创新的激励机制。运营商只收取其中很小的一个百分比,作为其提供计费功能的报酬,但却拥有了高价值的消息服务,包括即时消息、统一消息和多媒体消息等。

③ 底层传输系统。在这种模式下,第三方合作伙伴完全拥有并控制内容和消息应用,运营商不提供任何高级业务,也就不能要求传输收入之外更多的收入。没有了这些高级业务,价格成

了留住客户的主要工具,从而导致了互联网相关收入的下降。

在采纳智能生态系统发展策略的同时,运营商有必要考虑这种方式与传统方式之间的内在差别,特别是在业务提供、内容和消息应用等方面的因素,然后才能根据这些差别来选择最适合的商业模式。

建立同第三方内容应用开发商的开放合作关系是内容应用发展的核心。通过提供不同的业务平台,保证应用在不同媒体和不同格式下的可用性,运营商培育着市场的增长。此外,运营商还要提供各种基本服务要素,如客户的引导、网络支持、安全、计费和提高用户满意度等。通过共同构建产业价值链,不仅使整个产业的 ARPU 显著增长,而且运营商和整个生态系统的 ARPU 也大幅度提升。不过,消息应用还要有些不同,它要获取唯一识别用户的内在信息,包括个人信息管理(PIM)和网络身份。有了这些信息,运营商就能增加服务的粘度,从而减少对为留住客户所采取的价格策略的依赖。放弃对消息应用的所有权,把消息应用市场拱手让给其他市场参与者,也会降低运营商在基础传输层的盈利能力,最终导致在潜在的资本市场上失去很大的份额。

知识 *10.6* 移动电子商务的相关技术

1. 无线应用协议

无线应用协议(WAP)是在数字移动电话、Internet 或其他个人数字助理(PDA)、计算机应用之间进行通信的开放性全球标准。它由一系列协议组成,用来标准化无线通信设备,可用于 Internet 访问,包括收发电子邮件、访问 WAP 网站上的页面等。

WAP 将移动网络与 Internet 及公司的局域网紧密地联系起来,提供一种与网络类型、运行商和终端设备都独立的移动增值业务。

WAP 是由爱立信(Ericsson)、诺基亚(Nokia)、摩托罗拉(Motorola)等通信业巨头在 1997 年成立的无线应用协议论坛(WAP Forum)中制定的,可以把网络上的信息传送到移动电话或其他无线通信终端上。它使用一种类似于 HTML 的标注式语言 WML(Wireless Markup Language,无线标记语言),相当于国际互联网上的 HTML 并可通过 WAP 网关直接访问一般的网页。用户通过 WAP 可以随时随地利用无线通信终端来获取 Internet 上的即时信息或公司网站的资料,真正实现无线上网。它是移动通信与互联网结合的第一阶段产物。

WAP 能够运行于各种无线网络之上,如 GSM、GPRS、CDMA 等。支持 WAP 技术的手机能够浏览由 WML 描述的 Internet 内容。WML 是以 XML 为基础的标记语言,用于规范窄频设备,如手机、呼叫器等如何显示内容和使用者接口的语言。因为窄频,使得 WML 受到部分限制,如较小型的显示器、有限的使用者输入设备、窄频网络联机、有限的内存和资源等。

WML 支持文字和图片显示,在内容组织上,一个页面为一个 card,一组 card 则构成一个 deck。当使用者向服务器提出浏览要求后,WML 会将整个 deck 发送至客户端的浏览器,使用者就可以浏览 deck 里面所有 card 的内容,而不需要从网络上单独下载每个 card。

通过这种技术,无论在何地、何时,用户需要信息就可以打开 WAP 手机,享受无穷无尽的网上信息或网上资源,如综合新闻、天气预报、股市动态、商业报道、当前汇率等,并可以进行电子商务和操作网上银行。

WAP 协议包括以下几层。

① Wireless Appeication Environment(WAE),无线应用环境。

② Wireless Session Layer(WSL),无线对话协议。
③ Wireless Transport Protocol(WTP),无线事务协议。
④ Wireless Transport Layer Security(WTLS),无线传输层安全性。
⑤ Wireless Data Protocol(WDP),无线数据协议。

其中,WAE 层含有微型浏览器、WML、WMLScript 的解释器等功能;WTLS 层为无线电子商务及无线加密传输数据时提供安全方面的基本功能。

2. 移动 IP

移动 IP 技术是移动节点(计算机、服务网、网段等)以固定的网络 IP 地址,实现跨越不同网段的漫游功能,并保证了基于网络 IP 的网络权限在漫游过程中不发生任何改变。

移动 IP 应用于所有基于 TCP/IP 的网络环境中,为人们提供了无限广阔的网络漫游服务。例如,在用户离开北京总公司出差到上海分公司时,只要简单地将移动节点(如笔记本电脑、PDA 设备)连接至上海分公司网络上,那么用户就可以享受到同在北京总公司里一样的所有操作。用户依旧能使用北京总公司的共享打印机,依旧可以访问北京总公司同事计算机里的共享文件及相关数据库资源。诸如此类的种种操作,让用户感觉不到自己身在外地,同事也感觉不到他已经出差到外地了。

基于 IPv4 的移动 IP 定义了 3 种功能实体:移动节点(mobile node)、归属代理(home agent)和外埠代理(foreign agent)。归属代理和外埠代理又统称为移动代理。移动 IP 技术的基本通信流程如下。

1)远程通信实体通过标准 IP 路由机制向移动节点发出一个 IP 数据包。
2)移动节点的归属代理截获该数据包,将该数据包的目标地址与自己移动绑定表中移动节点的归属地址比较,若与其中任一地址相同,继续下一步,否则丢弃。
3)归属代理用封装机制将该数据包封装,采用隧道操作发给移动节点的转发地址。
4)移动节点的拜访地代理收到该包后,去其包封装,采用空中信道发给移动节点。
5)移动节点收到数据后,用标准 IP 路由机制与远程通信实体建立连接。

3. 近距离无线通信技术

近距离无线通信技术,即 Near Field Communication(NFC),是由飞利浦公司和索尼公司共同开发的一种非接触式识别和互联技术,可以在移动设备、消费类电子商品、PC 和智能控件工具间进行近距离无线测验信息。NFC 提供了一种简单、触控式的解决方案,可以让消费者简单、直观地交换信息,访问内容与服务。

NFC 将非接触读卡器、非接触卡和点对点(Peer to Peer)功能集成进一块单芯片内,为消费者的生活方式开创了不计其数的全新机遇。这是一个开放接口平台,可以对无线网络进行快速、主动的设置,也是虚拟连接器,服务于现有蜂窝状网络、蓝牙和无线 802.11 设备。

NFC 可兼容索尼公司的 FeliCaTM 卡及广泛建立的非接触式智能卡架构,该架构基于 ISO14443A,使用飞利浦的 Mifare 技术。

4. 第三代数字通信

第三代数字通信系统(3G),即现已大规模使用的移动通信系统,是要在未来移动通信系统中实现个人终端用户能够在全球范围内的任何时间、任何地点、与任何人、用任意方式、高质量地完成任何信息之间的移动通信与传输。

第三代移动通信系统可以使全球范围内的任何用户使用的小型廉价移动台实现从陆地与海洋再到卫星的全球立体通信联网,保证全球漫游用户在任何地方、任何时候能够与任何人进行通信,并能提供有线电话的语音质量,提供智能网业务、多媒体、分组无线电、娱乐及众多的宽带非话业务。

第三代移动通信的特点主要有以下几个方面。

① 具有全球范围设计的、与固定网络业务及用户互联,无线接口的类型尽可能少和高度兼容性;拥有一个共用的基础设施,可支持同一地方的多个公共和专用的运营公司。

② 具有可与固定通信网络相比拟的高语音质量和高安全性。

③ 具有在本地采用 2 Mb/s 高速率接入和在广域采用 384 kb/s 接入速率的数据率分段使用功能;具有 2 GHz 左右的高效频谱利用率,且能最大程度地利用有限带宽。

④ 具有根据数据量、服务质量和使用时间为收费参数,而不是以距离为收费参数的新收费机制。

⑤ 移动终端可连接地面网,可移动使用和固定使用,可与卫星业务共存和互联,移动终端体积小、质量轻,具有真正的全球漫游能力。

⑥ 能够处理包括国际互联网和视频会议、高数据通信和非对称数据传输的分组及电路交换业务,支持分层小区结构,也支持包括用户向不同地点通信时浏览国际互联网的多种同步连接。语音只占移动通信业务的一部分,大部分业务是非话数据和视频信息。

知识 10.7　移动电子商务存在的问题与对策

目前,几乎没有移动电子商务方面的法律、法规,而传统的商务和电子商务的法律、法规不能完全适用于移动电子商务,尽快完善相关的法律、法规是移动电子商务发展的重要工作。

安全保障应当是最先考虑和始终保证的一个问题。无线网路中的攻击者不需要寻找攻击目标,攻击目标会漫游到攻击者所在的小区,信息可能被窃取和篡改。应该进一步完善移动通信系统的安全,提高安全机制的效率及对安全机制进行有效的管理。

移动终端的丢失意味着别人将会看到电话、数字证书等重要数据,拿到移动终端的人就可以进行移动支付、访问内部网络和文件系统。因此,应该努力减少移动终端丢失的概率,并最小化移动终端丢失后带来的风险。通过技术手段实现身份认证,从而降低移动终端丢失后带来的损失,是移动电子商务能否健康发展的重要因素。

移动电子商务属于新事物,商业模式还需要逐渐完善,而构建安全灵活的移动支付机制是完善商业模式的关键环节。要构建安全高效的移动支付机制,各电信运营商及银行之间必须加强联系和合作,消除支付障碍,在提供高速网络服务的同时不断增强客户终端的功能。电信运营商和银行还要降低移动支付的手续费,从而使移动用户更方便地选择购物或者支付。其次,可将原有的各个不同支付服务、支付方式进行系统化整合。

移动电子商务在配送、支付和信用上不仅没有跨越任何传统商务的瓶颈,甚至其地点的不确定性更是给配送、身份确认等方面增加了不小的难度。让移动用户先付钱再消费(预付)显然不利于推动移动电子商务的发展,尤其在前面两个问题没有得到彻底解决之前;而如果采用先消费后结算(透支)方式,就必然要启用手机实名制、信用评估和担保体系,而且透支额度太小,也会阻碍交易的进展。

知识 10.8　移动电子商务发展趋势

1. 企业应用将成为移动电子商务领域的热点

在互联网行业工作的人都深有体会,面向 B 用户(企业用户)的服务和应用是可以快速赚钱的业务,但一般来说成长性不会特别大,不会呈几何级数;而面向 C 用户(个人用户)的服务和应用则正好相反,虽然不能很快赚到钱,但只要业务对路,则很有可能做成一个大生意。

同理,移动电子商务的快速发展,必须是基于企业应用的成熟。企业应用的稳定性强、消费力大,这些特点个人用户无法与之比拟。而移动电子商务的业务范畴中,有许多业务类型可以让企业用户在收入和提高工作效率上得到很大帮助。企业应用的快速发展,将会成为推动移动电子商务发展的最主要力量之一。

2. 获取信息将成为移动电子商务的主要应用

互联网公司的通常做法是在主营业务的周围会有一系列的辅助应用,以便为主营业务带去更多的机会。

在移动电子商务中,虽然主要目的是交易,但是实际上在业务使用过程当中,信息的获取对于带动交易的发生或是间接引起交易是有非常大的作用的。例如,用户可以利用手机,通过信息、邮件、标签读取等方式,获取股票行情、天气、旅行路线、电影、航班、音乐、游戏等各种内容业务的信息,而在这些信息的引导下,有助于诱导客户进行电子商务的业务交易活动。因此,获取信息将成为各大移动电子商务服务商初期考虑的重点。

3. 安全问题仍将是移动电子商务中的机会

由于移动电子商务依赖于安全性较差的无线通信网络,因此安全性是移动电子商务中需要重点考虑的因素。与基于 PC 终端的电子商务相比,移动电子商务终端运算能力和存储容量更加不足,如何保证电子交易过程的安全,成为了大家最为关心的问题。

在这样的大环境下,有关安全性的标准制定和相关法律出台也将成为趋势。同时,相关的供应商和服务商也就商机不断。

4. 移动终端的机会

移动电子商务中的信息获取、交易等问题都与终端切切相关。终端的发展机会在于,不仅要带动移动电子商务上的新风尚,还对价值链上的各方合作是否顺利,对业务开展有着至关重要的影响。

随着终端技术的发展,终端的功能越来越多,而且考虑人性化设计的地方也越来越全面。例如,显示屏比过去有了很大的进步,而一些网上交易涉及到商品图片信息显示的,可以实现更加接近传统 PC 互联网上的界面显示。又如,智能终端的逐渐普及或成为主流终端,如此一来,手机更升级成为了小型 PC,虽然两者不会完全一致,也不会被替代,但是手机可以实现的功能越来越多,对于一些移动电子商务业务的进行也更加便利。以后终端产品融合趋势会愈加明显,很难清楚界定手上这部机器是手机还是电子书,还是 MP4,在手上它就是一个有应用价值的终端,就看消费者的需求方向。

5. 移动电子商务将与无线广告捆绑前进

移动电子商务与无线广告,在过去的发展过程中有些割裂,其实这二者是相辅相承的,任何一方的发展,都离不开另外一方的发展。

项目实施

项目任务

根据项目内容,本项目要求同学们了解移动电子商务的发展现状,移动电子商务的含义和特点,移动电子商务的具体应用模式,掌握移动电子商务技术的应用。它主要有下面两个任务。
1. 手机银行(WAP)的使用。
2. 手机银行(短信)的使用。

项目要求

1. 掌握手机银行(WAP)的注册和客户端软件的安装过程,熟悉手机银行的基本业务。
2. 熟悉手机银行(短信)的注册和基本业务功能的使用方法。

实施步骤

1. 手机银行(WAP)的使用

(1) 手机银行(WAP)注册

1) 登录中国工商银行网站(http://www.icbc.com.cn),单击"快捷功能"栏目下的"手机银行(WAP)自助注册",输入注册卡(账)号,如图10.1所示。

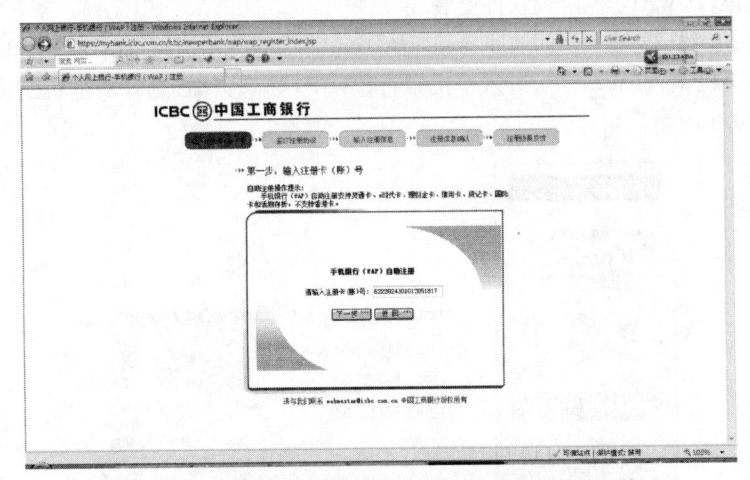

图 10.1 手机银行(WAP)——输入注册卡(账)号

2) 签订注册协议,单击"已阅读并接受"按钮,如图10.2所示。

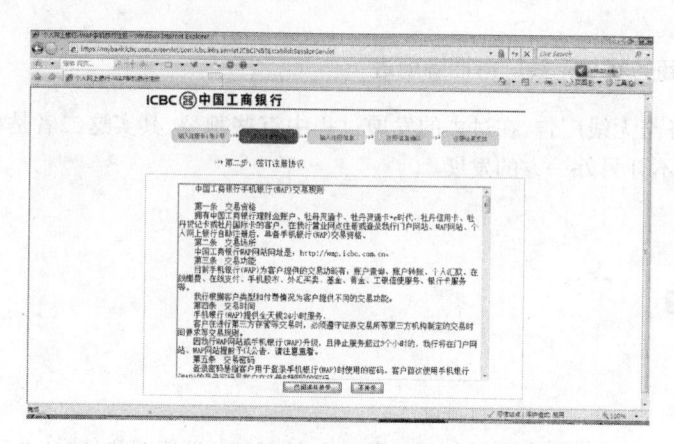

图 10.2　手机银行(WAP)——签订注册协议

3）按页面要求输入相关注册信息，单击"提交"按钮，如图 10.3 所示。

图 10.3　手机银行(WAP)——输入注册信息

4）注册信息确认，注册结果反馈，手机银行(WAP)自助注册成功。
（2）手机银行(WAP)客户端软件安装
1）启动手机浏览器，输入访问地址"wap.icbc.com.cn"，进入手机银行(WAP)普通版登录页面。
2）选择"手机银行(WAP)"，进入手机银行(WAP)登录页面，选择对应运营商，进入登录门户页面，如图 10.4 所示。

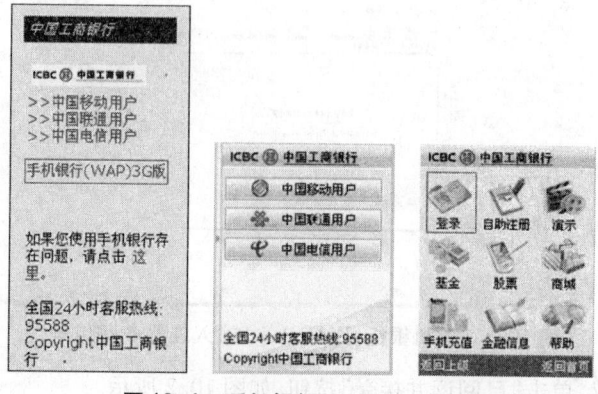

图 10.4　手机银行(WAP)——登录

3) 单击"登录",根据提示输入登录密码、验证码后进入系统欢迎页面。单击"进入主菜单"按钮,进入主菜单页面,选择"客户服务"菜单,进入其子菜单页面,如图10.5所示。

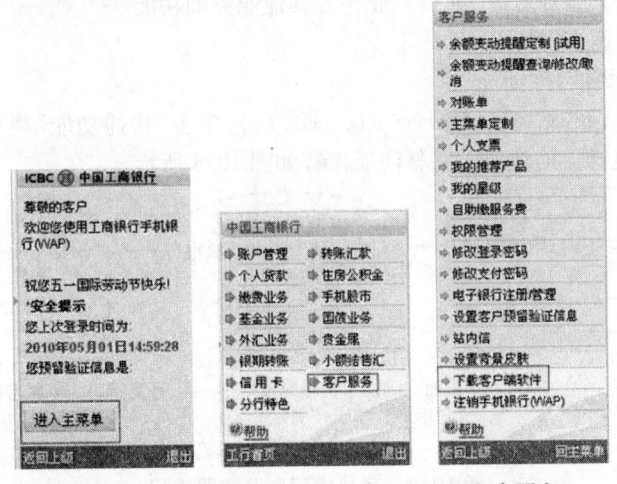

图 10.5　手机银行(WAP)——主菜单客户服务

4) 单击"下载客户端软件"子菜单,进入下载客户端软件页面。

客户可通过两种方式下载客户端软件。第一,根据提示,选择对应手机品牌,如"摩托罗拉",进入被支持手机型号列表页面。如果客户使用手机在被支持的手机型号中,则可点击型号列表,根据系统提示完成下载安装客户端软件。第二,客户也可根据提示,选择页面底端的"按手机平台下载",进入被支持手机操作平台列表页面。如果客户使用手机的操作平台在被支持的手机平台列表中,则可单击对应平台,根据系统提示完成下载安装客户端软件,如图10.6所示。

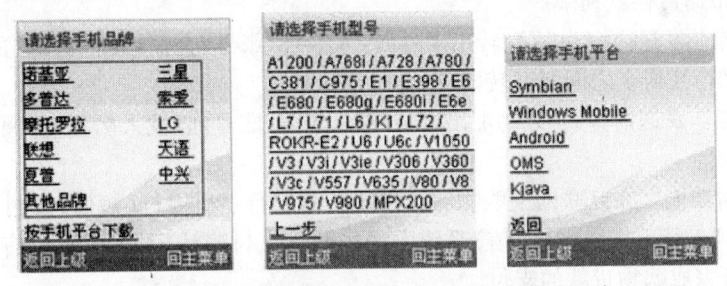

图 10.6　手机银行(WAP)选择手机型号或平台

5) 完成下载安装流程后,客户端软件会自动运行。客户也可以在手机应用程序管理菜单里找到工行LOGO图标手工启动运行。

(3) 手机银行(WAP)业务操作

1) 启动手机浏览器,输入访问地址"wap.icbc.com.cn",登录手机银行(WAP)普通版,进入手机银行主菜单。

2) 进入账户管理,熟悉余额查询、当日明细查询、历史明细查询、注册卡维护、账户挂失、默认账户设置、银行户口服务等功能,如图10.7所示。

3) 进入转账汇款,熟悉工行汇款、跨行汇款、向E-mail、手机号汇款、定活转账、通知存款、本人外币转账、我的收款人维护、个人网银我的收款人、电话银行我的收款人等功能。

图 10.7　手机银行(WAP)基本业务

4）进入缴费业务,熟悉个人缴费项目的缴费、查询、增删操作。

5）分别熟悉手机银行(WAP)的手机股市、基金业务、国债业务、外汇业务、银期转账、信用卡、客户服务、住房公积金业务、个人贷款业务等其他业务的功能。

2. 手机银行(短信)的使用

(1) 手机银行(短信)注册

登录中国工商银行网站(http://www.icbc.com.cn),单击"快捷功能"栏目下的"手机银行自助注册",进行手机银行自助注册。完整注册流程如图10.8所示。

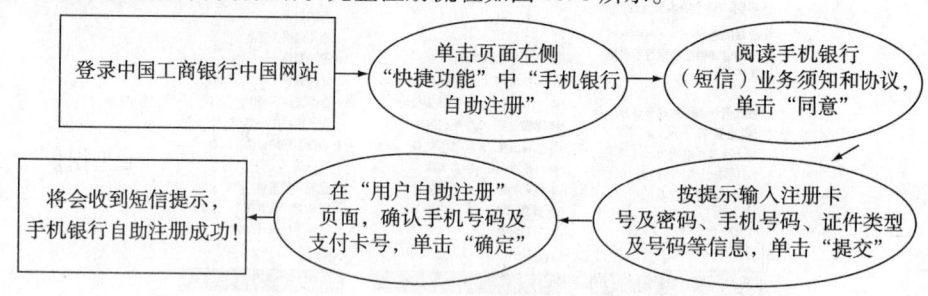

图 10.8　手机银行自助注册流程

(2) 手机银行(短信)的业务功能

使用手机进行手机银行(短信)的各项业务的操作。编写指定格式的短信,发送到95588,即可实现各项功能。

① 查询功能。查询账户:发送内容为"CXZH#卡号/账号"的短信,可查询本人银行账户的余额和当日明细。查询历史明细:发送内容为"CXLS#卡号/账号#起始日期#结束日期"的短信,可查询本人银行账户的历史交易明细。查询利率:发送内容为"CXLL#币种代码#利率类型"的短信,可查询本外币储蓄存款利率。

② 转账功能。发送内容为"ZZ#转出卡号#转入卡号/账号#金额#支付密码"的短信,可在本人手机银行(短信)注册卡之间相互转账,以及对外转账。

③ 汇款功能。发送内容为"HK#汇出卡号#汇入卡号/账号#收款人名称#金额#支付密码"的短信,可办理汇款。

④ 消费支付功能。在互联网上购物后,选择"工商银行手机银行(短信)支付",输入手机号码,随后将接收到工行手机银行(短信)系统发送的购物支付确认短信,按照短信要求修改后转发至95588,就可完成购物货款的支付。

短信格式为:订单XXXXXXXXXXX,金额XXXX.XX元(支付请用密码替换本括号内全部文字后转发至95588)

⑤ 缴费功能。发送内容为"JFDH#电话号码#姓名"或"JFSJ#手机号码"的短信,然后将返回的确认短信直接转发至95588,就可完成本人及他人电话费或手机话费的缴纳。

知识10.9　移动电子商务的营销

移动电子商务具有巨大的市场潜力,其潜在的增值市场不容忽视,越来越多的企业越来越重视移动电子商务的市场营销。

移动电子商务的营销主要有以下几个方面。

1. 创造需求

在一个新的商业领域中,主动创造需求是很重要的,而创造需求的关键是挖掘客户潜在的需求。对于移动用户来讲,即时消息是用户使用移动通信设备的主要目的,但同时也有许多待开发的潜在需求。

移动游戏的开发,使得人们有了独自消磨时间的工具,从而满足了人们的需求。从网络游戏的开发情况来看,这是一块巨大的"蛋糕",因为它具有极强的互动性。目前,移动游戏迫切需要解决趣味性和传播性问题。

超前服务管理也是移动电子商务应用的新领域,在这种服务中,服务提供者收集当前及未来一段时间与用户需求相关的信息,并预先发出主动服务的信息。这种服务需要企业和商家不断的思考、调查和发掘。未来的电信服务内容中,将包括大量各种各样的增值业务,它们的收入总和将大大超过基础业务收入。这些潜在的业务,归根结底,需要厂商进行挖掘和推广。同互联网电子商务一样,正在起步的移动电子商务也是一块有待进一步开垦的土地,捷足先登的开拓者最可能获得丰厚的商业利润。

2. 突出特点

移动电子商务有其自身的特点,抓住这些特点才能有效地开展网上交易。移动性是移动电子商务服务的本质特征。无线移动网络及手持设备的使用,使得移动电子商务具备许多传统电子商务所不具备的"移动"优势,使很多与位置相关、带有流动性的服务成为迅速发展的业务。例如,移动银行、移动办公使得移动设备演变成为一种业务工具,手机当当、手机淘宝、手机京东等商务网站使得购物随时随地。

3. 加强宣传

从理论上说,移动广告具有与一般网络广告类似的特点,它具有很好的交互性、可测量性、可跟踪特性、可评估性和可反馈性。同时,移动广告还可以提供特定地理区域的、直接的、个性化的定向发布,强调信息的及时性和个性化,具有更高的商业价值。

移动广告的亮点在于把移动电话和广告结合起来,形成客户、商家和运营商三方受益的局面。一方面,手机作为一种新型的媒体,广告公司和商家通过移动通信网络发布广告信息,等于把握了本地具有消费能力的客户,广告效果好,针对性强,信息的抵达率可至100%。因此,移动广告具有许多新的网络直销方式和创收方式。

另外,加强"移动"宣传,不能忽视网上虚拟市场环境中商业活动的标识,即企业域名的建立和维护。由于域名是企业站点的联系地址,是企业被识别和选择的对象,因此提高域名的知名度,也就是提高企业站点的知名度,提高企业被识别的概率。企业应该借助各种手段向移动用户宣传自己的域名,包括在传统大众媒体上进行宣传。

4. 开发"小额"项目

从目前情况看,移动电子商务应用主要集中在"小额"项目领域,即支付金额不大的小额购物和服务。这一特点是与移动通信设备的特点相关联的,因为人们在移动过程中很难作出金额较大的购买决策,而利用移动的通信设备进行小额物品的购买,决策容易又节省时间,银行成为移动商务的首选。

由于消费者需求的特殊性增加,不同消费者在消费结构、时空、品质诸多方面的差异自然会衍生出特殊的、合适的目标市场。这些市场规模较小，但其购买力并不会相对减弱。目标市场特殊性的强化预示着消费者行为的复杂化和消费者的成熟，这为移动电子商务提供了极好的市场机遇。

移动电子商务营销更加注重和依赖信息对消费者行为的引导，它主张以更加细腻的、更加周全的方式为客户提供更完美的服务和满足。例如，使用移动优惠券和条形码等。

"小额"项目具有广阔的市场空间，虽然从每笔交易额看，小额购买和服务的金额不大，但这方面的交易数量极大，所带来的利润也比较高。商家应当对此有所认识。

5. 做好用户体验和终端设计

移动电子商务中的信息获取、交易等问题都同终端密切相关。随着终端技术的发展，终端的功能越来越多，而且越来越人性化。据 Group SJR 和 Liz Claiborne Inc 的调查报告显示：有47% 的智能机和56% 的平板计算机用户计划利用他们的移动终端购买更多物品；接近一半的智能手机和平板计算机用户觉得使用移动购物是方便的，但54% 的智能手机用户和61% 的平板计算机用户认为目前企业品牌提供的移动购物应用和网站用户体验非常不友好，如果企业能提供一些简便易用的移动应用或移动网站会更好。

知识 10.10　移动电子商务价值链分析

价值链是一种对企业业务活动进行组织的方法，企业实施这些活动对其销售的产品或服务进行设计、生产、促销、销售、运输和售后服务。但是现代交易的完成不仅涉及了供需两方，还会有为交易实现提供多方服务的第三方。信息技术的发展逐渐打破了企业、行业发展的界限，使不同行业融合发展，共同参与到某一商务交易活动中成为企业价值链的一部分。企业的价值增长不再单纯地取决于企业自身或某一方，而是需要处于价值链不同环节的企业或个人协调、努力，实现多方共赢。在移动电子商务交易活动中，参与交易的有企业、个人、各种服务机构（银行、咨询公司、物流公司等）、移动门户、移动网络运营商、内容提供商、应用服务开发商、移动终端制造商、设备软件提供商等，共同构成了移动电子商务的价值链。

1. 技术平台制造商(technology platform vendors)

技术平台制造商为移动设备提供操作系统和微浏览器，这些移动设备包括移动电话和 PDA 等设备。操作系统之争是在谷歌的 Android 和苹果的 iOS 之间展开的。

2. 应用平台制造商(application platform vendors)

中间件是一个提供无线互联应用的主要基础设施。例如，既可以在运营商端又可以在公司客户端应用的 WAP 网关。

3. 应用开发商(application developers)

在无线领域里，最具爆炸性增长潜力的当数应用开发。无论对企业还是个人消费者，打动他们的应用才是最终购买决策的推动力。

4. 内容提供商(content providers)

一些技术领先的内容供应商正在向移动领域进军，为即将到来的移动商务作准备，它们要为自己的产品做多渠道的分销。例如,路透社与 Ericsson 和 Nokia 建立合作关系,传递它的信息,同时还与一些大的门户站点,如 Yahoo 及 Excite 合作,这些门户站点也在建立自己的移动门户。另外,路透社在一些市场上还建立了自己的移动门户。即使用户已经习惯为移动的增值服务付费,但对内容收费依然是件困难的事。移动内容供应商最简单的实现收入方法是与电话公司分账。当移动商务开始起飞时,再采取一些动态的收费方式,如广告、赞助、订阅等模式。在德国,现在已有超过 1 500 家的移动服务商提供 WAP 服务,其中许多是采取订阅模式收费的。

5. 内容集成商(content aggregators)

一种新型的内容集合商正在出现。它们把数据重新打包,再发布给移动终端。它们的价值在于给用户的信息是最合适的信息。例如,Olympic Worldlink 公司已经开发出一种叫作移动期货(Mobile Futures)的解决方案,它不仅能够提供金融市场、政治和其他新闻,还能提供实时的期货和期权市场的信息。

6. 移动门户(mobile portals)

移动门户由各种集成的应用和内容组成,以便成为用户最主要的网上信息来源。移动门户与通常的门户不同,最主要的特点是个性化和本地化,因为移动商务的成功关键在于易于使用和在合适的时间传递合适的信息。据估计,移动电话用户在在线的商业环境下,每多按一次键,交易成功的可能性就减少 50%。MSN 和 Yahoo 都是首批向移动用户提供服务的门户,然而它们的主要目标还是在美国。我国一些大的门户网站也已经开始提供移动门户服务。

7. 移动网络运营商(mobile network operators)

网络运营商有很多,如 Mannesmann、Orange、TIM、中国移动、中国联通等,是引入移动商务服务中受益最大者,因为它们已经同客户建立了收费的关系,并且控制了预置在 SIM 卡中的门户。运营商的目的就是成为移动商务中最主要的角色,拥有门户,分享通过其网络实现服务的收入。这些收入要比单纯的话费收入高很多。移动运营商还有机会成为 ISP,基于 IP 技术建立 UMTS(第三代移动通信技术),运营商将拥有一个管道提供内容服务,则运营商在价值链的位置将上移。

8. 移动服务提供商(mobile service providers)

在欧洲的许多国家,移动服务提供商作为中间人,提供更好的市场营销,销售更多的移动电话合同和终端。这些服务提供商与客户建立合同和收费关系,但是它们自己并不拥有移动通信基础设施,它们通常以 20%~25% 的折价买到这些服务,然后再用自己的品牌出售。现在这些服务提供商的作用正在减小,一些有价值的服务供应商也被大的电信运营商收购。

9. 手持设备制造商(handset vendors)

在移动商务中,手持设备制造商是将新设备推向市场的瓶颈,它们不仅要支持 SIM 工具包,还要支持 WAP、GPRS、WCDMA 和 TDCDMA 等。巨大的移动商务在合适的用户终端广泛地被采用之前不会良好发展,手持设备制造商必须开发一系列产品,因为将来的应用会需要不同的功能。它们需要专为各种功能制造优化的产品,如下载和听音乐、看视频影像、计算、玩游戏、管理个人生活等。

10. 客户(customers)

对消费者市场来说,移动商务完全是一种新的体验。这些客户以前主要是用它们来打电话或收发短信息。据 Nokia 对移动增值服务的研究,移动商务的主要目标市场是:青少年(18 岁以下);学生(19～25 岁);年轻商人(25～36 岁)。对企业市场来说,主要有 3 种类型的组织会对移动商务有明显的需求:销售驱动的组织(如制造型企业和银行);服务驱动组织(如咨询公司);后勤驱动型组织(如出租车公司或急件服务)。

从商业和技术两个重要层面来看,移动电子商务的价值链主要包括通信承载环节、基础服务环节、交易支持环节、服务实现环节、个性支持环节和应用服务环节 6 个环节,6 个环节中的任何一个都将成为移动电子商务发展的重要推动力量或制约因素。从中国的实际情况来看,各个环节都有了一定程度的发展,但是由于信息承载环节在很大程度上受制于信息基础设施的建设,因此移动电子商务发展的切入模式必须与当前各个环节的发展状况紧密结合。实际上,从商业运作的具体模式来讲,上述的 6 个环节并不会孤立存在,往往相互之间会紧密结合起来,或者其中 3 个,或者其中 3 个,但是这种结合必须在充分利用公司相应资源的基础上实现相互之间的协同效应,从而创造更大的发展空间。

知识 10.11　移动电子商务前景与展望

1. 市场前景

移动电子商务因其快捷方便、无所不在的特点,已经成为电子商务发展的新方向。美国冠群电脑公司移动电子商务产品管理总监谢涛玲认为:"只有移动电子商务能在任何地方、任何时间真正解决做生意的问题。"

随着全球化的信息技术革命,移动电话成为中国电信服务中来势最迅猛、发展最活跃的新秀,移动通信能力进一步加强,中国已成为全球移动电话第一大国。因此,中国的移动电子商务具有非常大的市场前景。

2. 移动电子商务展望

我国移动电子商务之所以会迅速发展,原因首先在于社会化大生产和市场经济,以及全球经济一体化的发展,需要电子商务尤其是不受地点和时间、不受气候和环境限制的移动电子商务。其次,中国经济持续稳定增长,人民收入水平提高,使安装移动电话有了一定的物质基础,相对于发展有线的电子商务更有意义。我国地域辽阔,地质条件复杂,2/3 为山地、丘陵和高原,尤其在人员稀少的地方,架设有线线路和铺设光缆成本高,组网难,形成规模经营更难。而这些地区经济正在启动,资源有待开发,产品需要外销,因而移动电子商务比较适用。此外,通信技术的不断进步,以及手机功能和风格的不断多样化,有线电子商务面临的困难都是促进我国移动电子商务发展的原因。

总之,移动电子商务以其独特的特点和优势,再加上我国自身的条件,必将成为我国电子商务发展的新方向。

知识 10.12 移动电子商务前景与展望

1. 以移动网站建设为切入点,以 3G 应用为主要手段

广大中小企业要想很好应用移动电子商务,通过移动电子商务发展壮大,最好是先有一个建好的移动门户网站。这是企业的首张名片,是企业和产品的展示平台,也是开展网络营销和获得客户流量的载体,同时又是开展移动电子商务实际应用的出发点,并最终通过移动电子商务获得订单,获得长久发展。

2. 以网络实名为竞争点,打造网络搜索关键词制高点

移动互联网目前处于未完全开发状态,要在移动电子商务应用中占据先机和制高点,必须有一个响亮的真实名字,而且是专一独享,这样在移动搜索领域将很快占据关键词制高点。

3. 制造企业以产品宣传和移动营销相结合为应用重点

要把移动互联网上的关注点变为吸引力,变成客户访问流量,必须有相应的产品宣传和网络营销相结合的平台,让更多的移动电子商务消费者关注商品,浏览访问门户网站和产品信息,同时提高转化率,获得更多移动电子商务订单,使移动电子商务实效发挥出来。

4. 服务型企业以线上线下结合为应用重点

零售和服务类型企业移动电子商务应用者多,只要是线上和线下相结合的,其效果也都比较好,而对于其他门户行业性质的应用单位,则可以产品宣传和网络推广为主要目标。

5. 控制成本、短期投入和快速应用

广大移动电子商务应用企业在开始部署时,可以先选择一个移动电子商务平台做一段时间的使用,确定有一定效率,成本又能承受,则可以后期大力推广。例如,购买网络实名关键词、网站门户应用推广等,可以先行应用 1~3 年,不必要所有工作自己都重新建立,这样不仅投资大,风险也大,聚集效应还不容易发挥。

6. 参照成功的应用模式,避免自建移动电子商务系统和平台

对广大中小企业来说,会借助外部已有的第三方移动电子商务平台。在具体选择哪个平台时,需要根据自己的需要和特点选择适合的应用模式。例如,主要应用产品宣传、网络营销、移动网络搜索等,适合选择"联盟 + 平台"的移动电子商务应用模式,如移动中国网等;直接切入移动电子商务的订单交易,而且对未来品牌不是很重要,那么可以选择"品牌 + 运营"的移动电子商务应用模式,如手机淘宝等。

7. 企业信息化基础建设与移动电子商务应用可以分开执行

移动电子商务属于外部信息应用系统,而企业内部管理系统和外部信息应用系统没有绝对必然的联系,尤其是在产品宣传、网络推广营销、门户形象等都与内部系统没有必然关联,即使是移动电子商务应用中的交易应用,也不一定非要同内部企业管理系统关联集成。从实际调研结果看,很多应用移动电子商务效果很好的中小企业没有建立完善的内部信息化管理系统。

案例分析

二维码在移动商务中的应用

二维码的功能与无线射频识别(RFID)技术十分相似,都能够承载大量信息,不过它没有RFID的远距离读取特征,但比RFID的芯片成本低,所以目前被业内认为是经济划算,并且私密性较好的一种技术。

要在手机上应用二维码,首先手机必须具有彩信、摄像功能,而且还要下载相应的译码软件,商户那边则需要安装二维码相关解决方案,才能够将各类信息加载整合,生成二维码发送到用户的手机上。当用户拿着手机二维码入场或购物时,商家还要有配套的读取设备来辨认二维码所包含的信息。

当用户下载了译码软件并打开使用时,手机的摄像功能也自动打开了。将摄像头对准报纸、杂志、海报、电视、网页、CD封面,甚至电影票、名片等出现的二维条形码的图案,就自动下载了铃声、图片、最新资讯、个人信息、优惠卷、会员卡等信息。

当手机有了电子支付功能和二维码服务之后,在购买自动售货里的物品时,还可以通过手机扫描对应物品的二维码、物品名及价格等电子认证信息发送到银联系统,银联系统再将认证信息回馈到商家,就直接完成了购买和支付。

由上海卓尚信息有限公司开发的订票网站"一票通"已开始与上海各大影院合作,开展手机二维码电子票务服务。用户可以在网站看好影院座位图,选好场次和座位,通过电子支付方式付款后就会收到一条二维码电子票的信息。看电影时,只要在影院门口将手机屏幕上的二维码对着读取设备读一下就可以确认入场。

现在,柯达影院在上映一些大片时,专门提供了一间放映厅,供使用电子卷的用户入场观影。上海影城、大光明影院,以及星美影城,也都相继采用了这种手机二维码的电子票。

目前,《北京晚报》的读者在下载了相应软件并启动之后,对准《北京晚报》相应版面上的二维码,就能看到《北京晚报》手机版的内容,或者是获取商品折扣、购买电影票及查询问路等。

案例思考:
1. 简述使用二维码的优缺点。
2. 在手机上应用二维码应具备什么样的条件?
3. 把二维码应用在移动商务中相对于传统商务有什么样的变革?

课后习题

一、选择题

1. 移动商务在发展中与电子商务发展中的一个重要不同点是(　　)。
   A. 发展快
   B. 规模大
   C. 商务模式多样化
   D. 拥有一批具有自主知识产权的专利技术和专利产品
2. 移动商务模式构建中的主导要素是(　　)。

A. 内容提供商 B. 电信资源提供商
   C. 服务提供商 D. 支付方式提供商
3. (　　)是以扫描收费为主的移动商务。
   A. 移动商宝 B. 二维码电影票
   C. 手机进行车辆定位 D. 名酒鉴别
4. 用手机在任何时间、地点对特定的产品和服务进行远程支付的方式是(　　)。
   A. 虚拟支付 B. 手机钱包 C. 在线支付 D. POS 机现场支付
5. 移动商务促进了移动营销与(　　)的整合。
   A. 网络营销 B. 传统营销 C. 精准营销 D. 绿色营销
6. 移动商务发展进程中的错误观点是(　　)。
   A. 移动商务是移动技术＋商务
   B. 移动技术的特征就是移动商务的特征
   C. 移动商务的特征等同于电子商务的特征
   D. 移动商务具有很多电子商务没有或不具备的特征
7. 移动图书馆提供的信息服务有(　　)。
   A. 移动通知 B. 移动查询 C. 移动阅读 D. 移动接收
8. WPKI 技术在移动商务中的应用主要有(　　)。
   A. 电子支付 B. 公安领域 C. 销售管理 D. 任何领域
9. WAP 业务产业价值链的资源结构中,(　　)占的比例最大。
   A. 资源下载 B. 搜索引擎 C. 网站导航 D. 新闻资讯
10. 影响我国移动支付发展的最主要因素是(　　)。
    A. 安全性问题 B. 利益分配机制尚待建立和完善
    C. 服务单一、支付内容不丰富 D. 缺乏运营商

二、简答题

1. 什么是移动电子商务？
2. 简述移动电子商务的特点。
3. 移动电子商务如何分类？举例说明。
4. 移动电子商务服务的内容有哪些？
5. 简述移动电子商务的具体应用。

项目 11 电子商务物流

本项目阐述电子商务下物流的基本理论,包括物流的定义、分类及物流的基本功能;电子商务交易与物流的关系;电子商务对物流的影响;电子商务下的物流管理模式。

项目内容

熟悉常见的各种类型的电子商务网站的物流配送模式,以及电子商务网站中具体的商品物流过程。通过对具体电子商务网站配送流程的熟悉和了解,掌握电子商务下物流模式、物流管理的特点,理解电子商务运作必须有物流的支持。

知识要求

掌握物流的基本概念、环节、分类和功能;掌握电子商务与物流之间的相互作用;了解电子商务下物流的特点;了解电子商务下物流管理模式及创新策略;了解常见物流信息技术的应用。

相关知识

知识 11.1 物流的定义和功能

1. 物流的定义

物流一词社会各界从不同角度给出了不同的阐述,在我国《物流术语》的国家标准中,将物流定义为:物品从供应地向接收地的实体流动过程。从物流的概念来看,它包含以下几个要点。

① 物流的研究对象是贯穿流通领域和生产领域的一切物料流及有关的信息流,研究目的是对其进行科学规划、管理与控制。

② 物流的作用是将物质由供给主体向需求主体转移,在此过程中,创造了时间价值和空间价值。

③ 物流活动包括运输、保管、装卸搬运、包装、流通加工及有关的信息活动等。

需要特别强调的是,储运业作为一个古老、传统的概念,与现代物流活动相比,存在较大的差距。现代物流包括运输、保管、装卸搬运、包装、流通加工及有关的信息活动等,而储运仅仅指储存和运输两个环节。其次,现代物流强调物流活动的整体最优化,而储运概念不涉及整体的系统化和最优化问题。

2. 物流的功能

物流的基本功能是指物流系统所具有的基本能力,这些基本能力的有效组合有助于合理地实现物流系统的总目标。它包括7项具体工作：包装功能、装卸搬运功能、运输功能、储存功能、流通加工功能、配送功能和物流信息管理功能，如图11.1所示。

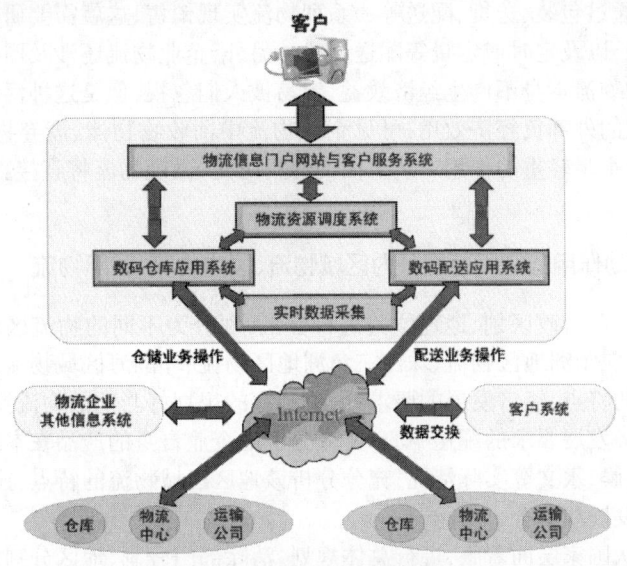

图11.1 现代物流信息管理系统

电子商务交易中，物流依然是实现买卖双方交易的最终环节。但是，电子商务中由于采用的形式不一致，使一部分特殊服务变得格外重要，因此设计电子商务的物流服务内容时应该反应这一特点。

知识11.2 物流的分类

社会经济领域中的物流活动无处不在，从物流活动的不同角度，人们又有很多不同的阐述。为了更好地了解物流对象，有必要对物流要素加以分类，这对于研究物流与电子商务的关系，特别是更好地理解物流活动可以提供方便。下面将从不同的角度对物流活动进行分类。

1. 按照物流活动的作用层次分为宏观物流、微观物流

宏观物流也称社会物流，即社会再生产各过程之间、国民经济各部门之间及国与国之间的实物流通。随着生产力的发展，生产专业化程度的提高，使得商品货物在国民经济各部门、各企业之间的交换关系越来越复杂，社会物流的规模也越来越大。社会物流网络是国民经济的命脉，流通网络分布是否合理、渠道是否畅通至关重要。应该对社会物流网络进行科学管理和有效控制，采用先进的技术手段，对社会物流网络进行优化，从而获得较高的经济效益和社会效益。宏观物流的状况直接影响国民经济的效益。

微观物流也称为企业物流，在企业经营范围内由生产或服务活动所形成的物流系统称为企业物流。企业是社会提供产品或某些服务的经济实体。具体来讲，主要包括企业供应物流、企业生产物流、企业销售物流、回收物流、废弃物物流等。企业生产物流是指企业在生产工艺中的物流活动。这种物流活动是与整个生产工艺过程伴生的，实际上已经构成了生产工艺过程的一部分。企业供应物流指为了保证企业本身的生产节奏，不断组织原材料、零部件、燃料、辅助材料供应的物流活动。它在保证生产供应这个基本的前提下,尽可能降低物料供应中的成本。企业销售物流是企业为了保证本身的经营效益,不断伴随销售活动,将产品所有权转移给用户的物流活动。销售物流就是通过包装、送货、配送等一系列物流实现销售,这就需要研究送货方式、包装技术和程度、配送路线,以及定时或定量等配送方式。另外,企业物流还涉及回收物物流、废弃物物流等,特别是废弃物物流本身不产生经济效益,容易被人们忽视,但是这种活动如果处理不当,将危害环境,产生较大的外部负经济效用,可见企业物流中回收物物流、废弃物物流对企业生产的正常、高效运转起着举足轻重的作用。从上面的分析可见,微观物流将直接影响一个企业的经济效益。

2. 按照物流活动作用的空间范围分为区域物流、国内物流、国际物流

区域物流是指按照行政区划、地理位置进行分区,划分为不同的物流区域。例如,按照地理位置可划分为:长江三角洲地区物流、珠江三角洲地区物流、环渤海区域物流。区域物流的划分,可以根据各个地区的特点、经济发展的要求,因地制宜的规划好当地的物流发展战略。企业建设适合本地区区域经济发展要求的配送中心,要充分考虑企业自身的产品在本地区的分布情况,该地区的地理位置、气候、水文等实际情况,充分分析该地区区域物流的特点,让区域物流在该地区的优势同本企业的发展相结合。

国内物流是指从国家层面着眼,进行总体规划,消除部门分割、地区分割所造成的物流障碍。例如,大型物流基础设施的建设,主要是指公路、高速公路、港口、机场、铁路的建设及大型物流中心的设置。物流中的政策法规的制定及监督实施,主要有铁路运输、卡车运输、海运、空运的价格规定,以及税收标准等。物流活动中的各种设施、装置、机械的标准化,包括托盘标准化、集装箱标准化等。

国际物流是相对国内物流而言的,是指不同国家之间的物流。国际物流是国内物流的延伸和进一步扩展,是跨国界的,流通范围扩大了的物流,有时也称为国际大流通或大物流。随着世界范围内的社会化大分工而引起不同的国际分工,不同国家之间的国际商品、服务交流也越来越频繁,国际物流也越来越重要。只有做好了国际物流工作,才能将国外客户所需要的商品适时、适地、按质、按量地送到客户手中,从而提高本国产品在国际市场的竞争力。同时,可将本国需要的设备、物质等商品以最低的成本进口到国内,满足国内人民生活、生产建设、科学技术与国民经济发展的需要。可见,国际物流可以看作是国际贸易的重要组成部分,各国的国际贸易必然要通过国际物流来实现。

为了实现物流合理化,必须按照国际商务交易活动的要求来开展国际物流活动。这就要求在国际物流中不仅要降低物流费用,而且要考虑提高顾客服务水平,提高销售竞争能力和扩大销售效益。

由于不同的国家物流环境存在巨大差异,使得国际物流系统运行更加复杂,国际物流的标准化要求也更加高。在复杂的国际物流环境中,统一的标准将大大提高国际物流水平。国际物流系统是由商品的包装、运输、储存、检验、外贸加工和其前后的整理、再包装和国际配送子系统组成的。其中,储存和运输子系统是国际物流的两大支柱,国际物流通过国际贸易商品的储存和运输实现其时空效益,满足国际贸易的基本需要。

知识11.3 电子商务与物流的关系

随着世界经济一体化,信息技术快速发展,电子商务已成为人们进行商务活动的新模式。随

着电子商务的不断发展,越来越多的传统企业开始进入电子商务领域,但是当它们在互联网上建立网上商店的时候,渐渐地认识到,物流已成为电子商务能否顺利进行和发展的一个关键因素。如果没有一个高效、合理、畅通的物流系统,电子商务所具有的优势就难以得到有效发挥。如何建立一个高效率、低成本运行的物流体系来保证电子商务的顺畅发展,已成为当前发展电子商务必须重视的问题。

电子商务一般包括四大流:信息流、资金流、商流和物流。其中,物流是电子商务发展的基础;信息流是连接电子商务与物流的纽带;商流是电子商务的载体;资金流是目的。也就是说,物流实际上是电子商务活动的一部分,是完成电子商务必不可少的"四流"之一。因此,电子商务必然对物流产生极大的影响。而且,这个影响是全方位的,从物流业的地位到物流组织模式,再到物流各个作业、功能环节,都在电子商务的影响下发生了和正在发生着巨大的变化,反过来物流体系的完善就会进一步推动电子商务的发展。

1. 电子商务对物流活动的影响

电子商务环境下,商业事务的处理实现了信息化,但是物流业务不但不能减少,反而加重了。物流公司不但要将用户从网上商店订购的商品配送到用户手中,还要及时从各个生产企业及时进货,存放到物流配送企业的配送中心,以满足网上消费者的及时需求。可见,在电子商务环境下,物流已经成为整个市场运行的基础,电子商务业务的发展不但没有弱化物流的功能,反而为物流业的发展提供了新的机遇。

电子商务活动对物流的影响主要表现在以下几个方面。

（1）改变物流企业的竞争状态

在传统经济活动中,物流企业之间的竞争往往是依靠本企业提供优质服务、降低物流费用等方面来进行的。在电子商务时代,这些竞争方式虽然依然存在,但有效性却大大降低了,原因在于电子商务需要一个全球性的物流系统来保证商品实体的合理流动,而单个企业难以达到这一要求。这就要求物流企业在竞争中形成一种协同竞争的状态,在相互协同实现物流高效化、合理化、系统化的前提下,相互竞争。

（2）提高物流系统的信息化、智能化水平

电子商务的发展要求物流实现信息化。因为电子商务的一个优点是能保证企业与各级客户间的即时互动,企业能与客户一起就产品的设计、质量、包装、交付条件、售后服务等进行交流,这就要求物流系统中每一个功能环节的即时信息支持。在信息化的基础上,物流才能实现自动化,从而大大提高物流的效率,为电子商务提供及时的信息支持。电子商务也要求物流实现智能化,以提高物流的现代化水平。物流的智能化已成为电子商务下物流发展的一个新趋势。

（3）促进物流基础设施的改善、物流技术与物流标准化水平的提高

电子商务高效率和全球性的特点,要求物流改善基础设施,同时也要求提高物流技术水平。另一方面,电子商务全球性的特点,对物流标准化提出了更高的要求。物流技术水平的提高,将最终提升物流的效率,使商品实体在实际的运动过程中,达到效率最高、费用最省、距离最短、时间最少,或者是其中几个方面的优化组合,从而尽可能减少实体物流对电子商务的影响。

（4）提升物流业在整个产业链中的地位

物流企业会越来越强化,是因为在电子商务环境里必须承担更重要的任务:既要把虚拟商店的货物送到用户手中,而且还要从生产企业那里及时进货入库。物流公司既是生产企业的仓库,又是用户的实物供应者。物流企业成了代表所有生产企业及供应商对用户的唯一最集中、最广泛的实物供应者,物流业成为社会生产链条的领导者和协调者,为社会提供全方位的物流服务。

可见,电子商务把物流业提升到了前所未有的高度,为其提供了空前发展的机遇。

2. 物流对电子商务的影响

(1) 物流是电子商务的重要组成部分

电子商务中,商品所有权的转移在网上购销合同签订时,便由卖方转移到买方,而只有实现实体商品的转移,电子商务交易才最后终结。在整个电子商务交易过程中,物流是电子商务的重要组成部分,是电子商务得以发展的基础。

(2) 物流能扩大电子商务的市场范围

建立完善的物流系统,能有效地解决电子商务中跨国物流、跨区域物流面临的许多难题,并最终扩大电子商务的市场范围。

(3) 物流能够提高电子商务的效率与效益,从而支持电子商务的快速发展

通过快捷、高效的信息处理手段,电子商务能较容易地解决信息流、商流和资金流的问题。但只有将商品及时送到用户手中,即完成商品的空间转移,才标志着电子商务过程结束。因此,物流系统的效率高低是电子商务成功与否的关键,只有高效率的物流系统,才有高效率的电子商务,才能支持电子商务的快速发展。

(4) 物流是电子商务以"以客户为中心"的理念得以实现的根本保证

电子商务的出现,极大地方便了消费者,消费者只要坐在家中,就可以在互联网上搜索、查看、挑选、下订单、支付。但试想,如果顾客所购的商品迟迟不能到达,那电子商务的消费者还会选择网上购物吗?可见,电子商务是实现"以顾客为中心"理念的最终保证,缺少现代化的物流技术,电子商务带来的购物便捷的优势就会消失,人们就会选择更加安全的传统购物方式。

从上面的论述可以看出,物流与电子商务的关系极为密切。物流对电子商务的实现很重要,电子商务对物流的影响也极为巨大。物流在未来的发展与电子商务的影响是密不可分的。

知识 11.4 电子商务下的物流管理模式

目前,电子商务业务不断发展,越来越多的企业涉足电子商务领域,并不断从初期的电子商务运用成长为真正意义上的电子商务企业。而物流也演变为电子商务物流,标志着物流的发展已经进入了一个新的发展阶段。这些企业在进行电子商务时主要采用的物流模式主要有以下几种。

1. 自建物流

目前,自建物流系统的主要有两种电子商务企业:一是传统的大型制造企业或批发企业经营的 B2B 电子商务网站;二是具有雄厚资金实力和较大业务规模的电子商务公司。

自建物流系统的核心是建立集物流、商流、信息流于一体的现代化新型物流配送中心。而电子商务企业在自建物流配送中心时应广泛地利用条码技术、数据库技术、电子订货系统(EOS)、电子数据交换(EDI)、快速反应(QR),以及有效的客户反应(ECR)等信息技术和先进的自动化设施,以使物流中心能够满足电子商务对物流配送提出的如前所述的各种新要求。

为了进一步压缩物流配送成本,保证货品配送质量,电子商务业界不少公司都已经或考虑自建物流体系。这种电子商务企业有两种类型,一类是大型制造企业集团、连锁零售商等,它们本身就拥有较好的销售和物流服务网络,只需要建立一套基于 Internet 网络的电子商务系统,并对

原有的物流系统进行重新设计,物流资源重新规划,就可以适应电子商务交易的实际需要,如国内的家电巨头海尔。另一类是获得风险投资的支持,如京东商城正是获得千万元级别投资后,才于2009年4月投入2 000万元在上海建立配送公司,并于2010年在北京、上海、成都新建该公司的物流中心。自建物流体系存在投入资金大,投资回报周期长的特点,具有较大的风险。

2. 物流联盟

联盟是介于独立的企业与市场交易关系之间的一种组织形态,是企业间由于自身某些方面发展的需要而形成的相对稳定的、长期的契约关系。物流联盟是以物流为合作基础的企业战略联盟,是指两个或多个企业之间,为了实现自己物流战略目标,通过各种协议、契约而结成的优势互补、风险共担、利益共享的松散型网络组织。在现代物流中,是否组建物流联盟,作为企业物流战略的决策之一,其重要性是不言而喻的。在我国,物流水平还处于初级阶段,组建联盟便显得尤为重要。

我国物流企业面临跨国物流公司的竞争压力,可通过物流联盟形式来应对。中国加入WTO,给国外的投资商带来无限的商机,潜力巨大的物流业成了争夺的宝地。面对如此强劲的竞争对手,我国的物流企业只有结成联盟,通过各个行业与从事各环节业务的企业之间的联合,实现物流供应链的全过程的有机融合,通过多家企业的共同努力来抵御国外大型物流企业的入侵,形成一个强大的力量,共进退、同荣辱,才有可能立于不败之地。

物流联盟可分为以下几种方式。

① 纵向联盟。即垂直一体化,这种联盟方式是基于供应链一体管理的基础形成的,即从原材料到产品生产、销售、服务形成一条龙的合作关系。垂直一体化联盟能够在按照最终客户的要求为其提供最大价值的同时,也使联盟总利润最大化。但这种联盟一般不太稳固,主要是在整个供应链上,不可能每个环节都能同时达到利益最大化,因此打击了一些企业的积极性,使它们有随时退出联盟的可能。

② 横向联盟。即水平一体化,由处于平行位置的几个物流企业结成联盟,包括第三方物流。这种联盟能使分散物流获得规模经济和集约化运作,降低了成本,并且能够减少社会重复劳动。但也有不足的地方,如它必须有大量的商业企业加盟,并有大量的商品存在,才可发挥它的整合作用和集约化的处理优势。此外,这些商品的配送方式的集成化和标准化也不是一个可以简单解决的问题。

③ 混合模式。既有处于上下游位置的物流企业,也有处于平行位置的物流企业的加盟。

④ 以项目为管理的联盟模式。利用项目为中心,由各个物流企业进行合作,形成一个联盟。这种联盟方式只限于一个具体的项目,联盟成员之间合作的范围不广泛,优势不太明显。

⑤ 基于Web的动态联盟。由于市场经济条件下存在激烈的竞争,为了占据市场的主导地位,供应链应该成为一个动态的网络结构,以适应市场变化、柔性、速度、革新、知识的需要。不能适应供应链需求的企业将从中淘汰,并从外部选择优秀的企业进入供应链,从而使供应链成为一个能快速重构的动态组织,实现供应链的动态联盟。但这种联盟方式缺乏稳定性。

3. 第三方物流

第三方物流(Third-Party Logistics,3PL),是相对"第一方"发货人和"第二方"收货人而言的。它具体是指生产经营企业为集中精力搞好主业,把原来属于自己处理的物流活动,以合同方式委托给专业物流服务企业,同时通过信息系统与物流企业保持密切联系,以达到对物流全程管理控制的一种物流运作与管理方式,是由物流劳务的供方、需方之外的第三方去完成物流服务的物流运作方式。第三方就是指提供物流交易双方的部分或全部物流功能的外部服务提供者。从某种意义上可以说，它是物流专业化的一种形式。

第三方物流将物流活动交给专业的第三方机构办理，从实质上解决了如何完善物流管理的问题，在实践中具有更广泛的应用前景。其表现为：使电子商务企业能从运输、仓储等相关业务中解脱，集中精力于核心业务；有效地降低物流成本，取得参与各方整体最优效果；确保了物流服务质量的改进，具有积极的社会意义。依托第三方物流服务商，利用专业的物流设备和专业化物流管理人员的业内经验从事综合物流服务业务能够获得整体最优的交易成本，这与发展电子商务简捷、快速、低成本的初衷是一致的。第三方物流作为专业化社会分工的产物目前已发展成为社会经济结构调整中的一支重要的社会服务产业力量，应为电子商务的主导物流模式。

第三方物流是物流专业化的重要形式。物流业发展到一定阶段必然会出现第三方物流的发展，而且第三方物流的占有率与物流产业的水平之间存在非常有规律的相关关系。通过西方国家的物流业实证分析证明，独立的第三方物流要占社会的50%，物流产业才能形成。因此，第三方物流的发展程度反映和体现着一个国家物流业发展的整体水平。

根据我国电子商务发展的实际情况，我国中小型电子商务企业应积极采取代理形式的客户定制物流服务的第三方物流模式。

4. 物流一体化

20世纪80年代，西方发达国家，如美国、法国和德国等就提出了一体化的现代理论，应用其指导物流发展取得了明显的效果，使它们的生产商、提供商和销售商均获得了显著的经济效益。物流一体化，就是以物流系统为核心的由生产企业经由物流企业、销售企业，直至消费者的供应链的整体化和系统化。它是物流业发展的高级和成熟阶段。

物流一体化是物流产业化的发展形式，它必须以第三方物流充分发育和完善为基础。物流一体化的实质是一个物流管理的问题，即专业化物流管理人员和技术人员，充分利用专业化物流设备、设施，发挥专业化物流运作的管理经验，以求取得整体最优的效果。同时，物流一体化的趋势为第三方物流的发展提供了良好的发展环境和巨大的市场需求。

西方发达国家在发展第三方物流，实现物流一体化方面积累了较为丰富的经验。德国、美国、日本等先进国家认为，实现物流一体化，发展第三方物流，关键是具备一支优秀的物流管理队伍，要求管理者必须具备较高的经济学和物流学专业知识和技能，精通物流供应链中的每一门学科，整体规划水平和现代管理能力都很强。

物流一体化为第三方物流的发展提供了巨大的发展空间，物流代理模式应运而生。中国应探索适合中国国情的第三方物流运作模式，降低生产成本，提高效益，加强竞争力，积极推动以物流企业为主的第三方物流模式的发展。

我国的电子商务正在逐步成熟，目前采用的物流模式一般是自营物流、第三方物流与物流联盟的形式，电子商务企业应根据自身特点灵活采用物流自理、代理模式来构建企业的物流体系。电子商务企业应注重学习和借鉴国内外关于物流领域的最新成果，在电子商务实施过程中逐步摸索出适合本企业发展的物流模式。

知识11.5　我国电子商务物流的发展现状

物流是电子商务发展的重要要素之一。随着电子商务的进一步发展，物流对电子商务的作

用日益突出。在欧美经济发达国家,物流的发展已经经历了数十年,如在美国,其物流发展自1915年至今已有90多年的历史,在以网络通信为基础的电子商务时代,其电子商务物流也十分发达。而我国的物流起步较晚,能够支持电子商务活动的现代物流发展还存在诸多问题。

1. 发展电子商务物流的基础尚不完善,物流业相对落后

物流基础设施是在供应链的整体服务功能上和供应链的某些环节上,满足物流组织与管理需要的、具有综合或单一功能的场所或组织的统称,主要包括公路、铁路、港口、机场及网络通信基础等。改革开放以来,经过30多年的发展,我国在交通运输、仓储设施、信息通信、货物包装和搬运等物流基础设施装备方面有了一定的发展,但从总体上来说,我国的物流基础设施还比较落后,特别是在条块分割、多头管理的模式下,我国各种物流基础设施的规划和建设缺乏必要的协调性,因而物流基础设施的配套性和兼容性较差,缺乏系统功能;尤其是涉及各种运输方式之间、国家运输系统和地方运输系统之间、不同运输系统之间相互衔接的枢纽设施和有关服务设施的建设方面缺乏投入,对物流产业发展有重要影响的各种综合性货运枢纽、物流中心和基地建设发展缓慢。这些因素影响到我国物流系统的协调发展。

2. 政府及相关企业对电子商务物流的重视不够

物流配送制约电子商务发展的问题虽然很早就有专家和企业提出,但是却很少引起政府及相关企业对电子商务物流的重视。

物流业的发展涉及基础设施、物流技术设备、产业政策、投资融资、税收与运输标准等各方面,分属不同的政府职能部门管理。但各职能部门对现代物流认识不足并缺乏统一协调的战略思想。目前,商务部、交通部在资格认证方面各有多项政策法规,政府职能部门对物流企业是一种多头管理体制。一些地方政府为保护本地物流企业利益,在交通运输、税收、工商等方面设置障碍,限制非本地物流企业的经营活动,严重阻碍着电子商务物流业的快速发展。现有与物流相关的法律法规多是部门性的、区域性的,缺少全国统一性的专门法律文件。这使全国性的物流企业缺少有效的法律规范。我国的电子商务物流至今没有一个完整的技术标准,仅仅依靠部分行业标准和《物流术语》还不能适应电子商务物流发展的需要。同时,由于缺乏对物流企业的正确认识和合理界定,在工商部门的企业注册目录中至今没有物流企业的一席之地。物流企业受到的各种限制,以及专业物流组织和企业的法律地位尚未得到法律承认等,很不利于物流业的健康发展。

3. 我国电子商务物流企业物流设施设备较差,信息化水平低、标准化程度低

物流业是介于供货方和购货方之间的第三方,以服务作为第一宗旨。从当前物流的现状来看,物流企业不仅要为本地区服务,而且还要做长距离的跨区域服务。优质和系统的服务才能使物流企业与货主企业结成战略伙伴关系(或称策略联盟)。我国的物流企业数量虽具有一定的规模,但能适应现代电子商务的物流企业数量仍很少,规模也小,服务意识和服务质量不尽如人意。因此,在电子商务时代,要提供最佳的服务,物流系统必须要有良好的信息处理和传输系统。物流信息化,包括商品代码和数据库的建立及运输网络合理化、销售网络系统化和物流中心管理电子化的建设。电子数据交换技术与国际互联网的应用,使物流效率的提高更多地取决于信息管理技术水平。

目前我国物流企业各类信息技术的普及和应用程度还不高,物流信息管理尚未实现自动化,信息资源的利用尚未实现跨部门、跨行业整合,政府缺乏规划引导和扶持,诸如物流领域信息技

术应用较少,管理信息系统不健全;电子数据交换系统的应用范围有限,企业之间的物流共享机制尚未形成;网络信息技术的应用仍停留在初级水平上;利用系统集成软件技术优化物流配置的企业非常少;服务网络和信息系统不健全,大大影响了物流服务的准确性和及时性。

另外,我国物流系统功能不强,仓储功能和运输功能缺乏协调,长途运输和短途配送也缺乏有效衔接,各种运输方式之间配合不力,不同方式的物流服务很少结合,没有形成一个完整的物流系统。

我国大多数物流企业仓储普遍使用的仍然是普通平房仓库,搬运工具大量使用效能低下的搬运车、手推叉车和普通起重设备,运输工具大多使用普通车辆,各种运输方式之间装备标准不统一、物流器具标准不配套、物流包装标准和设施标准之间缺乏有效的连接,物流设施和装备标准化滞后。大多数物流企业还只是被动地按照用户的指令和要求,从事单一功能的运输、仓储和配送,很少能提供物流策划、组织及深入到企业生产领域进行供应链全过程的管理,物流增值少。

4. 电子商务物流配送成本有待降低,服务网络亟待形成与整合

借助电子商务网络,消费者可以轻松地购买到所需要的商品。但是,要将商品送到消费者手中,配送成本过高,一直是难以解决的难题。例如,小件商品一般采用邮购,大件商品通过快递送货。这两种送货方式,对于零散用户来说,由消费者承担这个费用明显过高。长时间以来,人们一直在争论网上订购一本10元的书,要付5元送货费,这5元的配送费用是不是太贵?由消费者承担是不是合理?随着网站数量的增加及在线交易额的上升,电子商务对物流配送的需求也相应越来越大。电子商务的发展在很大程度上取决于物流企业如何在保持高质量服务与灵活性的同时,控制和降低物流的成本。

我们也看到,一方面车辆空驶、仓库闲置,同时又有很多企业在寻找车辆和仓库。这说明社会上的货运、仓储资源并不短缺,缺的是寻找资源、整合资源。因此,众多分散的电子商务物流企业结成联盟,形成服务网络,才是降低电子商务物流配送成本的最佳途径。

5. 物流管理人才短缺,是阻碍电子商务物流发展的一大障碍

物流和配送领域的人才短缺已成为我国物流和配送业发展的巨大障碍,尤其是通晓现代经济贸易、现代物流运作、运输与物流理论和技能、英语、国际贸易运输及物流管理的复合型人才。物流企业的物流专业人才缺乏是造成物流企业服务水平不高的重要原因。目前,国内的物流高级人才主要是从海外留学回国的人员。据权威机构调查,国内今后几年物流专业人才的需求量为800余万,而高级物流管理人才年需求为50万人。

人才的短缺主要是相应的培养体系不够成熟和不够健全。在2015年高等院校招生目录中,在教育部备案设立物流专业和课程的高等院校仅有30几所而已,不到全部高等院校的2%,研究生层次的教育刚刚开始起步,博士生方面的教育尚待发展,职业教育更加贫乏。目前的物流人才主要是通过委托培训方式培训员工,大多由仓管人员、运输管理人员转型而来,人才层次较低。

知识11.6 我国电子商务物流的发展对策

随着全球经济一体化发展趋势的加快,电子商务物流将成为我国经济21世纪发展的重要产业和新的经济增长点。虽然我国电子商务物流发展正处于起步阶段,与先进国家相比尚有很大差距,但市场潜力和发展前景十分广阔。加快我国电子商务物流发展,对于优化资源配置,调整

经济结构,改善投资环境,增强综合国力和企业竞争能力,提高经济运行质量与效益,实现可持续发展战略,推进我国经济体制与经济增长方式的根本性转变,具有非常重要而深远的意义。

1. 重视并加强电子商务物流基础设施的规划和建设,完善物流信息网络,重视物流技术的开发与利用

电子商务物流基础设施的状况直接决定物流的质量、效率和效益。我国的物流基础设施近年来虽有较大改善,但仍不能适应电子商务物流发展的需要,要继续加强物流基础设施的规划与建设,尽快形成配套的综合运输网络、完善的仓储配送设施、先进的信息网络平台等,为电子商务物流发展提供重要的物质基础条件。

加强物流基础设施建设,首先要重视对中心城市、交通枢纽、物资集散地和口岸地区大型物流基础设施的建设和统筹规划,充分考虑物资集散通道、各种运输方式衔接及物流功能设施的综合配套,兼顾近期运作和长远发展的需要,注重硬件建设与软件管理相结合。物流设施很多是属于公益性的,加快公路、港口、铁路、航空等运输基础设施网络的建立,以及与多种运输方式相互衔接的物流中心的规划和建设,不仅要靠企业投资,而且还要靠政府、社会投资。因此,物流基础设施的建设要充分发挥市场机制的作用,在全面规划和充分论证的基础上,鼓励国内不同所有制投资者和外商投资企业参与物流基地(物流中心)的建设,政府部门对公益性物流基础设施的建设,应在土地、资金、税收等方面提供优惠政策。同时,物流基地(物流中心)的建设一定要遵循市场经济规则,防止出现贪大求洋和盲目重复建设。

其次,完善物流信息网络,重视物流技术的开发与利用。电子商务时代,物流信息化是电子商务的必然要求。物流信息化表现为物流信息的商品化、物流信息收集的数据库化和代码化、物流信息处理的电子化和计算机化、物流信息传递的标准化和实时化,以及物流信息存储的数字化等。因此,必须重视条形码技术、数据库技术、电子订货系统(Electronic Ordering System,EOS)、电子数据交换(Electronic Data Interchange,EDI)、快速反应(Quick Response,QR)、有效客户反馈(Effective Customer Response,ECR)和企业资源计划(Enterprise Resource Planning,ERP)等先进技术的应用。

再次,提高电子商务物流的自动化和智能化水平。物流自动化的核心是机电一体化,其外在表现是无人化,最终效果是省力化,扩大物流作业能力,提高劳动生产率,以及减少物流作业的差错。物流自动化的设施非常多,如条形码、语音、射频自动识别系统,自动分拣系统,自动存取系统,自动导向车及货物自动跟踪系统等。这些设施在发达国家已普遍用于物流作业流程中,我国由于物流业起步晚,发展水平低,因此,要加快自动化技术的普及步伐,实现物流现代化。另外,在物流自动化的进程中,物流智能化是不可回避的技术难题,如库存水平的确定、运输(搬运)路径的选择、自动导向车的运行轨迹和作业控制、自动分拣机的运行、物流配送中心经营管理的决策支持等。可以说,物流的智能化必将成为电子商务物流发展的一个新趋势。

第四,物流企业要采用信息网络等技术手段,加快科技创新和标准化建设。工商企业要积极围绕主业发展电子商务,为企业组织物流或依托物流企业组织物流创造信息平台条件。专业化物流及相关交通运输、仓储等企业要积极开发和研制物流服务信息系统及信息传递与交换系统,为物流的合理高效组织及提高企业自身的经营管理效率与水平创造更广阔的空间。积极发展适宜物流组织和经营的运输、仓储、搬运装卸、包装、信息管理、信息识别等组织管理技术与装备,使现代物流的高质量、高效率、低成本运作与经营拥有可靠的组织及装备保障。重视物流的标准化工作,抓紧编造适合我国特点并能与国际接轨的物流技术国家标准,以提高物流运作效率和设备利用水平。

2. 提高认识,明确发展电子商务物流的重要性,加快完善物流法律法规,积极发挥政府对物流发展的促进作用

基于我国电子商务物流发展刚刚起步,政策的导向应立足于加快发展,谨防政出多门,草率定规,出现新的政策性、体制性障碍。各地政府部门要按照电子商务物流发展的特点和规律,抓紧研究制定促进现代物流发展的政策措施,引导物流基础设施建设与国家和区域物流发展规划相衔接,统一规划好物流基础设施和公共信息平台的建设。重点是规划好大型物流园区、大型物流中心和公共物流信息网络平台建设,打破地区封锁和行业垄断经营行为,加强对不正当行政干预和不规范经营行为的制约,创造公平、公正、公开的市场环境,使各类物流企业能够平等地进入市场。政府有关部门要转变职能,强化服务意识,简化相关程序和手续,在制度上要打破地区分割和行业封锁,为跨行业、地区、部门的物流企业参与物流基础设施建设创造良好的体制环境和条件,积极帮助解决物流企业在跨地区经营中遇到的工商登记、办理证照、统一纳税、城市配送交通管制、进出口货物查验通关等方面的实际困难,加快引入竞争机制,在竞争中优胜劣汰,逐步建立起与国际接轨的物流服务及管理体系。另外,政府还要大力支持物流企业通过各种渠道筹措资金,同时鼓励物流企业通过多元化的方式投资各种物流基础设施建设,并给予物流基础设施的投资和建设项目以土地、贷款和税收等方面的相关优惠政策。

工商企业要转变传统观念,树立电子商务物流意识,充分认识优化物流供应链管理是降低生产总成本,提高产品附加值,增强企业竞争力,获取新的利润源的重要手段。鼓励工商企业积极创造条件,逐步将原材料采购、运输、仓储和产成品加工、整理、配送等物流服务业务有效分离出来,按照现代物流管理模式进行调整和重组,以培育和发展物流市场。

3. 加快电子商务物流业人才的培养与开发、物流理论研究

物流人才的短缺,已成为制约我国物流业发展的巨大障碍,当务之急就是加快我国物流人才培养的步伐。

第一,政府部门、工商企业和物流企业要加强与科研院校、咨询机构、社团组织的联系,采取多种形式,积极合作,实现物流企业的产学研一条龙发展,解决物流企业人才缺乏、管理水平较低的现实问题。

第二,要加快我国高校的物流教育工程。政府主管教育的部门,应当积极鼓励各高校结合本身的特点探索物流专业的课程设置和学生的培养问题,以各种形式推动我国的物流学历教育,扩大物流管理专业的教育规模。有条件的学校应当走出去、引进来,加强与外国物流管理机构的交往,积极引进物流高级人才,以缓解我国在这方面的人员欠缺。

第三,积极开展各种形式的职业教育。就像其他行业一样,要大力开展各种形式的职业教育,开办物流职业技术学校或培训班。

第四,大力引进国际先进的物流培训体系,在物流产业中推行物流从业人员的资格管理制度。物流相关的部门应当积极地引进国际权威认证机构的培训项目,从更加广阔的角度来加快物流人才的教育与培训。目前,国际上有影响的物流认证体系有两部分:欧洲和美国物流体系。为了充分适应中国物流业发展的需要,对该体系的培训内容中与中国国情不符合的方面作适当的修改,并结合中国企业的实际运作情况和环境差异,在培训和考试中引入一些典型的中国企业案例,力争最大限度地贴近中国,这也是国内企业解决物流人才需求的一种快捷的方法。

4. 积极寻求连锁经营与电子商务的结合,编织电子商务物流网络

电子商务在发展的过程中,碰到最大的也最耗费时间去解决的障碍是物流。为此,商家费尽

心思,有的用 EMS,有的自己做,有的尝试与国内并不发达的第三方物流企业合作,尽管不尽如人意,但都是在为虚拟的 B2B、B2C 寻找一个实实在在的实体支持系统。如今,人们找到了第四条路——连锁经营,作为解决电子商务物流配送问题的方案。

连锁经营在我国的发展虽然才刚刚十几年,但其快速发展的势头已超过了传统百货业。地域分布广阔的连锁店为网上虚拟商城提供了实际意义的配送支持,使网上购物空间无限成为现实。降低配送成本,形成低价格商品销售,使网上购物有竞争力与传统零售抢夺市场份额。连锁经营与电子商务虽然属于两个不同的领域,但是两者的结合却散发着无穷的魅力。

5. 加快对外开放步伐,积极引进外资与先进技术,推进物流业的电子商务化进程

物流业电子商务化是指:利用 Internet 等现代信息传递技术和处理工具,以物流过程的信息流为起点,进行低成本网络营销,同时大规模集成信息跟踪服务,从而在大幅度降低服务成本的同时,又提供了前所未有的信息跟踪和反馈服务,使物流业做到真正意义上的即时化。物流业作为传统商务领域中的一个行业,是整个电子商务实施的重要组成部分,其自身的运作过程中又有许多方面可以利用电子商务来解决传统物流业存在的诸多问题。

电子商务技术在现代物流管理中的应用可以有很多方面,如跨区域的物资仓储管理、客户服务管理、与委托方企业和内部其他生产计划部门的协调、结算等。此外,可以将电子商务技术融合于企业资源计划系统(ERP)或供应链管理系统,也可以为物流企业在诸如财务、分销资源计划与调配等方面提供帮助。电子商务技术的进一步应用不仅是实现对现代物流管理的辅佐和完善,还可以给物流业务领域开拓出新的经营思路和商机。

现代物流业是一个开放性、国际化的产业。认真学习发达国家在物流理论研究和市场实践方面的先进经验,消化吸收,结合实际,开拓创新,这是加快我国现代物流发展的有效途径。政府部门要进一步加快物流领域对外开放步伐,大力提倡国内外物流企业携手合作,优势互补。积极利用国外的资金、设备、技术和智力,学习借鉴国际现代物流企业先进的经营理念和管理模式,加快建立符合国际规则的物流服务体系和企业运行机制。积极支持国外物流企业进入中国市场,同时鼓励中国物流企业走向国际市场,加速实现国内外物流市场服务一体化。

项目实施

项目任务

根据项目内容,通过电子商务网站中具体的物流配送业务流程,熟悉电子商务与物流的关系及物流的业务流程,掌握各种物流模式的实际应用。它主要有以下几个任务。

1. B2B 电子商务交易中商品的配送。
2. 了解物流模式的实际应用。

项目要求

1. 理解电子商务下物流的特点和作用,熟练掌握交易中商品配送的业务流程。
2. 掌握各种物流模式的优劣及各自的适合条件,了解各种物流模式的使用概况。

实施步骤

1. B2B 电子商务交易中商品的配送

在 B2B 电子商务交易中,配送工作一般由配送中心来进行,此时需要供应商给配送中心发一个送货通知,由配送中心负责配送货物。

1) 供货方给配送中心发送货通知。进入"供应商管理"→订单管理(见图 11.2)→给配送中心发送货通知,如图 11.3 所示。

图 11.2 订单管理

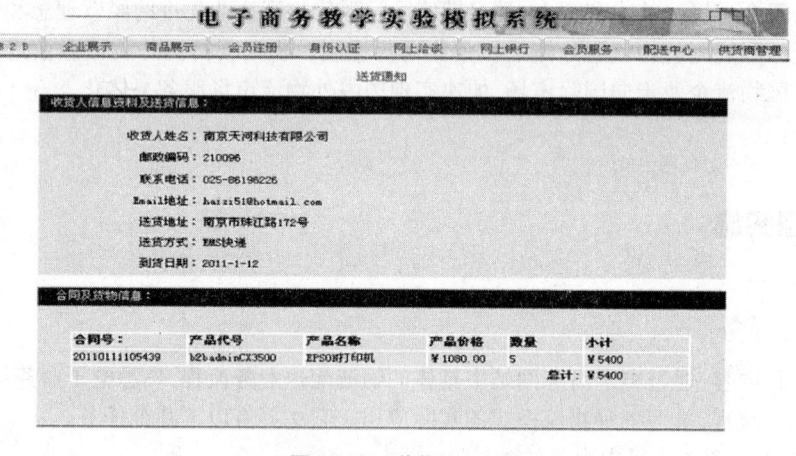

图 11.3 送货通知

2) 配送中心(企业物流功能)接受送货通知并进行配送。单击"配送中心",配送管理员登录,如图 11.4 所示。

3) 登录后单击"出库管理"→确定合同号→产生货物跟踪号,如图 11.5、图 11.6 所示。

4) 进入"货单管理"→拣货(这时如库存商品不够订单数目,则需进入"入库管理"来补充库存)→领取出库单→分类包装→填写装箱单→印制发运标签→领标签单→装运→配送成功后确认,如图 11.7 至图 11.15 所示。

项目 11　电子商务物流

图 11.4　配送管理员登录

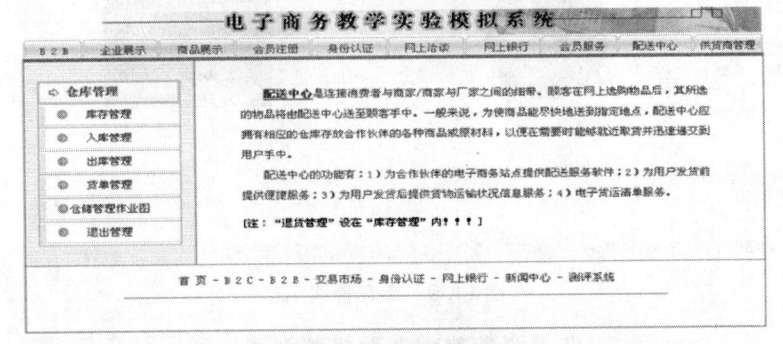

图 11.5　配送中心

图 11.6　产生货物跟踪号

图 11.7　出库单

图 11.8　入库管理

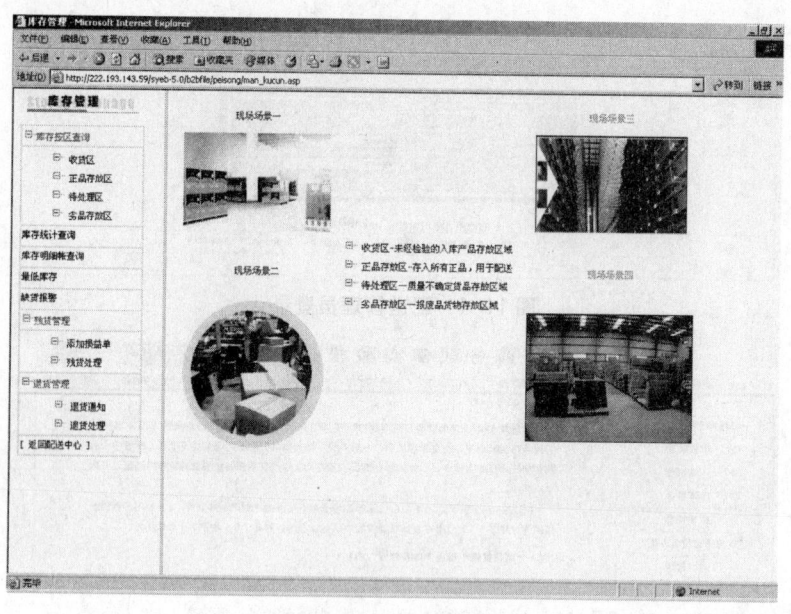

图 11.9　库存管理

图 11.10　拣货出库

图 11.11　分类包装

图 11.12　装箱单

图 11.13 货物标签

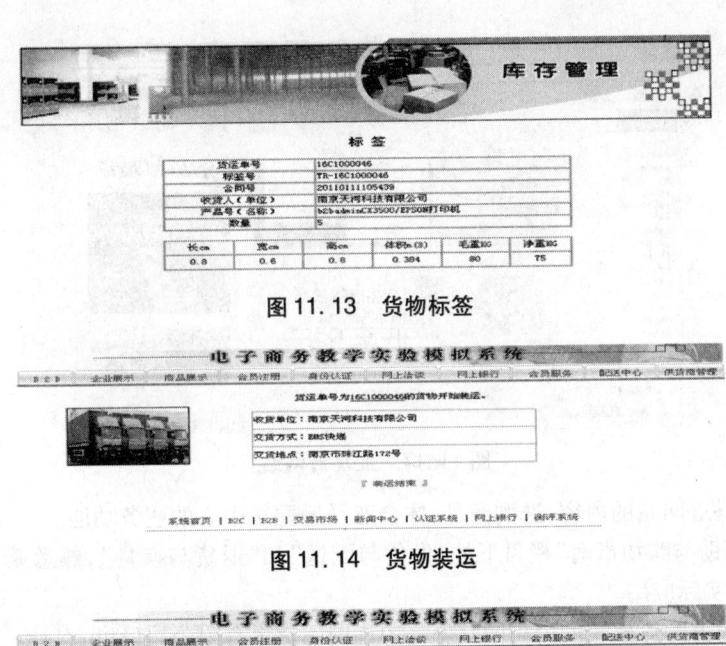

图 11.14 货物装运

图 11.15 送货确认单

通过这部分操作,学生可掌握进货、合同订单、库存发货、出库手续的流程和操作要点,了解企业物流的简单运作。

5)配送中心送货完成通知供货方,供货方接受。进入"供应商管理"→订单管理→修改订单为已发货→确认,如图 11.16 所示。

图 11.16 修改订单状态

6)购货方接受货物。进入"会员服务"→订单管理→确认货已收到。

2. 了解物流模式的实际应用

1)登录企业自营物流模式的公司亚马逊网站(http://www.amazon.cn),如图 11.17 所示。

图 11.17　亚马逊网站

2）浏览亚马逊网站的内容，选购商品，体会亚马逊配送中心的业务功能。

3）进入"帮助与购物指南"栏目下的"发货与配送"和"退货与换货"，熟悉亚马逊配送中心自营物流模式的实际应用。

4）登录第三方物流模式的公司网站——中远国际货运有限公司（http://www.cosfre.com）。

5）熟悉中远国际货运物流各项业务的功能和应用，如图 11.18 所示。

图 11.18　中国国际货运有限公司

6）登录物流企业联盟的公司网站——青岛物流网（http://www.qd56.cn），如图 11.19 所示。

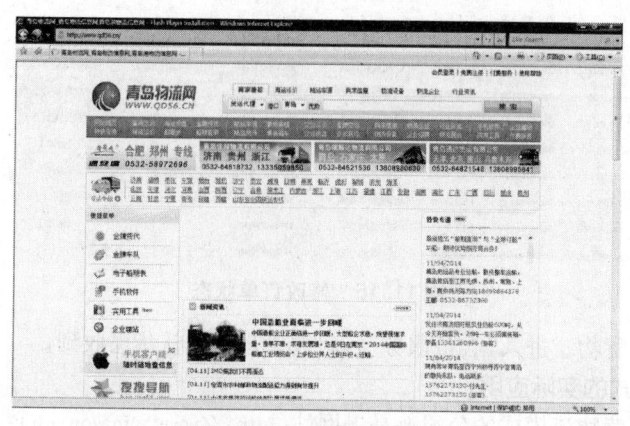

图 11.19　青岛物流网

7) 浏览网站中公告、货盘、运价、船盘、船期、货源、车源、空运、供求、陆运、销售等栏目的相关内容,了解物流企业联盟的应用。

8) 登录第四方物流模式网站——锦程物流网(http://www.jctrans.com),如图11.20所示。

图11.20 锦程物流网

9) 浏览物流采购、在线揽货、黄页、物流产品、资讯、贸易、物流服务、船期等栏目的内容,熟悉锦程物流网的功能和业务。

10) 分析第四方物流模式的功能、实际应用及其优势。

案例分析

电子商务卖家跨国物流解决方案

给你的"中国制造"产品找个国际仓库,是不是一个很棒的想法?不要以为这是个费钱的活,这是为电子商务卖家提供的跨国物流解决方案里的一个环节而已。如果操作得当,运输不仅能省下20%左右的费用,还能提升在国外的销售额。

国内的一家物流公司正在实践这样一种新商业模式。这家注册地在香港的公司BFE International Limited(出口易),创始人肖友泉曾是eBay.com上的卖家,同朋友创办了一套在国外租仓库,实现当地配送的销售模式。这种商业模式的实践,建立在网购用户对送货时间和物流费用的敏感度上。"如果你身处广州,购买同样的产品你会选择长沙还是当地的卖家?"肖友泉说,"无疑是广州,因为从价格和效率来说都是最经济的选择。"

这个逻辑也适用于eBay上的买家。如果要购买一款中国制造的MP3,但却要从深圳发货,买家也许会有所顾虑。最糟糕的是,如果在物流环节拖延太长,还有可能出现"卖家详尽评级(DSR)"较低的结果,从而影响销售额。

2008年,在eBay的建议下,肖友泉把这套跨国物流解决方案同样提供给了国内的卖家,把国外租用的仓库开放给国内客户,并从配送到仓储提供全套服务,而国内卖家也能通过出口易的系统实时监控库存情况。

广州的一家电子公司负责人黄先生表示,之前通过EMS或香港物流公司发货,要10到15天才能到英国。"我们公司绝大部分的产品都在eBay上销售,国内生产手机的配件和笔记本电脑的配件在英国比较畅销。但由于送货时间过长和偶尔出现货物丢失的情况,使得网上店铺的信用有所降低。"这家公司在今年3月同出口易合作后,当地配送时间缩短到一两天,库存周转在两周左右。

"但是,不是所有的产品都适合运到国外的仓库。我们会严格审核产品的类型和数量,它们的库存周转率一般在7天左右。"肖友泉也提示风险,并表示会根据数据的分析统计来决定是否提供服务。毕竟就这种商业模式而言,只有在合理的仓储成本控制下,产品的销售才能达到最优。

根据这家公司的计算,货物一般要在7～10天内出库,才能达到效益最大化。肖友泉表示,从中国到英国的发货周期在5天左右。如果按每天销售10件来计算,国内卖家每周应该备有70件的库存。"但我们也会根据商品销售的动态信息调整库存量",如每日的发货量增加到20件,出口易就会提示客户一周的库存要增加到140件左右。

据了解,如果卖家的网上店铺显示的是当地发货,关注度也会发生改变。从出口易服务的案例来看,一款同样的充电器,显示在当地发货和在中国发货的eBay店铺,前者日浏览量是177次,而后者则为60次,实现的日销售额也分别为3 447元和684元。

不过,要实现在当地发货,租个仓库有多贵?根据出口易方面的统计,重量在500克左右的手机,如果通过EMS来发货,总运费在110元左右,航空小包裹的总运费在68元左右;如果是当地物流配送,成本包括国际的运输成本加上仓储成本和当地运费,总费用是54.5元人民币。根据仓储成本的计算,单件产品所要支付的金额少至0.05元/天,多至0.2元/天,所以,如果产品销售不力,自然会造成仓储成本的增加。

据了解,尼尔森公司曾于2008年9月对eBay美国买家做过一个数据调查,发现美国买家最喜欢购买中国卖家的商品。成交量最高的中国卖家,平均每天产生150万美元的销售额,年销售额高达5.48亿美元,折合人民币37亿元左右。

根据出口易的分析,eBay上的中国卖家,每天大约产生12.5万件商品的成交。"金融危机其实是一种机会,有更多的人愿意购买Made in China的产品,因为价格优势非常明显。"在肖友泉看来,这种为物流"省钱"的生意模式,可以先从eBay上逐步扩大业务,再与更多的电子商务平台合作,把国内的产品销往更多的国家。

eBay披露的数据是,在中国已有上万名卖家通过在eBay上开网店,将自己的产品销往美国、加拿大、欧洲及澳大利亚等38个国家和地区,每天都有超过百万计的中国产品在销售。这些无疑是出口易的潜在客户。

出口易目前已达到日均1 400单的业务量。对于这种模式的可复制性,肖友泉认为门槛并不低。因为较早的起步已让公司拿到eBay独家推荐的资格,"要把各个环节都理顺吃透,是一个时间积累的过程,并不容易。"

而在为中国卖家提供仓储物流服务后,肖友泉还在思考这种模式拓展的外延。"可能3年后我们会返回国内市场吧,那时物流通道应该完全顺畅了,我们也可以借助这个平台,把国外优势产品引入进来。"肖友泉觉得这些应该是水到渠成的事情,但现在最紧迫的目标,是要在更多的国家的中心城市租用仓库,把出口易的业务辐射更广。

案例思考:

1. 从本案例中,广州的一家电子公司如何解决跨国电子商务交易中网上用户关注的送货时间和物流费用的问题?

2. 本案例中,国内的一家物流公司(出口易)在国外租仓库提供给网上用户的当地配送的销售模式与传统的通过EMS或香港物流公司发货,在哪些方面具有优势?

课后习题

一、选择题

1. （　　）不属于基本物流服务的内容。
   A. 运输功能　　　　　　　　　B. 库存功能
   C. 满足特殊顾客的订货功能　　D. 包装功能

2. 物流是指（　　）。
   A. 物质价值从需求者向供应者的物理移动
   B. 物质价值从供应者向需求者的物理移动
   C. 物质实体从需求者向供应者的物理移动
   D. 物质实体从供应者向需求者的物理移动

3. 如果想邮寄字画给客户，最合适的包装材料是（　　）。
   A. 纸箱　　　B. 平邮大信封　　C. PVC 管　　D. 牛皮纸

4. 企业确定物流服务水平，正确的选择是（　　）。
   A. 在成本与服务之间选择最高水平服务
   B. 在成本与服务之间选择最低成本
   C. 在成本与销售额之间选择最大利润
   D. 在成本与销售额之间选择最低成本

5. 第三方物流的特点有（　　）。
   A. 信息化　　　B. 合同化　　　C. 个性化　　　D. 联盟化

6. 电子商务的物流外包是指（　　）。
   A. 委托专业物流企业提供物流服务
   B. 与普通商务共用物流系统
   C. 第三方物流企业开展电子商务
   D. 电子商务企业经营物流业务

7. 物流管理的目标是（　　）。
   A. 提供最高水平的服务
   B. 追求最低的物流成本
   C. 以最低的成本实现最高水平的服务
   D. 以尽可能低的成本达到既定的服务水平

8. 企业销售物流研究的内容包括（　　）。
   A. 产品的送货方式　　　　　B. 产品的包装方式
   C. 运输的最佳路线　　　　　D. 产品的生产工艺

9. 物流系统化的目标是（　　）。
   A. 服务目标最优　　　　　　B. 成本目标最优
   C. 内部要素目标最优　　　　D. 系统整体最优

10. 电子商务下供应链管理的典型模式有（　　）。
    A. 快速反应　　　　　　　　B. 有效客户反应
    C. 电子订货系统　　　　　　D. 企业资源计划

二、简答题

1. 简述物流的定义和物流的功能要素。
2. 简述电子商务对物流有哪些影响。
3. 什么是物流管理？物流管理包含哪些内容？
4. 简述电子商务下物流业的发展趋势。
5. 简述电子商务下的物流模式。

项目 12 电子商务法规

本项目阐述电子商务的相关法律及职业道德,包括国内外的商务立法内容及特点、网上合同的内容、电子商务纠纷的问题、电子商务师的职业道德。

项目内容

对电子商务方面的相关法律法规及道德规范进行了解;熟悉网上合同的基本内容;掌握解决电子商务纠纷的相关问题的知识;牢记电子商务的职业道德。

知识要求

了解电子商务带来的法律问题及法律关系;掌握电子商务的立法范围及相关的法律法规;掌握电子商务师的职业道德规范和修养。

相关知识

知识 12.1 电子商务法概述

1. 电子商务法概念

电子商务法是指以电子商务活动中所产生的各种社会关系为调整对象的法律规范的总和。这是一个新兴的综合法律领域。

调整对象是立法的核心问题,它揭示了立法调整的因特定主体所产生的特定社会关系,也是一个法律区别于另一法律的基本标准。电子商务法的基本含义中,已经涉及了电子商务法的调整对象问题。电子商务法的调整对象应当是电子商务交易活动中发生的各种社会关系,而这类社会关系是在广泛采用新型信息技术并将这些技术应用到商业领域后才形成的特殊的社会关系,它交叉存在于虚拟社会和实体社会之间,有别于实体社会中的各种社会关系,且完全独立于现行法律的调整范围。

2. 电子商务法对法律的依赖

与传统的面对面的交易相比,电子商务的虚拟性、国际性等特点表现出对法律更大的依赖,这主要表现在以下一些方面。

① 电子商务常常是远程异地网上交易,代替了面对面、一手交钱一手交货的传统交易模式,对交易过程的安全和诚信提出了新的要求。

② 电子支付和认证信息取代传统的纸质现金和凭证,对信息安全技术、加密技术的要求和

交易各方身份的认证技术提出更高要求。

③ 电子商务是通过 Internet、网站服务器等组成的虚拟环境实现的，交易过程超越企业、地区甚至国家的范围，因此对征税等问题需要新的规则和新的技术支持。

④ 电子商务规则的制定不能单靠一个企业、行业，甚至一个国家，需要全国乃至全世界各国的探讨和协调。

⑤ 电子商务技术的推陈出新，会不断引发新的问题，所以会对法律提出新的挑战。

3. 电子商务法律的基本问题

电子商务引发的新的法律问题很多，而且随着交易手段和技术的发展，新的法律问题还会不断出现。下面列举一些比较突出的问题。

(1) 电子合同的有效性问题

电子信息与纸质合同相比，存在容易被修改、删除、复制和丢失的一些缺点。同时，电子合同不能脱离特定的计算机等信息化工具存在并被交易双方感知。这就是如何保证电子合同的有效性的问题。

(2) 电子商务平台故障时的法律效力问题

企业开展电子商务往往利用网站作为平台，完全依赖于网络和计算机的可靠性。Internet 是一个开放式的网络，任何人都可以进入网站。计算机硬件、软件的错误或黑客的攻击都可能导致计算机的出错，这就需要明确交易安全的责任和信息表达的正确性的法律效力问题。

(3) 消费者权益的保护问题

由于网上购物是在虚拟的网络环境中完成的，购物者不仅看不到商家，也看不见、摸不着货物本身，这时如何保证消费者能在网站承诺的时间内得到质量合格的商品，就需要有法律的保障。

(4) 隐私权问题

在网上购物时，商家往往要求顾客必须首先注册，填写大量个人信息，包括姓名、住址、电话、电子邮箱、年龄、性别及受教育程度等，在网上付款时还要输入个人银行卡账号等信息。顾客无法知晓是否有人正在世界的某个角落准备窃取自己的隐私，这就需要靠法律来规范网络公司的行为，保护购物者的隐私不受侵犯。

(5) 知识产权的保护问题

电子商务以电子信息取代传统商务中信息的传递方式，给用户带来极大的方便，但由于电子信息的易传播和复制性，使得在网上知识产权的保护遇到了新的挑战。这里不仅包括传统知识形态的产权保护问题，还包括很多网上新的知识形态的产权保护。例如，域名、网页、数据、网络营销的工具和策略及数字化的商品和服务等。

(6) 电子商务的税收问题

一些国家为了促进电子商务的发展，在开始时对网上交易实行免税。但电子商务作为一种商业活动，理应向国家纳税，然而由于电子商务本身的虚拟性和国际性，实现网上交易纳税并不是一件容易的事。这里不仅涉及如何监管网上交易的数量、收入等难以实现的问题，而且界定交易地点、税收管辖等问题也绝非易事。

知识 12.2 国际电子商务立法的特点

1. 电子商务的国际立法先于各国国内法律制定

以往的国际经济贸易立法通常是先由各国制定国内法律,然后由一些国家或国际组织针对各国国内法的差异和冲突进行协调,从而形成统一的国际经贸法律。20世纪90年代以来,由于信息技术发展的跨越性和电子商务发展的迅猛性,在短短的几年时间里,即已形成电子商务在全球普及的特点,因而使各国未能来得及制定系统的电子商务国内法规。同时,由于电子商务的全球性、无边界的特点,任何国家单独制定的国内法规都难以适用于跨国界的电子交易,因而电子商务的立法一开始便是通过制定国际法规而推广到各国的。例如,联合国国际贸易法委员会1996年制定的《电子商务示范法》。

2. 电子商务国际立法具有边制定边完善的特点

由于电子商务发展迅猛,且目前仍在高速发展过程中,电子商务遇到的法律问题还将在网络交易发展过程中不断出现,因而目前要使国际电子商务法律体系一气呵成是不可能的,只能就目前已成熟或已达成共识的法律问题制定相应的法规,并在电子商务发展过程中不断加以完善和修改。

3. 电子商务的贸易自由化程度较高

由于电子商务具有全球性的特点,如施加不当限制,将会阻碍其发展速度,因而要求电子商务实施高度贸易自由化。电子商务贸易自由化程度将高于其他贸易方式。

4. 电子商务国际立法重点在于使过去制定的法律具有适用性

电子商务的发展带来了许多新的法律问题,但电子商务本身并非同过去的交易方式相对立,而只是国际经贸往来新的延伸,因此,电子商务国际立法的重点在于对过去制定的国际经贸法规加以补充、修改,使之适用于新的贸易方式。

5. 发达国家在电子商务国际立法中居主导地位

由于发达国家具有资金、人才、技术优势,因而其电子商务程度远远高于发展中国家。发展中国家电子商务尚处于起步阶段甚至尚未开展,因而在电子商务立法方面发达国家,尤其是美国处于主导地位。

6. 工商垄断企业在电子商务技术标准和制定上起了主要作用

由于Internet技术日新月异,政府立法步伐难免滞后于技术进步,可能妨碍技术更新,因此,美国等发达国家政府主张,电子商务涉及的技术标准由市场而不是政府来制定。由于IBM、HP等大企业具有资金、技术优势,因而目前电子商务涉及的技术标准实质上是由发达国家垄断企业制定的。

知识12.3　国际电子商务立法的主要内容

1. 市场准入

市场准入是电子商务跨国界发展的必要条件。世贸组织通过的有关电信及信息技术的各项协议均贯穿着贸易自由化的要求。

2. 税收

由于电子商务交易方式的特点,给税收管辖权的确定带来困难,因而引发改革传统税收法律制度、维护国家财政税收利益的课题。1997年的美国《全球电子商纲要》主张对网上交易免征一切关税和新税种,即建立一个网上自由贸易区。但欧盟执委会于2010年2月宣布将采取对网络数字商品课征加值税(Value Added Tax,VAT是营业税的一种)的方针,并于3月重申其对欧盟境外商品借由数字传输贩售予以课税的政策,并着手研拟征税方法与技术细节。欧盟执委会宣布拟就网络数字商品的交易(如下载软件、档案、音乐、影片等)课征营业税。对于各国束手无策的电子交易课税问题,经济合作与发展组织在2000年12月22日公布了一项电子商务永久设立定义的适用解释。这项解释的内容所造成的影响是,未来通过网页进行的电子商务,由该公司实际网站永久设立地所在国课税。

3. 电子商务合同的成立

电子商务的实现方式是由买卖双方通过电子资料传递实现的,其合同的订立与传统商务合同的订立有许多不同之处,因而需要对电子商务合同的成立作出相应的法律调整。《电子商务示范法》承认自动订立的合同中要约和承诺的效力,肯定资料电文的可接受性和证据力,对资料电文的发生和收到的时间及资料电文的收发地点等一系列问题均作了示范规定,为电子商务的正常进行提供了法律依据。

4. 安全与保密

在电子数据传输的过程中,安全和保密是电子商务发展的一项基本要求。目前,一些国际组织已先后制定了一些规则,以保障网络传输的安全可靠性。

5. 知识产权

全球电子商务的迅速普及,使现行知识产权保护制度面临新的更加复杂的挑战,对版权、专利、商标、域名等知识产权的保护成为国际贸易和知识产权法的突出问题。在新一轮世界贸易组织谈判中,网络贸易中的知识产权保护也将成为电子商务谈判的一个重要内容,从而构成新的全球电子商务协议的组成部分。

6. 隐私权保护

满足消费者的保护个人资料和隐私方面的愿望是构建全球电子商务框架必须考虑的问题。

7. 电子支付

利用电子商务进行交易必然会涉及支付,电子支付是目前电子商务发展的一个重点。电子

支付的产生使货币有形流动转变为无形的信用信息的网上流动,因而将对国际商务活动与银行业产生深远的影响。

知识12.4 联合国国际贸易法委员会的《电子商务示范法》

联合国国际贸易法委员会(United Nations Commission on International Tra de Law,UNCITRAL)简称贸法会,是国际上的权威机构。

1996年12月,联合国大会以51/62号决议通过了《电子商务示范法》(简称《示范法》),是迄今为止世界上第1部关于电子商务的法律。它的出台,使电子商务的主要法律问题有了可靠依据。

《示范法》分两个部分,共17条。第1部分涉及电子商务总的方面;第二部分涉及特殊领域的电子商务,其中只有一章(2条)涉及货物运输中使用的电子商务(不是重点内容)。《示范法》是"对数据电文适用的法律要求",包括对数据电文的法律承认、书面形式、签字、原件、数据电文的可接受性和证据力、数据电文的留存、合同的订立和有效性、当事各方对数据电文的承认、数据电文的归属、确认收讫、发出和收到数据电文的时间和地点等作了详细规定。

1998年以来,联合国国际贸易法委员会还开始了重点在于数字签名和认证许可的模型法律的制定工作。强劲的电子商务全球化趋势要求无论某个国家采纳何种体制或法律原则,必须拥有使文件和交易得到国际认可的机制,必须拥有使文件和交易得到国际认可的机制。在电子商务环境中,要求对有关公司、客户和合同的某些信息进行核查,这对于在电子交易中建立信任是必不可少的,尤其是初次交易时更是如此。到目前为止,数字签名技术的使用和有关法律的应用一直是电子市场中关于身份验证和交易认证的中心问题。许多国家(包括美国的许多州)已经通过数字签名和身份认证的法律。

知识12.5 我国关于电子商务的法律问题

我国自1991年以来,先后颁布并实施了《中华人民共和国著作权法》和《著作权法实施条例》《计算机软件保护条例》和《计算机软件著作权登记办法》《实施国际著作权公约的规定》和《全国人大常委会关于惩治著作权的犯罪的决定》《国际联网管理暂行规定》等法律、法规,初步形成了全方位的保护计算机软件著作权的法律体系。

我国现行的涉及交易安全的法律法规主要有以下4类:

① 综合性法律。这主要是指民法通则和刑法中有关保护交易安全的条文。

② 规范交易主体的有关法律。例如,公司法、国有企业法、集体企业法、合伙企业法、私营企业法、外资企业法等。

③ 规范交易行为的有关法律。这包括经济合同法、产品质量法、财产保险法、价格法、消费者权益保护法、广告法、反不正当竞争法等。

④ 监督交易行为的有关法律。例如,会计法、审计法、票据法、银行法等。

我国法律对交易安全的研究起步较晚,且长期以来注重对财产静态权属关系的确认和安全保护,没有反映现代市场经济交易频繁、活泼、迅速的特点。虽然上述法律制度体现了部分交易安全的思想,但大都没有明确的交易安全的规定,在司法实践中也没有按照这些制度执行。例如,《民法通则》第六十六条规定"本人知道他人以本人的名义实施民事行为而不作否认表示则视为同意",体现了交易安全中表见代理的思想,但却没有形成一套清晰的表见代理制度。在立法和司法解释上,远离交易安全精神的规范大量存在。

知识 12.6　电子商务中的知识产权保护

1. 电子商务知识产权概述

网络的重要用途之一是资源共享。在此情况下,知识产权面临着一系列问题,如网上发表文章是否有著作权、随意下载网上信息后自行出版图书是否算侵犯知识产权等。

网上交易通常包括销售知识产权的授权产品。为促进电子商务,卖方须确知产权未被盗用,买方须确知买的商品为非盗用、非仿冒产品。为此,国际间必须建立保护知识产权的协议,包括保护版权、专利及商标等,各国应立法以遏制产品的仿冒和知识产权的盗用。

2. 电子商务知识产权问题的特点

① 易复制性。由于数字化后的作品具有"可复制性"和"独创性"等特征,因而已有作品数字化应属于著作权人的一项专有权利,应该受到著作权法的保护。将作品数字化本身就是一种"复制"行为,应受"复制权"的制约,因此在著作权法修正案中关于"复制权"的条款中,应将"复制权"扩展为以印刷、复制、临摹、拓印、录音、录像、翻录及翻拍转换等数字化或非数字化方式将作品制作一份或者多份的权利。

② 易传播性。作品的网络传播,既不完全是作品的发行,也不完全是作品的播放,它是一种全新的作品传播方式。虽然在网络上销售的版权保护作品是以数字化形式存在的,但并没有改变其版权所有权,在电子商务活动中,应注重作品版权主体的认定。

③ 知识产权的无国界性。知识产权最突出的特点之一就是它的"专有性",而网络上应受到知识产权保护的信息则是公开的、公用的,也很难受到权利人的控制。其中,"地域性"是知识产权的又一特点,而网络传输的特点则是"无国界性"。

3. 电子商务知识产权的相关法律

对于电子商务的发展,有关知识产权的两个问题是十分重要的:一是版权的保护,二是商标和域名的保护。

我国在网络立法方面相对滞后,目前对网络环境下著作权的法律保护主要有以下几项。
① 世贸组织规则涉及知识产权保护的《与贸易有关的知识产权协议》(TRIPS)。
② 2001 年 10 月 27 日修正的《中华人民共和国著作权法》。
③ 国务院 2002 年 1 月 1 日施行的《计算机软件保护条例》。
④ 最高人民法院 2000 年 11 月 22 日通过的《关于审理涉及计算机网络著作权纠纷案件适用法律若干问题的解释》。

此外,2004 年 12 月 22 日,最高人民法院、最高人民检察院《关于办理侵犯知识产权刑事案件具体应用法律若干问题的解释》正式施行。

知识 12.7　电子商务纠纷的解决方式

Internet 的虚拟性和跨地域性决定了在电子商务活动过程中产生的纠纷在许多方面同传统的纠纷存在很大差异,所以怎样解决电子商务纠纷已经引起了人们的广泛关注。目前,电子商务纠纷的表现形式各种各样,如最突出的著作权、商标权、人身权等侵权纠纷及电子商务活动中发生的合同纠纷等,但从实质上看,所有这些纠纷都可以归纳为两类,即侵权纠纷和合同纠纷。侵权纠纷是由于行为人侵害他人财产或者人身权利而产生的侵权行为人和受害人之间的纠纷;合同纠纷则是由于合同各方当事人在合同解释、履行过程中产生的纠纷。一般来说,纠纷的解决方式主要有协商、调解、仲裁及司法4种方式。由于电子商务的特殊性,业内人士还在积极地寻找适合电子商务纠纷的解决方式——在线争议解决方式。

所谓在线争议解决方式(Online Dispute Resolution, ODR),是指运用计算机和网络技术,以替代性争议解决方式(ADR,除诉讼方式以外的其他各种解决争议方法或技术的总称)形式来解决争议。目前,在线争议解决方式主要有4种形式,即在线清算、在线仲裁、在线消费者投诉处理、在线调解。

1. 在线清算

Cybersettle 是最早提供在线清算服务的,主要是针对保险索赔。Clicknsettle 紧随其后,适用于任何金钱纠纷。两者都有一种专门的系统,通过这一系统,争议双方各自报价,但无从知晓对方的出价。如果双方的报价符合事先约定的某一公式,则系统自动以中间价成交。

2. 在线仲裁

目前最主要的在线仲裁(online arbitration)提供者是加拿大的 e-Resolution,主要解决域名争议。争议的解决以 ICANN 的统一域名纠纷处理规则为依据。解决域名争议的请求可以通过电子邮件提出,也可以通过填写安全网页上的申请表提交。仲裁委员会在听取当事人双方的陈述后,作出具有约束力的裁决。

3. 在线消费者投诉处理

更佳商业局在线(BBB-Online)是美国中央更佳商业局的子公司,致力于发展以在线方式处理消费者投诉,形成在线消费者投诉处理纠纷解决机制。通过 BBB-Online,消费者可以以在线方式提交投诉,但是目前对投诉的处理还没有完全做到在线。一般情况下,在收到投诉后,BBB-Online 首先会进行和解,即与公司内部的有关人员联系,常常能马上解决。如果和解不成,在多数情况下会利用电子邮件和电话进行简易的调解。如果这些非正式的、部分利用在线方式的努力都不成功,BBB-Online 会提供更加正式的离线争议解决方式,包括面对面的调解和仲裁。目前这种在线消费者投诉处理还不成熟,仍需部分使用离线方式,但毕竟已向在线解决方式迈出。

4. 在线调解

在线调解与离线调解在程序上并没有重大区别,不同的是通信方式。在线调解使用经过加密的电子邮件,或者经过加密的聊天室,在某些情况下,还可以使用可视会议。通过使用密码,调解员可以同一方当事人单独在一间"房间"里谈话,而另一方当事人在另一间"房间"等候。目前,美国马萨诸塞州大学信息技术和争议解决中心正在开发一个名为"第三方"的系列软件,可以加强双方当事人的调解员在线上进行互动式的交流。在线调解的双方当事人都需要有一台可以接入互联网的计算机,调解的系统和文件都存储在特定的服务器上,只有经过授权的使用者才可以进入。这一系统一般都是由调解员或调解组织提供的。

知识12.8 电子商务师的职业道德

职业道德是人们在一定的职业活动范围内所遵守的行为规范的总和。电子商务师的职业道德是对电子商务人员在职业活动中的行为规范。电子商务师的职业道德修养,主要是指职业责任、职业纪律、职业情感及职业能力的修养。优良的职业道德是新时期电子商务师高效率从事电子商务工作的动力,是电子商务师职业活动的指南,也是电子商务师自我完善的必要条件。

电子商务师的职业道德规范主要包括8个方面。

1. 忠于职守,坚持原则

各行各业的工作人员,都要忠于职守,热爱本职工作。这是职业道德的一条主要规范。作为电子商务师,忠于职守就是要忠于电子商务师这个特定的工作岗位,自觉履行电子商务师的各项职责,认真辅助领导做好各项工作。电子商务师要有强烈的事业心和责任感,坚持原则,注重精神文明建设,反对不良思想和作风。

2. 兢兢业业,吃苦耐劳

电子商务师的工作性质决定了从业人员不仅要在理论上有一定的造诣,还要具有实干精神。要能够脚踏实地、埋头苦干、任劳任怨;能够围绕电子商务开展各项活动,招之即来,来之能干。在具体而紧张的工作中,能够不计较个人得失,有吃苦耐劳甚至委曲求全的精神。

3. 谦虚谨慎,办事公道

电子商务师要谦虚谨慎、办事公道,对领导、对群众都要一视同仁,秉公办事,平等相待,切忌因人而异,亲疏有别,更不能趋附权势。只有谦虚谨慎、公道正派的电子商务师,才能做到胸襟宽阔,在工作中充满朝气和活力。

4. 遵纪守法,廉洁奉公

遵纪守法、廉洁奉公是电子商务师职业活动能够正常进行的重要保证。遵纪守法指的是电子商务师要遵守职业纪律和与职业活动相关的法律、法规,遵守商业道德;廉洁奉公是高尚道德情操在职业活动中的重要体现,是电子商务师应有的思想道德品质和行为准则。它要求电子商务师在职业活动中坚持原则,不利用职务之便或假借领导名义谋取私利,不搞"你给我一点"好处,我回报你一点"实惠"的所谓"等价交换"。要以国家、人民和本单位整体利益为重,自觉奉献,不为名利所动,以自己的实际行动抵制和反对不正之风。

5. 恪守信用,严守机密

电子商务师必须恪守信用,维护企业的商业信用,维护自己的做人信用。要遵守诺言,遵守时间;言必信,行必果。在商务活动中,电子商务人员应当严格按照合同办事。通过网络安排的各种活动,自己要事先做好准备工作,避免因个人的疏忽对工作造成不良影响。

严守机密是电子商务师的重要素质。电子商务师的一个显著特点是掌握的机密较多,特别是商业机密。因此,要求电子商务师必须具备严守机密的职业道德,无论是上机操作还是文字工作都要严格遵守国家的有关保密规定,自觉加强保密观念,防止机密泄露。发现盗窃机密的行为和盗窃机密的不法分子,应作坚决斗争,并应及时报告公安、保密部门。

6. 实事求是,工作认真

电子商务师要坚持实事求是的工作作风,一切从实际出发,理论联系实际,坚持实践是检验真理的唯一标准。电子商务师工作的各个环节都要求准确、如实地反映客观实际,从客观存在的事实出发。电子商务师无论是搜集信息、提供意见、拟写文件,都必须思想端正,坚持实事求是的原则。在工作中,切忌主观臆断、捕风捉影,分析问题必须从客观实际出发。

7. 刻苦学习,勇于创新

电子商务师工作头绪繁多、涉及面广,要求有尽可能广博的知识,做一个"通才"和"杂家"。现代社会科学技术的发展突飞猛进,知识更新速度加快,因此,电子商务师应该具有广博的科学文化知识,以适应工作的需要。

作为电子商务师,对自身素质的要求应更严格、更全面,甚至更苛刻一些。是否具有良好的素质,对于做好电子商务师工作是一个非常重要的问题,也是评价电子商务师是否称职的基本依据。因此,电子商务师必须勤奋学习、刻苦专研,努力提高自身的思想素质和业务水平。

现在各行各业的劳动者,都在破除旧的观念,勇于开创新的工作局面。作为复合型人才的电子商务师更应具有强烈的创新意识和精神。要勇于创新,不空谈、重实干,在思想上是先行者,在实践上是实干家,不断提出新问题,研究新方法,走出新路子。

8. 钻研业务,敬业爱岗

从发展的角度看,电子商务师必须了解和熟悉与自身职业有直接或间接关系的领域中取得的新成果,才能更好地掌握工作的各项技能。

电子商务师要根据自身分工的不同和形式发展的需要,掌握电子商务交易所需要的技能,如计算机技能、网络技能、网络营销技能、电子支付技能等。这些技能都必须随着电子商务技术的发展和自身工作的需要,在实践中不断地学习和提高。同时,电子商务师应掌握电子商务交易中的各种管理知识,将网络技术与商业管理结合起来,提高企业应用电子商务的能力,促进企业经济效益的提高。

项目实施

项目任务

根据项目内容,本项目为学习电子商务法律法规,对电子商务方面的相关法律法规及道德规范进行了解;熟悉网上合同的基本内容;掌握解决电子商务纠纷的相关问题;使学生牢记电子商务的职业道德。它主要有下面几个任务。

1. 了解电子商务中的交易纠纷。

2. 学习电子商务的相关法律法规。

项目要求

1. 浏览电子商务网站的客服中心，了解电子商务交易中常见的纠纷及处理方法。
2. 阅读相关的法律法规条款，认真学习并进行运用，分析相关的交易纠纷案例。

实施步骤

1. 了解电子商务中的交易纠纷

1）登录阿里巴巴网站（http://china.alibaba.com），如图 12.1 所示。进入客服中心，分别进入交易安全中的"买家防骗""卖家防骗""交易规则"和"交易纠纷"，阅读相关文章。

图 12.1　阿里巴巴客服中心

2）在"买家防骗"中，了解买家常遇到的问题及处理办法。常见的问题有：网购超低价，不是馅饼是陷阱；服装产品，谨防严重货不对版；质量安全认准 QS、3C 等标志；用支付宝交易时，买家防骗注意事项；网络钓鱼常见骗术和防范策略，作为买家，遇到欺诈怎么办；从卖家联系方式上看花招；骗术之投资公司和中介机构，等等。

3）在"卖家防骗"中，了解卖家常遇到的问题及处理方法。常见的问题有：谨防外地大额订单诱惑；"买家托儿"骗术简析；假冒转账、汇款欺骗卖家；作为卖家，遇到欺诈怎么办；如何防范客户套价；防止骗样，要警惕几种情况；谨防对方利用"银行时间差"诈骗；典型骗术之"外贸"骗局等，阅读分析相关的骗局破解和案例剖析。

4）在"交易规则"中，常见的交易规则有：已经用支付宝付款，但是卖家没有发货怎么办；贸易争议处理规则；支付宝争议处理规则；支付宝交易核查处理规则；支付宝账户安全措施；支付宝超时规则；支付宝担保交易规则；虚拟物品交易纠纷处理规则；商品质量问题的判断规则；交易纠纷处理原则，等等。

5）在"交易纠纷"中，了解常见的交易纠纷及处理方法。常见的交易纠纷有：通过支付宝担保交易，怎么处理收到的产品货不对版；诚信通会员收款不发货，怎样投诉；小额批发平台交易中出现的交易纠纷；已付款，卖家没货我该如何拿回钱；交易前如何了解对方信誉度，保证付款安全性；作为卖家发货后，买家收货后拒绝付款怎么办；买卖双方交易中出现分歧时，已付至支付宝的货款该给谁；作为卖家发货后，买家收货后拒绝付款怎么办，等等。

6）在阿里巴巴网站中，详细了解阿里巴巴网站是如何建立诚信体系的；在阿里巴巴平台上提供了哪些诚信措施和方法来保证电子商务交易的安全？试着举例分析。

2. 学习电子商务的相关法律法规

1）登录中国电子商务法律网（http://www.chinaeclaw.com），如图12.2所示。认真浏览阅读"国内新闻""案件追踪""国际新闻""法规释义""立法动态""最新法规""案例评述"等栏目的相关内容。

图12.2 中国电子商务法律网

2）对电子签名、电子支付、电子合同、个人信息安全、知识产权、现代物流等相关的法律条款进行认真学习，学会运用相关的法律法规分析和解决电子商务中的一些交易纠纷问题。

3）登录网上交易保障中心网（http://www.315online.com.cn），如图12.3所示。认真浏览网站中的各个栏目，对电子商务中的法律法规及相关的要求标准进行学习，阅读相关的交易案例的分析。

图12.3 网上交易保障中心

知识 12.9　电子商务网站基本资质许可

依据我国相关法律规定，从事电子商务经营的网站需要依照法律规定办理相应的资质许可。目前，主要的登记许可项目是 ICP 登记及许可、ISP 许可证、移动网增值业务经营许可证（SP 证）、BBS 许可证、跨地区增值电信业务经营许可证等。

1. 网站 ICP 证的办理

互联网信息服务（Internet Content Provider，ICP）分为两类：经营性和非经营性。经营性 ICP 是指利用网上广告、代制作网页、服务器空间出租、有偿提供信息、电子商务及其他网上应用服务等方式获得收入的 ICP。

从事经营性互联网信息服务的经营单位应向工业和信息化部或各省通信管理局申请办理增值电信业务经营许可证（简称 ICP 证）。未取得经营许可或未履行备案手续，擅自从事互联网信息服务的，由相关主管部门依法责令限期改正，给予罚款、责令关闭网站等行政处罚；构成犯罪的，依法追究刑事责任。

2. 非经营性网站 ICP 备案

非经营性 ICP 是指不以营利为目的，且有独立域名或独立服务器的网站，如政府上网工程中的各级政府部门网站、新闻单位的电子版报刊和企事业单位的各类公益性、业务宣传类的网站等。从事非经营性互联网信息服务的单位应在 http://www.miibeian.gov.cn 网站上办理备案手续。

3. ISP 证的办理

ISP（Internet Server Provider）就是互联网接入服务提供商，是指那些为用户提供 Internet 接入的企业。

申请经营增值电信业务的条件：经营者为依法设立的公司；在省、自治区、直辖市范围内经营的，注册资本最低限额为 100 万元人民币；在全国或跨省、自治区、直辖市范围内经营的，注册资本最低限额为 1 000 万元人民币；有可行性研究报告和相关技术方案；有与开展经营活动相适应的资金和专业人员；有必要的场地和设施；有为用户提供长期服务的信誉或能力；最近 3 年内未发生过重大违法行为。

4. SP 证（移动网增值业务经营许可证）的办理

这是针对提供接入移动网络的各种增值服务，包括内容服务、娱乐、游戏、短信、彩信、WAP、铃声下载，商业信息和定位信息等服务的企业。信息服务业务面向的用户是固定通信网络用户、移动通信网络用户、因特网用户或其他数据传送网络的用户。

申请 SP 证的条件是：经营者为依法设立的公司；在省、自治区、直辖市范围内经营的，注册资本最低限额为 100 万元人民币；在全国或跨省、自治区、直辖市范围内经营的，注册资本最低限额为 1 000 万元人民币；有可行性研究报告和相关技术方案；有与开展经营活动相适应的资金和专业人员；有必要的场地和设施；有为用户提供长期服务的信誉或能力；最近 3 年内未发生过重大违法行为。

5. BBS 许可证的办理

这是针对提供互联网电子公告服务（BBS），即在互联网上以电子布告牌、电子白板、电子论坛、网络聊天室、留言板等交互形式为上网用户提供信息发布条件的网站。

从事互联网信息服务，拟开展电子公告服务的，应当在向省、自治区、直辖市电信管理机构或工业和信息化部申请经营性互联网信息服务许可或者办理非经营性互联网信息服务备案时，提出专项申请或专项备案。

开展电子公告服务,除应当符合《互联网信息服务管理办法》规定的条件外,还应当具备的条件有:有确定的电子公告服务类别和栏目;有完善的电子公告服务规则;有电子公告服务安全保障措施,包括上网用户登记程序、上网用户信息安全管理制度、技术保障设施;有相应的专业管理人员和技术人员,能够对电子公告服务实施有效管理。

6.《跨地区增值电信业务经营许可证》的办理

申请跨地区增值电信业务经营许可证应符合的条件有:经营者为依法设立的公司;公司注册资本最低限额为1 000万元人民币;有与开展经营活动相适应的资金和专业人员;有为用户提供长期服务的信誉或能力;有可行性研究报告和相关技术方案;有必要的场地和设施;最近3年内未发生过重大违法行为等;跨省(自治区、直辖市)设立6个以上分公司或子公司(子公司须控股51%以上);对于已经取得某省(自治区、直辖市)通信管理局颁发的ICP经营者,现拟申请经营跨地区信息服务的,还需要跨省(自治区、直辖市)设置两个以上物理服务平台接入公用通信网提供信息服务,但对尚未开展相关信息服务的申请者,可无此要求。

知识12.10 示范法的主要条款内容

《贸易法委员会电子商务示范法》主要条款的内容如下。

第一条 适用范文。内容包括:建议和适用的范围,与原有法律文件的关系,商贸所涵盖的范围等。

第二条 定义。内容包括:各种技术术语的定义。

第三条 解释。内容包括:对本法的说明。

第四条 经由协议的改动。内容包括:改动程序的法律规定。

第五条 数据报文的法律承认。内容包括:报文受法律的承认。

第六条 书面。内容包括:书面单证与数据报文之间的法律关系。

第七条 签字。内容包括:数据签字的法律效率。

第八条 原件。内容包括:报文与法律原件的等价性条件问题。

第九条 数据报文的可接受性和证据力。包括:报文的法律地位和作为证据的问题。

第十条 数据报文留存。内容包括:对保留报文记录的法律规定。

第十一条 合同的订立和有效性。包括:电子报文合同具有书面合同同样的法律效力。

第十二条 当事各方对数据报文的承认。包括:报文具有法律效力,不得擅自修改。

第十三条 数据报文的归属。内容包括:报文的收、发和管理方法。

第十四条 确认收讫。内容包括:如何确认对方是否收到报文的法律程序。

第十五条 发出和收到数据报文的时间和地点。包括:对收、发报文时间的界定方式。

第十六条 与货运合同有关的行动。包括:对货物的说明、承运合同和执行细节等。

第十七条 运输单据。内容包括:各类运输单据报文的法律地位等。

知识12.11 知识产权

我国知识产权司法保护的对象包括对著作权(版权)、专利、商标、邻接权及防止不正当竞争权等涉及人类智力成果的一切无形资产的财产权和人身权的保护。

1. 著作权

著作权也称版权,是基于文学、艺术和科学作品而产生的,法律赋予公民、法人和其他组织等民事主体的一种特殊的民事权利;是指作者基于对特定的作品依法享有的专有权利;是作者及其他著作权人对文学、艺术、科学作品等作品多享有的人身权及全面支配该作品并享受其利益的财产权的总称。

著作权包括:发表权、署名权、修改权、保护作品完整权、复制权、发行权、出租权、展览权、表演权、放映权、广播权、信息网络传播权、摄制权、改编权、翻译权、汇编权、应当由著作权人享有的其他权利。

2. 专利权

专利权是指依法批准的发明人或其权利受让人对其发明成果在一定年限内享有的独占权或专用权。专利权是一种专有权,一旦超过法律规定的保护期限,就不再受法律保护。

《专利法》规定,专利申请经实质审查没有发现驳回理由的,由国务院专利行政部门作出授予专利权的决定,发给专利证书。1992年12月31日以前申请获得的发明专利权保护期为申请日起15年,实用新型和外观设计专利保护期为申请日起5年,期满前专利人可申请延展3年。1993年1月1日后申请获得的发明专利权的保护期为申请日起20年,实用新型和外观设计专利权的保护期限为申请日起10年。

3. 商标权

商标权是指商标权人对其注册商标依照法律规定所享有的权利,是知识产权的一种,具有知识产权的一般特征。商标权是一个集合概念,包括商标所有权和与其相联系的商标专用权、商标续展权、商标转让权、商标许可权、法律诉讼权等。其中,注册商标的专有使用权是绝对权、独占权、排他权、支配权、专有权。

知识 12.12　电子商务的税收

任何事物都存在于空间和时间之中,电子商务也不例外。尽管电子商务交易的"虚拟化",使人感觉电子商务交易似乎不受空间时间的限制(实际上电子商务只是缩短了交易的时间,取消和减少了物理意义上的场所,如办公楼、商店仓库等而已),然而,电子商务交易中的人(卖买双方)、钱(贷款)、物(有形的、无形的)仍存在于一定空间和时间之中,绝不会因电子商务交易的"虚拟化"而"虚拟"得无影无踪。任何事物在其相互联系的环节中都有主要环节。在电子商务的信息流、资金流、物资流3个环节中,资金流是主要的环节。在研究电子商务税收政策时,应抓准"人""钱""物",特别是"钱"这个环节(如欧美国家建立监管支付体系的征管体制的设想,就是一个有益的启示),研究、制定相应税收征管政策和措施。任何事物都是相互依存的。人们既然能够创造出传输巨量数字信息流的网络通信技术,也就能够发明管理、控制数字信息流的方法与措施。信息技术和网络技术的发展也为税收征管提供了先进的技术手段,带来了先进高效的现代管理技术。

关税对于任何一个国家来说,都是重要的税收来源之一,但由于Internet全球性的特点,无疑

对国际贸易关税征收提出新的问题。Internet 上的贸易缺乏传统有形货物贸易的清晰、确定的交易地理界限。就目前 Internet 电子商务的不同形式来看，通过 Internet 订购，以邮递方式或其他传统方式交付的商品，仍然有可能征税，但是当货物或服务是以电子形式交付时，也就是通过 Internet 在网上交付时，Internet 的特殊结构就使得传统的税收法律很难适用。

目前国际上大的跨国计算机软件公司，与其他跨国公司的总公司之间都存在着一种"一揽子"许可协议。软件公司根据作为软件用户的跨国公司在全球范围内所拥有的计算机数量的多少及其业务发展趋势，就其所需要的软件在一定时期内进行一次性许可，授权该跨国公司及其全球范围的子公司在许可的数量范围内进行合法复制。这种许可方式与 Internet 的结合对相应的税收管辖提出了新的难题，因为作为软件用户的该跨国公司分布在全球范围的子公司在其总公司购买了许可之后，就可以合法地通过其全球连通的内部网，从总公司的服务器上下载软件。

这种行为，从软件出版商的角度看，是经过合法授权的，可是从该子公司所在的主权国家的角度看，却是对当地税收法律的规避。因为，如果所授权的软件不是从网上下载的，而是存储在整盒包装的光盘里从海关运进来的，按照大多数国家的现行法律，都要交纳一定的关税，那么这种现行税制是否应该移植到因特网电子商务上来呢？如果移植，有关税收当局又如何有效地实施征管呢？具体措施如下。

① 积极参与制定有关电子商务的法律、法规、制度及相应的实施细则，与相关部门合作，实施多方监控。现行的税收法律法规对新兴的网络贸易的约束已显得力不从心，应及时对由于电子商务的出现而产生的税收问题有针对性地进行税法条款的修订、补充和完善，对网上交易暴露出来的征税对象、征税范围、税种、税目等问题实时进行调整。税务机关应联合财政、金融、工商、海关、外汇、银行、外贸、公安等部门，共同研究电子商务运作规律及应对电子商务税收问题的解决方案，并通过纵横交错的管理信息网络，实现电子商务信息共享，解决电子商务数据信息的可控性处理，建立符合电子商务要求的税收征管体系。

② 建立网上交易经营主体工商注册、税务登记制度。在现有的税务登记制度中，应增加关于电子商务的税务登记管理条款。积极推行电子商务税务登记制度，即纳税人在办理了网上交易申请、登记手续之后必须到主管税务机关办理电子商务的税务登记，取得固定的网上税务登记号，所有从事网上经营的单位和个人，凡建有固定网站的都必须向税务机关申报网址、经营内容等资料，纳税人的税务登记号码和税务主管机关必须明显展示在其网站首页上。作为提供网上交易平台的电子商务运营商，在受理单位和个人的网上交易申请时，还应要求申请人提供工商营业执照和税务登记证传真件，并向工商机关和税务机关进行验证。这样既可从户籍管理的出发点确保税收监管初步到位，同时也有利于提高网上交易的信用度。

③ 建立电子商务税款代扣代缴制度。电子商务交易的方式适合建立由电子商务运营商代扣代缴税款的制度，即从支付体系入手解决电子商务税收征管中出现的高流动性和隐匿性，可以考虑把电子商务中的支付体系作为监控、追踪和稽查的重要环节。在确认交易完成并由电子商务平台运营商支付给卖方货款时，就可以由交易系统自动计算货款包含的应纳税款，并由运营商在支付成功后及时代扣代缴应纳税款。如果从事网上经营的单位和个人自建网络交易平台的，则应通过银行、邮局等金融机构的结算记录进行代扣代缴，凡是按税法规定达到按次征收或月营业额达到起征点的，一律由金融机构代扣代缴应纳税款。

④ 进一步加大税收征管投入力度，培养面向"网络税收时代"的税收专业人才。电子商务与税收征管，偷逃与堵漏，避税与反避税，归根结底都是技术与人才的较量。电子商务本身就是一门前沿学科，围绕电子商务的各种相关知识也在不断发展，而目前我国税务部门大多缺乏网络技术人才，更缺乏相关的电子商务知识。因此，税务机关必须利用高科技手段来鉴定网上交易的真

实性，审计追踪电子商务活动流程，从而对电子商务实行有效税收征管。通过立法，建立税务机关与银行、电子商务交易平台运营商之间的网上交易数据共享机制，通过在运营商交易平台安装税控器，用信息技术对电子支付进行有效监控，获得纳税人真实的网上交易数据，使税收监控走在电子商务的前面。

案例分析

网上银行纠纷案

2006 年 9 月 27 日，北京市海淀区法院审结了一起因通过网上银行进行交易而引发的储蓄存款合同纠纷案件，驳回了杨先生要求赔偿存款的诉讼请求。

杨先生称，2004 年 2 月 14 日，在工行海淀支行西苑储蓄所存款，开据存折，至 2005 年 9 月 3 日，杨先生的存折上有存款 74 025.37 元。2005 年 9 月 15 日，当杨先生去银行取款时，发现账上只有 13 425.37 元，有 60 600 元无故消失。杨先生认为银行应为此赔偿这笔存款，故起诉至法院，请求法院依法判决工行西区支行、工行海淀支行共同赔偿存款 60 600 元。

工行西区支行辩称，我行系严格遵照法律法规及约定履行支行义务。杨先生基于意思自治与我行签订了网上银行服务协议，我行依据杨先生指令为其办理汇款业务，其后果应由杨先生自行承担。2005 年 9 月 4 日至 15 日间，杨先生的账户通过我行的网上银行系统汇款 36 笔，总计 60 600 元，手续费 600 元。此 36 笔交易系在凭杨先生的账号、密码登录网上银行系统后，向我行发出指令，我行依据该指令办理，指令的发出均视为杨先生本人所为。我行为杨先生办理网上汇款业务系正常提供金融服务的行为，并正当地履行了协议约定的义务，因此，本案争议的 60 600 元款项的转出所造成的后果应当由杨先生自行承担。故不同意杨先生的诉讼请求。

工行海淀支行辩称：2006 年 6 月我行进行机构分设，分拆出 23 家网点，原中国工商银行股份有限公司北京海淀支行西苑储蓄所由工行西区支行管辖，并更名为中国工商银行股份有限公司北京海淀西区支行西苑储蓄所，现我行对西苑储蓄所不具有管辖权。我行对此事无任何过错，故不同意杨先生的诉讼请求。

法院经审理认为，本案中，杨先生称其存款无故消失的责任应由银行承担，几笔存款的交易方式及银行交易流程应为本案例判断银行是否承担法律责任的焦点问题，对此，法院分析如下：根据银行提供的交易记录清单可知，本案争议的 60 600 元存款，均系网上银行汇款支付。

根据庭审查明可知，在整个网上交易过程中，客户须输入两个密码，即登录密码及支付密码，在首次登录时，客户还需输入在柜台申请开通网上银行时设置的初始登录密码，以上密码均由客户本人掌握，提供服务的银行对此并不知晓，在客户申请网上银行业务申请书背面有《中国工商银行电话银行、网上银行使用协议书》，该协议书经杨先生签字接受后，应视为约束双方行为的合同约定，双方均应严格按约定履行。该协议书约定：用户必须妥善保管本人网上银行登录密码和支付密码，所有使用上述密码进行的操作均视为用户本人所为，依据密码等电子信息办理的各类结算交易所发生的电子信息记录均为该项交易的有效凭证。密码以其私密性、可更改性等特点成为当今社会保证交易安全的有效办法，越来越多的人选择设置密码，或者不断更新密码的形式来保证存款的安全性及交易的稳定性。本案中，通过杨先生为其存折、银行卡均设置密码的行为可知，其对为存取款凭证设置密码以保证安全性是有明确认识的。

网上银行操作较传统的柜台交易具有简便、快捷等特点，极大地方便了客户进行相关业务操作，但因不是客户与业务员之间面对面交易，因此为保证交易安全，需要通过输入密码形式保证交易的稳定与安全。

经审理查明,原工行海淀支行西苑储蓄所在客户申请网上银行业务时尽到了相关审查核实义务,在客户进行网上银行操作过程中尽到了相关提示义务,在客户能够准确输入登录密码及交易密码的前提下,对于客户发出的汇款指令予以接受,并提供了相关服务,收取了相应手续费,原工行海淀支行西苑储蓄所已完全履行了合同义务,在杨先生不能提供充分证据证明存款消失系因原工行海淀支行西苑储蓄所过错导致的情况下,法院认为原工行海淀支行西苑储蓄所不应对杨先生所述存款消失的结果承担法律责任。

因银行内部分立原因,原工行海淀支行西苑储蓄所的法律责任由工行海淀支行与工行西苑支行共同承担,在法院认定原工行海淀支行西苑储蓄所不承担法律责任的情况下,对于杨先生要求工行海淀支行与工行西区支行共同承担赔偿存款责任的诉讼请求法院不予支持。故法院驳回了杨先生的诉讼请求。

一审宣判后,双方均未明确表示是否上诉。

案例思考:
1. 通过案例,说明在电子商务的发展中,网上银行的使用要注意哪些问题?
2. 如何看待本案所反映的实际问题?

课后习题

一、选择题

1. (　　)能够预防服务纠纷的产生。
   A. 及时回复买家　　　　　　　　B. 态度礼貌
   C. 热情提供专业的指导　　　　　D. 关注细节,令买家满意
2. 美国为电子商务交易制定了(　　)。
   A. 电子商务示范法　　　　　　　B. 全球电子商务竞赛规则
   C. 全球电子商务法　　　　　　　D. 全球电子商务框架
3. 涉及电子商务安全的法律保护问题通常从商品交易安全的法律法规和(　　)来考虑。
   A. 国家安全法　　　　　　　　　B. 宪法
   C. 合同法　　　　　　　　　　　D. 计算机安全的法律法规
4. 《电子商务示范法》由(　　)颁布。
   A. 中国　　　B. 新加坡　　　C. 美国　　　D. 联合国
5. 有关电子商务师的职业道德规范的论述,(　　)是错误的。
   A. 严守机密是电子商务师的重要素质
   B. 实事求是,工作认真是职业道德规范的基本规范
   C. 兢兢业业,吃苦耐劳是电子商务师职业活动能够正常运作的重要保证
   D. 遵纪守法,廉洁奉公是评价电子商务师是否称职的基本依据
6. 商品交易的纠纷种类主要有(　　)。
   A. 商品纠纷　　　B. 物流纠纷　　　C. 服务纠纷　　　D. 以上均不是
7. 属于常见的因服务导致的纠纷类型是(　　)。
   A. 服务态度不好　B. 服务不及时　　C. 服务不专业　　D. 货物漏发、错发
8. 目前,电子商务涉及的法律问题有(　　)。

A. 在线不正当竞争与网上无形财产保护问题　　B. 电子合同问题
C. 网上电子支付问题　　D. 在线消费者保护问题

9. 根据《中华人民共和国计算机信息网络国际联网管理暂行规定》第 8 条规定,网络交易中心的设立必须具备的条件是(　　)。

　　A. 符合法律和国务院规定的其他条件
　　B. 具有健全的安全保密管理制度和技术保护措施
　　C. 具有相应的计算机信息网络、装备及相应的技术人员和管理人员
　　D. 依法设立的企业法人或者事业法人

10. 关于国际组织制定的电子商务的相关法律法规的说法正确的是(　　)。

　　A. 1996 年 6 月联合国国际贸易法委员会通过了《电子商务示范法》
　　B. 国际商会于 1997 年 11 月 6 日通过的《国际数字保证商务通则(GUIDEC)》
　　C. 欧盟于 1999 年发布了《数字签字统一规则草案》
　　D. 2001 年 3 月 23 日联合国国际贸易法委员会正式公布了《电子签字示范法》

二、简答题

1. 简述国内外主要出台的电子商务法规。
2. 简述《电子商务示范法》制定的意义。
3. 电子商务立法所覆盖的范围是什么?
4. 简述电子商务交易中买卖双方当事人的权利和业务。
5. 电子商务的从业人员应该遵循哪些道德规范?

参考文献

[1] 仲岩. 电子商务实务[M]. 北京:北京大学出版社,2009.
[2] 苗成栋,于帅. 电子商务概论[M]. 北京:北京大学出版社,2009.
[3] 姚春荣,刘利华. 电子商务概论[M]. 武汉:武汉大学出版社,2009.
[4] 张润彤. 电子商务[M]. 北京:科学出版社,2006.
[5] 郭汝惠,刘聪惠. 电子商务实训[M]. 北京:电子工业出版社,2008.
[6] 刘宏. 电子商务概论[M]. 北京:清华大学出版社,2010.
[7] 周广亮,韩庆林. 电子商务案例分析[M]. 北京:经济科学出版社,2007.
[8] 王汝林. 移动商务理论与实务[M]. 北京:清华大学出版社,2007.
[9] 施志君. 电子商务基础与实训[M]. 北京:化学工业出版社,2009.
[10] 许国柱. 电子商务实务[M]. 北京:清华大学出版社,2010.
[11] 覃征. 电子商务基础[M]. 北京:科学出版社,2007.
[12] 杨坚争. 电子商务实验教程[M]. 北京:中国人民大学出版社,2006.
[13] 方美琪,刘鲁川. 电子商务设计师教程[M]. 北京:清华大学出版社,2005.
[14] 赵礼强,荆浩. 电子商务理论与实务[M]. 北京:清华大学出版社,2010.
[15] 扈健丽. 电子商务概论[M]. 北京:北京理工大学出版社,2010.
[16] 杭俊. 电子商务概论[M]. 北京:机械工业出版社,2010.
[17] 关永宏. 电子商务法[M]. 广州:华南理工大学出版社,2004.
[18] 牛东来. 电子商务理论与实践[M]. 北京:北京理工大学出版社,2000.
[19] 加里 P. 施奈德. 电子商务[M]. 成栋,译. 北京:机械工业出版社,2006.
[20] 廖以臣. 电子商务实验教程[M]. 武汉:武汉大学出版社,2008.
[21] 程光,张艳丽. 信息与网络安全[M]. 北京:清华大学出版社,2008.
[22] 卢菊洪. 电子商务基础教程[M]. 北京:北京交通大学出版社,2007.
[23] 宋玉贤. 电子商务概论[M]. 北京:北京大学出版社,2005.

尊敬的老师：

您好。

请您认真、完全地填写以下表格的内容(务必填写每一项)，索取相关图书的教学资源。

教学资源索取表

书　名			作者名	
姓　名		所在学校		
职　称		职　务		讲授课程
联系方式	电话：	E-mail：		微信号：
地址（含邮编）				
贵校已购本教材的数量（本）				
所需教学资源				
系／院主任姓名				

系／院主任：_____（签字）

（系／院办公室公章）

20____年____月____日

注意：

① 本配套教学资源仅向购买了相关教材的学校老师免费提供。

② 请任课老师认真填写以上信息，并**请系／院加盖公章**，然后传真到(010)80115555转735253索取配套教学资源。也可将加盖公章的文件扫描后，发送到presshelp@126.com索取教学资源。

南京大学出版社

http://www.NjupCo.com